风险社会背景下的行政决策研究：
正当性及其法律调控

黄泽萱 著

·广州·

版权所有　翻印必究

图书在版编目（CIP）数据

风险社会背景下的行政决策研究：正当性及其法律调控/黄泽萱著.
—广州：中山大学出版社，2022.10
ISBN 978-7-306-07572-7

Ⅰ.①风⋯　Ⅱ.①黄⋯　Ⅲ.①行政管理—管理决策—法律责任—研究—中国　Ⅳ.①D922.112.4

中国版本图书馆 CIP 数据核字（2022）第 111082 号

出 版 人：	王天琪
策划编辑：	张　蕊
责任编辑：	张　蕊
封面设计：	林绵华
责任校对：	周昌华
责任技编：	何雅涛
出版发行：	中山大学出版社
电　　话：	编辑部 020 - 84111997，84113349，84110776
	发行部 020 - 84111998，84111981，84111160
地　　址：	广州市新港西路 135 号
邮　　编：	510275　　传　真：020 - 84036565
网　　址：	http://www.zsup.com.cn　E-mail:zdcbs@mail.sysu.edu.cn
印 刷 者：	广州市友盛彩印有限公司
规　　格：	890mm×1240mm　1/32　11.125 印张　320 千字
版次印次：	2022 年 10 月第 1 版　2022 年 10 月第 1 次印刷
定　　价：	68.00 元

如发现本书因印装质量影响阅读，请与出版社发行部联系调换

序

"风险社会"这一表述可见于贝克、吉登斯等社会学家的论述,现代社会要面临许多前所未有的不确定性与未知的新危害。"风险"概念和现象涉及自然科学、医学、工程学、社会学、文化学、经济学、法律等多学科,① 其横亘于理论与实践、事实与价值之间,可谓"横看成岭侧成峰"。

或可对风险的特征做如下的概括:其一,诸如公共卫生、气候变化等风险,已经超越了一国的领土范围,构成了风险的全球化;其二,有些风险构成了复合风险,或涉及不同风险的叠加;其三,风险有时会造成巨大的乃至不可逆的损害后果;其四,风险具有时间性,有时很难预判风险发生的时间或阶段;② 其五,风险也是政治、经济、法律和科学变迁的产物,风险是动态演进的;其六,公众有时很难对风险有理性的认知,有可能高估或低估风险;其七,风险并非一种客观的程度或数值,而是一种社会建构(social construct)。③ 或有必要建构风险法的学理体系,将风险法理解为以保护集体利益或公共利益为依归,以科学为信息来源,来进行规范建构,进行利益权衡的规则体系。④

在风险社会背景下,一方面,人类应对自然能力的增强,在很多

---

① RENN O. Risk governance: Coping with uncertainty in a complex world. Earthscan, 2008: xv.

② 参见刘刚编译《风险规制:德国的理论与实践》,法律出版社2012年版,第22页。

③ 参见周桂田主编《台湾风险公共性考察》,台湾远流出版事业股份有限公司2015年版,第20页。

④ 参见刘刚编译《风险规制:德国的理论与实践》,法律出版社2012年版,第94页。

方面降低了人类所面临的生活风险,却也形成了许多前所未有的不确定性与未知的危险,如核能安全、气候变化、有毒化学品、食品添加剂、转基因农作物安全等,在全球化过程中,扩大了可能影响的空间范畴。另一方面,现代社会需以风险概率来重新理解既有的生活经验,将社会控制的介入起点前移。这冲击了传统以日常生活经验为基础进行危险防御的法律系统,来回应行政介入范围增强的正当性挑战。[①] 因此,不要局限法释义学的作业,而应结合法政策学、法社会学层面的考量,思考风险与法学的关联,思考法学理论与法律制度对风险的回应。

在风险行政法的研究过程中,应着力关注政策形成层面的研究。风险行政决策的诸多内容存在浓厚的技术色彩,这不仅蕴含了技术层面的判断,还蕴含了对各种不同的甚至相互竞争的社会价值的判断。风险行政决策所针对的对象、所规定的内容并非纯粹客观的、可计量的科学,也涉及复杂的社会和政治争论,涉及价值和认识论难题,因此更需要通过程序法的调控,来提供科学与民主的对话机制。

风险行政决策每每有赖于专家共识的形成,而专家却因科学不确定性和等待各种证据论证,倾向于给出保守的答案或延迟给出答案。因此,需要建构更为妥当的审议民主程序,让包括普通公众、社会团体、新闻媒体在内的利益相关方,都能在信息充分、参与机会平等、决策程序公平的条件下,对相应科学政策进行公开讨论,让不同的声音都能进入风险治理政策的竞技场,让不同的利益和考量都能得到应有的衡量。[②]

在进行风险行政决策程序的设计时,应兼顾有效实现行政任务与保障利益相关方利益的需要。通过不同主体之间的理性沟通与对话,来更好地形成科学共识,以保证风险行政决策的合法性、合目的性、

---

① 邱文聪:《如何克服公卫诉讼中因果推论的难题:法律系统面对风险社会的一个挑战》,载《科技医疗与社会》2012 年第 4 期(总第 14 期),第 231 页。

② 参见周桂田主编《台湾风险公共性考察》,台湾远流出版事业股份有限公司 2015 年版,第 120 页。

民主性、透明性，并改进行政决策的科学性、有效性和灵活性，进而有效地实现行政任务。①

黄泽萱博士的新著《风险社会背景下的行政决策研究——正当性及其法律调控》正是直面风险行政决策的学术努力，是系统推进风险行政法研究的最新研究成果。本书至少有如下 5 个方面的学术贡献：

第一，本书关注"如何促进良好的风险行政决策"这一命题，围绕"风险决策的正当性标准""风险决策的信息法调控""风险决策的组织法调控""风险决策的程序法调控""风险决策的责任法调控"这 5 个问题展开论证，不仅为风险行政决策的制度变迁、程序改革与法治建构提供了基本的背景知识，也打造了一个较具普遍性和解释力的风险行政法学理论分析框架，从而深化了风险行政法的研究。

第二，本书学术文献翔实，实证资料丰富，立论扎实可靠。本书不仅汲取了域外风险行政法、风险治理的最新学术研究成果，援引了诸多实证素材，对诸多国内外司法判例加以分析，还结合突发公共卫生事件防控、农业转基因生物安全决策、环境信息披露等法律制度或法律事件，展开更为具体而细微的探讨。通过探寻比较行政法与中国实践的结合，得出了更多契合中国风险治理实践的学术见解。

第三，或许可将风险行政法视为我国行政法学总论的"参照领域"，行政法分论研究中提炼出的行政法一般理论思考，有助于丰富和发展行政法学总论研究。本书秉承了这样的关怀，得出了若干学术结论，既有助于我们思考风险治理背景下中国行政法学总论的改革，丰富了学界对行政正当性的思考，深化了对信息在行政法中作用的理解，也有助于我们思考如何进行行政组织法、行政程序法、行政责任法的改革。

第四，本书不限于就行政法论行政法，不限于就法论法，而是将行政法学与政府规制、政策理论、风险社会学、认知心理学理论相结合，讨论了如何促进良好的行政决策，探讨了风险社会学的理论源

---

① 参见宋华琳、牛佳蕊《指导性文件是如何制定和演进的？——对新冠肺炎七版诊疗方案的跟踪研究》，载《公共行政评论》2020 年第 3 期。

流,从认知心理学层面剖析风险的可接受性。本书关注风险决策的合法性与有效性,除了运用传统规范解释的法学方法之外,还强调通过整合效果取向和结果考量的方式,来探寻风险行政法的政策设计与制度改革。其研究成果或许能构成我国环境、公共卫生、食品药品、核能安全等诸多风险规制领域改革的航标或方向。

第五,本书直面风险治理中的信息收集难题,探讨了风险决策组织机构的改革方向,分析了风险评估、风险沟通程序的法律改革,这在某种意义上也构成了"制度设计型行政法学"的探索。行政法学固然仍以规范解释为基础,以合法性关切为依归,但不能把既存的法律制度视为静态的、不变的常量,而应将其视为一个可以优化和修正的变量。重新探讨行政的制度现况、存在问题,探讨制度改革的方向,比较制度改革的备选方案,从法律学的角度进行分析,提出建言,成为现代行政法学的重要课题。① 在问题具有综合性、交叉性、应用性的情况下,不如暂时抛却体系化的思维,转而对问题进行彻底的研究。

与黄泽萱博士相识数年,她作为一名优秀的青年行政法学者,多年来致力于行政法学和风险规制的研究,这既展现了她的学术洞察力和敏锐性,也逐步打造出她的学术标签。值此新书付梓之际,黄泽萱博士邀我作序。我虽深感个人学养和资历远不足以为学友作序,但还是愿意就此有重要学术价值,也有浓厚兴趣却无深入研究的风险行政法谈些感言,并衷心祝愿黄泽萱博士未来写出更多学术佳作,进一步推进风险行政法的理论研究和制度改革。

宋华琳*
2021 年 4 月 1 日于天津

---

① 参见[日]原野翘《现代法与现代行政法学的课题:法律的政策化和现代行政法学》,高作宾译,载《国外社会科学》1985 年第 2 期。

* 南开大学法学院院长、南开大学医药卫生法研究中心主任,教授、法学博士、博士生导师,兼任中国法学会行政法学研究会常务理事暨政府规制专业委员会副会长。

目 录

第一章 导 论 …… 1
一、背景设定：风险社会 …… 1
（一）社会学中的风险理论流派 …… 1
（二）风险社会理论框架的适用 …… 5
二、对象描述：风险行政决策 …… 7
（一）人类风险决策活动的演进 …… 8
（二）风险决策的行政法学定义 …… 15
三、问题提出：如何促进良好的风险行政决策 …… 22
（一）风险决策的"无知"困境 …… 22
（二）追求良好行政——如何决策的问题探寻 …… 27
四、研究进路：行政法与规制法的交融 …… 29
（一）行政决策的行政法学研究进路 …… 29
（二）行政决策的规制法研究进路 …… 33

第二章 风险决策的正当性标准 …… 38
一、作为正当性来源的合法性及其局限 …… 39
二、正当化的科学技术路径及其功能丧失 …… 42
（一）通过客观性实现正当性 …… 42
（二）科学技术官僚范式的形成与检讨 …… 44
三、民主参与路径的兴起及其问题 …… 50
（一）民主性的含义 …… 50
（二）风险决策的民主性及其问题 …… 53

四、复合正当性标准及其修正 ………………………………… 56
　（一）合法性、科学性和民主性的复合正当性标准 …… 56
　（二）"可接受性"概念的引入 ……………………………… 60
　（三）价值内涵与程序要求 ………………………………… 68

第三章　风险决策的信息法调控 ………………………………… 73
一、风险信息及其收集难题 ………………………………… 74
　（一）作为决策基础之风险信息 ………………………… 74
　（二）风险信息收集的困难属性 ………………………… 78
　（三）一元政府模式的"力不从心" ……………………… 81
二、多元风险信息收集机制之建构 ………………………… 86
　（一）多元模式的可行性分析 …………………………… 86
　（二）政府模式 …………………………………………… 89
　（三）市场模式 …………………………………………… 95
　（四）社会模式 …………………………………………… 100
三、案例分析：疫情信息收集与直报系统检讨 …………… 109
四、域外经验：美国有毒物质排放清单制度 ……………… 119
　（一）美国TRI制度的背景与内容 ……………………… 121
　（二）美国TRI制度的实践与争议 ……………………… 125
　（三）TRI制度实施的真实个案：报告负担削减计划的沉浮 ………………………………………………… 134
　（四）TRI制度实施对我国建构PRTR制度的启示 …… 137

第四章　风险决策的组织法调控 ………………………………… 142
一、组织法对行政决策的调控功能 ………………………… 143
　（一）组织法之权力组织形态 …………………………… 143
　（二）组织法之权力分配模式 …………………………… 144
　（三）组织法之权力运行条件 …………………………… 146

二、科层制与规制机构改革 ······ 148
（一）科层制行政体系中的决策 ······ 149
（二）作为改革方向的独立规制机构 ······ 154
（三）委员会模式的内部治理 ······ 162

三、科学性的组织法调控 ······ 167
（一）科学输入型组织 ······ 167
（二）风险评估正当性的组织保障 ······ 170

四、民主性的组织法调控 ······ 175
（一）民主输入型组织 ······ 175
（二）民主性机构的类型与建构 ······ 177

五、案例分析：我国公共卫生决策中的疾控机构 ······ 180
（一）现代疫情防控体系的价值导向和制度目标 ······ 181
（二）疾控机构的组织定位与制度资源 ······ 183
（三）疾控机构的改革方向 ······ 189

第五章　风险决策的程序法调控 ······ 194

一、程序之风险决策的调控功能 ······ 195
（一）促进决策的法治契合度 ······ 195
（二）提供科学与民主的对话机制 ······ 197
（三）形塑规制政策的社会效果 ······ 198

二、风险决策程序的框架建构 ······ 200
（一）程序范式：从合法执行到"分析与商议" ······ 200
（二）程序步骤：从线性三分法到反思性五分法 ······ 206

三、技术可接受性的程序法保障 ······ 220
（一）风险评估与科学决策 ······ 220
（二）风险评估的局限性与可疑性 ······ 222
（三）风险评估的具体程序建构 ······ 226

四、社会可接受性的程序法保障 ······ 231
（一）风险沟通与民主决策 ······ 231
（二）风险沟通的设计目标：达成共识和妥协 ······ 236

（三）风险沟通的具体程序建构 ………………………… 238
　五、案例分析：农业转基因生物的风险决策程序 ………… 243
　　　（一）风险议题形成 ……………………………………… 245
　　　（二）预评估 ……………………………………………… 248
　　　（三）技术性风险评估 …………………………………… 249
　　　（四）社会可接受性评估 ………………………………… 250
　　　（五）风险沟通与风险管理 ……………………………… 251

第六章　风险决策的责任法调控 ……………………………… 253
　一、风险决策责任法调控的困境 …………………………… 254
　　　（一）风险决策的追责难题 ……………………………… 254
　　　（二）风险决策责任法的失灵 …………………………… 263
　二、风险决策责任法的重构 ………………………………… 268
　　　（一）风险决策责任机制的基本导向 …………………… 270
　　　（二）承担风险决策责任的主体范围 …………………… 274
　　　（三）风险决策的责任类型 ……………………………… 284
　　　（四）风险决策的追责机制 ……………………………… 288
　三、风险决策的司法审查 …………………………………… 291
　　　（一）风险社会中的司法功能 …………………………… 291
　　　（二）风险决策的司法审查技术 ………………………… 294
　四、案例分析：张小燕案中的司法审查 …………………… 302
　　　（一）张小燕案的基本案情与核心争议点 ……………… 303
　　　（二）审查技术：法院如何回应"科学—民主"问题 … 304
　　　（三）司法功能：从私权救济到风险治理 ……………… 310

第七章　结　语 ………………………………………………… 313
参考文献 ………………………………………………………… 320
后　记 …………………………………………………………… 342

第一章 导 论

一、背景设定：风险社会

（一）社会学中的风险理论流派

我们所生活的世界是一个充满风险的世界。工厂、汽车所产生的废气排入我们所呼吸的空气中，固体废弃物被填埋在我们居住或种植粮食的土地中，工业原料被掩饰成添加剂藏在我们每天饭桌上弥漫诱人香味的食物中，科学技术的飞速发展在创造繁荣便利甚至生活奇迹的同时也带来了核事故、空难、高铁事故这些祖辈完全陌生的灾难。人类多年来对大自然肆无忌惮、不遗余力的改造和征服终于等来了大自然的伺机报复，例如，转基因这种似乎仅存在于生物课本里的遥远科技使我们祖祖辈辈熟悉的世界改头换面，却又遮遮掩掩，似乎隐藏着不为众人所知的秘密。在这个充满风险的世界，一些人在不清不楚中失去生命，一些人在悔恨与神伤中失去土地和家园。

频发的灾难（自然的或人为的）使人类产生了不安全感，这种不安全感引发了20世纪80年代后期西方学者对西方社会在工业化和全球化进程中日益凸显的各种矛盾的回应和思考。随着全球化进程的发展、现代化建设和科学技术日新月异的快速推进，以切尔诺贝利（Chernobyl）核电站事故为标志和开端的社会风险图景开始展开，环境污染、食品安全、核电泄漏、自然灾害，乃至人为的恐怖袭击、颜色革命、种族冲突等等，社会开始展现出与经济繁荣、蓬勃向上的发展趋势不相协调的场景，使全球人类都面临着前所未有的挑战。而对这一生产、生活困境的思考，形成了西方社会学中的一个研究流派。以德国、美国、法国等国家的社会学家、心理学家如乌尔里希·贝克

(Ulrich Beck)、尼克拉斯·卢曼（Niklas Luhmann）、安东尼·吉登斯（Anthony Giddens）、玛丽·道格拉斯（Mary Douglas）、保罗·斯洛维奇（Paul Slovic）、米歇尔·福柯（Michel Foucault）为代表的学者从不同的角度对风险对象进行了反思，形成了一个风险社会学流派。

由于不同学者所持有的风险视角截然不同，因此做出解读的理论也存在较大差异。根据狄波拉·勒普顿（Deborah Lupton）的分类，技术科学视角（technico-scientific perspective）下的风险是运用科学技术对客观风险进行计算后得出的一个结果，因此，风险一般被定义为伤害发生的可能性和伤害后果严重性的一个集合体。采取这一视角所开展的研究属于强现实主义流派，其主要采用认知心理学建立模型，去评估公众如何识别、理解和应对风险，从而研究客观的风险与公众心中主观风险之间的差异与原因。这一视角对缺乏风险知识的人可能会带有一定的轻视。[①] 保罗·斯洛维奇是代表性作者。与技术科学视角相对的是社会文化视角（socio-cultural perspective），其主要关注风险被理解、存在、体现和商谈的社会文化背景。采取这一视角的学者被称为相对主义流派或社会建构主义者，其基本立场在于抛弃风险的完全客观或可知的前提假设，将风险视为预先存在的知识和商谈所形成的。[②] 包括提出风险社会理论的贝克和吉登斯，聚焦于风险的"文化/符号"研究的玛丽·道格拉斯，以及提出治理性理论的福柯都可归入这一流派。但他们的研究视角和观点也存在较大差别，具有从弱社会建构主义到强社会建构主义的递进趋向。（如图1-1所示）

风险观念 研究视角	现实主义 技术科学视角		相对主义 社会文化视角
研究理论 理论流派	认知心理学 现实主义	风险社会理论、文化/符号理论 弱社会建构主义/批判社会建构主义	治理性理论 强社会建构主义

图1-1 勒普顿对风险流派的分类

---

① LUPTON D. *Risk* (Second ed.). London & New York: Routeldge, 2013: 26.
② LUPTON D. *Risk* (Second ed.). London & New York: Routeldge, 2013: 43.

其中，贝克和吉登斯的风险社会理论恰属于介于现实主义与相对主义之间的弱社会建构主义。贝克所采取的风险观是同时跨越本体论和认知论的，首先，风险被定义为"完全逃脱人类感知能力的具有放射性的，空气、水和食物中的毒素和污染物，以及相伴随的短期和长期的对植物、动物和人的影响"①，因此，风险是一种客观的存在；同时，风险也是"系统地处理由现代化自身引致的危险和不安全感的方式"②，因此，风险又涉及人的主观性与社会建构过程。建立在这种双重风险观之上的风险社会理论便体现出介于现实主义和建构主义之间的一种弱建构主义属性。贝克认为解释风险这两种进路③各有利弊——风险确实需要自然科学分类和测量工具来识别，但同时，风险也建立在关于可接受水平的社会标准之上，这种标准会因时间、地点、群体的不同而改变④。现实主义进路"没有认识到'科学事实'的方法在文化与政治的背景中被定位与解释的方式"⑤，无法进一步分析何为"可接受的风险"⑥。作为上述两种进路的综合，贝克提出了一个综合性的社会学视角，站在自然科学客观主义的立场，认为真正的风险是存在的，同时，又站在文化相对主义的立场，认为风险的本质和起因是会被人类社会和制度概念化的。可见，贝克的风险观是一种"虚拟的现实，现实的虚拟"，一种辩证的统一。⑦

以此风险观和研究进路为基础，贝克提出了风险社会理论，为剖析现代性的本质提供了一个强有力的解释框架。根据这一理论，风险

---

① 乌尔里希·贝克：《风险社会：新的现代性之路》，张文杰、何博闻译，译林出版社 2018 年版，第 8 页。
② 乌尔里希·贝克：《风险社会：新的现代性之路》，张文杰、何博闻译，译林出版社 2018 年版，第 7 页。
③ 和勒普顿使用的术语不同，贝克称之为自然客观主义（naturalist objectivism）和文化相对主义（cultural relativism）。
④ BECK U. *Ecological politics in an age of risk*. Cambridge: Polity Press, 1995: 162.
⑤ 狄波拉·勒普顿：《风险》，雷云飞译，南京大学出版社 2016 年版，第 61 页。
⑥ BECK U. *Ecological politics in an age of risk*. Cambridge: Polity Press, 1995: 75.
⑦ 杨雪冬：《全球化、风险社会与复合治理》，载《马克思主义与现实》2004 年第 4 期。

社会是在马克思的"原始社会、农业社会、工业社会"的划分模型基础上进一步延伸的。西方社会发展到后工业社会时期①之后,开始出现各种问题,而风险社会理论试图解释后工业社会的新属性以及为什么产生这些属性,因此是一种解释现代性的理论。贝克描述了现代社会区别于过去工业社会的特征,而这些特征与过往工业社会的特征如此不匹配,以至于应当认可一个正在成形的新社会阶段,而这个新社会阶段被贝克称为风险社会阶段。这个风险社会具有许多新的东西:

首先,它的社会逻辑是不一样的——工业社会中财富分配的逻辑被风险社会中的风险分配逻辑所取代。②"在古典工业社会,财富生产的逻辑超过风险生产的逻辑,因此风险是次要的,被作为潜在的副作用或'外部性'。而在后工业时代,这种关系发生了颠倒。风险生产和分配的逻辑主导了社会变革的进程。"③

其次,它的物质后果是不同的。19世纪显现的后果是物质的匮乏、贫穷、饥饿和拥挤,而今天的后果是对生活的物质基础的威胁和破坏。④

再次,科学和法律制度建立起来的风险计算方法崩溃了。⑤ 以凶手和受害者形式出现的技术也不再适用自然的指涉框架。⑥

最后,社会阶层在风险社会失去了原来的核心地位,生活方式开始变得多样化和个体化,社会的不平等主要表现为个体的不平等。所

---

① "后工业社会"是丹尼尔·贝尔提出的概念,参见丹尼尔·贝尔《后工业社会的来临》,高铦、王宏周、魏章玲译,新华出版社1997年版。
② 乌尔里希·贝克:《风险社会:新的现代性之路》,何博闻译,译林出版社2004年版。
③ SHRIVASTAVA P. Ecocentric management for a risk society. *Academy of management review*, 1995, 20(1): 118-137.
④ 乌尔里希·贝克:《风险社会:新的现代性之路》,何博闻译,译林出版社2004年版,第58页。
⑤ 乌尔里希·贝克:《风险社会:新的现代性之路》,何博闻译,译林出版社2004年版,第19页。
⑥ 乌尔里希·贝克:《风险社会:新的现代性之路》,何博闻译,译林出版社2004年版,第23页。

有过去的社会关系和家庭关系都相应地发生了变化。①

随着风险社会的到来，政府机构无法像过往通过保险制度来追踪、管理和控制风险，因此也否认自己需要负责。而风险社会之所以到来，是因为自反性现代化的结果，是工业社会内部所蕴含的自我摧毁的力量，即"制度毁于其自身的成功"②。自反性现代性"以一种既非人们意愿，亦非人们预期的方式，暗中削弱第一现代性的根基，并改变着它的参照标准"③，最终形成与作为后工业社会新阶段的风险社会相契合的第二现代性。

吉登斯将现代社会描述为"失控的世界"，与贝克的分析进路基本相同，并与贝克一样将反思性现代化作为这个困局的出路。但与贝克有所区别的是，吉登斯更加关注风险社会中的"本体性不安全"④，因此，应对心理危险和社会危险的重要性便超越了贝克眼中的环境危险。

（二）风险社会理论框架的适用

社会学中的风险理论是一种对社会进行观察之后的观点，以"风险"作为描述现代化的概念，认为面对现代化的威胁，只有从风险特征的角度进行把握并解决风险问题，才能够维持未来社会秩序的和谐。⑤ 但不同学者对如何解决风险问题存在不同的理解和思路，从而形成了不同的理论流派和观点争鸣。法学进路下对这种社会变迁的感

---

① 乌尔里希·贝克：《风险社会：新的现代性之路》，何博闻译，译林出版社2004年版。
② 乌尔里希·贝克、安东尼·吉登斯、斯科特·拉什：《自反性现代化：现代社会秩序中的政治、传统与美学》，赵文书译，商务印书馆2001年版，第4页。
③ 乌尔里希·贝克：《世界风险社会》，吴英姿、孙淑敏译，南京大学出版社2004年版，第2页。
④ "本体性不安全"这个概念是吉登斯风险理论中的一个核心概念，他在《社会学理论的核心问题》一书中对此进行了专门论述，另在《现代性的后果》《现代性与自我认同》等书中也多次提到这个概念。
⑤ 侯宜谘：《风险行政法的建制尝试：以食品卫生安全领域为中心》（学位论文），台湾政治大学法律学系2013年，第8页。

知和回应并不需要过度深入社会学的派别纷争之中。法学要回答的问题，是在风险社会背景下的国家权力如何运作，是国家如何建构相关标准、规范和制度来避免人民的生命、健康受到风险的威胁，从而保障社会安全、稳定和发展。但社会学中的风险理论提供了一个观察社会变迁和国家任务演进的切入点，给在法律体系中建构风险决策制度带来检讨和修正的灵感。而其中的风险社会理论为其提供了一个较好的分析框架。

首先，贝克和吉登斯的风险社会理论可以归入制度建构理论派。风险社会理论不仅是对风险源这一客体的讨论，更深入检讨风险问题对政治系统的挑战。科技进步所带来的副作用加剧了人民和政治决策系统之间的分裂和对立，使政治系统之外的人民试图发出自己的声音，挑战由科学和官僚系统建构的权威体系。贝克认为，国家权力面临内外困境，国家权威传统领域被迫限缩，而公民社会领域开始承接政治任务，从而产生"次政治"领域，决策机制、应责机制都发生改变。同时，风险对政治系统的这种冲击也是对法律系统的冲击，法学的回应则是这一理论的重要衍生课题。因此，以风险社会设定为背景，并运用风险社会理论框架作为法学研究进路的基本框架具有更高的契合性。

其次，风险社会理论由于采取了兼顾客观和主观的风险观，同时采取更为辩证统一的综合社会学进路，其所提供的现代化解释框架和分析工具更具有解释力。当开始进入关于如何进行风险决策的探讨时，我们发现，风险的双重属性将彻底展现并极大影响决策的开展，来自不同群体的不同风险观产生激烈的碰撞，"科学—民主"在传统决策者所面临的冲突中扮演着重要的角色，影响着公共决策的议程和结果。因此，以辩证统一的视角看待风险，避免极端现实主义和极端相对主义，选取更为综合的进路来认识、分析和探寻风险治理之道是更为可取的路径。

最后，风险社会理论尽管萌生于西方工业社会理论之中，并针对西方国家的社会形态做出解释，但它对我国的情况具有同样的解释力和契合度。自改革开放以来，我国经济高速发展，无论是从农业向工业的过渡,还是传统社会向现代社会的过渡,都具有与西方社会类似的发展进程。环境污染、食品安全、各种化学品污染等,都在对这一理论进行加强。再加上现代风险所具有的跨地域性,许多问题都是全球共同面对的,地域差异并不大。而风险社会中个体的不安全感、科学与民主的冲突、社会治理中的政府责任变革等,也具有惊人的同质性。因此可以说,社会风险是作为一个具有全球共时性的时代问题出现的,是人类的生存实践活动发展到一定程度的历史必然。

社会学中的风险理论为我们提供了一个具有启发性的"风险"概念,并基本建构了一个风险社会的探讨场域。这个风险概念和风险社会场域值得法学家参考,特别是值得致力于思考如何规范行政权力和促进行政决策的行政法学家加以利用。"正因为'风险行政法'同时涉及风险概念与国家规范设计的问题,社会学与法学讨论风险问题的视野也才有了重叠的可能。"① 但社会学的研究偏重的是一种对社会的观察,属于一种事实描述,而法学追求的是规范层面的问题,需要结合法治思想和人民基本权益等核心价值,寻求评价国家权力和行为的标准,并建构出能规范国家权力、指导风险、规制行动的机制。因此,本书将研究背景设定为贝克所描述的风险社会,借鉴其中的风险概念进行事实描述,再从事实层面转向规范层面,将风险议题纳入法学层次的探讨。

二、对象描述:风险行政决策

风险决策活动是伴随着风险意识和风险概念的产生而出现的。遵循社会学的视角进行历史回溯可以发现,人类应对生命中的不确定威胁的历史,经历了从消极到积极,从个体行为到公共需求的过程。伴随着风险的发生,应对风险成为现代福利国家中政府的一项重要职能活动,风险决策也开始成为一种必须纳入法治框架内进行讨论的行为

---

① 侯宜咨:《风险行政法的建制尝试:以食品卫生安全领域为中心》(学位论文),台湾政治大学法律学系 2013 年,第 7 页。

类型。

(一) 人类风险决策活动的演进

从词源学来看,风险一词的来源颇有争议,不同的学者有不同的考究。① 追溯最早的结论,认为该词语来自阿拉伯语 ris 或 risq,是给予、命运和天赐的意思,"上帝给你的任何你从中获利的东西"②,或者古希腊语 ριζα,意思是"树的主干、根"。③ 根据牛津英语词典,12 世纪中期后古典拉丁词 resicum、risicum 等在商业语境中表示危险的词,源自后古典拉丁语名词 resecum,意思是岩石、峭壁、暗礁,并暗含"海上旅行或运输的危险"的意思。④ 而同时期出现的希腊单词 ριζικον 也具有"根、石头、坚实土地的切块"的意思,暗指"航行太靠近悬崖的危险,如逆风、狂暴的下风、旋转的潮汐"⑤、"海上难以避免的困难"⑥。此后,这一概念进一步在不同欧洲语言之间传播,各种语言中都出现了类似的词汇,如意大利语 risico、rischio、risco,西班牙语 risco、riesgo 和法语 risqué,而英语中的 risk 可能是从葡萄牙语或西班牙语中引入的。⑦

许多研究者对该词的追溯都与中世纪早期的航海活动和航海风险

---

① STRYDOM P. *Risk, environment, and society: ongoing debates, current issues, and future prospects*. Buckingham: Open University Press, 2002: 75.

② WHARTON F. Risk management: basic concepts and general principles. In *Risk: analysis, assessment and management*. Chichester: John Wiley and Sons, 1992: 4.

③ SKJONG R. *Etymology of risk: classical greek origin-nautical expression-metaphor for "difficulty to avoid in the sea"*. DNV, 2005.

④ AVEN T. The risk concept: historical and recent development trends. *Reliability engineering & system safety*, 2012, 99: 33 – 44.

⑤ BRITISH MEDICAL ASSOCIATION. Living with risk: the British medical association guide chichester. *John Wiley & Sons*, 1987: 1.

⑥ SKJONG R. *Etymology of risk: classical greek origin-nautical expression-metaphor for "difficulty to avoid in the sea"*. DNV, 2005.

⑦ GIDDENS A. *Runaway world: how globalization is reshaping our lives*. London: Profile Books, 1999: 21 – 22, 35; SKJONG, R. *Etymology of risk: classical Greek origin-nautical expression-metaphor for "difficulty to avoid in the sea."* DNV, 2005.

有关，例如，弗朗索瓦·埃瓦尔德（François Ewald）便认为，当时的风险特指一个客观危险的可能性、天灾、不可抗力、暴风雨以及其他无法归咎于错误行为的海上风险。① 此时的风险概念的最大特点是被定义为自然事件，如风暴、冰雹、洪水、动物间的流行病、火灾等，并不包括人类自己造成的灾难。埃瓦尔德认为，这种风险的定义"见证了人类和自然之间的某种对立关系"②。

在这种对立关系下生活的人们面临着来自大自然对生命和福祉的巨大威胁。由于科学技术水平有限，对自然界和科学知识的掌握不足，人类被来自自然的力量所支配，各种威胁，包括原始社会的洪水猛兽、农业社会的各类水灾、旱灾、瘟疫等，给生命延续和生活质量带来不确定性。贝克将此称为"前现代的灾难"③，吉登斯称为"外部风险"——"来自外部的、因为传统或者自然的不变性和固定性所带来的风险"④。

古代社会是在宿命论的指导下应对自然风险的，主要包括3条路径。第一条路径是通过探寻神意而了解灾难的信息。人们把自然风险归因于自然的某种支配力量，为探测神秘力量的意图而出现了占卜、算卦、祭祖、问天等手段。第二条路径是信仰系统的发展，在无法改变灾难时寻找合理的归因并寻求内心的平静。从最初通过祈祷、献祭、礼仪、巫祀等方式，到后期发展为更为成熟的信仰和宗教体系，人类实现了"与决定其命运的各种力量的和解"⑤。例如，在中世纪的法国，"与基督教稍许相连的法术成为一种信仰系统，通过这一系

---

① EWALD F. Two infinities of risk. In *The politics of everyday fear*. Minneapolis, Minnesota: University of Minnesota Press, 1991: 221-228.

② EWALD F. Two infinities of risk. In *The politics of everyday fear*. Minneapolis, Minnesota: University of Minnesota Press, 1991: 221-228.

③ BECK U. *Ecological politics in an age of risk*. Cambridge: Polity Press, 1995: 77.

④ 安东尼·吉登斯：《失控的世界：全球化如何重塑我们的生活》，周红云译，江西人民出版社2001年版，第22页。

⑤ 约翰·杜威：《确定性的寻求：关于知行关系的研究》，傅统先译，上海人民出版社2004年版，第1页。

统,从概念和行为上解决各种威胁和危险,使人们觉得他们多多少少有一些控制世界的能力"①。我国古代在天命主义的引导下,对一切人事休咎均归为天帝所决定,灾害的发生便是天帝有意降罚人类,想要免除灾害,只有祷禳天帝。这种思想尽管随着历史的发展有所动摇和变化,但一直到民国时期依然在社会上普遍流行。② 这种应对与其说是对风险的改变,不如说是通过控制我们自己对秩序紊乱产生的焦虑情绪,从而实现与风险的共处。③ 第三条路径是关于科学与技术。在寻求天意和寻求共处之路之外,科学和技术作为风险应对手段,也在此过程中被使用,如"建筑房屋、缝织衣裳、利用火烧"④ 等。"另一种途径就是发明许多艺术,通过他们利用自然的力量,人就从威胁着他的那些条件和力量本身中构成了一座堡垒。"⑤ 同时,社会化动员和组织系统也开始发展,如储存粮食。据《开望》记载:"天有四殃,水旱饥荒,其至无时,非务积聚,何以备之?"又如,我国古代耕三余一、积谷备荒的思想,《礼记·王制》载:"三年耕,必有一年之食;九年耕,必有三年之食。"⑥

  前现代社会,这种人与自然的相处模式,是一种在宿命论和决定论笼罩下的被动应对。这种应对并非以未来为导向,并不试图改变人类命运,而是在接受命运已被主宰的前提下寻求与不确定性的共处。因此,古代在处理人类和自然的关系时"不是从风险角度,而主要是

---

① 狄波拉·勒普顿:《风险》,雷云飞译,南京大学出版社2016年版,第2页。
② 邓拓:《中国救荒史》,北京出版社1998年版,第192-197页。
③ 安东尼·吉登斯、克里斯多弗·皮尔森:《现代性:吉登斯访谈录》,尹宏毅译,新华出版社2001年版,第78页。
④ 约翰·杜威:《确定性的寻求:关于知行关系的研究》,傅统先译,上海人民出版社2004年版,第1页。
⑤ 约翰·杜威:《确定性的寻求:关于知行关系的研究》,傅统先译,上海人民出版社2004年版,第1页。
⑥ 石兴:《巨灾风险可保性与巨灾保险研究》,中国金融出版社2010年版,第83页。

从命运或上帝赐予的福与祸的角度考虑问题"①。宿命论指导下对不确定性的应对也并非如今我们以控制风险、改变未来为核心的风险决策活动。因此,可以说,古代社会并无我们试图探讨的现代意义的风险决策活动。

现代意义之风险概念始于人类在与自然的共处过程中对不确定性的态度转变。如上所述,最早的风险概念被定义为一个自然事件,代表着人与自然的对立。但在中世纪那个大胆探索和发现新航道、新大陆的时代,人类进一步开拓航海事业,海上的风险观念开始转向积极向上的探索世界的一面,商人和海员开始把不确定性当作获取收益、改善生活的机会。向着人们不知道的地方开启一段充满风险的长途航海征程被视为一种挑战、一种获利的机会,而不再仅是一种危险和命运。② 因此,16世纪,"风险"这个词汇在借鉴、交流过程中,其含义开始发生变化,不再仅指代消极的一面,而是具有冒险、好处和获利的意思。如在14世纪早期的意大利语中出现的risco,尚指代"伤害的可能性、不愉快的后果等"③,而在中古高地德语中,Rysigo则是一个商业术语,指"敢于承担,敢于进取,希望获利"④。随着这种对不确定性态度的转变,"风险"作为一个积极版的"不确定性"概念出现了——不确定性代表了消极的损害后果的可能性,而风险代表了获利的可能性。随着这种对待不确定性态度的转变,16世纪中期,

---

① 安东尼·吉登斯、克里斯多弗·皮尔森:《现代性:吉登斯访谈录》,尹宏毅译,新华出版社2001年版,第78页。

② ZACHMANN K. Risk in historical perspective: concepts, contexts, and conjunctions. In *Risk: a multidisciplinary introduction*. Springer International Publishing, 2014.

③ AVEN T. The risk concept: historical and recent development trends. *Reliability engineering & system safety*, 2012, 99: 33–44.

④ SKJONG R. *Etymology of risk: classical Greek origin – nautical expression – metaphor for "difficulty to avoid in the sea"*. DNV, 2005; NJÅ O, SOLBERG Ø, BRAUT G S. Uncertainty: its ontological status and relation to safety. In *The illusion of risk control*. Springer, Cham, 2017: 5–21.

射幸合同（aleatory contracts）① 开始成为一种法定合同形式，保险范围也发展到涵盖火灾、人寿、责任等新的保险类型与制度。② 对风险的计算也成为冒险活动和保险制度的重要内容。不过，在当时信息极度匮乏而技术依旧落后的环境下，所谓的"风险计算"主要还是凭猜测、凭一种"鲁莽的赌博精神"而已。③ 为了应对商人签订射幸合同的需要，数学家开始关注这个问题，把不确定性量化为概率问题，④ 从而为风险决策提供指引。"风险概念表明人们创造了一种文明，以便使自己的决定将会造成的不可预见的后果具备可预见性，从而控制不可控制的事情，通过有意采取的预防性行动以及相应的制度化措施战胜种种（发展带来的）副作用。"⑤

区别于这种乐观的风险个体抉择，现代意义的公共风险规制活动

---

① 射幸合同是与实定合同相对应的合同种类。这一类合同的法律效果在合同签订时还不确定，即最后会发生的法律后果取决于所压事件的偶然后果。保险合同是最典型的射幸合同，最后被保险人能否获得赔偿、保险人是否需要赔偿是不确定的。但单个保险合同才是真正的射幸合同，如果是现代保险制度下的合同，由于合同的约定是建立在较为精确的大型数据统计之上的，确定性很高，因此，射幸的性质较弱。

② 江静、顾寒梅：《国际货物运输与保险》，格致出版社 2011 年版，第 196–201 页。

③ ZACHMANN K. Risk in historical perspective: concepts, contexts and conjunctions. In *Risk: a multidisciplinary introduction*. Springer International Publishing, 2014: 3–35. 另参见 DASTON L J. The domestication of risk: mathematical probability and insurance 1650–1830. *The probabilistic revolution*, 1987: 237–260.

④ 从这种赌博式的猜测到概率计算的风险评估的转变，转折点是点数分配难题（the problem of points）的出现。一个名为 de Méré 的赌徒问著名数学家布莱兹·帕斯卡（Blaise Pascal）一个关于点数分配的问题：假设两个玩家需要赢得特定局数来最终获胜（假设是 3 次），两位玩家都有相等赢得每局的机会（如猜硬币）。但由于某些外在因素使两个玩家在还没有完成所有局数前被迫停止（如甲赢了 2 次，而乙赢了 1 次，突然间警察扫场，赌局被迫终止）。在这种两人所赢得的局数不相等，又没有人达到约定的获胜局数的情况下，奖金应该如何分配才公平？帕斯卡（和另一个数学家费马）最终给出了一个影响风险管理思维的答案——不应该按照比赛领先的局数，而应按照比赛的局数来做分配，从而将对未来的预期纳入考虑范围，奠定了概率论的基础，也是后来风险管理的基础。See COOPER D, GRINDER B. Probability, gambling and the origins of risk management. *Financial history*, 2009, 93: 10–12.

⑤ 乌尔里希·贝克、约翰内斯·威尔姆斯：《自由与资本主义》，路国林译，浙江人民出版社 2001 年版，第 121 页。

是在人类进入工业社会之后伴随着新的风险观的形成而出现的。经济和技术的发展促使了英国工业革命和法国资产阶级革命的发生,但同时也带来了新型的风险。"铁路事故、蒸汽锅炉爆炸、桥梁倒塌、食品掺假、迅速扩张的城市中出现的几波霍乱疫情,以及其他危险,标志着一种新的人为危险和不确定性的威胁。"[1] 自然风险是非人类行为所产生的风险,例如,大自然的火山爆发和河水泛滥,但是,随着大自然被人类进一步研究和防范,人类具有了应对自然风险甚至改变自然的能力,如人工降雨、建立风险预警机制。而技术风险是指在现代技术发明和运用过程中产生的副产品,是由人类行为所带来的风险。从自然风险到技术风险,风险概念的内涵发生了一次"非凡的扩展"——"风险现在不再是自然界的独家现象了。它也存在于人类之中,存在于他们的行为之中,存在于他们的自由之中,存在于他们之间的关系之中,存在于他们的交往之中,存在于社会之中"[2]。风险不再是一种需要抵挡的自然之力,而是人类行为和决策的后果。人,而非上帝,成为灾难降临的原因。因此,社会所恐慌的,开始从来自自然的外部风险变成吉登斯所称的"被制造出来的风险"。

在进入 20 世纪特别是中后期后,技术风险在种类和后果严重程度上日益增加,并开始产生一种可识别的属性变更,从一般的技术风险转变为一种距离灾难更近的危害状态。"20 世纪增加了一个新的层面,超越了造成死亡和伤残的机械事故(甚至以早期所不知道的规模):危害生命完整性的灾难(污染、与 DDT 相关的动物物种灭绝、疾病)、直接危害(反应停、日本因汞中毒导致的水俣病、意大利的塞维索二噁英泄漏),或潜在危害(放射性、基因操纵、人类引起的流行病)。"[3] 许多社会学家观察到这种质性变化,贝克据此将 20 世纪

---

[1] ZACHMANN K. Risk in historical perspective: concepts, contexts, and conjunctions. In *Risk: a multidisciplinary introduction*. Springer International Publishing, 2014: 3-35.

[2] EWALD F. Two infinities of risk. In *The politics of everyday fear*. Minneapolis, Minnesota: University of Minnesota Press, 1991: 221-228.

[3] EWALD F. Two infinities of risk. In *The politics of everyday fear*. Minneapolis, Minnesota: University of Minnesota Press, 1991: 221-228.

中后期阶段称为后工业社会或风险社会,与此对应的风险称为"晚期工业时代体现在大规模灾难中的不可计算的不安全"。本书将其称为"生态风险"。① 这一称谓并非指其仅为一种环境风险,而是因为这种风险是一种人类集体性风险,即它不关心单独的个人,只关心作为整体的环境、生态和人类。技术风险强调技术运用的人为活动之后果,但工业社会早期的这种技术风险尚处于可控的、个案式的呈现,如技术故障带来的事故、职业病、食品添加剂危害等。而超越个体的生态风险以一种不可控的蔓延性、集体性形象存在于全人类,切尔诺贝利事故便是这种风险的早期显现,是小规模的技术风险向生态风险过渡的代表。这次核事故总损失超过两千亿美元,导致乌克兰一半国土受到污染,超过 20 万人口需要重新安置,170 万人口受到核辐射,其中被认定直接因该事故而死亡的人数约 12500 人。② 直到现在,它对全球的影响还在继续。

如今,对技术风险的恐慌使公众不再像中世纪的人们一样,把不确定性作为获利的可能,而要求不确定性可以得到控制、各种意外死亡可以避免。风险概念回归其消极含义,迫使国家做出回应,建立风险应对机制,通过知识和技术控制或规避风险。从控制蒸汽炉爆炸,到控制流行性疾病,再到控制食品安全,现代国家风险规制体系在解决一个个安全难题中逐渐成形,在每一项政策中进行风险评估和方案抉择成为国家规制者的重要职能。这种对国家公共风险规制职能的社会期待,也使近代国家超越了自由资本主义初期"守夜人"的传统形象,同时,从秩序行政向福利行政的功能转变。可以说,风险社会的到来给公共行政提出了新的课题。尽管技术进步使我们能够应对很多以前无法应对的风险,现代社会也确实比以往任何一个时代更加安全,但新的风险也在不断涌出,其中很大一部分是人类技术运用的结

---

① EWALD F. Two infinities of risk. In *The politics of everyday fear*. Minneapolis, Minnesota: University of Minnesota Press, 1991: 221 - 228.

② Top 10 most expensive accidents in history. http://www.wreckedexotics.com/articles/011.shtml?%3F.

果。为了应对技术发展的负外部性,围绕风险而展开的新公共规制任务应运而生,因此,风险规制的增长是对新产生和发现的社会风险的一种功能性反应,风险社会也就必然产生规制国家,① 风险决策也必然成为风险社会中公共行政职能的重要内容。

(二) 风险决策的行政法学定义

1. 行政决策

根据《现代汉语词典》词条释义,决策是指"决定策略或办法"②。该解释包含了决策的两大特征——一个是能动的思考过程:"决定",另一个是能动地追求结果:"策略或办法"。在日常使用中,一般用以指代针对特定问题寻找解决办法并最终做出决定的过程或活动。在我国古代,最早有韩非子在《韩非子·孤愤》中的"智者决策于愚人,贤士程行于不肖,则贤智之士羞而人主之论悖矣"之表述,以及《史记·高祖本纪》中记载的韩信关于"决策东乡,争权天下"之战略思想。而作为一个现代概念,决策源于现代西方企业管理活动的实践,③ 英文表述为 decision-making,意指做出决定的过程。这一过程一般包括"发现问题—确立目标—收集信息—建构决定—选择方案"④。

行政决策是行政管理学中的核心概念,由"行政"和"决策"两个词组合而成,是在国家行政管理活动语境下对决策活动的观察。有些学者将行政决策定义为一种活动,如"行政决策是国家行政机关为履行行政职能,依法处理国家事务和社会事务而进行的出主意、作

---

① ROTHSTEIN H. The institutional origins of risk: a new agenda for risk research. Health, risk & society, 2006, 8 (3): 215-221.
② 《现代汉语词典》(第5版),商务印书馆2016年版,第712页。
③ 沈亚平、吴春华:《公共行政学》(第2版),天津大学出版社2011年版,第129页。
④ 张雪纯:《合议制与独任制优势比较:基于决策理论的分析》,载《法制与社会发展》2009年第6期。

决定的活动"①。也有学者将其定义为一个过程,如"行政决策是指具有行政决策权的机关或个人依据国家的法律,为了国家和公众的利益,有效地推行行政管理,为一定的行政行为确定行政目标、制定并选择行政方案的过程"②。还有学者认为,行政决策是一种决定,如"行政决策是指国家行政机关工作人员在处理国家行政事务时,为了实现预定的目标,按照一定的原则,同时根据一定的实际情况和具体条件,运用一定的方法,对所要处理的公共事务做出的正式决定"③。

行政管理学对行政决策的理解,几乎等于行政管理的全过程。西蒙(Herbert Simon)认为,决策是公共行政管理的"心脏",甚至说"管理就是决策"④,因为"行政管理始终是围绕行政决策的制定、实施和评价而进行的"⑤。鉴于行政管理过程的每一个环节都包含决策性质的活动,决策成为行政学,特别是行政行为学的核心研究内容。"决策是行政学举足轻重的组成部分和基本概念,甚至曾是行政学上行政行为的代称。"⑥ 区别于下述法学角度的理解,行政管理学中对行政决策概念的使用更为宏观,其主体往往指广义的政府或公共管理者,有时甚至专指制定国家政策的立法者,因此,决策过程往往是政治过程,"行政"一词并未严格限定于"立法/司法/行政"三分架构或"政治/行政"的二分框架之下使用,而是有较为广义的理解。

法学领域对行政决策的关注可以说最早始于行政学的影响以及行政学学者之法制化呼吁。我国早期的行政法学研究并未将行政决策作为重要研究对象,而是随着行政学学者在研究中提出行政决策应当法

---

① 郭小聪:《行政管理学》(第二版),中国人民大学出版社2008年版,第138页。
② 李乐军:《行政管理》,电子科技大学出版社2012年版,第106页。
③ 钱再见:《行政决策新论》,南京师范大学出版社2018年版,第1页。
④ 赫伯特·A.西蒙:《管理决策新科学》,李柱流等译,中国社会科学出版社1982年版,第34页。
⑤ 李春成:《林德布洛姆决策理论评析:兼论我国行政决策民主化》,载《探索》1998年第4期。
⑥ 叶必丰:《行政决策的法律表达》,载《法商研究》2016年第2期。

制化，法学学者进而跟进做出了回应。① 法学领域对行政决策的理解，是在借鉴行政学定义的基础上，强调了其法律效果和权利义务内容，如有学者认为，行政决策是"除行政立法和行政执法之外，行政主体针对公共事项所作出的、能直接或间接影响相对人权益的行政行为"②，或"行政决策主体基于国家法律和政策，根据预定目标，做出旨在分配资源和价值的，从而设立、变更和终止行政法上的法律关系的对策行为"③，或"行政决策是指行政机关、管制型机构以及其他具有公共管理职能的组织或者机构作出的可能对特定多数人或者团体的利益产生重大影响的决定的行为；包括但不限于城市规划、大型建筑工程建设、资源配置、价格调整、公共资源使用率设定、公共设施管理等的决定"④。

法学中的行政决策概念在行为内容方面与行政学中的定义类似，但在主体方面做出了更加严谨的限定，一般指"行政主体""行政机关或者法律法规授权的组织"或更加详细的"行政机关、管制型机构以及其他具有公共管理职能的组织或者机构"；在行为效果方面，往往强调会"直接或间接影响相对人权益"⑤，或"设立、变更和终止行政法上的法律关系"⑥，或"产生重大影响"⑦；在概念外延方面，一般会与其他行政行为进行比较或区分，如方世荣、葛伟认为，行政

---

① 叶必丰：《行政决策的法律表达》，载《法商研究》2016年第2期。
② 方世荣、葛伟：《论重大行政决策法定程序的构建》，载《政策》2014年第12期。
③ 戴建华：《作为行政过程的行政决策：在一种新研究范式下的考查》，载《政治论坛》2012年第1期。
④ 王锡锌：《行政过程中公众参与的制度实践》，中国法制出版社2008年版，第2页。
⑤ 方世荣、葛伟：《论重大行政决策法定程序的构建》，载《政策》2014年第12期。
⑥ 戴建华：《作为行政过程的行政决策：在一种新研究范式下的考查》，载《政治论坛》2012年第1期。
⑦ 王锡锌：《行政过程中公众参与的制度实践》，中国法制出版社2008年版，第2页。

决策区别于行政立法和行政执法。① 杨海坤、李兵认为,行政决策概念一般不包含行政立法,但包含行政规划。② 于立深认为,行政决策包括两种形态,一种是制定普遍性规则即抽象决策,是关于行政法规、规章、规范性文件制定的决策;另一种是具体决策,即对公共事务所做出的具体行政行为。③

2. 风险行政决策

为应对风险社会的到来与满足人民对福利国家发挥保护职能的期待,国家基于国家任务,必须对可能"造成生命、身体或健康法益的严重不确定性威胁,作出预防性、选择性的决定与管理"④,即为防范国家风险做出决策活动。不同国家权力都会在自身的职能范畴内做出具有这种风险决策性质的活动,立法权主要通过民主程序制定法律而实现,司法权主要通过在个案中对行政决策活动进行监督而实现,而行政权则在法律授权范围内通过实施法律和制定风险规制政策而实现。其中,作为本书的研究对象,公共风险行政决策(下文简称"风险决策")指行政机关或其他行政规制主体对来自自然或因科技运用所造成的生命健康威胁,做出预防性、选择性、规制性的决定行为。风险决策可能是为了预防尚未发生但已被感知到的风险,也可能是在做出其他社会决策时所涉及的风险选择问题,还可能是针对危害后果已发生的风险进行规制的方案形成的过程。

例如,在 2020 年新冠肺炎公共卫生事件中,无论是中央还是地方政府,无论是指挥部还是各个行政机关,均在职权范围内做出了大量应对风险的行政决策。(见表 1-1)

---

① 方世荣、葛伟:《论重大行政决策法定程序的构建》,载《政策》2014年第12期。
② 杨海坤、李兵:《建立健全科学民主行政决策的法律机制》,载《政治与法律》2006年第3期。
③ 于立深:《论我国行政决策民主机制的法治化》,载《国家行政学院学报》2010年第1期。
④ 陈宗忆:《国家的风险决策与风险决策监督:以建立"风险原则"为中心》(硕士学位论文),台湾大学法律学研究所2008年,第 vi 页。

表1-1 2020年新冠肺炎公共卫生事件中的部分决策活动

决策时间	决策主体	决策内容	决策公告方式
2020年1月20日	国家卫生健康委员会	将新型冠状病毒感染的肺炎纳入《中华人民共和国传染病防治法》规定的乙类传染病,并采取甲类传染病的预防、控制措施	向社会发布第1号公告
2020年1月23日	武汉市新型冠状病毒感染的肺炎疫情防控指挥部	自2020年1月23日10时起,全市城市公交、地铁、轮渡、长途客运暂停运营;无特殊原因,市民不要离开武汉,机场、火车站离汉通道暂时关闭	向社会发布第1号通告
2020年2月3日	杭州市人民政府	全市所有村庄、小区、单位实行封闭式管理	向社会发布《关于实施"防控疫情,人人有责"十项措施的通告》
2020年2月3日	武汉市新型冠状病毒感染的肺炎疫情防控指挥部	征用市内会展场馆,建设三所"方舱医院"	在视频调度会上部署
2020年2月15日	交通运输部	自2020年2月17日0时起至疫情防控工作结束,所有依法通行收费公路的车辆免收全国收费公路车辆通行费	向社会发布《交通运输部关于新冠肺炎疫情防控期间免收收费公路车辆通行费的通知》
2020年2月18日	建德市新冠肺炎疫情防控指挥部	全体市民和来建返建人员要主动申领"杭州健康码",全市域凭"健康码"亮码或扫码通行	向社会发布《关于在全市公共场所启用"杭州健康码"扫码认证的通告》
2020年3月4日	国家卫生健康委员会	制定《新型冠状病毒肺炎诊疗方案(试行第七版)》	向社会发布《关于印发新型冠状病毒肺炎诊疗方案(试行第七版)的通知》

续表 1-1

决策时间	决策主体	决策内容	决策公告方式
2020年3月31日	教育部	2020年全国普通高等学校招生统一考试延期一个月举行，考试时间为7月7日至8日	向社会发布《关于2020年全国高考时间安排的公告》
2020年10月11日	菏泽市牡丹区人民政府	发布旅行预警	关于做好近期新冠肺炎疫情防控的紧急通告

从这些针对不同的风险所进行的行政决策中可以看出，不同风险决策具有不同的适用场景、目标和内容，根据这些不同标准可以区分出不同的风险决策类型：

根据决策内容的不同，可以分为积极的风险决策和消极的风险决策。积极的风险决策是指决定采取规制手段以消灭、减少和规避风险；消极的风险决策是指基于概率的不确定性或危害后果未知性而决定不投入资源来进行风险规制。国家在面对风险存在之作为与不作为选择，取决于依法治国理念下对国家干预正当性的边界理论。在传统警察国理论中，危险的存在是国家介入管制的理由。但当我们进入风险社会，一旦风险概念替代了危险的概念后，政府进行风险规制的正当性便取决于风险概念的边界。现实中，政府无法应对全部的风险，有些风险必须留待其他主体（如个人）来应对，因此，必须将其归入"剩余风险"。故危险、风险与剩余风险的概念范畴设定了政府干预的界限与正当性。

根据决策紧迫性的不同，可以将风险决策分为应急状态决策和日常状态决策。前者如新冠肺炎突发公共卫生事件发生后的应对决策，是紧急态势下需要在短时间内完成并形成政策或方案加以落实的决策；而后者则为在具有更大时间包容度的常态下的决策活动。这一区分的重要性在于，应急型决策对时间要求更高，因此，无法实现与常态决策同等水平的科学性、民主性和程序性标准，应当以预防原则为导向赋予更为灵活的裁量程序。

根据规制目标的不同，可以将风险决策区分为风险规制决策和风险衡量决策。当风险作为规制决策活动的对象和目标，决策活动旨在消灭、降低、预防或控制特定风险时，属于风险规制决策，如抢险救灾、应对突发流行病或设定食品安全标准过程中的决策。而当风险是行政决策附随的一种对后果的考量，是主决策在做出过程中需要进行定义、衡量、取舍、接纳的重要因素时，此类针对风险因素的决策是一种风险衡量决策，如建设核电站时对核电风险的考量。

根据决策结果呈现形态的不同，可以将风险决策分为标准制定型决策、项目建设型决策、信息预警型决策以及其他具体行政行为类型。标准制定型决策的决策结果以可以反复使用的规范性标准的方式实施，具有在规范效力范围内定义某类风险、划定风险—安全界限的社会形塑能力，例如，各类食品安全标准的制定、新冠肺炎事件中国家卫生健康委员会将新型冠状病毒感染的肺炎纳入《中华人民共和国传染病防治法》规定的乙类传染病，以及各个版本《新型冠状病毒肺炎诊疗方案》的发布。项目建设型决策的决策内容为某一具体项目的建设落实，从长期看可能具有跨越时间和地域的重大影响力，但从短期看一般呈现为在地风险冲突，例如，核电站或垃圾焚烧厂的建设决策，往往是邻避事件的产生原因。信息预警型决策是指规制者通过信息公开或风险警示而向社会或特定人告知风险的存在，由信息接收者自行进行风险衡量并决定自己的行为，例如，2003年6月非典型肺炎（SARS）公共卫生事件后期，世界卫生组织决定解除到中国河北省、内蒙古自治区、山西省和天津市的旅游警告；又如，2020年10月，青岛市在报告新增多例新冠病毒肺炎无症状感染者后，部分地方发布旅行警告。除了这三类风险决策外，一些决策活动仅是其他行政行为的一个过程性活动，因此可能最终呈现为某种具体行政行为类型（行政处分）。本书也关注其中决策属性较强的一些具体行政行为，如环境影响评价制度、食品安全规制中的行政许可活动。

无论是上述哪一种风险行政决策，其基本属性都在于，行政决策机关在面对风险社会中关涉科技与不确定性的议题时，仅能在有限时间内根据不充足的事实信息和具有不确定性的科学证据做出政策选择，因此是一种"限制型理性"①。将风险决策从各种决策中抽象出来作为一个独立的研究对象，等于承认在风险社会背景下的公共行政中存在着一类无法仅依赖既存知识经验，而需要在不确定状态下计算与预测的行政活动，因而，其内涵、程序与责任等方面都有重新被探讨的必要。

三、问题提出：如何促进良好的风险行政决策

（一）风险决策的"无知"困境

信息和知识是引导我们行动的前提。但在风险社会中，"知识实际上是一种有问题的资源，它和风险社会存在着矛盾的关联：一方面作为掌控自然的技术来源，它是制造风险的发动机；另一方面它在风险分析中是预防风险的媒介"②。知识所造成的不确定性和它所能解决的问题一样多。而贝克提醒我们，关键就在于知识的镜像——非知识（non-knowledge）③，即无知（ignorance）。无知永远比知识要多，④ 不

---

① 倪贵荣、王郁霖、蔡嘉晏：《食品安全治理中科学基础与民主参与的平衡》，载《政大法学评论》（台湾地区）第155期。
② 莱纳·沃尔夫：《风险法的风险》，陈霄译，载《风险规制德国的理论与实践》，刘刚编译，法律出版社2012年版，第93页。
③ 乌尔里希·贝克：《自反性现代化：现代社会秩序中的政治、传统与美学》，赵文书译，商务印书馆2001年版，第221页。
④ 芝诺的知识圆圈说可以作为这句话的注解。有一次，古希腊哲学家芝诺被他的学生问道："老师，您的知识比我们多许多倍，您对问题的回答又十分正确，可是您为什么对自己的解答总是有疑问呢？"芝诺顺手在桌上画大小两个圆圈，并指着它们说："大圆圈的面积是我的知识，小圆圈的面积是你们的知识。我的知识比你们多。但是这两个圆圈的外面，就是你们和我无知的部分。大圆圈的周长比小圆圈的长，因而我接触的无知的范围比你们的多。这就是我为什么常常怀疑自己知识的原因。"参见陈文江、秦美珠《智者的逻辑》，上海交通大学出版社1999年版，第260页。风险社会中的科学知识同样犹如一个圆圈，圆圈越大，我们知道的越多，所要面对的未知领域就越广阔。

确定的东西永远比确定的东西要多。我们无法真正了解风险的全貌，而永远会遗漏一些东西。根据贝克的分类，无知具有以下几个方面或范围：①对于风险知识有选择性地接受与传播；②知识的不确定性本质；③对事物知识的误解和错误判断；④认识的无能（无法去知道）；⑤不愿知道，无意去了解。① 此外，还有一种真正的无知——"不知道我们所不知道的"。② 19 世纪 50 年代曾发生一起关于酞胺哌啶酮（thalidomide）的事件。酞胺哌啶酮是一种治疗孕妇晨吐的镇静药，经过合法的风险评估后该药顺利获得商业许可执照，但后来发生了妇女因服用此药而生出畸形儿的悲剧。尽管当时的专家考虑了各种危害，却唯独没有考虑对小孩的影响。我们很难谴责当时的专家，因为并不是他们不知道酞胺哌啶酮会对婴儿产生影响，而是他们没有考虑这一点。这就是一种无知，是我们所不知道的不知道，因此只能在事后感慨"万万没想到"。③

当规制国家被赋予风险预防职责时，便必然要遭遇这种无知。风险预防任务要求规制者"先发制人"地进行风险防范，往往是在潜在

---

① 乌尔里希·贝克：《世界风险社会》，吴英姿、孙淑敏译，商务印书馆 2004 年版，第 157–161 页。

② 周桂田：《风险社会典范转移：打造为公众负责的治理模式》，台湾远流出版公司 2014 年版，第 138 页。

③ 另一个例子可借用 Frank Richard Stockton 著名的寓言故事"美女与老虎"来说明：年轻人面前有两扇门，其中一扇门后面是一只凶猛的老虎，一旦打开门，老虎会扑门而出瞬间将年轻人撕碎咬死；另一扇门背后是一个美女，若年轻人打开这扇门，则可以抱得美人归。Clark 将这个寓言加以扩展，设想了第一种情况是年轻人拒绝做出选择，因此，平安生存却孤独一生。第二种情况是年轻人雇用了风险评估顾问，搜集所有可能的信息、研发可以捕捉声音和香水的精密工具，从而得出了打开门后不同后果的概率数据。年轻人选择了获得美女概率非常高的那扇门，但不幸地被低概率出现的老虎咬死。第三种情况中年轻人掌握了驯虎术并随机打开一门，最后被门后出来的美女咬死。这三种情况都是人类历史上对待风险的态度——要么逃避它，要么理解、计算它，要么试图控制它。第三种情况的控制失败便是由于无知，它超越了专家进行风险评估的框架，是我们事前所无法想象到的。参见 STOCKTON F R. *The lady or the tiger and other stories*. New York：Charles Scribner's Sons, 1884. CLARK W C. Managing the unknown. In *Managing technological hazard*. Colorado：Institute of Behavioral Science, 1977：109–142.

问题还没有发生之前便进行规制，在问题还没有彻底理清之前便需要做出决断。"通过限制影响或提供补偿来应对风险的被动风险监管，正在让位给旨在首先防止负面后果的积极治理体系和先发制人的政策。"① 因此，风险决策是"积极规制"与"防范未然"两个矛盾体的结合。防患于未然意味着一种未来导向。在风险社会，所有出发点都指向未来。"过去失去了它决定现在的权力。"② 而这一权力转移到未来手中——我们在今天做或不做什么事情都是为了明天会或不会发生什么事情。因此，规制者的首要任务就是要预测未来可能会发生什么事，也即未来是否会有灾害发生，以及何时何地会发生、如何发生、后果如何。"现代行政的中心从福利行政走向了风险行政，政府职责的范围从关心现状、保护或重建一个不受干扰的状态为己任，发展到以未来为目标的全面形塑社会。"③

随着科学技术的发展，我们拥有更多帮助我们进行风险决策的辅助工具，例如，更完善的信息收集机制和分析工具、大数据技术的运用，此外，我们还掌握了能更加精准高效地识别、应对风险的机制和手段。通过取样、建模、实验等科学手段，我们建构了风险评估制度来控制不确定性，为风险公共决策提供依据。但科学手段是否可以解决不确定性问题？

风险的不确定性既可能来源于客观世界的复杂性，也可能来源于我们的认知过程的本身。可定义的不确定性可以分为自然界固有的本体性的不确定性和分析性的不确定性。分析性不确定性是指人类在对风险进行认识时不可避免地出现各种误差，可分为模型错误、自然随机和参数错误。模型错误包括聚合误差、方程形式错误、边界设置错

---

① ANSELL C, BAUR P. Explaining trends in risk governance: how problem definitions underpin risk regimes. Risk, hazards & crisis in public policy, 2018, 9 (4): 397 – 430.

② 乌尔里希·贝克：《风险社会：新的现代性之路》，何博闻译，译林出版社 2004 年版，第 35 页。

③ 埃贝哈德·施密特 – 阿斯曼等：《德国行政法读本》，于安等译，高等教育出版社 2006 年版，第 202 页。

误等，而参数错误包括测量方式错误、推导错误等。① 这些误差是科技运用过程中不可避免会产生的不确定性。因此，科技既是解决问题的手段，同时也是问题的来源。风险的人为性和制造性加强，使控制风险的活动本身变成风险制造的过程，"现代技术风险的产生，相当程度是控制风险或使风险最小化的行为的结果"②。（如图1-2所示）

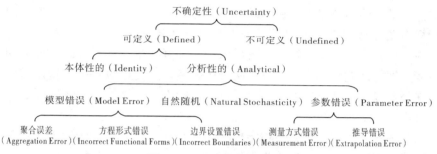

图1-2　不确定性的分类

正是由于受困于无知与不确定性，国家围绕风险而展开的决策活动并未因为技术的发展而变得简单。公共决策者所担负的风险决策任务反而比以往任何一个时代都更加沉重。虽然我们看似拥有了更多应对手段和决策方案，却同时也带来了更多的意见和声音。无论是对如全球变暖、转基因等公共议题的政策制定上，还是如疯牛病、非典型肺炎（SARS）等突发公共卫生事件的应对决策上，科学界、政府以及社会各领域都呈现出多元价值、多元认知的分裂冲突态势。围绕风险事项的国家决策活动日益受到挑战，频频陷入正当性危机。"随着现代社会的变迁和行政职能的扩张，在规划、环境、经济规制等行政领域中，利益的多元复杂性、决策的未来导向性以及风险的不确定性，都使行政决策更加棘手，也加大了对行政行为的合法性进行判断

---

① SUTER G W. Treatment of risk in environmental impact assessment. *Environmental management*, 1987, 11（3）：295-303.

② 沈岿：《风险规制与行政法新发展》，法律出版社2013年版，第2页。

的难度，传统的法律方法也不敷使用。"① 这种决策困境可解构为资源危机、信任危机、权威危机和共识危机四个方面。

资源危机。风险决策是一种不确定中的决策。一方面，决策所指向的对象往往是尚未发生的一种可能性，决策所依凭的基础可能是粗糙并随时会被证伪的某种科学计算结果，计算素材来自有限的过往经验的累积。对于发生频率较低甚至从未发生过的某种潜在危害，可供使用的风险本体信息往往稀缺。另一方面，决策者可供调动的资源同样有限。最后10%的难题②的根源在于规制成本太高而规制资源有限，但公众心目中却往往有着零风险的美好期待。规制资源与社会期待之间的落差会将决策者置于两难的困境。这使风险决策者越发需要在公开场合证明自己的决策所依凭的理由，否则会陷入决策正当性危机。

信任危机。由于风险规制事项的复杂性、信息交流的障碍、规制立场的不同以及一种普遍弥漫的不信任情绪，公众对公权力机关的风险决策往往持怀疑态度。政府与产业的关系影响了公众对规制机构勤勉履职的信心。而由于零风险目标的不可达性，以及成本收益分析的运用，规制机关往往选择放弃对某种风险的规制，这也会引发持有不同风险认知的公众的怀疑。专家基于科学结论的政策主张可能由于信息不通畅或过于晦涩而无法被公众理解和接受，最终影响专家客观中立的形象，并进一步影响由其佐证的决策行为的正当性。而当今社会还有一种普遍存在的对公权力的不信任，使风险决策难以被公众轻易接受。

权威危机。面对风险社会中的新型生态风险，依靠个体行动和商业保险的防范进路已无法实现安全目标，这一责任转由以国家为核心的现代规制技术官僚系统承担。从理论上讲，现代规制技术官僚系统

---

① 李洪雷：《行政法释义学：行政法学理的更新》，中国人民大学出版社2014年版，第8页。
② "最后10%的难题"是指当风险治理完成90%后，要清除最后的10%风险，不但成本巨大，效果也可能并不理想。参见史蒂芬·布雷耶《打破恶性循环：政府如何有效规制风险》，宋华琳译，法律出版社2009年版，第11页。

具有丰富的规制资源、专业的科学知识与公共服务价值,具有较强的风险把控力,现代规制技术官僚系统由此成为风险规制的权威主体,享有风险决策的绝对话语权。然而,技术灾害频发与决策失误频现让公众越发认识到:风险是决策之源,也是决策之果。风险规制者的决定并不绝对正确,也可能在面对技术的负外部性时因资源或能力不足而丧失控制力,因此,掌握于技术官僚系统手中的话语权日渐受到质疑,风险决策者面临丧失权威性的危机。

共识危机。风险的不确定性、规制资源的有限性、利益多元化与信任、权威的丧失,最终导致围绕风险规制的议题难以达成社会共识,任何事项上都会出现不同声音与对立阵营。这种分裂不但在专家与公众之间加剧,甚至专家与专家之间由于学术观点与评估方法的不同,公众与公众之间由于利益与认知的不同,也形成分裂态势。无法达成共识会导致规制政策形成过程的冗长与难产,勉强达成的方案可能会由于妥协而失效,或成为滋生腐败的空间;即使在进入政策实施环节,共识的缺失也会导致政策执行成本的增加。

(二)追求良好行政——如何决策的问题探寻

风险社会的到来为公共行政带来了难题,而在无知中开展的行政活动又为行政法带来了难题。行政法是对何为良好行政的法律回答,旨在为公共行政确立事前的行动准则和事后的评价标准。然而,"在'无知'笼罩之处,什么是良好的风险规制活动成为没有答案的问题"①。过度规制会被批评为侵犯公众自由与阻碍社会发展,而规制不足会偏离社会对福利国家与积极行政的期待,而确立事前的平衡规范用以指导风险规制活动成为不可能的任务。② 无知带来的不确定性与面向未来的决策容易让人困惑,我们如何在如此千差万别的风险决策方案和针锋相对的声音中重新确立关于良好行政的标准?

本书所研究的问题,便是一次迎难而上的尝试。原有的法律认识

---

① 金自宁:《风险中的行政法》,法律出版社2014年版,第19页。
② 金自宁:《风险中的行政法》,法律出版社2014年版,第19页。

和行政活动是以客观情境为基础的——知道了什么，再决定要做什么。而在风险行政中，这个基础前提无法适用，则法律评价体系也需要修正，舍弃原本对确定性的依赖，重新把握风险与无知给公共行政带来的挑战，重新思考在风险社会中何为良好行政的问题。本书以行政权的风险决策活动为观测点，试图回答如何利用行政权更好地进行风险决策，而法律对此可以做些什么。

首先，对这一问题的探讨，需要在风险社会背景下界定何谓良好行政。这是一个用以评价风险决策的正当性标准，只有先回答风险决策的正当性标准为何，才能进一步探讨法律如何促进这种正当性的实现，第二章将对此进行阐述。

其次，如果说不确定性是导致决策困难的根源，那么通过获取更多信息，增加决策对象和前提的确定性便是首要的解决方案。现有文献较少从这一角度回应风险挑战，而总是在接受不确定性这一设定的前提下探讨如何缓和不确定性带来的决策难题。但实际上，法律可以通过两种方式解决信息匮乏问题：通过调整信息收集机制而促进信息的获取，以及通过其他机制的完善促进有限信息的高效利用。[①] 前者无疑与后者同样重要。因此，本书的第三章探讨的是风险决策的信息法调控，旨在建构一个能获取更多信息，从而降低风险不确定性的法律机制。

最后，如果我们接受贝克关于风险社会的背景设定，便能清楚风险不确定性具有无法完全消解的属性，如何在与这种不确定性共存的情况下更好地做出风险决策，便是下一步要研究的问题。由于这一主题过于宏大，本书仅选取组织法、程序法以及责任法三个方面，选取其中的核心问题进行研究。第四章从组织法的角度，探讨了机构设置与组织体系安排如何影响风险决策中的专业性、科学性和民主性等要素。第五章从程序法的角度，建构一个更能实现可接受性目标的决策程序框架。第六章从责任法的角度，分析风险社会中的决策责任以及

[①] APPLEGATE J S. Worst things first: risk, information, and regulatory structure in toxic substances control. *Yale journal on regulation*, 1992, 9: 281.

法律如何建构追责制度，并探讨法院在促进行政应责性方面能够发挥的功能。

四、研究进路：行政法与规制法的交融

在"行政权如何做出更好的风险决策"这一问题中，既包含如何控制的理念，也包含如何促进的思考。这种两面性决定了本书必须以一种行政法与规制法相交融的进路展开研究。行政决策是行政行为的一种类型，包含在以限权为基本理念的传统行政法学的研究视角之中。但若结合风险社会之背景，聚焦于风险决策，则传统行政法学视角似有不足。因此，在以促进为目的的新行政法理论启发之下，本书将辅以规制法的视角，采取一种行政法与规制法的交融进路，以求更加契合风险决策这一对象的属性。

（一）行政决策的行政法学研究进路

我国法学界对行政决策行为的关注主要围绕如何对行政决策行为进行法治化建构这一任务而展开，最终的目的是实现行政决策合法性。这一研究目标源于两个动因。第一，现实中日益出现的"拍脑袋"决策、决策朝三暮四、决策责任无法追究等问题引发公众不满，部分政府决策失误或出错导致公共利益受损等现状引发学者关注；第二，随着国家法治化建设的逐步深入，中央开始关注行政决策环节，在 2004 年颁布的《国务院关于印发全面推进依法行政实施纲要的通知》、2010 年的《国务院关于加强法治政府建设的意见》、2019 年的《重大行政决策程序暂行条例》等文件中表达了对规范行政决策行为的决心和要求，因而需要学界做出理论性回应加以支持。因此，行政决策作为一个行政法学概念的建构任务，源于对实践中行政决策权力运行混乱的反思，以及国家法治建设中对行政决策环节进行规范的需求。将行政决策活动纳入法治框架，是为了施加对应的程序和标准，并明确对应的责任，保证行政决策活动合法、规范、理性、有责。这一动机呈现出行政法关注行政行为合法性的经典研究进路的特征。行

政法的经典规范进路围绕"控权"之核心目标，通过限定行政行为的边界、规范公权力的行使、施加司法审查而实现对公权力的控制和对相对人合法权益的保障。

在以控权为目的的行政合法性研究进路中，行政行为形式理论是最为核心的理论工具之一。行政行为形式理论通过将各种纷繁复杂的行为类型化为独立的概念，产生如行政处罚、行政许可、行政强制等技术性框架，并通过法律规范赋予每一种行为类型较为固定的定义、价值、属性、程序和责任内容，从而为行政机关履行职责和司法机关进行合法性审查提供非常明确的规范框架和技术指引，从而达到控权的目的。"行政机关以及法律判断行政活动的合法性或确定其法律效果时，可以直接援用行政行为形式论中的成果，从而减轻其思维的负担（减负功能）。"① 这种行政行为形式理论始于德国行政法学者奥托·迈耶（Otto Mayer）建构的"行政处分"概念，是大陆法系国家行政法理论的基本形象。而我国的行政法学在发展初期便对此加以借鉴，虽然没有采用行政处分概念，但遵循同一研究进路，将行政活动提炼为具体行政行为和抽象行政行为两大类，再于具体行政行为之下区分出不同的行为类型，对每一种行为赋予对应的行政程序和合法性审查标准，从而搭建一个"行政行为＋行政程序＋司法审查＝行政合法性"的规范行政法学框架。

因此，当行政法学界试图对现实中的行政决策进行随意性的关注和对约束行政决策之呼声做出回应，并探讨行政决策合法性问题时，按照这一传统行为类型化的合法性实现路径，行政法学者首先尝试在现有规范行政法学框架下探讨行政决策行为。然而，这一进路很快被证明困难重重。因为，在经典行政行为形式理论中，行政决策并不属于一种行政行为类型，在德国或日本的经典行政法学论著中，我们都找不到行政决策的行为类型。② 我国受大陆法系行政法教材的影响，

---

① 李洪雷：《行政法释义学：行政法学理的更新》，中国人民大学出版社2014年版，第12－13页。

② 熊樟林：《重大行政决策概念证伪及其补正》，载《中国法学》2015年第3期。

早期主流行政法学说并未正式使用行政决策这一概念，也没有将它作为一种独立的行政行为类型或制度加以研究，而往往将其融入其他类型的行政行为过程之中，视为其他行政行为（如行政处罚）前端的裁量思维过程；又或者将其等同于抽象行政行为和行政决定，与具体行政行为对应，仅研究其最终生成品——规范性文件这一静止形态。这种缺失与其说是被行政法学者所忽视，不如说是行政决策因其自身的属性而与行政行为理论框架格格不入。首先，行政决策这一行为具有较强的动态性和过程性，可能包含多个行为，较难设计一个静态的法制框架；其次，行政决策与现有的抽象行政行为、行政决定存在交叉，关系难以厘清；再次，行政决策同时包含内部性与外部性，同时具有行政属性和政治属性，而非纯粹法律意义上的对外行政行为；最后，实践中的行政决策以多元形态呈现，不同决策之间具有差异较大的内容和属性，这些行为是否都可以统摄到行政决策这一单一概念之下，是否可能进行统一的法治化调控也需要存疑。

因此，对于行政决策是否能纳入现有行政行为理论进行规范，不同学者给出了不同的答案。有的学者持反对意见，认为任何行政行为都有决策环节，因此，行政决策在其概念的内涵与外延上，都没有独立意义；[①] 或认为在已经有抽象行政行为概念的情况下，"行政决策作为一种行政学概念而非法学概念，试图取代已获广泛认可的抽象行政行为或行政规范性文件等概念，对学说的沟通功能并无益处"[②]。而支持的学者则采取各种尝试，如引入过程论视角，认为应当将行政决策看作一种"行政过程"进行规制。[③] 也有学者进行类型化区分，认为应当将行政决策分为作为程序环节的行政决策、作为内部行政行为的行政决策和作为外部行政行为的行政决策，分别加以整理。[④] 还有学

---

① 熊樟林：《重大行政决策概念证伪及其补正》，载《中国法学》2015 年第 3 期。
② 叶必丰：《行政决策的法律表达》，载《法商研究》2016 年第 2 期。
③ 戴建华：《作为行政过程的行政决策：在一种新研究范式下的考查》，载《政治论坛》2012 年第 1 期。
④ 卢护锋：《行政决策法治化的理论反思与制度构建》，载《政法论丛》2016 年第 1 期。

者试图扩张行政行为的概念以实现对行政决策的包容，将具体行政行为和抽象行政行为进行扩展，然后将行政决策区分为具体行政决策和抽象行政决策分别纳入。① 可以看出，行政决策能否纳入现有行政行为理论进行法治化规范，学界并未达成共识；对于应当如何纳入，学者也给出了纷繁复杂的方案，未有定论。除此之外，许多文章并不关注这一问题，而是在宽泛意义上直接使用行政决策概念，在使用这个概念时并未做详细界定或区分，行政决策、抽象行政行为、政策等概念也不加区分地替换使用。②

作为规范行政法学的一个核心内容，行政行为形式理论曾是将行政法学从行政学、政治学中独立出来的一名"功臣"。然而，如上所述，行政决策恰是行政学的重要研究对象，相比于行政法学，它与行政学、政治学的关系更为亲近。如今试图将其拉到法学阵营，运用行政行为形式理论来将其规范化，进而实现法治化，必然困难重重。如果行政决策行为这一研究对象与以行政行为为核心研究范式的规范行政法学格格不入，那么，到底是行政法学本就不应当关注行政决策，还是对行政决策的研究不应当再沿用传统的规范行政法学进路？答案无疑是后者。近年来，随着公共行政的变迁，上述以控权为目的，以行政行为为核心的规范行政法学理论在回应现实方面已日渐吃力，各国的行政法研究也早已开始重新检视传统行政法理论，放弃以行政合法性作为唯一的考量标准，补充以行政行为形式理论为核心的研究工具，通过结构性变革而拓宽行政法学的视野和丰富行政法学的研究进路。在这一"新行政法"的反思性探讨中，行政过程论、行政关系理论和行政规制理论为传统行政法注入了新鲜血液，也提供了更为丰富

---

① 茅铭晨：《"行政决策"概念的证立及行为的刻画》，载《政治与法律》2017年第6期。
② 如金国坤在《法治政府视野下行政决策的要件》一文中所提到的行政决策，是指北京市决定继续实施交通限行措施，其在行政行为角度的呈现是颁布《关于继续实施交通管理措施的通告》加以施行这一抽象行政行为。还有任佳艺的《行政决策过程性信息公开的司法审查体系建构》、谭清值的《公共政策决定的司法审查》等文章亦如此。

的理论武器。其中的行政规制视角便是值得尝试的研究行政决策的新视角。

(二)行政决策的规制法研究进路

传统规范行政法学的行政行为研究框架确实带来研究行政决策的限制,容易让研究者陷入如何安置行政决策行为的方法论困局,进而忽略了行政决策这一研究对象本身。由于本书的研究问题是如何更好地做出风险行政决策,要实现对这一问题的回答,遵循规范行政法学的行政行为研究进路来对行政决策行为进行合法性建构显然是不够的。因此,本书试图以规制法的视角,通过一种行政法与规制法相互交融的复合路径展开对风险行政决策的研究。

行政规制法并非一个独立成熟的部门法或法律子体系,而应当理解为从规制行为视角对行政法的审视,或对同样不成熟的"规制法"中的行政法要素的关注。因此,可以从以下两个角度加以阐述:

行政法的规制进路:行政法具有法律进路和规制进路两种不同的观察视角。[1] 传统行政法理论围绕行政权展开,关注的是行政权行使的合法性问题,通过建构行政行为的价值、原则和规则等规范性标准以确保行政权的合法性,探讨的核心是行政法的内容即法律规范本身,例如,正当程序、越权无效,以及如何施加司法审查作为监督机制;而规制进路关注的是"与行政法的实际社会效果有关的经验性问题,以及如何最好地实现这些目标、促进这些价值的规范性问题"[2],即更偏向于关注行政法律规范的实现制度,以及这些制度会对社会产生何种影响,是一种价值外向型和目标导向型的研究视角。

规制法的行政进路:规制法是围绕政府规制行为而产生的调节法。规制可以定义为"公共机构对那些社会群体重视的活动所进行的

---

[1] 彼得·凯恩:《作为管制的行政法》,载罗豪才、毕洪海编《行政法的新视野》,商务印书馆2011年版,第78页。

[2] 彼得·凯恩:《作为管制的行政法》,载罗豪才、毕洪海编《行政法的新视野》,商务印书馆2011年版,第79页。

持续集中的控制"①,核心是政府对私人行为的调控。因此,规制法是针对这种调控行为的法律,是关于调整政府对市场或社会私人行为进行治理以追求公共利益之行为的法律制度。日本学者植草益(うえくさます)、英国学者安东尼·奥格斯(A. I. Ogus)、我国学者刘水林都在各自的研究领域较早使用了这一概念,但并未进行系统论证。② 由于规制行为跨越公、私属性,规制法实际上是民法、经济法、行政法等不同法域制度的综合。其中,行政法学者关注规制决策权的分配、规制权运行的合法性以及责任体系等。而鉴于规制法在主体、工具、行为、价值和责任后果等方面都在公私混合框架下具有超越传统行政法体系的变革,规制法的行政进路本身也是一个重新检讨行政法制度并进行理论革新的过程。

上述两种理解的综合提供了一个研究行政决策的规制法视角。在这一视角下,行政决策是行政机关或享有行政规制权的主体设定规制目标、设计规制方案并制定规制政策,通过自身或其他主体的执行落实,试图干预、调控、引导市场和社会行为的行政活动。采取行政规制法视角可以更好地研究风险社会背景下的行政决策活动。

第一,采用规制法中以"促进"为核心的社会目标导向。任何法律制度都是以目标为导向的,行政法也不例外,但行政法的法律进路主要关注行政权如何实现以限权为核心的行政法传统价值,这被彼得·凯恩称为"行政法的目标就是行政法"③。而规制进路通过提出行政法之外的制度目标来解决这种同义反复问题,如促进良好决定的做出或者理性的公共审议等社会目标,以求促进更好地行政,恰是这种指向行政法体系之外的社会实践目标使规制进路在一定程度上超越

---

① SELZNICK P. Focusing organizational research on regulation. In *Regulatory policy and the social sciences*, California: University of California Press, 1985: 363-367.

② 植草益:《微观规制经济学》,朱绍文等译,中国发展出版社1992年版,第一章;OGUS A I. Regulatory law: some lessons from the past. *Legal study*, 1992, 12: 1;刘水林:《反垄断诉讼的价值定位与制度建构》,载《法学研究》2010年第4期。

③ 彼得·凯恩:《作为管制的行政法》,载罗豪才、毕洪海编《行政法的新视野》,商务印书馆2011年版,第88页。

了法律进路。关于如何进行风险行政决策的探讨，既需要保持行政法对于权力限制和规范的观照，也需要思考风险决策如何能更好地实现公众对安全的期待，获得社会的认同。因此，"对风险活动进行法律规范的行政法，不再重点强调法律保留原则，也不再凸显裁量基准的极端重要性"①。其行为的评价标准更应当放置在社会目标语境下来展开，同时，考虑决策的社会效果、公共福祉的实现等目标，这也是本书第二章试图探讨的问题。

第二，规制主体概念的灵活性和匹配性。行政法的主体概念往往受限于立法、行政、司法三者区分的传统语境，其"行政主体"概念范畴以科层制行政体系中的行政机关为主，需要通过"法律法规授权组织"等概念加以扩展。这一行政主体范式似乎在风险治理语境下略显不足，无法匹配当前复杂国家风险规制空间中多主体、多中心与主体属性的复杂局面。相反，规制法中的规制主体能涵盖更为宽泛的决策主体类型，既可以指传统科层制行政机关，也可以指一些国家的独立规制机构或被授权的非政府机构，还可以指超越国家的区域性、国际性规制组织，其灵活性更高，更能将实际开展风险决策活动的所有主体都涵盖进来。

第三，分享行政规制法的过程视角。规制过程由一系列不间断的决策活动所构成。从过程论的视角观之，行政决策的前提是规制议题的形成和确定，行政决策的后续将引发一系列抽象行政行为或具体行政行为。其中，公共规制议题的形成过程也包含了决策性活动，"因为在行政程序逐渐被重视的情境下，行政主体往往会刻意将行政决策的运作结果予以提前，通过塑造政策议题来表达行政意志，继而借由行政程序将其予以政策化，以此规避或减轻程序拘束"②。而决策执行环节也可能包含众多具体的执行性决策，如充满争议的自由裁量权的

---

① 戚建刚：《风险规制的兴起与行政法的新发展》，载《当代法学》2014年第6期。
② 黄学贤：《行政法视野下的行政决策治理研究：以对〈重大节假日免收小型客车通行费实施方案〉的检视为例》，载《政治与法律》2014年第3期。

行使。在风险行政决策活动中,这种过程属性更加强烈,如有学者所言,传统行政行为"在法律上被拟制为一种类似于摄影的定格状态,而风险行政行为则更像一个录像的动态过程"①。因此,以规制过程论视角来看待行政决策,能更充分地考察风险决策活动的开展。

第四,符合决策活动的法政策学属性。从公共政策的角度理解行政决策,行政决策是政府制定公共政策的活动,其中包含对公共问题的提取、对公共利益进行分配并最终形成一个解决方案等流程。一些学者将行政决策定义为"政府依据特定时期的目标,在对社会公共利益进行选择、综合、分配和落实的过程所制定的行为准则"②,或者"公共权力机关经由政治过程所选择和制定的为解决公共问题、达成公共目标、以实现公共利益的方案"③,都是从这个角度,将行政决策理解为一个形成公共政策的过程。④ 同样的,风险社会背景下的行政决策是一个形成风险公共政策的过程,体现着行政行为与政治行为的混合交织属性。"它主要是以问题之解决为导向,兼容政策分析理论,着眼于风险规制的工具性和合立法目的性,以便成为行政机关选择各类规制措施的'工具箱',力求消弭风险及实现规制目标,这就主要体现出法政策学的特质。"⑤ 政策制定必须超越合法性,并考虑到相关利益协调和社会价值,因此,需要借助规制法的思路进行探讨。

第五,借助规制视角的话语体系。行政规制法在一定程度上超越了传统行政法所使用的概念和话语体系,而从政府干预市场的角度,使用管制、规制、治理、治理工具、规制空间、自我管制、元规制等概念工具,在风险规制领域使用风险分析、风险管理、风险沟通、风险治理等概念工具。在这些概念所指向的行动中包含了各类行政决策,例如,风险治理着眼于风险相关决策如何在涉及一系列行动者,

---

① 陈越峰:《风险行政的行为法构造:以重大风险设施选址为参照事项》,载《学术月刊》2020 年第 6 期。
② 陈庆云:《公共政策分析》,中国经济出版社 1996 年版,第 9 页。
③ 宁骚:《公共政策学》,高等教育出版社 2003 年版,第 8 页。
④ 托马斯·戴伊:《理解公共政策》,彭勃等译,华夏出版社 2004 年版,第 2 页。
⑤ 戚建刚:《风险规制的兴起与行政法的新发展》,载《当代法学》2014 年第 6 期。

需要协调不同角色、观点、目标和活动时做出。在国内层面，包含政府机构、市场主体和社会主体之间的相互作用如何最终体现于风险规制决策之中；在国际层面，包含国家或非国家主体在没有上级权力的情况下，实现具有集体约束力的决策以应对全球化风险。采取规制法视角，能在探讨行政决策时直接进入风险规制的话语体系中，借助其概念工具进行分析。

本书对风险行政决策的研究，并非完全放弃法学进路，而是引入上述规制法进路，采取一种交融复合的视角，力求超越规范行政法狭隘的合法性考量和僵化的行政行为框架，加强"学术研究对社会的直接功能性"①，但同时也避免完全放弃法学立场而进入行政学或政治学的领地，丧失基本的法学品格和法治立场。

---

① 于立深：《概念法学和政府管制背景下的新行政法》，载《法学家》2009 年第 3 期。

第二章　风险决策的正当性标准

风险决策的正当性标准是一个关于何为良好风险行政之问题的规范体系。在探讨如何发挥法律促进良好风险决策的作用之前，需要首先回答何为良好行政，即需要提供一个关于风险决策的正当性标准，用以评价决策者在应对风险社会挑战时的公共选择行为，用以告知决策者努力的方向，以及用以指引法律制度如何分配权利义务和启动归责机制。

正当性（legitimacy）是一种在道德意义上、政治意义上、社会学意义上或法教义意义上的对某种品格的追求。政治正当性是政治机构和在其内部做出的有关法律、政策和政治职位候选人的决定的一种美德。[①] 这种美德可以是法律意义上的，也可以是经验意义上的。正式、法律性的（formal, legal）正当是指一个权威体系的合法性，其成立和存在是否具有正当的法律基础，其运作和发展是否在一个权威的法律框架内进行。社会、经验性的（social, empirical）正当是从被权威所统治的对象的视角，指代他们建立在深刻的共同利益或强烈相似情感基础上对权威的实际忠诚度。[②] 对应的，在行政法理论中，前者可称合法律性（legality），是一种自上而下的基于规范的正当性。后者可称认同性，是一种自下而上的基于认同的正当性。

合法性/规范正当性是行政行为基本的品质，也是行政法所致力于实现的基本目标。但在风险社会背景下，合法的行政行为并不等于正当的行政行为。风险社会的到来"预示着争论行政国家合法性的新

[①] Stanford Encyclopedia of Philosophy, https://plato.stanford.edu/entries/legitimacy/#RatProConDemLeg.

[②] CURTIN D, MEIJER A J. Does transparency strengthen legitimacy? *Information polity*, 2006, 11 (2): 109–122.

时代的到来"①。风险决策的对象是风险，这种风险是上文所述的自然风险、技术风险和生态风险的混合物，其后果及危害具有空间蔓延性和时间跨越性，甚至关乎个人生死、整体社会福祉乃至全球安全。政府的一个风险决策，可能会影响社会的发展方向，也可能在某一天剥夺无数人的生命。这使公众对行政决策具有更高的正当性期待，不仅要求决策权力来源正当和程序规范，还要求公共决策活动能获得社会认同。因此，风险社会背景下除了必须寻求正式、法律性的正当性，还需要关注如何获取社会、经验性的正当性。而获取社会、经验性的正当性，在各国风险规制框架的建构中，主要通过确保风险决策的科学性和民主性两个要素来实现，但这两个要素本身都有各自的问题。一些学者倡导合法、科学与民主相结合的复合正当性标准，但多重要素的组合似乎还有修正的必要。

本章在探讨现有合法性、科学性与民主性三个正当性要素的基础上，借鉴现有的复合正当性理论，提出一个三元可接受性的正当性标准与理性程序主义作为完善方向。

一、作为正当性来源的合法性及其局限

公共行政理论的永恒主题是探讨何为良好行政。而行政法学给出了基于学科观照的更为聚焦的答案——合法性。

行政合法性是指行政活动严格按照法律的规定进行，行政受法律的控制。这一要求是法治国理念在行政领域的体现。法治国理念是在政治学经典理论中逐渐发展出来的。霍布斯在《利维坦》中通过对自然状态的假设性描述而确立了国家权力行使的正当性，即国家的任务在于维护法律公正和和平，保障人民的生命安全。但其理论具有国家权力无限扩张的危险。洛克的理论通过提出超越国家的人权概念，兼顾了安全和自由，对霍布斯的理论进行了修正与完善。而康德进一步

---

① 伊丽莎白·菲舍尔：《风险共同体之兴起及其对行政法的挑战》，马原译，载《华东政法大学学报》2012 年第 4 期。

提出了国家也必须遵守法律，受法律约束，强调法律的核心价值应为保护人民自由，可为人民抵抗警察国的全面性规制所用。① 在 18 世纪后期，随着美国宪法和法国宪法的制定，法治国理念得到进一步发展，强调国家权力限缩，尊重私权与市民社会发展。但受 19 世纪实证主义法学理念的影响，这一时期的法治国理念本质上是一种"形式法治"，只强调权力分立、法律保留和法律授权，对于法之实质内容与追求意义在所不问。直到第二次世界大战后，这种形式意义上的法治国理念才得到反思，发展出实质意义的法治国理念，强调"国家权力之行使与限制皆必须从现代国家之目的出发，亦即法治国底下国家之目的系为了保障人性尊严、基本权、法秩序的安定及实质意义的正义，同时要求所有国家权力之行使必须依据宪法以及合宪之实质与形式的法律"②。形式法治视法律为一种工具，而实质法治则强调法律必须具有一定的品质，才能够成为"法"。③ 这种品质的核心内容包括人民基本权利保障与社会正义等。

以法治国理念为背景的行政法治理念，将行政法视为保障公民权利，规范、控制行政权力的工具。行政正当性通过一种规范主义范式得以实现。这一范式秉持对分权理想以及使政府服从法律的必要性的信念，强调法律的裁判和控制功能，并因此而关注法律的规则取向和概念化属性，反映了一种法律自治的理想，其核心内容是越权无效、裁量限缩、程序规范和司法审查。首先，行政权只能在法律明确授权的事项上运行，超越授权范围的一切行为都是无效的。其次，行政机关被视为代议制机关意志的执行者，只能忠实地执行法律的内容，无

---

① 陈慈阳、王毓正：《二十世纪以来之法治国理念之理论发展与实践：法治国原则在科技与风险时代下于我国法上之实践与挑战》，第六届"宪法解释之理论与实务暨释宪六十周年学术研讨会"（台湾地区），2008 年 1 月 11 日。

② 陈慈阳、王毓正：《二十世纪以来之法治国理念之理论发展与实践：法治国原则在科技与风险时代下于我国法上之实践与挑战》，第六届"宪法解释之理论与实务暨释宪六十周年学术研讨会"（台湾地区），2008 年 1 月 11 日。

③ 陈宗忆：《国家的风险决策与风险决策监督：以建立"风险原则"为中心》（硕士学位论文），台湾大学法律学研究所 2008 年，第 73 页。

须发挥主观能动性进行创造性活动，也不被允许留存行政自行决断的裁量空间。再次，行政权的行使必须按照规定的程序进行，依法行政往往最终体现为依程序行政。符合程序要求的行政即合法的行政。最后，司法审查是控制行政权、保障公民权益的最佳手段和最后防线。因此，行政权的正当性来源于法律的授权和越权监督。只要非民选的行政机关是立法机关意志的"传送带"①，仅执行法律所下达的任务，并在法律所划定的范围内行动，即具有合法性和正当性。

然而，从规范主义范式自身的问题来看，这种形式主义法治会导致实践中行政权力在法律所划定的范围内失去羁绊，只要行政权不僭越，则法律的制约功能丧失，行政自由裁量成为权力滥用的重灾区。而由于司法审查秉持自治和遵从的态度，对于自由裁量空间中的行政权难以充分发挥监督作用，导致行政权存在恣意和滥用的可能性。而从风险社会所带来的挑战看，代表民意的立法机关也难以再通过法律实现对行政权事无巨细的指引和约束。随着国家角色积极化以及法律保留原则扩大化，立法机关实际上面临着日益繁重的决策负荷，因此，"允许立法者大量授权以为因应多元社会所必要，即为不得不然的结果"②。风险社会中面临的类型多样、层出不穷的风险，从可能产生时空偏离危害的核能，到可能影响生物体结构的转基因，再到生活中不计其数的各种化学物质，不但无法全面监控，甚至无法一一了解。风险层出不穷且瞬息万变，而程序繁复、效率低下的代议制立法过程无法妥善应对，只能通过更为灵活的行政过程来回应。此外，风险判断高度依赖于专业知识，需要根据知识和科技的变化而变化。因此，立法者必须赋予行政权更大的自由裁量空间和法规范制定权，由功能上具有优越性的行政机关做出风险判断。

当行政机关从立法机关意志执行者变成了实际上的风险事务决断者，合法性中的"法"也变成行政机关自行制定的裁量规则，行政过

---

① 理查德·斯图尔特：《美国行政法的变迁》，沈岿译，商务印书馆2002年版。
② 宫文祥：《当行政遇上科学：从风险评估谈起：以美国法为例》，载《月旦法学杂志》第153期。

程变成政策制定过程,规范主义和传送带模式无法再证成行政行为的正当性,风险决策活动无法再仅依靠其法治要素而必然获得要求公众遵从政策结果的正当要素和道德权利,因此,必须重新寻觅正当化路径。

二、正当化的科学技术路径及其功能丧失

(一) 通过客观性实现正当性

在各国所建构的现代风险规制框架中,风险决策多以科学取向开展,即将风险决策的正当性建立在"科学事实"之上,强调其判断所依据的是客观的科学理性,排除主观的社会价值和政治干预。[①] 这种科学理性决策范式衍生自风险概念生成初期的概率法,并日益发展为现代风险规制框架的科学技术的官僚范式。

如上文所述,在前现代社会,人类的主要威胁来自自然,风险应对活动的主要对象是来自自然界的各种灾害。由于人在掌握主导权的自然面前缺少决策的资源,只能进行被动的应对,无论是东方还是西方都离不开以占卜为代表的预测和以宗教为代表的顺从。产生于中世纪航海活动中的风险概念提供了一个不确定性的积极面向,即风险决策活动是一种寻求获利的个人冒险行动。这一概念带来了风险计算的需求,因为冒险者们不愿再依赖传统的占卜,也不愿再相信上帝的智慧,而需要用新的方法来预测未来的事件,从而决定自己的命运。然而一开始,承包商依靠的是经验法则而不是统计方法。经验法则过于个体化,也没有规律性,难以证明决策的正确性和说服力。风险计算的需求吸引了数学家的参与,概率统计提供了一种进行风险决策的可

[①] 周桂田:《风险社会典范转移:打造为公众负责的治理模式》,台湾远流出版公司2014年版,第254-255页。

行方法,① 成为风险决策的正当性来源。

首先,概率法提供了决策资源。概率法下的风险决策不再是宿命论下对神意的探寻,以及知识缺乏下的随机选择,而是通过给出规律性和可预测性,从而给出选择项和选择标准。被概率化的风险与可计算性相连,而不可计算的情形被列入不确定性概念之中,排除在风险概念之外。从这个意义上讲,概率法的运用为风险决策提供了资源,创设了能够做出决策的时间点,"使得人们在即使缺乏知识的情况下也可以依据可靠的信息选择自己的行为"②。

其次,概率法提供了管理和控制不确定性的信心。将生活之不确定性归因于神的计划或被自然控制的命运之观念,让位于人类通过概率掌握不确定性的能力的信念。③ 通过利用概率来控制风险,"他们已经学着通过可计算的神话把一个彻底的非确定性的宇宙改造成一个可管理的宇宙"④。只要依据概率计算做出决策,人类就具有改变自然的能力,也具有改变命运的能力。"概率画出了一个认知空间,从而空间外的危险被线性地投射到空间之内而成为风险,这在赋予风险以计算理性的形象的同时,也赋予其征服外部危险的使命。"⑤

最后,概率法建构了风险决策的理性形象,使其成为不容挑战的客观选择。概率法为决策活动提供的资源不是一种主观的经验介绍,而是一种基于数字和计算的理性。"人口普查、簿记、出生死亡登记簿、死亡率表、犯罪数字、事故发生率、大量印刷的数字——这些都是预测和规划未来的原材料。通过参考正态分布、标准偏差和其他统

---

① ZACHMANN K. Risk in historical perspective: concepts, contexts, and conjunctions. In *Risk: a multidisciplinary introduction*. Springer International Publishing, 2014: 3-35.

② 珍妮·斯蒂尔:《风险与法律理论》,韩永强译,中国政法大学出版社,第32页。

③ ALTHAUS C. A disciplinary perspective on the epistemological status of risk. *Risk analysis: an international journal*, 2005, 25 (3): 567-588.

④ REDDY S. Claims to expert knowledge and the subversion of democracy: the triumph of risk over uncertainty. *Economy and society*, 1996, 25 (2): 222-254.

⑤ 江卫华、蔡仲:《风险概念之演变:从贝克到拉图尔》,载《自然辩证法通讯》2019年第5期。

计概念,经过仔细取样和分类、系统分析的大型数据集,以及对事物如何运行的日益增长的科学理解,已经完全改变了我们驯服机遇和处理不确定性的能力。"①

概率法伴随着工业社会的发展而进一步发展出风险决策的科学理性模式。始于 17 世纪的工业社会的基本理念是"人类的进步和社会秩序的关键是通过科学探索和理性思考获取对世界的客观认识。它认为社会和自然界遵循着的是那些可以被测量、推理并最终可以被预测的规律"②。如果说风险被视为紊乱、偏离标准和不幸,那么应对风险的方式就是通过理性的计数和排序,对风险进行科学化管理。"在 18 世纪,利用概率数学中的新理念,风险这一概念开始被科学化。"③ 科学成为解决风险的权威手段,而专家成为风险决策的权威人士。风险被定义为事件发生的可能性与危害后果的乘积,可能性与危害后果可以通过科学手段来获取客观数值。借助这一公式,风险是一种可计算的客观存在,其不确定性被排除或消融,如何决策可以通过计算而获得指引性结果。决策选项是理性与科学的产物,计算结果为我们提供了唯一正解。而从一开始数学家的参与,到病理学家、生物学家、医生、物理学家等学科专家掌握风险计算的主导权,知识和专家的地位提高至前所未有的高度。知识和专家代表着科学性,而科学性意味着客观性,客观性发挥了对风险决策的正当化建构功能。

(二) 科学技术官僚范式的形成与检讨

风险社会的到来提出了建构全面涵摄风险决策议题的国家规制框架的紧迫任务,科学理性作为风险决策的正当性基础成为现代风险治理框架的基本品格。在这个建构过程中,科学理性进一步与官僚技术理性结合,形成主导风险决策活动的科学技术官僚范式。

---

① GARLAND D. The rise of risk. In *Risk and morality*. University of Toronto Press, 2003: 48–86.
② 狄波拉·勒普顿:《风险》,雷云飞译,南京大学出版社 2016 年版,第 4–5 页。
③ 狄波拉·勒普顿:《风险》,雷云飞译,南京大学出版社 2016 年版,第 5 页。

这种决策模式以专家单极理性为基础，是在"科学之客观、专家之中立"想象之下，通过客观中立的科学途径来获取政治决策的合法性。这种科学与政治的联姻，既是科学本身的需要，也是政治的需要。科学专家本身所提出的概念或技术要实现对风险决策的输入，必须考虑行政过程的官僚风格，必须受到具有决定权力的主事者的青睐才能获得执行的合法性，才能让知识转化成官僚体系需要的政策方案；而从行政官僚体系来看，风险决策的做出需要通过知识与科学来佐证或支持，以达到科学化和权威性效果。风险应对事务从一开始便走专业路线，例如，最早设立规制机构的美国政府，为回应各类规制事务而于20世纪70年代大量引进技术人才加入政府，承担规制事务。[1] 同时，为确保决策基础的正当性，规制部门大多采用科学咨询委员会的方式将科学纳入政治过程，发展以科学理性为决策判断基础的标准。[2] 例如，欧盟于1974年设立了食品科学委员会（European Commission Scientific Committee on Food）[3]，负责向欧盟委员会提供关于食品安全健康方面的独立科学意见。风险规制相关决策都必须以科学证据为基础，例如，世界贸易组织的《食品安全检验与动植物防疫检疫措施协定》要求会员国的贸易措施必须符合科学原则并提出适宜的科学证据。[4]

　　这样一种管制文化最终体现于各国和国际组织所建构和提倡的、由"风险评估"和"风险管理"两个核心部分构成的风险治理框架

---

[1]　BELL D. *The coming of post-industrial society*: *a venture in social forecasting*. New York: Basic Books, 2001.

[2]　希拉·贾萨诺夫：《第五部门：当科学顾问成为政策制定者》，上海交通大学出版社2011年版，第45页。

[3]　该委员会已于2002年改革为欧洲食品安全局（European Food Safety Authority, EFSA），详见第四章第二节相关内容。

[4]　参见Agreement on the application of sanitary and phytosanitary measures, arts. 2.2。

之中。① 风险评估是一个由专家通过科学方法对风险的存在、性质、危害后果等进行研究、判断的过程。这个过程一直被认为是一个价值无涉、客观独立的过程，并由专家主导。风险管理则是在风险评估的基础上做出规制决策的环节，是一个由政府技术官僚人员主导的政策形成过程。这个风险治理框架最大的特点便是风险评估环节与风险管理环节的相互独立，通过这种分离来体现风险评估的客观属性。而由于决策依据是具有客观性的科学结论，因此，规制者表现出一种对风险的完全控制，通过呈现出一种对控制的掌握力，来培育出决策的正当性。② 也正是因为知道这种控制的表象和行政合法性之间的关系，因此，在早期的科技决策和风险应急反应中，规制者往往掩盖了不确定性，表现出一种自信的掌控姿态，例如，20世纪五六十年代的规制者采取的决定论式的科技决策方式，以及疯牛病、苏联统治下的乌克兰境内发生的切尔诺贝利事件后相关政府的自信反应。

然而，担负着获取正当性功能的科学理性与掌控力，却日益受到质疑，在不断强化的科学技术官僚范式中日益丧失这一功能，甚至成为围绕风险决策展开的争议漩涡之核心。实践证明，风险的不确定性太强，完全掌控风险的可能性很小，掌控的表象一旦被现实推翻，规制者在公众心目中的形象会一落千丈，合法性会完全消解。因此，通过表现出信心满满的控制姿态来获取社会合法性的路径是走不通的。"一方面是社会依然根据旧工业社会模式作出决策，另一方面是利益组织、司法制度和政治受到了源于风险社会的活力的争论和冲突的困

---

① 例如，1983年美国的国家科学研究院（National Academy of Sciences）的报告《联邦政府的风险评估：管理流程》（Risk Assessment in the Federal Government: Managing the Process），以及此后环保署发布的《风险评估和管理：决策制定框架》（Risk Assessment and Management: Framework for Decision-Making）都采用风险评估（risk assessment）和风险管理（risk management）的两分框架。

② WYNNE B. Risk society, uncertainty, and democratising science: futures for STS. *Taiwanese journal for studies of science, technology and medicine*, 2007 (5): 15-42.

扰。"① 工业社会初期,作为正当性来源的概率论与科学决策技术进路,却在应对风险社会过程中日益演化成狭隘、单极理性垄断下的技术官僚决策范式,并日益丧失其供给正当性的功能。

首先,公众风险意识觉醒与风险认知偏离。风险治理初期被视为理所当然的技术官僚模式,随着公众的风险认知觉醒而开始受到挑战。当风险以个案接触、媒体报道或其他形式呈现在公众面前时,社会大众作为意识主体开始形成自己独立的认知建构,对风险的理解超越了专家所告知的科学定义,在许多风险事项上,公众的感受开始与专家结论分道扬镳甚至对立。这种对立自20世纪80年代起,在西方变得尤其尖锐。例如,1986年苏联统治下的乌克兰境内的切尔诺贝利核电站事故、1988年英国北海的派佩·阿尔法(Piper Alpha)钻井平台事故,以及1989年"埃克森·瓦尔迪兹"号(Exxon Valdez)油轮漏油事故等,都极大激发了人们对表面上看起来很安全的技术的不安感,并开始质疑风险专家的能力和价值。② 由于风险不是一种简单的、"就在那里(out-there)"的实体,专家运用科学方法和客观数据所勾勒的风险形象与公众通过自身经验和信息途径所形成的风险感受是截然不同的。对风险预测的心理学方法,通过展示风险感知如何偏离科学理性,表明风险往往是主观的,而不是客观的解释。而坚定的技术进路在面对这种偏离时往往选择贬低、忽视或批判。③ 这种科学技术路径的傲慢态度加剧了建立于其上的风险决策的正当性形成。例如,在我国台湾多次发生的劣质油事件中,主管部门提出对人体无害的初步检验报告,本来希望通过科学证据的呈现来安抚人心,却由于结果

---

① 乌尔里希·贝克:《自反性现代化现代社会秩序中的政治、传统与美学》,赵文书译,商务印书馆2001年版,第9页。

② SIDORTSOV R, IVANOVA A, STAMMLER F. Localizing governance of systemic risks: a case study of the power of Siberia pipeline in Russia. *Energy research & social science*, 2016, 16: 54–68.

③ ALEMANNO A. Foreword: a plea for a pluralistic understanding of risk. In *Risk and communication: theories, models, problems*. Egea, 2017.

与公众的认知差异过大而引发社会的更大不满和质疑。① 尽管风险决策所依赖的科学技术路径建立在调查、实验等专业化的识别手段之上,但所产生的风险结论往往仅呈现一个科学角度单一、狭隘的风险面向。而风险知识具有社会—政治的模糊性,明显体现出对风险现象及其后果的不同乃至分裂的思考和解释思路。② 因此,"将概率科学作为风险的单一理性基础是不充分的。当科学家们将这些'被驯服了的偶然'视为自然和社会的全部要素时,风险认知就被局限于技术可控性问题上,势必会忽视这种线性认知自身的风险"③。

其次,科学的有限性被进一步认识。批评者认为,我们识别、评估和管理不确定未来事件的能力本质上是有限的。④ 第一,风险识别的技术路径受限于对过去的认识,即基础数据的收集。过去的经验确实是我们对未来事件最好的预测依据,特别是当这种经验可以被理解、量化和统计分析的时候。但如果过去的数据不足,如发生概率很小的风险或从未发生的新风险,则难以准确运用概率法来计算和预测风险。例如,在 2020 年新冠肺炎公共卫生事件中,关于病毒是否能人传人的科学判断,一开始在信息不足的情况下无法获知,专家组只能谨慎做出"未发现明显人传人现象""不能排除有限人传人的可能"等结论。在后期,随着病例增加和研究的深入,进行回溯性分析后才能得出病毒能人传人的最终确定性结论。⑤ 若前期便可明确得出病毒能人传人的科学结论并制定相应的封城、隔离等政策,固然是最

---

① 倪贵荣、王郁霖、蔡嘉晏:《食品安全治理中科学基础与民主参与的平衡》,载《政大法学评论》(台湾地区),第 155 期。

② RENN O, KLINKE A. Complexity, uncertainty and ambiguity in inclusive risk governance. In *Risk and social theory in environmental management*. Collingwood: CSIRO Publishing, 2012: 59-76.

③ 江卫华、蔡仲:《风险概念之演变:从贝克到拉图尔》,载《自然辩证法通讯》2019 年第 5 期。

④ GARLAND D. The rise of risk. In *Risk and morality*. Toronto: University of Toronto Press, 2003: 48-86.

⑤ 朱萍、李靖云:《大武汉"战疫"CDC 的使命》,载《21 世纪经济报道》2020 年 2 月 4 日(http://www.21jingji.com†2-4/xOMDEzNzlfMTUzMDYxOA.html)。

佳的疫情应对决策,但科学遵循其自身的发生逻辑,亦受制于信息、手段、技术、人才等外部因素的可得性,各阶段所得出之科学结论均有其局限性。第二,科学研究方法和技术是有限的。从过去的经验中演算出来的仅是一种有限的数据集,但数据集如何使用受限于非常多的因素,难以称得上绝对客观。第三,科学研究结论极大受制于专业人士所选择的研究手段、条件、工具和路径,因此,研究结论也会产生极大的差异。例如,在关于纳米技术是否有害的议题上,若公共决策制定需要依赖科学研究成果,那么在选取研究结果时会发现各种不同的结论。有研究指出,纳米微粒对鱼类或水藻有引发毒性反应的可能,但也有学者质疑该研究是采取四氢呋喃作为纳米微粒的溶剂,而自然状态下多半是以水作为溶剂。前者所呈现的毒性反应远大于后者,因此,这一结论是否妥当尚需探讨。此外,还有学者用河水作为实验样本模拟自然界状态,发现纳米物质的毒性会因为水中化学物质的不同而产生差异。[1]

再次,科学技术路径的客观性受到质疑。这种质疑沿着两条路径展开。第一条,虽然认为科学研究本身具有一定的客观性,但会在知识生产后与社会利益碰撞过程中发生扭曲或受到影响。例如,在转基因议题上,曾有法国生物学家塞拉里尼(Gilles-Eric Séralini)的动物实验研究成果显示转基因的危害性,其结果发表于《食物与化学毒理学》后遭到强烈批评,后杂志社撤回该论文。[2] 这一路径所批评的是外部因素会干涉关于科学结论的诠释面和呈现面,而非科学的生成过程。[3] 第二条质疑路径则更进一步认为科学知识本身便具有建构性,知识生产的过程无法保证客观性。特别是所有自诩为中立客观的科学

---

[1] GAO J, et al. Dispersion and toxicity of selected manufactured nanomaterials in natural river water samples: effects of water chemical composition. Environmental science & technology, 2009, 43 (9): 3322 – 3328.

[2] 陈瑞麟:《科技风险与伦理评价:以科技风险伦理来评估台湾基改生物与人工智能的社会争议》,载《科技、医疗与社会》(台湾地区)第30期。

[3] 吴嘉苓、曾嬿芬:《SARS 的风险治理:超越技术模型》,载《台湾社会学》(台湾地区) 2006 年第 11 期。

咨询委员会，由于其实际上与政治的关系千丝万缕，故科学结论可能只是披着客观外衣的政治意图。"科学咨询委员会的活动与建议其实是科学证据以及社会、政治价值判断的混合，故科学事实与政治、社会脉络或主观价值欲进行截然的区分是不可能的。"① 在1996年发生的疯牛病危机事件中，当时的国际食品科学委员会实际上被英国操控，迫于英国的政治压力而无法有效应对，最终演化成严重的食品安全事件。② 与第一条路径相区别，这一质疑不区分科学的生产过程与呈现结果，不做微观的区分，而认为科学研究全过程都可能渗入价值与利益，因此，科学知识在本质上就是建构性的。对这一思路的检讨形成了后常态科学理论。在后常态科学理论中，不确定性是新科学观念的核心。③

在科学技术路径下，决策权依赖于建立在科学理性之上的技术官僚系统，试图通过技术科学路径的专业性和客观性来获得。当科学理性的客观性和正确性受到挑战、行政决策者的控制力受到质疑时，行政决策机制必须重新翻查正当性"工具箱"，以寻找新的建构要素。基于对决策过程封闭性与专家系统垄断性的反思，民主性开始成为新的正当性要素。

三、民主参与路径的兴起及其问题

（一）民主性的含义

在当代政治哲学中，民主性是政治正当性最基本的要素，通常被

---

① 简凯伦、周桂田：《风险社会下的环评制度与法院：司法系统与社会脉络的相互建构》，载《国家发展研究》（台湾地区）第14卷第1期。

② 张海柱：《专业知识的民主化：欧盟风险治理的经验与启示》，载《科学学研究》2019年第1期。

③ FUNTOWICZ S, RAVETZ J. Uncertainty, complexity and post-normal science. *Environment toxicology and chemistry*: *an international journal*, 1994, 13（12）: 1881 - 1882.

认为是使政府正当化的理由。① 但民主性本身是一个复杂而多元的概念，在不同理论中有不同的内涵。在行政行为合法性理论中所倡导的民主是一种参与式民主。

参与民主是建立在对代议民主反思的基础上的。代议民主又称自由主义民主，其正当性逻辑是通过选举和投票，由公民选择代表其意志的人进行国家决策，这一投票结果即为公众偏好的加总，是公共利益的体现，因此，代议民主也可以称为"聚合式/加总式民主"（aggregative democracy）②。自由主义意义下的代议民主政治在实践中屡遭批判。批评者认为代议民主的缺陷在于并未真正实现公民意志对政策的输入，导致"公民政治权力实质的丧失"③。而这种民主模式也在实践中受到冷遇。20世纪50年代，面对美国令人尴尬的低投票率，政治学家试图重新建构美国政府的合法性理论，形成了利益代表模式。这种观点认为，政府决策是利益集团之间冲突和妥协的产物。这种讨价还价能使政府合法化，因为从长远来看，只要有足够多的群体参与，代表公众的不同利益，它就会实现利益和负担的公平分配。④ 利益代表模式对国家政策的意志输入不是通过代议制，而是通过行政过程的民主参与。罗桑瓦隆（Pierre Rosanvallon）认为，虽然选举仍然很重要，但由于议员代表大众意愿的假象已幻灭，代议民主不再是成熟民主制度的充分基础，因此，其他机构和程序必须做更多的工作。⑤

参与式民主要求在行政过程中增加能促进公众直接参与的机制。

---

① SHAPIRO S, MURPHY R. Public participation without a public: the challenge for administrative policymaking. *Missouri law review*, 2013, 78 (2): 489–510.

② SHAPIRO I. *The state of democratic theory*. Princeton University Press, 2009.

③ 周桂田：《风险社会典范转移：打造为公众负责的治理模式》，台湾远流出版公司2014年版，第146页。

④ SHAPIRO S, MURPHY R. Public participation without a public: the challenge for administrative policymaking. *Missouri law review*, 2013, 78 (2): 489–510.

⑤ ROSANVALLON P. *Democratic legitimacy: impartiality, reflexivity, Proximity*. Princeton & Oxford: Princeton University Press, 2011.

将行政过程改造成参与式民主生长的土壤,客观上源于行政活动已从单纯的"执行"过程转变为一个"管理"过程,这个管理过程需要处理与代议制机构所面对的情形一样的利益冲突和价值选择,因此,行政过程"本质上就是一个政治过程"①。"行政决策的合法性与立法决策的合法性具有相同的最终根源——政治。"②

佩特曼(Pateman)认为,真正的民主是所有公民直接、充分参与公共事务的决策的民主,从政策议程的设定到政策的执行,都应该有公民的参与。③ 通过民主参与可以为决策者提供更多的信息,以作为其政策决定的依据;参与还迫使决策者向公众说明其行动的理由,从而提高透明度和对公众的问责制;参与式民主还具有教育意义,能促进每个人的社会能力和政治能力的发展,实现从输入到输出的"反馈"。④ 作为对自由主义和代议民主的批判主力军,社群主义者强调社会共同体的重构与其要件,参与民主主义者主张人民政治参与及理性沟通的必然性。因此,参与民主被视为对代议民主的补充,也是针对官僚主义、管理主义导致的各种政治困境和社会危机的出路探寻。

参与式民主的进一步深化是审议式民主(deliberative democracy)理论。审议式民主在直接参与的基础上强调理性沟通的概念。审议民主的核心理念在于促进公民理性、反思的讨论,思索公共议题及其解决方案,"透过公民间持续的理性聆听、思考与公开讨论不同的价值、观点、利益,对各种不同备选方案的相关论述与政策结果作审慎的考

---

① 王锡锌:《行政正当性需求的回归:中国新行政法概念的提出、逻辑与制度框架》,载《清华法学》2009 年第 2 期。
② STEWART R B. The reformation of American administrative law. Harvard law review, 1975, 88(8): 1667 – 1813.
③ 卡罗尔·佩特曼:《参与和民主理论》,陈尧译,上海人民出版社 2018 年版,序言第 4 页。
④ 卡罗尔·佩特曼:《参与和民主理论》,陈尧译,上海人民出版社 2018 年版,第 40 页。

虑，最后期望能朝向共善的方向前进，寻求集体的公共利益"①。如果说利益代表模式强调的是公众的利益能得到体现，通过利益被考虑而获得正当性，审议式民主则进一步强调参与过程作为理性沟通的场域，是通过提高决策质量来实现决策正当性的获取。审议式民主便是学者们为风险社会中的规制正当性危机开出的"解药"。

（二）风险决策的民主性及其问题

在贝克的《风险社会》中便包含着民主性的解决方案。他提出次政治概念作为化解国家政治危机的出路。当传统的国家或政治功能、体制在决策人民的所有事务已经不敷使用时，贝克主张政治的去核心化与国家的变形。前者指政治不再是政府的专利，传统政治以外的人民也可以直接参与国家的决策和社会的形塑，即让风险承担者来决定自己的命运；后者指传统政治模式式微，国家必须以新的形态面对风险社会的冲击，改变其决策模式，从代议民主转向直接民主，让国家聆听人民的意见，接纳社会价值，并通过制度保障这样的意见和价值在法律系统中具有一定的法拘束力。②

民主性的要求体现在风险决策之上，便是对风险规制的科学技术官僚范式的反思和对决策开放程序的主张。风险决策正当性的民主参与理论认为，应该改变科学技术官僚模式中依靠客观性和科学性来证成风险决策正当性的路径，而是通过开放决策过程、信息公开和公众参与来确保公众在风险议程、风险目标与政策选择中的话语权。作为对科学技术路径的反思，民主参与路径试图引入公众视角和社会价值来化解其危机。无论科学结论的客观性和可靠性如何，风险决策并非仅仅对科学结论的政策转译。但对客观化、物理性的风险的过度痴迷，以及由此产生的对科学论述的痴迷，会消除关于制度行为和社会

---

① 杜文苓、张国伟、吴嘉纯：《审议民主在空间议题上的新实验：以"中港河廊通学步道愿景工作坊"为例》，载《公共行政学报》（台湾地区）第 32 期。
② 陈宗忆：《国家的风险决策与风险决策监督：以建立"风险原则"为中心》（学位论文），台湾大学法律学研究所 2008 年，第 18–19 页。

关系之间深层次问题的思考。尽管科学依然是必要的，它能够帮助定义、识别和评估风险，但也仅仅是让社会知道风险的存在，而无法消除或解决是否接受风险的问题。尽管生态风险的后果一旦发生便是对人类毁灭性的打击，但由于危害尚未发生，大部分时候仅存在于人类的想象之中，科学甚至无法给出一个精确的公式。当然，这并不意味着风险不是客观的，而是说，不同社会、不同人对风险的认知不同，因此对后果是否接受，只能取决于人们的价值和选择。例如，简单依赖危害可能性与危害后果的科学公式，会导致高频率低后果与低频率高后果的风险被混为一谈，而社会对这两种风险却有不同的认知和可接受度。因此，风险决策不能再依赖科学的客观性提供答案，因为客观地衡量风险是不可能的，只能开放给社会讨论，并最终由受威胁群体的共同价值观来决定是否接受。

  风险规制领域的民主参与呼吁最早发起于环境运动，后逐渐蔓延到食品安全、核能规制等其他议题。各国的风险规制机制也顺应这种需求展开改革。例如，欧盟自20世纪90年代以来，在发生疯牛病危机、转基因作物争议等事件后，被迫向民主化改革。2001年，欧盟委员会发布《欧盟治理白皮书》回应了"人民对于欧盟制度与政治的不信任日益增加"这一严峻问题，提出要开放决策过程，让更多公众和组织参与欧盟政策的制定与执行，以重建公众对决策者利用专家建议方式的信任。[①] 此后，欧盟委员会下的科学与社会处发布了《专业的民主化与建立科学的审查参考报告》，提出与民主性匹配的7个目标：可获取性和透明度、问责制、有效性、预警与预见性、独立和完整、多元化和质量。[②] 2002年，欧盟委员会又发布了《科学与社会行动纲领》，作为对白皮书倡议的具体实施，其中对公众参与机制、风险治理的基本原则、治理模式等都进行了更为详细的规定，进一步提出发

---

  ① EUROPEAN COMMITTEE. *European Governance: a white paper*. Office for Official Publications of the European Communities, 2001.

  ② LIBERATORE A. *Report of the working group on democratising expertise and establishing scientific reference systems*. European Commission, Brussels, May 2001 (Pilot: Rainer Gerold).

展科学与社会新的合作关系。①

以民主性作为风险决策正当性的新要素,尽管能解决合法性与科学性所欠缺的社会基础,但其本身也并非没有问题。

首先,作为风险决策民主参与逻辑起点的建构主义/主观风险观容易走向极端。建构主义的阵营认为,只要人类评估或评价风险,风险的概念就不可能是客观的。②"风险存在于人类的感知和认识体系之中,是在不同的社会文化体系中被建构出来的,是在这个社会文化体系中的个人作出的判断或对不确定性运用一些知识的现实。"③ 这种风险观否认自然界的危险是风险的源头,因此很容易走向另一极端,抹杀风险的客观性与其中的科学维度。④ 如果政府需要回应的是极端的感知性风险,所进行的规制资源分配便无法实际减少社会风险。⑤

其次,民主参与路径对公众具备的知识、理解能力具有极高要求。如果说直接参与模式还只是强调决策过程的利益表达,审议民主模式的理想是充分的理性沟通与共识达成,那么,民主参与模式会不会对普通公民参与的深度和程度,对他们享有的或在短期内获得的知识、耐心和智慧有过高期望?⑥ 风险规制领域存在的众多复杂的专业性问题,公众与专家是否真的能用一套相似的话语与逻辑体系进行理性沟通?这一点也是存疑的。

---

① EC. *Science and society action plan*. Office for official publications of the European communities, 2002.

② SIDORTSOV R, IVANOVA A, STAMMLER F. Localizing governance of systemic risks: a case study of the power of siberia pipeline in Russia. *Energy research & social science*, 2016, 16: 54 – 68.

③ ALTHAUS C E. A disciplinary perspective on the epistemological status of risk. *Risk analysis: an international journal*, 2005, 25 (3): 567 – 588.

④ 江卫华、蔡仲:《风险概念之演变:从贝克到拉图尔》,载《自然辩证法通讯》2019 年第 5 期。

⑤ LENNART S. Risk perception by the public and by experts: a dilemma. In *Risk management. Human ecology review*, 1999, 6 (2): 1 – 9.

⑥ FUNG A, WRIGHT E O. *Deepening democracy: institutional innovations in empowered participatory governance*. London: Verso, 2003: 48 – 56.

再次，民主参与不一定能提高决策品质。许多倡导者把注意力集中在民主程序上，但民主参与的最终效果也是需要考虑的。如果民主参与最终不能实现决策质量的提升，民主性是否依然能成为正当性的理由？然而，民主参与能否促进更好的公共决策结果是存疑的。有学者就认为没有证据表明更多的审议将导致更好的公共政策结果或减少社会冲突，而且，要求高标准的审议甚至可能会加剧对立阵营的冲突。[1]

最后，过度的民主性会导致民主逻辑的混乱与应责难题。在代议制民主模式下，人民通过选举代表将风险社会管理职责委托给国家负责，而国家通过立法授权行政机关在一定权限范围内决断风险事务。代议机构和行政机构分别在自己的职责范围内承担责任。如果在国家风险决策中过度接纳民众意见，则会出现"二元民主"问题，即立法机关和行政机关都是民主机关，都进行民主决策。行政过程的民主决策会产生决策权力转移的特征，风险决策的责任归属便会混乱，出现无中心、无人负责的局面。[2] 因此，有学者认为尽管需要有风险沟通环节，但人民参与过程的意见发表对于国家的决策不必然产生拘束力，否则当风险决策存在错误情形时，不利结果也必须由人民承担。[3] 这也是本书第六章会探讨的问题。

四、复合正当性标准及其修正

（一）合法性、科学性和民主性的复合正当性标准

从上文的分析可得，合法性、科学性和民主性都曾作为觅求风险决策正当性的思路，但无论哪一种都存在自身的问题，无法单独肩负

---

[1] SHAPIRO I. *The state of democratic theory*. Princeton：Princeton University Press，2009：27.

[2] FUNG A，WRIGHT E O. *Deepening democracy：institutional innovations in empowered participatory governance*. London：Verso，2003：48-56.

[3] 陈宗忆：《国家的风险决策与风险决策监督：以建立"风险原则"为中心》（硕士学位论文），台湾大学法律学研究所2008年，第127页。

起建构风险决策正当性的任务。因此，许多学者开始舍弃单一要素视角，以规范面为基础，以实务面、社会面为补充，从内部关注行政过程，从外部关注行政社会效果，试图解决"合法性输入机制过于单一化"① 的问题，提出了更为丰富的行政正当性构成。

朱新力等人认为，应当在"合法性"之外引入"最佳性"的新鲜血液以完善行政法理论体系，增加关注行政过程"如何通过管理技术的提升和政治层面的正当性保障来追求和实现最佳治理"②。然而，最佳性尽管特指一种以行政实务面为导向的考量基点，但这一表述并不严谨。"佳"即为"好"，一个好的行政行为，考量中必然包含合法性，难以想象一个越权或违法的行政行为是一个好的行政行为。因此，最佳性与其说是对合法性的补充，不如说是对合法性的扩展，是一个包含了合法性的更为丰富的对公共行政的分析视角。

王锡锌探讨了通过合法化实现正当化的路径，认为在现代"行政国"中，"法"的多样化和行政的政治化导致这一路径难以实现行政正当化的获取，因此建议引入"通过理性的合法化"模式和"通过参与的合法化"模式，建构一种以形式合法性、民主正当性和技术理性共同构成的"复合的行政合法化框架"。③ 这种多元要素的补充丰富了行政正当性的内涵，具有很好的启发性。

我国在对行政决策的规范化建设过程中，也遵循搭建一个复合框架的思路。2003年10月通过的《中共中央关于完善社会主义市场经济体制若干问题的决定》首次提出"完善政府重大经济社会问题的科

---

① 韩春晖：《行政决策的多元困局及其立法应对》，载《政法论坛》2016年第5期。

② 朱新力、梁亮：《公共行政变迁与新行政法的兴起》，载《国家检察官学院学报》2013年第1期。

③ 参见王锡锌《行政决策正当性要素的个案解读：以北京市机动车"尾号限行"政策为个案的分析》，载《行政法学研究》2009年第1期；王锡锌：《依法行政的合法化逻辑及其现实情境》，载《中国法学》2008年第5期；王锡锌、章永乐：《我国行政决策模式之转型：从管理主义模式到参与式治理模式》，载《法商研究》2010年第5期。

学化、民主化、规范化决策程序",2004年通过的《全面推进依法行政实施纲要》要求建立健全公众参与、专家论证和政府决定相结合的行政决策机制。党的十六大报告进一步要求"改革和完善决策机制""推进决策科学化、民主化";党的十八大报告明确提出"坚持科学决策、民主决策、依法决策"的三维框架;在此基础上,2010年通过的《关于加强法治政府建设的意见》把"公众参与、专家论证、风险评估、合法性审查和集体讨论决定"作为重大行政决策的必经程序,并最终在2019年通过的《重大行政决策程序暂行条例》中加以法治化确认。

其他国家和地区所建构的风险规制体系也日益强化其科学性和民主性。例如,偏重大陆法系的欧盟国家多采取修订法律的方式促进风险治理的规范性,同时规定以风险评估促进风险决策的科学性,并明确了公众参与程序。又如,在欧盟,2002年欧洲议会通过《欧盟一般食品法》(European General Food Law),确立了科学原则、预防原则和透明原则,"以科学基础所作成的风险评估结果作为政策的主要依据,同时以预防原则补足科学本身可能存有的局限性,并进而将公众参与作为提升食品政策正当性的重要立基"[1]。

然而,从学理上以合法性、科学性和民主性三个要素来建构风险行政决策的正当性标准体系,有三个关键性问题并不清晰:

第一,三个要素的内涵不够清晰。合法性、科学性和民主性三个要素的强调,大致指向了风险决策的基本品质,但各自的内涵却存在模糊之处。合法性中的"法"如何理解?在现代大量授权立法存在的背景下,若采用广义的法的概念,则许多风险决策本身便是以具有规范性的"法"的形态出现,包括行政规章或规范性文件,那么,合法性的论证无疑是一种自我循环论证。而由于立法机关给行政机关留下了众多不确定法律概念和框架性指导,行政机关在使用这些不确定法律概念时具有极大的裁量余地,使"遵守法律"成了一个程度性的状

---

[1] 倪贵荣、王郁霖、蔡嘉晏:《食品安全治理中科学基础与民主参与的平衡》,载《政大法学评论》(台湾地区)第155期。

态。科学性是强调科学专家的话语权,是强调风险评估的程序规范,还是强调最终结果的安全标准?鉴于上文所述的各种问题,科学性并不是一个关于何为安全的明晰答案,这也使"风险决策必须符合科学性"这一要求过于空泛。民主性同样可以涵盖从"信息公开""意见交换"至"合意达成"的不同民主程度。有学者在民主性下强调审议性,有学者则在强调"参与而非决定"。这些因素在不同内涵下将产生完全不一样的正当性效果。

第二,从属性上讲,合法性、科学性和民主性是一种程序性正当还是一种实质性正当?当我们为这三个元素匹配相应的程序,并在行政决策依法履行合法性审查、专家论证和公众参与程序之后,相关决策是否就获得了正当性?尽管很多学者为风险社会的不确定性难题开出了程序正当的"解药",但程序正当能否化解围绕国家风险决策的社会争议和冲突是存疑的。合法性、科学性和民主性的价值属性如何充分转化到设计的决策程序之中,是这三个正当性要素本身无法回答的。

第三,复合正当化框架给出了核心要素,却没有阐述要素之间的关系与如何组合的问题。合法性、科学性和民主性之间可能是相互融合的关系,也可能是相互矛盾的关系。而当法律、科学和民主给出不同答案时,决策者要如何兼顾并做出选择?依赖科学或民主来建构合法性,描述了一个当决策者在同一个决策中难以同时实现这些标准时,最终只能以遵守法律为名牺牲科学或民主,或在科学与民主之间二选一。而且,科学和民主的提法容易在现实中转化为专家与民众的对立局面,形成一种"科学—民主"相互敌对的观感。通过矛盾的转移,决策者变成一个袖手旁观的第三者,似乎不得不在听从专家意见和遵循公众意见之间做出选择。而现实中,决策者很少单独听从任何一方的意见,往往既需要在科学与民主之间进行平衡和协调,还需要考虑二者之外的众多要素。

因此,尽管本书赞同风险决策正当性的复合实现路径,但试图回归正当性这一个概念本身的内容,寻找一个兼顾形式正义和实质正义,既可作为行动指引又可作为评估指标的正当性标准。

(二)"可接受性"概念的引入

无论是实质正当性理论,复合合法性理论,还是社会的、经验性的正当性,其中的正当性都包含了一种结果导向的可接受性。马克思·韦伯认为,现代社会中的合法性的来源是一种被统治者特定的最低限度的服从愿望,即"可接受性"。①"新的模式在理论方法上具有实证主义和功能主义的明显特征,一切从问题和需求出发,认为行政过程的可接受性优于其形式合法性。"② 当然,这里的可接受性仅是站在受众的立场,描述一种他们并不排斥乃至认同的心理状态,但这种状态对于风险决策来说非常具有启发性,是一个探讨风险决策正当性的思路起点。

本部分内容试图对这个概念进行扩展。上文所论证的,均是在风险社会背景下,由具有不确定性的决策对象、复杂的决策过程以及多元的决策参与者所形成的交错网络。面对这种复杂性和不确定性,决策的规范性、科学性和民主性都要兼顾。因此,决策结果与制度、知识以及社会的匹配度均要考虑。在此基础上,本部分内容提出了三元可接受性理论,认为风险决策正当性标准由制度可接受性、技术可接受性和社会可接受性构成。

这一概念的提出,主要有四个考虑。第一,合法、科学和民主都是具有内部空间的概念,本身都包含了不同程度的遵从状态,即可能存在强合法与弱合法的区别,以及不同的理性程度和民主程度。这意味着即使在这三个范畴中,我们也需要探求其实现的"程度"。第二,风险社会中零风险目标的不可达性。零风险的追求与公众对风险是"全有或全无"的误解有关。某物要么是绝对安全的,要么是绝对危

---

① 马克斯·韦伯:《经济与社会·上卷》,林荣远译,商务印书馆2004年版,第238页。

② 王锡锌:《行政正当性需求的回归:中国新行政法概念的提出、逻辑与制度框架》,载《清华法学》2009年第2期。

险的，没有过渡状态，因此规制者应当消灭风险，实现零风险。① 然而，这一目标不仅成本极高，在现实中也是根本无法实现的。因此，虽然曾经有过追求零风险的尝试，但最终均宣告失败。② 这意味着剩余风险必定会存在，而剩余多少风险，则需要探讨关于多少剩余风险是"可接受的"。第三，承认风险的不确定性前提以及风险应对的有限性。人类的法律制度无法全知全能地为所有风险做好安排，必定会有所疏漏，而科学知识也无法做到全面理解和控制风险。同时，社会对风险的"不理性"认知也应当获得体谅。这意味着我们要考量的，不是行政决策本身的一种固定状态——这种状态必然是动态多变的，而是决策活动与制度、科学和社会之间的关系，是当时当地这种关系的契合度。第四，鉴于上述程序主义自身的漏洞，有必要将视角转向结果主义，而可接受性是一个能兼顾过程导向和结果导向的综合概念。基于上述考量，行政决策的正当性应当满足三种可接受性：

1. 制度可接受性

风险决策作为风险社会背景下公共行政的重要类型，其合法性依然是建构正当性的第一块基石。鉴于权力具有天然扩张性和侵犯性，因此，通过法律对其加以约束是现代法治的基本精神。行政权在风险社会背景下早已突破了警察国时代以维持秩序为核心的有限范围，而延伸到与安全相关的社会生活的方方面面，其内容从秩序行政发展到风险行政，从消极作为转变为积极行政，从事后的危害控制扩展到事前的风险预防，等等。权力边界的扩张更容易出现对公民权益的侵犯，而公共行政样态的变迁可能带来遁入私法而逃避责任的风险，因

---

① 凯斯·孙斯坦：《风险与理性：安全、法律与环境》，师帅译，中国政法大学出版社 2005 年版，第 44 - 45 页。

② 日本在 2003 年《食品安全基本法》颁布以前所设定的食品规制目标便是零风险，但在颁布此法时舍弃；美国《食品、药品和化妆品法》中的德莱尼条款提出了零风险要求，后在 1996 年颁布的《食品质量保护法》中部分废除了德莱尼条款。参见 KARAKI H. Risk communication in the food field. *Journal of disaster research*，2014，9（sp）：598 - 602；钟瑞华《从绝对权利到风险管理：美国的德莱尼条款之争及其启示》，载《中外法学》2009 年第 4 期。

此越发需要确保行政的合法性问题。

然而,尽管合法性是行政行为的基本准则,传统行政法的限权模式与合法性考量并未丧失适用的场景,但结合风险社会的属性来看,源于法律漏洞、法律不确定性概念以及不同时期不同立法的价值导向不同等情况,风险规制的法律规范对行政行为的指引存在极大的空间,还可能存在相互矛盾的规定。例如,美国环境保护署(Environmental Protection Agency,以下简称"环保署")与其他风险规制机关在制定风险规制标准时,有些法律要求其考量成本收益,有些要求其以最佳可行技术(best available technology)要求为前提,有些要求其以降低健康风险为目标而无须兼顾成本考虑。[①] 符合法律规定这一导向是具有内在空间的,需要关注行政机关在其中的灵活性。因此,合法性在这种风险场景中应当理解为制度可接受性,指决策活动符合最基础的规范要求,是在现有制度所能容忍的最大偏离幅度内的形式和内容。风险决策的做出应当努力实现与法律最为匹配的状态,但当适法存在空间时,则应在制度可接受的范畴内向下文将论述的另外两个可接受性努力。

对这一点的理解可通过一个个案来分析。在 2020 年新冠肺炎公共卫生事件中,在解释疫情初期预警不及时的原因时,武汉市市长周先旺表示根据《中华人民共和国传染法防治法》第 38 条第 3 款,地方政府需经授权后才能公布。但有学者认为,《中华人民共和国传染法防治法》第 38 条的理解与适用存在一定的空间,尽管第 3 款规定了"传染病暴发、流行时",国务院卫生行政部门"可以授权省、自治区、直辖市人民政府卫生行政部门向社会公布本行政区域的传染病疫情信息",但该条在新发的、不明的传染病上是否适用是可以商讨的,而如果援引第 38 条第 2 款"省、自治区、直辖市人民政府卫生行政部门定期公布本行政区域的传染病疫情信息",则地方政府也有

---

① HAIGH J A, HARRISON JR D, NICHOLS A L. Benefit-cost analysis of environmental regulation: case studies of hazardous air pollutants. Harvard environmental law review, 1984(8): 395.

权公布信息。① 因此，即使适用第 2 款而主动披露信息，也属于合法的范畴，只是与法律的匹配度没有适用第 3 款那么高，但应当认为满足制度可接受性。

2. 技术可接受性

风险决策任何时候都需要依赖科学，这种科学基础对决策正当性的贡献是无可替代的。对民主的强调有时候会产生不再信任科学的观感。但"进步主义者是正确的"，我们需要专家在决定涉及技术和科学事实的政策方面发挥领导作用。② 科学性是风险决策的基础，也是风险议题上推进民主运动的一个坚固的支点。

但现实中面临的争论往往并非要听从科学与否，而是如何听从科学。"决策争论的要点并不在于是否应当以知识为依据，而在于什么是可以信任的知识。"③ 在科学上，安全与不安全之间并无清晰的界限，而仅有依据不同的科学方法得出不同程度的结论。例如，在风险评估环节，科学界对风险评估的标准，即风险评估应当选择何种假设进行风险的计算往往不能达成共识。风险计算假设的选择过程实际上是在对风险进行更进一步的定义，不同的标准可能带来完全不同的风险评估结论。而采取何种评估手段也存在不同，如可以进行定量评估，也可以进行定性评估。定性评估往往是评估的第一步，用文字描述损害发生之可能性与危害程度，而定量评估需以一定的剂量效果与暴露数据表述。在信息不足或情势紧迫的情况下，风险评估仅做定性描述而不做定量评估也是可能的。④ 因此，对科学证据的追求不可能达到数学推理所能达成的那种令人信服的确定性。一项研究成果仅是

---

① 王丽娜：《武汉市市长曾称"地方政府无权披露疫情"，专家：省级政府有公布的权力》，载《财经》2020 年 3 月 13 日（https://news.qq.com/omn/20200313/20200313A0B4QP00.html）。

② SHAPIRO S, MURPHY R. Public participation without a public: the challenge for administrative policymaking. *Missouri law review*, 2013, 78 (2): 489–510.

③ 伊丽莎白·费雪：《风险规制与行政宪政主义》，沈岿译，法律出版社 2012 年版，第 21 页。

④ 倪贵荣：《食品安全与司法救济》，台湾元照出版社 2020 年版，第 68 页。

提供了某种解释，这种解释与其说是一项证据，不如说是一种对决策的辅助判断。

科学性这一概念内涵不清，而技术可接受性是在要求决策必须建立在科学基础上的这一前提下，进一步指引决策者如何选择科学。技术可接受性是指风险决策所依凭的科学证据基础是能体现基本科学素养和规范的，是能在同行中获得基本理解和尊重的。这一要求低于获得普遍接受度的科学证据。例如，美国最高法院在1923年的Frye v. United States案中便提出法院要确定科学证据是否足够在其所述特定专业领域获得普遍接受（general acceptance），满足这一条件的证据才具有证据能力。① 然而，"普遍接受"是一个很难实现和确定的事情，在多大的范围内来确定这种"普遍性"是可操控的。这意味着法院可以通过缩小或扩大这个"相关领域"的专业群体来影响结果。② 司法实践中也有案件反对此标准，认为普遍接受标准否定了新兴科技与技术的证据力，因为必须等待新兴科技到达"普遍接受"的程度才能获得证据力，从而会导致科技与法院之间产生"文化落差"。③ 因此，后来制定联邦证据法（Federal Rules of Evidence）时，这一要求被更为宽松的证据标准所取代。④ 尽管这一观点转变发生在美国司法体系中，但对于我国的行政决策如何理解和运用科学证据同样具有借鉴性。符合技术可接受性标准的科学证据，不要求其必须获得科学界一致或普遍的认同，但也不能是科学界中主流群体长期批判的"异端学说"，而是要求这一科学证据或风险评估结论的研究主体、研究方法、研究材料和研究结论等至少能获得业界的总体性认同或有条件的采纳。

---

① Frye v. United States, 293 F. 1013（D. C. Cir. 1923），at 1014.
② FAIGMAN D. The Daubert revolution and the birth of modernity: managing scientific evidence in the age of science. *U. C. Davis law review*, 2013, 46: 101–138.
③ 倪贵荣、王郁霖、蔡嘉晏：《食品安全治理中科学基础与民主参与的平衡》，载《政大法学评论》（台湾地区）第155期。
④ FAIGMAN D. The Daubert revolution and the birth of modernity: managing scientific evidence in the age of science. *U. C. Davis law review*, 2013, 46: 101–138.

3. 社会可接受性

风险社会背景下通过民主参与程序实现决策正当性的重要性自不待言。"国会广泛、抽象的立法授权（'传送带'模式）与行政权拥有专业资源的权力特性（功能论下的专家模式），尚不足以充分成为赋予行政权民主正当性的理由；相对地，参与模型所追求的公民参与、风险沟通以及程序理性成为行政权获得民主正当性的必要途径。"[①]但仅仅强调参与程序的民主性显然是不够的，应当补充以结果导向的标准，将"民主性"改造为"社会可接受性"。

社会可接受性包含客观可接受和主观可接受。客观可接受是指社会风险的危害结果的预期落于公众生理、心理或经济上最大承受能力之内；主观可接受是指出于利益考量，社会愿意在某个特殊的时间段或空间内承担风险以确保或换取某些利益。[②] 一般研究中探讨的风险可接受性是指个体或群体在生理上所能够承受的风险最大值。[③] 这种可接受性属于风险评估的范畴，与上文的技术可接受性有交叉。这里关注的是广义的社会可接受性，特别是其主观可接受性。

公众判断某一种风险是否可接受，并不会如专家一般进行科学计

---

① 简凯伦、周桂田：《风险社会下的环评制度与法院：司法系统与社会脉络的相互建构》，载《国家发展研究》（台湾地区）第 14 卷第 1 期。

② HEALTH AND SAFETY EXECUTIVE. *Reducing risks, protecting people：HSE's decision making process*. HSE Books, 2001：49 - 52.

③ 客观可接受风险水平具有两种表达方式，一种是个人可接受风险，一种是社会可接受风险。国际上通常采用国家人口分年龄段死亡率最低值乘以一定的风险可允许增加系数，作为个人可接受风险的标准值。我国在《危险化学品生产、储存装置个人可接受风险标准和社会可接受风险标准（试行）》中参考了荷兰、英国、中国香港等国家和地区的标准，设置了自己的个人可接受风险的标准值。社会可接受风险标准是对个人可接受风险标准的补充，是在危险源周边区域的实际人口分布的基础上，为避免群死群伤事故的发生概率超过社会和公众的可接受范围而制定的，通常用累积频率和死亡人数之间的关系曲线（F - N 曲线）表示。社会可接受风险标准并不是每个执行定量风险评价的国家都在用，有一些国家（如匈牙利、巴西等）只制定了个人可接受风险标准，而没有制定社会可接受风险标准。在《危险化学品生产、储存装置个人可接受风险标准和社会可接受风险标准（试行）》中，我国参考了英国、荷兰以及中国香港的社会可接受风险标准，最终采用了中国香港特区的标准。

算，而往往会通过直觉加以判断，因此在公众这一边，风险的客观危害后果不一定会和可接受性形成明确的反比关系。有时候公众可能会受不同因素影响而形成不同的主观接受度。例如，吃薯片的人明知道高温油炸食品中的丙烯酰胺具有致癌可能性却依然食用，可能是因为太喜欢而无法自控，也可能是认为自己具有抵抗这种风险的能力，也可能是心存侥幸地偏向于低估风险的危害或发生的可能性。所谓主观接受度，是指一种情感上、心理上或思想上的主观意愿或主观承受能力。它并不源于精密的计算或科学的统计，可能是带有情感的偏见或误解，但并非没有规律的偶然现象。有学者总结了公众的恐惧因素，即如果具有下列特征，则是公众不能接受的风险，包括：①非自愿的；②在社会中不平均的分配；③即使做出个人防护依然不可避免；④不熟悉或新颖的；⑤人为而非自然的；⑥会导致多年后才爆发的隐藏的和不可逆转的损害；⑦对下一代产生特定威胁，比如影响小孩子或孕妇；⑧会导致特定的致命疾病或死亡；⑨科学研究不足的；⑩对可识别的（而不是匿名的）个体的损害；⑪反应源的表述不一。① 但同时，风险认知也深受历史、社会、族群、文化等的影响，因此，不同地方的人并不一定有同样的风险认知。对于决策者来说，公众是风险的最终承受者，风险判断不可能脱离社会的语境，风险决策也最终作用于社会。"人们在其社会文化嵌入性的背景下感知和应对风险，而这种社会文化嵌入性又由其他群体关系、价值观和生活方式决定。"② 离开社会这一语境无法探讨决策的正当性问题。因此，正当的风险决策应当满足社会可接受性，通过交流来实现技术和民意的互通和理解，以此打破专家和民众之间的隔阂，寻找出最佳的社会风险接受点。

这种社会可接受性如何获得？风险决策需要通过建构更为灵活开

---

① BENNETT P. Understanding responses to risk: some basic findings. In *Risk communication and public health*. New York: Oxford University Press, 1999: 3 – 19.

② ALEMANNO A. Foreword: a plea for a pluralistic understanding of risk. In *Risk and communication: theories, models, problems*. Egea, 2017.

放的程序去获取各方意见、了解社会风险认知。社会可接受的风险是一个社会建构过程。在这个过程中,"不同的社会行动者或集体行动者在公共传播和话语的媒介中相互竞争和冲突。这种散漫的争论代表了风险谈判的合法化过程。关于风险的合法观点的斗争涉及对风险的定义(风险实现的可能性和可能的影响是什么)、所涉及的权利(为了确保其他利益,某些风险值得冒吗;为了防范风险,是否值得牺牲某些权利),以及风险的谈判(风险如何分配,谁处于风险中,以及当风险实现时,谁负责补救行动等)"①。社会可接受性需要通过这种社会交流过程获得。

从上文对三个可接受性的分析可以发现,这里倡导的三元可接受性标准是一种底线思维上的最小公倍数结果。风险决策必须在最低程度上分别满足合法性、科学性和民主性,并在此基础上寻求三者的兼顾与进阶。合法性、科学性和民主性三者之间往往存在冲突。例如,在转基因这一议题上,科学界的接受程度明显高于普通民众的接受程度,科学界的风险认知与社会公众的认知存在明显差异。而在有些情况下,法律却会禁止个体自愿承担风险,比如 2009 年 4 月我国北京市通州区"自助透析室"事件——10 个贫困患者用 3 台二手透析机进行自救,但遭到执法人员以违反《医疗机构管理条例》的名义取缔。② 社会可接受性理念的提出,便是一个探求化解三者对立的思路。其核心是改变科学单极理性与官僚机构对民主的傲慢态度,同时又通过对社会风险认知的培养而提高社会对风险存在的包容度,③ 并以此为底线进行更美好目标的商讨。

综上,对风险决策正当性的判断,应该以制度可接受性、技术可接受性和社会可接受性三者的最小公倍数作为参照,并通过下文将阐述的理性商议程序实现在兼顾三者基础上的更高目标追求。

---

① STRYDOM P. Risk, environment, and society: ongoing debates, current issues, and future prospects. Buckingham: Open University Press, 2002: 114.

② 曹政:《"钢的肾"被曲解的极端样本》,载《健康报》2013 年 1 月 18 日,第 008 版.

③ 参见本书第五章第四部分的论述。

（三）价值内涵与程序要求

三元可接受性作为风险决策的正当性标准，内含行政机关、科学专家与社会公众在风险认知、风险理性和风险价值三方面的融合。而这一价值内容需要通过理性程序主义来实现。

1. 价值面

第一，认知统合。客观主义视角下的风险是利用现有的最佳数据和科学知识建立起来的，而不是仅仅基于主观印象的"感知风险"。对于公众的焦虑，有关部门采取的对策往往是设法确定某一特定灾害的"客观"或"实际"风险，并利用这一措施试图说服民众改变态度。而主观主义者强调风险存在于人类的感知和认识体系之中，是在不同的社会文化体系中被建构出来的。风险不是超脱于人类价值和认识认知的客观存在，而是人在不确定状态下做出判断所产生的。① 以二者统合为目标，三元可接受性标准内含尊重科学结论，并同时承认了解人们如何在其社会文化嵌入性的背景下感知和应对风险的必要性。对社会可接受性的追求要求抛弃风险具有绝对唯一值的客观立场，在定义风险以及其他风险规制环节中加入风险的社会认知面向，以加强决策行为与社会风险认知的契合性，从而增加决策正当性。

第二，复合理性。风险行政决策是为了实现特定目标的风险管理，需要制定有效方案并采取有效手段，因此，理性必然是决策的基础。但这一理性在技术官僚范式下主要指由专家供给的技术理性。有学者认为，这种技术理性对于政策的正当化或可接受性具有重要意义。"通过技术理性的引入，为行政目标的实现选择最有效的、科学化的手段，可使行政决策在理性化基础上获得正当化，这正是行政过程'科学决策'的基本要求。"② 然而，随着民众风险意识的觉醒以

---

① ALTHAUS C E. A disciplinary perspective on the epistemological status of risk. *Risk analysis: an international journal*, 2005, 25 (3): 567–588.

② 王锡锌：《行政正当性需求的回归：中国新行政法概念的提出、逻辑与制度框架》，载《清华法学》2009 年第 2 期。

及科学的客观性、可靠性受到质疑,与技术理性相对应的社会理性概念被提出。社会理性被学者描述为一种社会历程,行动者们通过讨论、协商与碰撞而形成对风险对象和决策方案的共识。① 这种理性不会受限于科学规范研究的狭隘视角,也不会受到政策目标对讨论范畴的框定,而是能以更发散的思维和更广阔的知识,加入超越问题定义范围的不同科学认知、社会规范以及地方性智慧。例如,在我国2009年的广州番禺垃圾焚烧厂建设事件中,风险议题进入公共论坛后形成了技术理性和社会理性的碰撞,原本在项目设计方案中受到限定的焚烧选址问题,最终扩展到关于二噁英的规制标准与技术,"垃圾焚烧、垃圾填埋、垃圾堆肥"等不同垃圾处理方式的选择,以及与垃圾分类的关系等问题。

第三,价值接纳。风险决策始于风险定义,而风险定义绕不开社会价值。风险定义从后果开始,而关于后果的描述必然包含了关于哪些事物是我们所珍视的选择。② 除非涉及有价值的东西,否则就不可能存在风险。③ 换句话说,一个物体要被认为"处于危险之中",就必须赋予它某种价值。④ "将某些事情称作'风险'就是承认它们对我们主体性的建构和幸福的重要性。"⑤ 风险可以被看作是关心的一种对冲形式。因此,风险决策应当超越科学基础的客观面向,而将公众通过风险感知而施加于风险形象之上的"价值"纳入,将其也作为决策应当考虑的重要因素。以2014年的"金箔入酒"事件为例,2014年8月,有申请人向当时的国家卫生健康委员会提交了将金箔作为食

---

① 陈瑞麟:《科技风险与伦理评价:以科技风险伦理来评估台湾基改生物与人工智能的社会争议》,载《科技、医疗与社会》(台湾地区)第30期。

② FISCHHOFF B, WATSON S R. HOPE C. Defining risk. *Policy sciences*, 1984, 17 (2): 123–139.

③ HANSSON S O. Risk: objective or subjective, facts or values. *Journal of risk research*, 2010, 13 (2): 231–238.

④ BOHOLM Å, CORVELLEC H. A relational theory of risk. *Journal of risk research*, 2011, 14 (2): 175–190.

⑤ 狄波拉·勒普顿:《风险》,雷云飞译,南京大学出版社2016年版,第11页。

品添加剂新品种的申请。根据《中华人民共和国食品安全法》和《食品添加剂新品种管理办法》规定，国家食品安全风险评估中心依照法定程序组织了安全性技术评审并在网上公开征求意见，但其间并未收到不同意见。鉴于金箔作为食品添加剂的特殊性，2015年1月28日，国家卫健委办公厅在官网发布了《国家卫生计生委办公厅关于征求拟批准金箔为食品添加剂新品种意见的函》，再次向各相关单位和社会公开征求对于金箔入酒的意见。该征求意见函经媒体报道后，引发社会公众热烈争议。争议很快从金箔入酒是否有害的科学议题，扩展到了关于政府行为一致性、与行业的利益关系、社会奢靡之风与反腐倡廉、白酒行业价格规制等问题。① 可以发现，社会对金箔入酒这一行政决策的期待，并不仅限于金箔对人健康的危害性这一狭隘科学议题，而希望考虑到更多的社会公共价值。因此，价值是可接受风险问题的固有成分，对价值的排除必然折损行政决策的正当性和社会可接受性。

2. 程序面

大部分研究在探讨正当性时，最终都指向了程序主义，认为风险决策的正当性最终需要通过建构决策程序来保障，而程序的规范又促进了责任的明晰。"各种政治理论通过将公共行政嵌入责任规则和程序网络来解决民主缺陷。"② 之所以主张采用程序主义原则作为判定风险行政决策的标准，在于程序主义易于辨别——如果存在决策程序违法，行政决策就应当承担法律责任；只要决策程序不违法，即使出现风险损害结果，行政决策者也不必承担责任。

然而，这种程序主义显然存在问题。一方面，有时实质上有利于防控风险的手段，可能在法律程序上存在瑕疵，尤其是在法律规定存在模糊地带的情况下。另一方面，为了避免被追责，风险决策者可能

---

① 对"金箔入酒"事件的详细分析及资料来源见第五章第四节"社会可接受性的程序法保障"部分。

② BIGNAMI F. From expert administration to accountability network: a new paradigm for comparative administrative law. *The American journal of comparative law*, 2011, 59（4）: 859.

过度追求程序正义，进而演变为形式主义，反而错失风险防控的良机。若简单强调程序主义，以是否依法履行决策程序作为正当性与否的判断标准，则等于重走"形式主义法治"的老路，实践中普遍存在的"走过场""民主秀"等问题依然无法解决。本书赞同以程序主义作为最终的制度建构方向，但认为需要倡导一种具有价值内涵的理性程序主义，用以实现三元可接受性的正当化标准的观点。

理性程序主义强调一种过程性目标与结果性目标相结合的正当程序。可接受性通过参与程序实现，但并不仅停留在程序性要求上。它与民主正当性的理念相似，但容易在实践中被利用，通过无意义的参与形式而获取正当性。可接受性是一种兼顾过程和结果的正当性标准，因此对程序提出更高的要求。程序的设计应当朝着有利于获取技术可接受性和社会可接受性目标的方向努力，并要留存足够的灵活空间给予行政机关，使其能够发挥自由裁量权。传统的行政程序主要以控权为目标，而风险决策的程序承担着两种功能——既要规范权力的运行，又要促进最终共识状态的达成。"风险规制活动法治化的可行方案是，通过制度建构，确保规制活动是开放的，能够充分探索已有知识并随时接纳新的关于风险的信息；同时是审慎的，能够对现有信息进行仔细权衡，慎重地进行政策选择。"[①] 风险决策的正当性既取决于程序价值，也取决于这些审议性决策程序产生的结果质量。例如，风险决策的信息公开要求并不难实现，但信息公开的目的是促进公众参与，而公众参与的最终目标是社会可接受性的达成。因此，正如哈贝马斯（Jurgen Habermas）所言："协商政治从一种意见和意志形成的话语结构中获得其合法性力量，这种结构能够履行其社会整合功能，仅仅是因为公民期望其结果具有合理的品质。"在他看来，只有协商民主决策才能产生一个每个人都有理由支持的决策。[②]

---

① 赵鹏：《知识与合法性：风险社会的行政法治原理》，载《行政法学研究》2011年第4期。

② HABEMAS J. *Between facts and norms*: *contributions to a discourse theory of law and democracy*, trans. WILLIAM. Massachusetts: MIT Press, 1996: 304.

要从程序主义升级为能够实现商谈的理性程序主义,要求风险决策的三个核心环节——风险评估、风险管理和风险沟通从相互割裂的线性模式转变为更加融合的循环程序,需要同时兼顾"分析"和"商议"要素,并将风险沟通纳入风险评估和风险管理过程,并让风险评估和风险管理环节更具有衔接性。对此将在第五章展开探讨。最后需要强调的是,理性程序主义是一种追求可接受性结果的程序,通过程序促进权威分享与责任共担。公众参与最终是为了实现社会意志的注入,而这并非学者所强调的"参与而非决定"①。民主性固然要受到传统法治框架和专家技术理性的制约,但真正意义上的公众参与,则代表着公众能真正影响决策结果,既能"参与"也能"决定"。尽管这并不意味着公众需要承担决策责任,但它却可能会成为行政机关减免责任的"合理"理由。只有从这个意义上理解民主参与,行政机关才有建构理性程序和达成可接受结果的动力。这一点将在本书第六章进一步阐述。

---

① 王锡锌:《行政正当性需求的回归:中国新行政法概念的提出、逻辑与制度框架》,载《清华法学》2009年第2期。

第三章 风险决策的信息法调控

如果说风险社会中的决策难题根源于不确定性，则法律能够做的，要么是促进确定性的提高，要么是建构不确定性中的行动规范。相比后者，前者似乎获得的关注较少。而确定性的提高，核心在于风险信息的收集。在一般情况下，信息越多，决策确定性越高；若信息不够充足，决策便是一个不确定性中的猜测、冒险与碰运气的过程；若毫无可用的信息，则行动与不行动都是无法决断的。在 2020 年新冠肺炎公共卫生事件中，观察世界卫生组织（WHO，World Health Organization，以下简称"世卫组织"）在评估中国疫情是否构成"国际关注的突发公共卫生事件"（Public Health Emergency of International Concern）时的谨慎态度可以看出，疫情初期由于各方信息不足带来决策困境，2020 年 1 月 22 日世卫组织总干事根据《国际卫生条例》召集突发事件委员会会议时，来自世界各地的独立委员根据当时掌握的证据无法达成一致意见，要求 10 天内在收到更多信息后再次举行会议。① 到了 1 月 30 日，在信息更为充分的情况下，委员会才重新召集会议，宣布该疫情构成"国际关注的突发公共卫生事件"。② 同样地，世卫组织一直到 3 月 11 日才宣布该疫情为全球大流行病（pandemic），

---

① WHO：Statement on the meeting of the International Health Regulations (2005) Emergency Committee regarding the outbreak of novel coronavirus (2019 – nCoV), 23 January 2020. https://www.who.int/news-room/detail/23-01-2020-statement-on-the-meeting-of-the-international-health-regulations-(2005)-emergency-committee-regarding-the-outbreak-of-novel-coronavirus-(2019-ncov).

② WHO：Statement on the second meeting of the International Health Regulations (2005) Emergency Committee regarding the outbreak of novel coronavirus (2019 – nCoV), 30 January 2020, https://www.who.int/news/item/30-01-2020-statement-on-the-second-meeting-of-the-international-health-regulations-(2005)-emergency-committee-regarding-the-outbreak-of-novel-coronavirus-(2019-ncov).

而非更早的1、2月,也是基于不同时期收集到的信息所做出的应对决策。因此,信息是行动的基础,风险信息是良好风险决策的前提。如何促进风险信息的收集是一个致力于促进良好行政的法治框架需要考虑的问题。

无论是从动机还是从能力看,政府作为天然具有风险规制权力的决策者,承担着信息收集的职责。而现实中大部分社会资讯也都掌握在政府手中。但"政府收集和掌握所有的信息"这一前提在旧的社会结构中可能容易达成——政府对社会单向控制力具有获取信息的可能途径,基于其权威性而能对知识和理性加以垄断,而社会更为简单的沟通交往结构避免了信息生成的复杂化和离散化。但随着信息社会的到来,"信息科技的去中心化会带来政治结构的去中心化"[1]。政府失去了垄断信息的条件,社会的信息生产和获取方式产生了结构性变革,网络媒体带来新的传播和获取模式,大数据等最新技术带来新的信息生产方式,而信息社会与风险社会的叠加更进一步促使了信息种类、属性及其生产方式的复杂化,同时也增加了风险规制的信息质量要求。政府的信息垄断者角色无法维持,由其承担全部的信息生产和收集任务亦难以轻易实现。风险决策对风险信息数量和质量要求更高,但其生产和收集难度却更大,带来风险社会背景下的信息悖论。

本章从风险信息及其收集难题入手,分析信息收集的一元政府模式如何在风险社会背景下"力不从心",探讨如何充分调动市场和社会力量发挥风险信息生产和收集的功能,从而建构一个多元风险信息生产和收集机制。此外,在第三和第四部分选取了中外两个风险信息收集制度做个案分析。

一、风险信息及其收集难题

(一)作为决策基础之风险信息

信息是一切行动的基础,风险信息是风险决策的基础。规制者需

---

[1] 李佳:《社会变迁与行政法学方法论》,载《社会科学研究》2012年第2期。

要根据信息来认识风险状况、了解规制对象的性质，以此设计行动方案和选择规制工具、预测决策效果等，最终做出决策。而风险信息种类繁多、内容复杂，主要可以分为以下四类：

基础社会信息：展现社会状况和人们身体、生存状态的信息，例如，出生率、死亡率、患病信息、每年车祸案件数量、公众生活习惯、商品消费量等等；

自然环境信息：通过各种监测手段而获得的描述自然环境状况的信息，包括各种环境介质（空气、水、土壤）的质量，森林覆盖率，各种自然灾害发生数量、规模等等；

科学研究信息：通过专业科学研究而获得的科学知识和判断，横跨生物、地理、病理、工业等研究领域，例如，传染病如何通过各种介质传播、化学物质对环境和身体健康的影响、自然灾害的预防手段等等；

生产行为信息：展现市场主体在进行商业活动行为的事实信息，例如，一个企业或工厂的生产流程、财务状况、排污情况等等。

作为决策基础的风险信息，它对于风险决策正当性的价值体现在：

首先，风险信息是认识风险的基础。决策是一种理性活动过程，是建立在对客观的把握和对目标的确定的基础上对方案的理性选择。理性的过程始于对风险的认识，获取风险信息是行政决策的一个前置性、基础性的规范要求。而风险的最大特征是不确定性，包括危害后果的不确定性，也包括伤害后果的不确定性。不确定性使人类无法一击即中地规制风险，而只能通过信息的累计而提高计算精准度，增加对风险的认识。而信息缺失会导致人类对风险的错误认识，从而导致决策失误。

其次，风险信息能赋予风险决策科学性和说服力。决策正当性既来自规范合法性——权力的规范来源和程序合法性，也来自决策内容的说服力和接受度。后者既要求决策具有充分的事实依据，也要求决策者能给出确定的规制工具选择方案和理由，更要求决策者能给出关于备选方案的精准效果预测。只有信息基础足够牢靠时，建立于其上的规制政策才具有科学性和说服力;反之,建立在信息缺失和信息错误基础上的决策,即使主体合法、程序规范、责任明确,也难以保障决策质量,更难以获得各方认同。因此,信息通过提供"证据"来说服公众,使决策因获得科学性和说服力而获取正当性。

最后,风险信息能促进风险沟通的达成。建立于概率至上的风险规制体系,没有绝对正确的答案和绝对安全的选择。零风险的不可达性,要求我们通过风险沟通,得出一个各方能够妥协的"风险可接受水平"。而信息是这种沟通的基础与前提条件,能够补强因风险不确定性带来的沟通困难。如果风险信息缺失、片面或错误,则沟通各方会因无法深入了解风险的内容、性质和后果而产生更大的分歧,阻碍妥协方案的达成。

风险信息是风险决策获得正当性的重要途径,若决策正当性受到质疑,往往在于基础信息不足或不明,或者不同主体对信息的理解和认识不同,而引发公众对决策内容的不满或对正当性的质疑。下表统计了近年一些影响较大的风险决策,对决策结果的争论,其根源都是围绕某一基础性风险信息的争论。(见表3–1)

表3–1 风险决策争议中的信息状况

风险公共事件	风险行政决策	事件内容	基础风险信息
新冠肺炎公共卫生事件	中国:纳入传染病防治法规定的传染病种类;部分地区的封城、封村决策;各地宣布的居家隔离、关闭商业场所等措施 国际:世卫组织对病毒命名、宣布国际旅行或贸易限制、提出卫生防范建议等	2019年年末,中国武汉华南海鲜市场发现数例新冠肺炎患者,后逐渐在全国传播。世界其他国家也陆续发现新冠肺炎感染者。2020年1月12日,世卫组织正式将此病毒命名为"2019新型冠状病毒"(2019-nCoV),1月30日,世卫组织宣布新型冠状病毒性肺炎疫情已经构成了全球公共卫生紧急事件	病毒的来源、属性为何?人际传播程度如何?对人和动物会产生何种危害性?如何治疗?

续表 3-1

风险公共事件	风险行政决策	事件内容	基础风险信息
PM2.5 事件	新修订《环境空气质量标准》是否应纳入 PM2.5 指标？	2009 年美国领事馆监测 PM2.5，使我国公众了解了这一污染物指标，但同期正在修订的《环境空气质量标准》没有将这一指标纳入，后在全面关注下增加该监测项	PM2.5 对人体损害有多大？根据我国国情，监测 PM2.5 和 PM10 何者更为紧迫？我国是否已具备 PM2.5 的监测技术、设备以及相关标准？
厦门 PX 项目	PX 项目建在哪里？	2009 年厦门计划建设 PX 项目，但受到专家、政协委员和公众的抵制抗议，后项目迁址漳州古雷	PX 的毒性有多高？PX 项目离居民区的安全距离应是多少？
转基因产品强制标识	是否应当立法强制所有转基因产品进行标识？	2002 年我国颁布《转基因食品卫生管理办法》，施行转基因强制标识制度，而此前实施自愿标识制度的美国也于 2016 年通过一部要求转基因食品强制标识的法案，引发关于转基因产品是否应当强制要求标识的争论	转基因食品是否对人体有害？
金箔入酒事件	是否批准金箔作为食品添加剂？	2015 年，卫健委拟批准金箔为食品添加剂新品种，在网上征求意见，引起公众关于金箔毒性、批准程序等问题的热议	作为食品添加剂的金箔的安全食用量应该是多少？
广州番禺垃圾场选址	广州番禺是否应当建设垃圾焚烧厂？	2002 年广州番禺通过番禺区生活垃圾处理系统规划，2009 年选址大石街道原垃圾填埋场上建设垃圾焚烧发电厂，但受到公众强烈抗议与质疑而停建。后通过重新选址、投票而再次启动项目	处理垃圾的最佳方式是填埋还是焚烧？焚烧厂对周围居民区的危害有多大？垃圾分类和垃圾处理的关系是什么？

（二）风险信息收集的困难属性

如果风险决策可以通过前期的风险信息收集而避免，那么政府为何不在风险信息绝对充足、可靠、无争议的情况下再进行决策？这是由于风险信息的生产和收集并非易事，其特有属性导致其收集困难。

第一，风险信息种类繁多，不同类别的信息只能由不同人进行生产和收集。例如，企业污染物排放信息，主要依靠企业进行收集，或者需要企业配合才可获得；风险危害性的信息，只能由科学家通过研究产生；而对于生活中各种需要防范的风险，需要规制者建立各种排查、监测系统进行信息收集。以需要企业配合的最佳可得技术为例。最佳可得技术的评价过程由技术调查、技术筛选、技术评价三个阶段组成，而技术调查是技术筛选和技术评价的首要步骤，只有通过调研得到某行业或重点污染源污染防治技术经济性能、技术性能、运行管理性能以及环境性能等方面数据，才能采用适当的技术评价指标和综合评价方法，筛选和评价出污染防治最佳可得技术。[1]

第二，风险信息收集对科学知识、专业仪器和信息技术的依赖性极强。风险信息与专业知识的联系十分紧密，且收集方式并不再简单依赖于人为统计或实地考察，很多信息（如企业排污数据）需要用专业的仪器进行收集，还需要通过信息技术对其进行整合和解读。而专业仪器的使用需要依赖懂得操作规范、掌握科学知识和受行业道德约束的专家。知识带来的隔阂和专业仪器的运用可能带来数据不准确和数据造假等问题。

第三，信息收集可能是一个成本极高的"无底洞"。相关风险信息量大且面广，而信息是否有价值是难以准确预计的。[2] 是否收集某种信息、收集到哪个程度，信息在多大程度上有助于决策的做出，这

---

[1] 王之晖等：《欧盟最佳可行技术（BAT）实施经验及其启示》，载《环境工程技术学报》2013年第3期。

[2] LYNDON M L. Information economics and chemical toxicity: designing laws to produce and use data. *Michigan law review*, 1989, 87 (7): 1795–1861.

些问题都无答案。因此，对于收集成本过大的信息，政府便具有排斥心理，以逐利为目的的市场主体更是不愿意投入成本。如 2008 年有些乳制品含三聚氰胺事件中，香港民众曾要求公布所有产品的检验结果，但香港食物安全中心仅公布了不合格产品的名目而拒绝公开所有奶制品中的三聚氰胺含量，其中一个理由就是成本问题。因为对所有合格产品的数据进行精细化与规范化整理使其可以公开，但需要花费巨大的成本。①

第四，许多信息的原始形态是数据，数据需要被开发、被整理才能产生具有行动指导意义的信息和知识。如果收集到了散乱的、内涵不清晰的原始数据，这些数据即使公开，也无益于指导风险决策。因此，风险信息生产或收集环节，包含着对无意义的数据进行整合加工至有意义的信息乃至知识的环节。因此，信息生产环节可能是一个需要多次加工的环节，需要多道程序、需要涉及不同的主体，这无疑让信息生产更困难。

基于风险信息的这些属性，风险规制活动长期处于信息赤字带来的决策困境——这几乎是所有政府所面临的困局。② 尽管我们已进入信息社会，但实际上，在风险规制领域，信息依然呈现出严重不足的总体状况。我国对许多环境风险要素都没有开展系统的监测，包括对土壤、底泥、固体废弃物、大气颗粒物、生物体等诸多环境要素中的有害物质的监测，对汽车尾气的监测和对社区、居民住宅、企业环境的质量监测，对农产品基地、土壤污染的实地监测、调查与评估，以

---

① 事件后期因申诉专员介入，食物安全中心公布了 19 个合格样本中的三聚氰胺含量，但以没有数据为由拒绝公布三聚氰胺含量低于 1ppm 的样本。参见香港食物安全中心的解释，载 http://www.cfs.gov.hk/tc_chi/whatsnew/whatsnew_fstr/whatsnew_fstr_Test_dairy_product_FAQ.html。

② APPLEGATE J S. The perils of unreasonable risk: information, regulatory policy, and toxic substances control. *Columbia law review*, 1991, 91: 261 – 333. WAGNER W. Using competition-based regulation to bridge the toxics data gap. *Indiana law journal*, 2009 (8): 629 – 635。

及对无公害农副产品的监测。① 此外，许多风险种类都没有开展基础性研究，例如，有毒有害微量有机污染，各种新型污染物如抗生素、内分泌干扰物等。② 我国《化学品环境风险防控"十二五"规划》指出："相对于化学品环境管理需求，我国目前存在化学品生产和使用种类、数量、行业、地域分布信息不清，重大环境风险源种类、数量、规模和分布不清，多数化学物质环境危害性不清，有毒有害化学污染物质的排放数量和污染情况不清，化学物质转移状况不清，受影响的生态物种和人群分布情况不清等问题。"

除了信息不足，信息造假问题同样严重。虚假数据等于没有数据，甚至比没有数据危害更大。因为，虚假数据会误导规制者，基于虚假数据所做出的政策将无法有效发挥规制风险的作用。而数据造假一般会发生在有利益纠葛的领域，如学术成果和环境监测数据。2015年3月，英国大型医疗科学学术文献出版商 BioMed Central 因同行评审涉嫌造假撤销了 43 篇论文，其中 41 篇论文的作者来自中国内地。③ 2014 年，环保部曾查出 19 家企业脱硫数据造假。④ 造假手段包括在采样间歇偷排超标污水、调整仪器和参数、设置不同排污管道等等，环保公司、地方政府都可能是同谋。⑤ 2019 年，新疆华电吐鲁番发电有限责任公司涉嫌篡改伪造烟气在线监测数据被查处立案。⑥

---

① 参见胡冠九《我国环境监测技术存在的问题及对策》，载《环境监测管理与技术》2007 年第 4 期；付保荣：《从雾霾天气谈我国环境监测社会化与能力建设》，载《环境保护与循环经济》2014 年第 4 期。

② 付保荣：《从雾霾天气谈我国环境监测社会化与能力建设》，载《环境保护与循环经济》2014 年第 4 期。

③ BARBASH F. Major publisher retracts 43 scientific papers amid wider fake peer-review scandal. The Washington post. March 27, 2015.

④ 《19 家企业脱硫数据造假被罚环保数据造假成公开秘密》，载央广网（http://china.cnr.cn/yaowen/201407/t20140707_515796240.shtml）。

⑤ 杨烨：《环保部将发文严查环保数据造假》，载《经济参考报》2015 年 4 月 8 日，第 A03 版。

⑥ 环坚轩：《新疆华电吐鲁番发电有限责任公司涉嫌篡改伪造 2×135MW 发电项目烟气在线监测数据案》，载《中国环境监察》2019 年第 4 期。

信息不足和信息造假是风险行政决策所面临的信息困境。要促进风险决策的正当性，则必须思考如何建立一个能有效促进信息收集、惩治信息造假的法律框架，以协助风险决策的正当性追求。

（三）一元政府模式的"力不从心"

要获取信息作为风险行政决策的基础，需要政府建立各种风险信息生产、收集机制。鉴于政府是社会风险规制的核心责任主体，以及风险信息的公共物品属性，一直以来，风险信息的收集任务都是由政府担负的。

一方面，尽管政府规制、市场控制、个人分担是治理风险的基本方式，① 但随着市场与个人在消解风险方面的力不从心，政府在风险规制中扮演着日益重要的核心角色，社会普遍期望通过国家权力的运行来进行风险规制，其中包括由政府承担风险信息的收集任务。

另一方面，风险信息的公共物品属性也决定了其他主体不会自愿提供信息给政府或向社会分享。公共经济学中，根据一种物品是否具有竞争性和排他性，可以分成纯公共物品、准公共物品和私人物品。②

---

① 戚建刚、易君：《灾难性风险行政法规制的基本原理》，法律出版社2015年版，第37页。

② 所谓竞争性，是指一个人消费并会降低物品的数量或质量，每增加一个单位的消费，边际成本不为零。所谓排他性，是指物品所有者可以独占和独自支配该物品，能够轻易将不付费者排除在使用之外。同时满足竞争性和排他性的物品是私人物品，例如苹果——一个人吃了另一个人就不能吃，通过建立价格体系就可以排除不付费者吃苹果；同时满足非竞争性和非排他性的就是公共物品，例如国防——国防一旦建立起来，国界中所有人都可以受益，而很难阻止特定的人不使用。

现实中大部分物品都难以严格地同时拥有非竞争性和非排他性的属性，这两个属性都是一个程度问题，可以看成一个连续函数，没有绝对的分水岭。随着社会技术的发展，基本上所有的物品都可以做到排他，例如路灯在传统上认为具有非排他性，只要路灯开着，很难阻止路人从中受益。但现在如果真的要排他其实也做得到，例如采用红外线技术，每一个路人佩戴一个红外线感应的眼罩才能看到光线。但现实中是否会这样做是需要考虑成本问题的，如果成本太高，一般的物品不会去排他，也即拥有了非排他性。因此，严格符合萨缪尔森所说的纯公共物品越来越少，现在所说的公共物品，大部分都是准公共物品。

风险信息是一种具有非竞争性和部分非排他性的准公共物品:一方面,信息一旦生产出来,可以无限地被无数人所知道而无须增加边际生产成本,而且,一个人知道了一个信息,并不会妨碍另一个人知道这个信息;另一方面,大部分信息是具有非排他性的。信息的传播很容易,成本很低,一旦被提供,很难阻止特定人享用。公共物品只能由政府提供是传统福利经济学的基本判断。公共物品无法排除不付费者使用,每一个人都会希望"搭便车",免费享用该物品,因此,物品提供者无法收回成本,也就没有提供的动力。仅依赖私人来提供公共物品会造成供给不足。而如果要实现成本回收,例如,通过纳税而使每一个使用该物品的人都分担成本,则需要具有强制力的公权力机关才可能达成,因此,政府是公共物品的最佳供给者。[①] 例如,转基因食品是否安全的信息,如果某一家食用油商家投入巨资进行了转基因食品是否安全的研究,则整个社会都将免费从这个信息中受益,其他食用油商家也将"搭便车"获得商业利益。但在实际上,市场上生产转基因食品的商家非常多,没有哪一家有强烈动力去生产这一信息。

有鉴于此,风险信息只能依赖于政府建立的各种风险信息生产和收集机制。但在实践中,政府有限的人力物力资源、行政条块分割的结构、公共资源消耗的有责性、公职人员能力的有限性、公众对政府的不信任等,都会导致政府自身难以应对上述风险信息特性所带来的收集任务。纵观我国的风险规制体系建设,尽管陆续在建立一些信息收集的法律制度,但目前的风险信息生产和收集的技术和制度尚处于初级阶段。(见表3-2)

表3-2 我国现有的风险信息收集制度

信息制度	相关立法文件
传染病信息收集、检测制度	2013年《中华人民共和国传染病防治法》第33~37条;2003年《突发公共卫生事件应急条例》第三章

[①] 约翰·穆勒:《政治经济学原理及其在社会哲学上的若干应用(下)》,胡企林、朱泱译,商务印书馆1991年版,第十一章。

续表 3-2

信息制度	相关立法文件
不明原因肺炎（Pneumonia of Unknow Etiology，PUE）监测系统	2004 年卫计委办公厅关于印发《全国不明原因肺炎病例监测实施方案（试行）》《县及县以上医疗机构死亡病例监测实施方案（试行）》的通知；2007 年卫计委《全国不明原因肺炎病例监测、排查和管理方案》
环境监测、信息上报制度	1983 年《全国环境监测管理条例》；1991 年《全国环境监测报告制度》；1998 年《中华人民共和国防洪法》第 43 条；2007 年《环境监测管理办法》；2016 年《国务院关于印发土壤污染防治行动计划的通知》；2017 年《中华人民共和国海洋环境保护法》第 14 条；2017 年《中华人民共和国水污染防治法》第 25 条；2018 年《中华人民共和国土壤污染防治法》第 15 条；2019 年《地质环境监测管理办法》等
污染源监测报告制度；污染源基础信息档案和监测数据库	2007 年《主要污染物总量减排监测办法》；2008 年《污染源自动监控设施运行管理办法》；2013 年《"十二五"主要污染物总量减排监测办法》第 3、4、13 条；2013 年《国家重点监控企业自行监测及信息公开办法（试行）》《国家重点监控企业污染源监督性监测及信息公开办法（试行）》；2014 年《中华人民共和国环境保护法》第 42 条
固体废物污染环境防治信息平台	2020 年《中华人民共和国固体废物污染环境防治法》第 16 条
企业危险化学品监测、记录和公开制度	2013 年《危险化学品环境管理登记办法（试行）》第 21~23 条（2016 年失效）
绿色食品审核与管理系统	2013 年《关于做好绿色食品审核与颁证信息化工作的通知》
食品安全信息收集、事故报告制度	2009 年《食品安全预警和应急处置制度》三（七）（八）

续表 3-2

信息制度	相关立法文件
食品安全风险评估制度	2018 年《中华人民共和国食品安全法》第 13 条
食品出厂、出货、进货台账制度	2018 年《中华人民共和国食品安全法》第 37、39 条；2009 年《流通环节食品安全监督管理办法》第 13、14 条
食品安全信息监测、收集制度	2018 年《中华人民共和国食品安全法》第 11、12 条；《国家重大食品安全事故应急预案》3.1
药品供求监测体系	2020 年《中华人民共和国基本医疗卫生与健康促进法》第 64 条
出入境检验检疫企业信用数据库建立制度	2013 年《出入境检验检疫企业信用管理办法》第 7、10 条
社会危险源、突发事件信息收集制度	2007 年《中华人民共和国突发事件应对法》第三章第 20 条
地震信息收集与上报制度	2008 年《中华人民共和国防震减灾法》第 25、52 条
新化学物质申报制度	2010 年《新化学物质环境管理办法》第二章 26 条

在技术方面，无论是用于生产科学知识的学术实验室，还是用于环境监测、食品检测、灾害预警的技术，我国都远落后于发达国家。[①]在相关制度方面，信息供给需要建立包括基础信息研究机制、环境信息监测机制、企业信息收集机制、信息整合机制等来收集不同的信息，但许多重要机制尚未建立，有些刚刚处于试验阶段，还有一些机制运行效率低，无法产生有效信息，一些机制形同虚设。例如，我国的环境监测网络中，部门环境监测网络、区域环境监测网络和专业环

[①] 沈雯、沈德富：《基层环境信息管理机构现状分析及其对策研究》，载《环境保护与循环经济》2013 年第 2 期。

境监测网络存在相互交叉冲突,监测站管理模式混乱等情况,同一要素,环保部门、水利部门、海洋部门、气象部门和卫生部门之间的监测存在交叉和冲突。① 又如2007年《中华人民共和国突发事件应对法》所建立的突发事件信息员制度,在实践中存在包括队伍建设进展不平衡、信息员素质不高、信息员队伍管理难度大、管理经费无法保障等问题。②(见表3-3)

表3-3 我国环境监测系统③

监测主体	主要监测对象
中国环境监测总站和各级监测站	全国环境质量
国土资源部门	地质环境质量
建设部门	城市供水水质
交通和铁道部门	铁路环境
水利部门	我国七大水系的水文、水资源、全国水土流失和水土保持状况
农业部门	农业环境
卫生部门	饮用水质量
林业部门	林业生态环境,防治沙漠化
气象部门	环境大气特征
海洋部门	海洋环境

---

① 叶付勇:《关于我国现行环境监测体制的几点反思》,载《北方环境》2011年第6期;蔡守秋:《中国环境监测机制的历史、现状和改革》,载《宏观质量研究》2013年第10期。

② 国务院办公厅国务院应急管理办公室:《基层突发事件信息员队伍建设情况调研报告》,载《中国应急管理》2013年第2期。

③ 周建:《改革开放中的中国环境保护事业30年》,中国环境科学出版社2010年版,第183-187页。

续表3-3

监测主体	主要监测对象
中国科学院	结合环境监测和环境科研,进行环境化学、环境工程学和环境生态学研究
军队系统	特种污染源和污染事故应急监测
电力部门	电力生产中的污染情况
冶金工业	冶金行业的污染情况
航天工业	汽车尾气、压缩空气含油量、航天工业特殊污染物情况等
核工业	核工业对各种环境介质的污染水平和γ辐射剂量率
石油天然气总公司	石油气田环境
石油化工总公司	所属企业污染源排放的废水、废气、固体废物和噪音等污染要素
船舶工业	涉及大气环境、废气粉尘、工业废水、地表水质、噪声与振动等
有色金属工业	企业排污情况

风险信息特性与政府一元供给模式之间的矛盾最终导致了风险决策的信息困境,影响风险决策的正当性获取。有鉴于此,应当改变风险信息作为准公共物品而应由政府负责供给的这种传统思维,开拓更多的供给途径。多元治理理论对风险行政决策的信息供给难题指出了可行的出路。

二、多元风险信息收集机制之建构

(一) 多元模式的可行性分析

政府在风险信息收集方面的力不从心其实是在风险社会背景下规制对象与规制能力之间矛盾的一个缩影。政府维护社会秩序的核心角色正在受到风险的不确定性、后果的普遍性和严重性、风险认知的差异性以及责任模糊性等时代新属性的冲击,规制失灵和价值冲突导致国家风险规制体系和政府的规制政策受到不断的质疑和挑战。除了风险规制领域,这一矛盾和冲突的状况普遍存在于其他各个社会治理领域。治理理论的出现便是对这种社会矛盾的回应性尝试,通过认可多元利益主体分别具有自身在知识、信息、资源、能力等方面的优势,而提倡将不同主体纳入社会公共事务,实现任务的协作、权威的分享与责任的共担。①

《中共中央关于全面深化改革若干重大问题的决定》提出要"推进国家治理体系和治理能力现代化",这里的"治理"与以前的"管理"的区别在于:由政府作为单一主体的"管理"模式具有主客之分,是一个由政府管理、控制其他主体的单向过程,而"治理"往往指代多元治理、合作治理或协同治理,强调的是政府与其他主体之间的合作协同关系,既共同分享权力,也共同承担责任。现有的治理理论更多地强调多元主体对决策过程的参与,但实际上,在决策的基础准备阶段——风险信息的收集阶段,市场和社会都可以扮演更重要的角色。政府向市场和社会赋权,同时市场和社会也为政府分担了信息收集任务,而其可行性在于:

一方面,从风险信息的角度看,即使风险信息是一种准公共物品,公共物品由私人供给的可能性被证明是存在的,而政府是否一定是公共物品的最佳供给者也一直受到质疑。② 随着20世纪60年代新自由主义学派的兴起,许多经济学家开始探讨由私人提供公共物品的可行性和效率,并被实践所证实或在实践中获得运用。要使公共物品由私人提供,可以从产权方面赋予公共物品排他性,明细产权;③ 或

---

① 江必新、王红霞:《社会治理的法治依赖及法治的回应》,载《法制与社会发展》2014年第4期。

② 这里的私人,既指市场中的私人营利主体,也包括在20世纪70年代所大量涌现的非营利组织,甚至包括个人。

③ GOLDIN K D. Equal access vs. selective access: a critique of public goods theory. *Public choice*, 1977, 29 (1): 53–71.

者将公共物品与私人产品搭配供给。① 而建立在利他主义假设之上的研究表明,公共物品还可能由私人自愿提供。因此,风险信息的供给可以寻求一种以政府供给为主、市场和社会供给为辅的多元模式。另一方面,从参与主体的角度看,鉴于社会各种主体都分享着同样的风险社会背景,每一个主体从根源上讲都具有参与风险应对的责任和动力,也具有自身在获取信息的能力和资源方面的优势。这种责任和优势使建立一个多元信息收集的法律框架颇具可能性,让不同主体在协作与分工的基础上实现"拾遗补阙"与相互配合。(如图 3-1 所示)

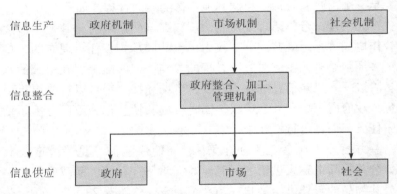

图 3-1　风险信息收集、生产机制框架

政府模式。政府依然作为信息供给主体在整个信息供给机制中扮演核心角色,但偏重发挥需求导向控制与生产效率控制的功能,将可能转移给市场和社会的任务加以转移,负担无法转移的部分并对市场和社会的信息加以质量把关和整合开发。

市场模式。利用自身在资金、技术和可达性等方面的优势负责收集与生产活动相关的风险信息,进行与产品生产有关的科研活动。

---

① COASE R H. Lighthouse in economics. *The journal of law & economics*,1974,17(2):357-376.

社会模式。利用社会主体的公益性和人力资源丰富的优势,在地域广、人力需求高、能力要求低的项目上发挥优势,如自然环境数据的统计。

根据风险信息的属性,政府、市场主体和社会主体都是具有参与可能和自身优势的供给主体,但各自存在的劣势也需要克服。"尽管有不完善的政府,不完善的市场和不完善的社会,但我们是在完善的多中心治理模式中做出选择。"① 风险信息的多元收集模式,要求通过法律机制的设计,赋予不同主体不同的法律责任,挖掘出不同主体的信息收集潜能,形成相互配合、相互补充的合力。

(二)政府模式

1. 挖掘政府的信息供给动力

在多元信息供给模式下,政府的角色应当重新进行定位。政府作为规制者,是整个风险规制机制的核心行动者,具有确定规制目标的判断权、制定规制政策的决策权和发起规制行动的主动权。而这些行动都以风险信息的收集作为前提条件。因此,相比市场主体和社会主体,政府本应天然具有信息收集动力。但实际上,在风险规制领域却存在政府风险信息收集动力不足的状况。其根源在于:一方面,我国决策程序尚未形成公开透明、责任到位的科学体系,决策无须以基础信息为支撑便可随意、保密地进行,而决策失败的责任却不明确;另一方面,公众对政府提供的信息不信任,这种不信任容易引起信息缺失的恶性循环。当政府的努力无法获得认可,反而产生"做多错多,不如不做"的心态时,这种不信任成为阻碍政府积极收集、生产信息的反动力。例如,2015 年国家市场监督管理总局公布了淘宝假冒伪劣

---

① 查尔斯·沃尔夫:《市场或政府》,谢旭译,中国发展出版社 1994 年版,第 94 页。

产品抽检数据，引发社会对调查方式、数据收集方式的强烈抨击。①

因此，应当从各个方面增加政府进行决策的基础信息收集的动力。一方面，强化决策失误的责任担当。据研究，"新中国建立以来，在大约2万多亿元的总投资中，因决策失误造成的浪费至少有1万亿元"②。"七五"到"八五"期间，我国投资决策重大失误率在30%以上，资金浪费及经济损失4000亿～5000亿元。③ 决策失误的原因之一是基础信息收集不足或错误。信息收集是提高决策正确率的基础。当决策失误的代价很低时，需要耗费物力成本和时间成本的基础信息收集便不受青睐。十八届四中全会提出："建立重大决策终身责任追究制度及责任倒查机制，对决策严重失误或者依法应该及时做出决策但久拖不决造成重大损失、恶劣影响的，严格追究行政首长、负有责任的其他领导人员和相关责任人员的法律责任。"应当将决策失误纳入政绩考核指标之中，强化决策失误的责任担当，从而激励决策者更加"慎行"，更加重视基础信息的收集。

另一方面，通过信息收集来抵御对规制政策的正当性挑战。由于风险决策关乎百姓最为重视的健康安全，也涉及被规制者的经济利益，因此颇受瞩目，也往往颇受争议。法治对传统行政规制的正当化基础要求比较低，因为传统行政规制政治性和暴力性色彩较为浓厚，法治原则主要在程序和救济两方面进行限制。而风险规制属于社会性

---

① 2015年1月23日，国家市场监督管理总局在其官方网站上发布《2014年下半年网络交易商品定向监测结果》。报告显示，2014年8月至10月，国家市场监督管理总局网监司委托中国消费者协会开展网络交易商品定向监测，共完成92个批次的样品采样，其中，淘宝网样本51个，正品率为37.25%，即售假率近63%。这一结果引发淘宝方面的强烈反对。淘宝官方微博发文直接点名该司司长，称这份报告不仅抽样太少、逻辑混乱，还存在程序违规问题。参见杨婧如《淘宝与工商总局口水战升级》，载《深圳特区报》2015年1月29日（http://finance.china.com.cnroll20150129/2933891.shtml）。

② 刘根生：《"反对"意见的价值》，载《瞭望新闻周刊》1999年第1期。

③ 范大华、姚瑞华：《决策合法化是科学决策的前提》，载《决策导刊》2007年第2期。

规制，是追求公共福祉的福利性行为，法治对其正当性基础的期待更高，要求对行为和手段的必要性和可行性进行更充分的论证，阐述行动的动机、所选手段的理由以及行动是否可能达成目标。基础信息收集得越多，规制行动的必要性和可行性越清楚，则正当性就越清楚，一些公众先入为主的不信任感也可以消解。例如，每当出现重大的伤亡事件，一定会根据事件大小，由相应的人承担责任，如，"7·23"甬温线特别重大铁路交通事故共处理了54名事故责任人员。但在风险领域，许多风险的发生是不可控的，应当确实根据是否失责来认定该负的责任。例如，对于新兴技术产物，应当着重考察前期的基础信息收集环节，判断是否可以作为负责的条件。如果规制者已尽可能收集基础信息，进行了风险防范，则一旦出现不可控的技术失灵，就不应当承担连带责任。如此一来，规制者则有更大的动力在前期进行更深入的信息收集，如更耐心地投资研发高铁相关技术，待技术更为成熟再投入使用。

2. 政府的信息供给角色和功能

在多元模式下，政府依然作为信息供给主体在整个信息收集法律机制中扮演核心角色，但偏重发挥需求导向控制与生产效率控制的功能，将可能转移给市场和社会的任务加以转移，负担无法转移的部分，并对市场和社会的信息加以质量把关和促进整合开发。

第一，建立灵活开放的政府信息收集法律机制。

政府应当完善基础性的信息收集法律机制，建立包括自然环境监测机制、风险行为监测机制、产品安全检测机制、风险基础研究机制、社会环境数据统计机制等制度。但区别于封闭独立的收集模式，相关的法律制度应当围绕需求和效率两大原则展开：第一，以需求为导向。需要什么信息才生产什么信息，可以避免需要的信息没有而不需要的信息过多的问题。例如，在基础科研领域，对国家资助的研究应当采取一种以政策需要为导向的资助筛选机制，建立研究机构、研究人员与政府机关和执法人员之间的信息交流互动机制。① 第二，通过向信息享有者购买信息或将信息生产任务外包而提高效率。借鉴一些欧美国家的政府购买信息的市场体系，可通过招标的方式选择合作伙伴并签订行政合同，由政府以付费的方式向企业或其他信息生产者直接购买有关环境质量方面的数据。② 对于无法直接购买的信息，则可通过项目外包的方式由市场完成。对此，我国有过零星尝试。早在2008年，长沙市环境保护局就已经对机动车尾气检测实行社会化运营改革，委托某公司作为第三方运营试点公司，对机动车尾气进行检测。③ 2011年，山东省环境保护厅在全省范围内开展城市环境空气质量自动监测站"转让—经营"模式试点工作，采取"现有设备有偿转让、专业队伍运营维护、专业机构移动比对、环保部门质控考核、政府购买合格数据"的"TO"管理模式，即省、市环保部门组织公开招标社会化机构购买试点城市的空气站并负责运营维护及设备更新，公开招标社会化机构通过移动监测站对空气站进行整体比对，省、市两级环保部门共同对运营单位、比对单位进行质控考核，共同出资购买符合质量要求的监测数据，监测数据归省、市环保部门所有。④ 这些经验都可以经过总结完善后逐步推广。

第二，加大虚假信息的法律后果，并由政府负责信息质量把关。

信息收集的成本昂贵，应当保障所产出的信息具有更丰富的内

---

① McNIE E C. Reconciling the supply of scientific information with user demands: an analysis of the problem and review of the literature. *Environmental science & policy*, 2007, 10 (1): 17 – 38. CRONA B I, PARKER J N. Learning in support of governance: theories, methods, and a framework to assess how bridging organizations contribute to adaptive resource governance. *Ecology and society*, 2012, 17 (1): 32 – 49.

② 乐涛、郁松：《谈环境监测机构的企业化及市场化运作》，载《无锡轻工大学学报（社会科学版）》2001年第12期。

③ 蔡守秋：《中国环境监测机制的历史、现状和改革》，载《宏观质量研究》2013年第10期。

④ 周雁凌、季英德：《山东空气监测站探索社会化运营》，载《中国环境报》2011年10月14日，第01版。

容、更可靠的质量和更重要的行为指导意义。但目前政府机制所产出的信息的质量并不高。例如,在自然环境监测中,我国地大物博的特点导致环境监测中存在监测领域不广泛、项目不深入、内容不全面、频率过低等问题。这些问题会导致监测数据的代表性差,监测数据无法全面、真实地反映环境状况,无法及时反映环境变化趋势,从而无法指导风险决策的做出,还会出现学术造假和环境监测数据造假这种在利益驱动下的人为造假行为。因此,政府的第二个重要功能应当是对各种信息进行质量把关,促进信息质量的提高:一方面通过弥补上文所列举的政府的信息机制缺陷;另一方面通过加大法律后果,解决企业信息造假和学术造假等问题,可通过提高罚款额度,运用黑名单和信誉体系,必要时增加刑事责任以应对企业的造假行为,并通过职业禁止和名誉惩罚应对学术造假问题。

第三,重视数据管理、整合和开发,提供信息共享的法律平台。

信息的价值是需要开发的。零散的数据可以通过科学管理、整合而成为更有价值的信息,而这种能力是我国目前较为欠缺的。一方面,我国缺少信息整合统计分析系统,例如,环境信息管理机构软件与硬件落后,无法适应网络化升级,各信息监测机构获得的数据无法共享和整合,如排污申报核定与环境统计采取不同接口、环境保护模范城市创建指标体系与"生态市"创建指标体系采取不同指标,从而形成了一个个信息孤岛。[①] 另一方面,缺少提升数据价值的深加工步骤。在大量的监测数据生成之后,目前对数据的利用依然是简单地对照有限的控制标准值并得出是否超标的结论,但数据的运用范围其实可以更广。首先,政府首先应当更好地利用手头已有的信息,将其开发成具有意义的、可为公众服务的信息和知识,例如,2014年四川政府上线的"重点监控企业污染源监测信息公开平台",便是将国家重点监控企业污染源标识在地图上,从而形成可供查询的数据库。其

[①] 沈雯、沈德富:《基层环境信息管理机构现状分析及其对策研究》,载《环境保护与循环经济》2013年第2期。

次，政府应当推动信息资源开发利用工作。我国早在 2004 年便颁布了《关于加强信息资源开发利用工作的若干意见》，但是相关工作迟迟没有很好地开展。① 美国的 TRI 制度实施过程（见本章第四部分）中，政府很大一部分精力便是花费在如何更好地整合信息工作上。最后，政府应将自己定位为一个信息门户，通过信息共享平台的建立，使市场模式和社会模式产生的信息具有发布平台和畅通的传播渠道。

要高效的生产信息，政府就不可能是唯一的信息生产与收集者。政府作为公共物品的供应者力有不逮，主要是现实中人力、财力有限，而规制任务无限。现代风险规制机构面临繁杂的任务，有限的财政和人力资源限制了对信息需求无限度地满足。尽管为了做出规制行动，信息收集是必须的，但需要多少信息才是足够的却无法判断，且科学不确定性的问题导致了信息越多不确定性可能越多，因此，规制机构不可能无休止地投入到信息黑洞之中。我国将 PM2.5 纳入监测对象的个案恰好说明了政府对于新增一种监测对象的力有不逮。而除了 PM2.5，微量有机、无机污染物（包括持久性有机污染物、环境激素、重金属等）是环境中对人体健康影响和危害最大的一类污染物，美国、欧盟都将其作为重点监测的污染物。② 但是，在现有财政安排和监测硬件限制下，在我国，这些在短期内都很难列入监测对象中。此外，对于很多信息，规制者并不是最佳的信息收集者。这些原因决定了规制者不可以成为唯一的信息收集者，而应当与其他收集机制相配合。

---

① 2004 年颁布该意见时，鉴于其中的内容有一些超前性，因此该文件直到 2007 年才向社会公布，该文件的发布为政府信息资源增值服务提供了法律依据和政策指引。参见《国信办赵小凡司长阐述中国信息资源开发再利用》（http://www.ce.cn/cysc/tech/zhuanti/2006CSF/forum/200701/15/t20070115_10092304.shtml）。

② 付保荣：《从雾霾天气谈我国环境监测社会化与能力建设》，载《环境保护与循环经济》2014 年第 4 期。

(三) 市场模式

1. 市场模式的优势与劣势

市场主体具有一定的风险信息收集优势,首先,一些信息本就为市场主体所有。很多信息的收集是经营行为的组成部分,是市场主体为了获得市场竞争优势而主动收集的。2011年,美国麦肯锡公司（McKinsey）的报告显示制造业是拥有信息最多的主体。[①] 在风险规制领域,市场营利主体作为风险的最主要制造者,为了达到法律或规制要求,为了进行风险控制,都会主动收集信息。其次,很多信息是在生产过程中产生的,如果建立相应的信息收集制度,如完备的流水账,便可低成本地收集到产品成本、制作流程、排污化学品种类和数量等信息。最后,很多专业技术人员都任职市场营利组织中,与受聘于政府的研究、监测机构,或依靠政府的研究资金进行研究活动的其他专家一样,具有进行信息产出的专业优势。

但风险信息的有效供给无法依赖于市场主体的自愿行为,一是营利主体是市场利益的追求者,而信息收集是需要成本的,如果收益不明或收益小于成本,市场主体不会去主动收集信息。二是市场主体的行为即使具有外部性,也不一定要承担责任,如化妆品中的化学物质,出事的可能性很小,而出事了之后又很难找到源头,所以当生产商不用负责时,则无动力进行严谨的风险研究。三是信息的公共物品属性会被别人"搭便车"。四是市场主体重视市场形象,有时候"没有消息就是好消息",若无相关的风险信息,消费者反而会觉得是安全的,而一旦进行信息收集,反而可能产生负面信息,因而营利主体一般不愿去收集与记录对自己不利的信息。

因此,要建立相应的激励机制来促进营利主体进行信息收集。在风险信息收集机制中,可能的动力有两个:一个是市场机制发挥作

[①] MANYIKA J, CHUI M, BROWN B, et al. *Big data: the next frontier for innovation, competition and productivity*. Mckinsey Global Institute, 2011: 19 – 20.

用,另一个是规制者进行强制命令来要求信息收集。

当收益大于成本投入时,经营者会愿意参与信息的生产与收集。在转基因食用油案例中,如果投资转基因安全课题的食用油商家可以基于这个信息获得巨大的商业利益,这一商业利益大于所投入的研究成本,则这一商家也会愿意投入,即使会被其他食用油商家"搭便车"。一个卖主为了把商品卖出去,会收集产品的质量信息来说服买主,如提供原厂地证明、产品合格证,只要生产信息的成本低于收益,卖主就会愿意去做。但在这种情况下,信息一般会供应不足。因此,规制者要做的就是利用市场机制挖掘信息收集的获利潜能。

当市场无法提供动力时,就只能通过规制者的直接强制命令来实现。这并不是一种最优选择,因为规制者的干预会增加经营者成本,引起反对意见,因此只有在风险信息的价值较高、争议较少时才能使用。例如,美国的 TRI 制度中要求所有企业定期上报有毒物质数据,由于小企业处理的有毒物质较少,其所收集的数据意义不大且颇受质疑,而这一政策对小企业施加了较大的经营成本,使这一制度常年遭到小企业联盟的反对。此外,私人营利主体的营利动机驱使它寻求成本最低的信息生产方式,包括造假。因此,应当考虑私人营利主体的营利动机会如何影响所生产的信息质量。[①] 总之,如要直接采用法律强制手段来迫使私人营利主体进行信息生产,则需要有较为科学合理的机制。

2. 市场机制的运作模式

可先从美国的有毒物质控制法的实施情况来探讨市场机制的运作模式。美国 1976 年颁布的《有毒物质控制法》(Toxic Substances Control Act)是美国政府设计用来收集、管理私人信息的制度。该法规定,如果私人营利主体要使用某一种化学物质,应当提交"生产前通知"

---

① SHAPIRO S A. Divorcing profit motivation from new drug research. A consolidation of proposals to provide the FDA with reliable test data. *Duke law journal*,1978(1):155,161-168.

(pre manufacture notices），提供化学物质的简单信息。如果环保署要求其补充信息，必须在 90 日内证明这种化学物质有不合理的风险，才能要求经营者进行补充研究。但这部法律所设计的机制并没有如原先所期待的那样有更多研究成果出现。因为美国环保署很少提出这样的要求，在此后的近 30 年，环保署仅对不超过 200 种物质发出补充研究的要求。① 而剩余的 75000 种化学物质在实际上正在被毫无限制地使用着，它们对身体和环境的影响都没有受到复检。② 这一信息生产机制之所以失败，是因为这部《有毒物质控制法》预设所有化学物质是安全的，因此，私人营利主体没有动力去证明化学物质确实是安全的。而且，环保署权力不足，只能针对数量极少的种类进行深度研究，来证明它有不合理的风险，而无法扩大监测面。要完善这种市场信息收集机制，可以进行两种方式的改进，一种是将信息收集与市场主体的逐利动机挂钩，另一种是通过法律后果的施加而强制要求市场主体提供信息。除此之外，市场主体还可能基于公益动机而参与风险信息供给。

（1）逐利性模式

只有当收益大于成本投入时，市场主体才具有信息生产与收集的动力。因此，在设计市场风险信息生产与收集的法律制度时，应当利用这种逐利天性挖掘信息收集的获利潜能。例如，欧盟在化学品注册制度中的安全举证责任倒置模式。

《化学品注册、评估、许可和限制法》（*Registration*, *Evaluation*, *Authorization*, *and Restriction of Chemicals*）是欧盟关于进入欧盟市场的

---

① U.S. GOVERNMENT ACCOUNTABILITY OFFICE, REPORT No. GAO－05－458. Chemical regulation: options exist to improve EPA's ability to assess health risks and manage its chemical review program, 2005, http://www.gao.gov/assets/250/246667.pdf.

② WAGNER W. Using competition-based regulation to bridge the toxics data gap. *Indiana law journal*, 2008, 83: 629. LYNDON M L. Information economics and chemical toxicity: designing laws to produce and use data. *Michigan law review*, 1989, 87 (7): 1795, 1810.

所有化学品强制要求注册、评估和许可并实施安全监控的法律。根据该法，所有在欧盟境内生产或者进口到欧盟境内大于1吨/年的化学物质的企业都需要对其生产或进口的化学物质向欧盟化学品管理署进行注册。这要求市场主体提交关于物质的识别信息、理化数据、毒理学数据、生态毒理学数据等，作为生产或进口化学物质的前提条件。鉴于信息收集的高成本和注册程序的复杂化，该法建立了一个物质信息交流论坛制度，让所有想要注册同一种化学物质的生产商、进口商和数据持有人形成一个物质信息交流论坛，从而将各方力量结合起来最终形成一份注册卷宗。所有参与论坛的成员必须找到彼此开诚布公的交流、共享数据，以公平公开的方式分摊费用。我国2010年通过的《新化学物质环境管理办法》基本上复制了欧盟的这种申报模式，但并未建立类似的物质信息交流论坛，以供新化学物质注册者进行信息交流和合作，并平摊信息生产的成本。

（2）强制性模式

当市场无法提供动力时，就只能通过规制者的直接强制命令来实现。这并不是一种最优选择，因为规制者的干预会增加经营者的成本，引起经营者的反对，因此只有在风险信息的价值较高、争议较少时才能使用。此外，私人营利主体的营利动机会驱使它寻求成本最低的信息生产方式，包括造假。因此，应当考虑私人营利者的营利动机会如何影响所生产的信息质量。[1] 因此，政府强制模式着重要解决信息成本施加于市场营利主体之后的市场反应，以及如何保证由市场生产的信息的质量。美国的有毒物质报告制度的建立与实施困难体现了这一模式的可行性与应注意的事项。

鉴于在1984年位于印度博帕尔的美国联合碳化物公司发生氰化物泄漏事件中，官方因对有毒物质的掌握信息不足而导致应急失败，

---

[1] SHAPIRO S A. Divorcing profit motivation from new drug research. A consolidation of proposals to provide the FDA with reliable test data. *Duke law journal*, 1978 (1): 155-183.

美国于 1986 年建立了一个有毒物质排放清单制度（Toxic Release Inventory）。[1] 该制度要求符合条件的企业必须每年向美国环保署和所在的州提交一份排放表格，报告与特定有毒物质有关的各种原始数据。环保署将这些表格录入数据库，并将所有的原始数据向公众公开。但这种强制汇报的制度必定会面临某些企业的抵制和规避。该制度在实施中就存在汇报不足、数据造假等问题，[2] 这迫使美国环保署采取各种手段应对，例如通过详细指引[3]和全国巡查，[4] 增加法律后果而提高回报率，通过加大抽查力度和开发排查软件提高数据质量，[5]以及利用公众参与发挥监督作用[6]，等等。根据该制度的实施启示，如果通过制度强制性地将信息生产任务施加在市场主体身上，就必须做好如何应对实施阻力和如何保证信息质量的措施。为应对实施阻力，政府可在前期通过补贴和奖励等方式弥补市场主体的生产成本，

---

[1] WOLF S M. Fear and loathing about the public right to know: the surprising success of the emergency planning and community right-to-know act. *Journal of land use & environmental law*, 1995 (11): 217-324.

[2] UNITED STATES GENERAL ACCOUNTING OFFICE. Report to congress, toxic chemicals: EPA's toxic release inventory is useful but can be improved 36-37 (June 1991) (GAO/RCED-91-121). FUNG A, O'ROURKE D. Reinventing environmental regulation from the grassroots up: explaining and expanding the success of the toxics release inventory. *Environmental management*, 2000, 25 (2): 115-127. NATAN T E, MILLER C G. Peer reviewed: are toxics release inventory reductions real?. *Environmental science & technology*, 1998, 32 (15): 368A-374A.

[3] 参见美国环保署官网（http://www.epa.gov/toxics-release-inventory-tri-program/forms/tri-program-contacts）。

[4] WOLF S M. Fear and loathing about the public right to know: the surprising success of the emergency planning and community right-to-know act. *Journal of land use & environmental law*, 1995 (11): 217-324. Enforcement Response Policy for Section 313 of the Emergency Planning Community Right-to-know Act (1986) and section 6607 of the Pollution Prevention Act (1990).

[5] Electronic reporting of toxics release inventory data, 78 Federal Register 52860 (August 27, 2013).

[6] SHAVELSON R W. EPCRA, citizen suits and the sixth circuit's assault on the public's right-to-know. *Albany law environment outlook*, 1995 (2): 29.

并通过黑名单与白名单的方式增加市场主体的信息收集动力。政府还应当建立信息准确性排查和抽检的配套机制,并鼓励公众参与其中,一起发挥监督作用,特别是风险源附近的公众和社区组织。

(3) 公益性模式

公益性模式是指市场主体基于社会责任的履行要求或形象营造的需求,自愿参与到风险信息供给活动之中。市场主体具有营造公益形象,与政府搭建合作伙伴关系,或检验、宣传最新技术和产品等不同动机,因而自愿参与到非营利性的信息供给活动之中。

在2020年新冠肺炎公共卫生事件中,浙江省卫健委、经信厅与CityDO集团和蚂蚁金服等共同开发了防疫物资信息公共服务平台。这一平台可以解决防疫物资供给端、需求端信息无法匹配、信息更新滞后等问题,极大提高了防疫物资的供应和需求信息的互通。医院可以第一时间在系统上发布需求信息,政府可以利用该系统调配物资和披露相关信息,生产商、供应商或公众捐赠者都可以通过该系统获取最新信息并进行物资供应,还可随时查看物流信息。同时,该平台运用区块链技术,实现物资信息的全流程跟踪,确保信息无法被篡改。[①]这种平台的开发利用必须依赖于市场主体的最新技术优势,可通过政府主导而挖掘市场主体的公益动机,实现市场与政府的双赢。

(四) 社会模式

风险信息的收集也可以通过社会的自愿机制而实现。尽管经典经济学认为,对于公共物品社会缺少自愿供给的动机,但实际上,社会组织的公益偏好使这种供给是有可能的,加上风险信息作为一种与公众切身利益相关的物品,公众为了达到效用最大化——身体健康和延年益寿,存在不计较成本参与信息生产的可能。因此,现代风险规制体系应当挖掘社会自愿生产信息的潜力。

---

① 翁宇菲:《防疫物资信息服务平台上线》,载人民网:人民日报海外版,2020年2月8日,第3版。

1. 社会主体作为信息收集的主体

这里的社会主体包含两个群体——公众和社会公益团体。

公众在传统行政决策信息收集中所扮演的角色并非完全缺失，但主要是被动的。一开始是协澳作为统计对象这一角色，民众的存在只具有统计学上的意义。例如，国家每年收集民众的健康数据，并制定相应的公共卫生政策。这一角色的义务也包含公众需主动报告的情况，如民众感染疫病后自觉就医上报，但其本质属性依然属于被动。此后，公众作为政策利益相关者的角色开始凸显，规制者为增加政策的正当性，开始将公民的意见纳入决策过程，在我国最明显的体现是听证会制度的出现和发展。例如，水费是否涨价、如何涨，这就需要通过听证会来收集公众的用水习惯和受到影响的民众的意见等，但这种公众意见的收集一直被批评有作秀之功而无实质影响决策之用。随着行政决策民主化的要求，公众咨询开始作为法定的决策程序之一，公众的意见输入在行政决策中更具有实质性意义。而具体到风险规制领域，一开始公众的角色也是缺失的或者至少是被动的，规制者和专家的联盟占据着风险政策制定的主导权，公众几乎没有任何话语权。但随着技术官僚范式被质疑，公众作为决策参与者的角色开始凸显，其中一种方式便是参与到风险信息收集之中。

但公众参与风险信息收集，需要依赖社会团体的协助。社会团体是具有一定政治诉求的团体，为了追求目标利益，往往需要进行基础信息的收集，从而论证自己的诉求的必要性和正当性。其他领域的社会团体，如劳工组织，往往是代表群体主张权益，因此需要的是人力、精力和勇气。而活跃于风险规制领域的社会团体除了需要这些要素，很多时候还需要有专业技能和专业仪器才能开展活动、捍卫自己的主张。因此，这个领域的社会团体必须掌握专业技能方面的软件和硬件，许多发起人都是这个领域的专业人员，或者需要与专业人员联盟，而且拥有更多财力购买仪器、进行专业研究，等等。在需要大量人力的时候，社会团体通过招聘志愿者，与上述关心健康、充满热情的公众结合，形成了一股与政府、私人营利主体三足鼎立的力量。

社会团体和公众联合参与风险信息收集的代表是公民自测项目。这种公益项目最早开始于20世纪70年代的水资源保护领域,目前已被运用到水体保护、空气检测、生物多样性、植被保护等领域。它往往是环保运动、社区监测、社区研究等活动的一种类型,由环保组织、科学研究机构组织或当地群众组织主导。较大型和成功的项目包括美国佛蒙特的"河流观察网络"、旧金山的"海滩保护计划"、罗克斯伯里的"颗粒物监测计划"、加拿大在安大略湖进行的"公民环境观察"、英国的"开放式实验室",以及在全球多地开展的"水桶传递队项目"(Bucket brigades)。

美国规制机构对空气质量的监测一般是根据《清洁空气法》(Clean Air Act)进行定点检测,根据全国空气毒性评估(National Air Toxics Assessment)选择监测点。① 这种检测方法极其有限,特别是无法覆盖某些严重的工业排放区域,因此难以满足这些社区民众的知情权。此外,有毒物质信息的另一个来源是TRI和《清洁空气法》规定的许可证信息公开。两者都依靠企业自觉报告,尽管虚假汇报会带来法律后果,但汇报的真实性仍然无法保证,且汇报周期长。在这种空气质量信息无法满足民众需求的背景下,水桶传递队项目出现了。

水桶传递队是生活在工业区的社区居民采用低成本的采样器自行检测空气质量的项目,一般在环保组织或当地公益组织的发起和组织下进行。水桶传递队的称谓源于火灾中排成一队来传递水桶,提高救火效率的一种形式。该空气检测项目采用这个名字,主要是因为该项目中的监测器是一个"桶",而其运作模式是"嗅探者(sniffers)—收集者(samplers)—协调者(coordinator)—斡旋者(spinners)"的传递模式。简单来说,即嗅探者发现空气的异常,将信息传递给收集者;收集者负责用仪器采集空气样本;协调者负责收集各检测点的样本,进行质量监控,并送样本到实验室进行分析等;斡旋者面向媒体

---

① EPA, Technology Transfer Network Air Toxics Web Site (http://www.epa.gov/ttn/atw/nata1999/natafinalfact.html).

或外界宣布分析结果等。① 该项目源于 1995 年加州联合石油公司（Unocal Corp.）在 Rodeo 和 Crockett 社区附近的一个冶炼厂泄露事件。该冶炼厂连续 16 日排放一种用于从冶炼汽油中分离硫黄的催化剂卡塔卡勃（Catacarb），使这两个临近冶炼厂的社区弥漫着黏性液体。事件发生后冶炼厂员工透露他们的空气监测器并没有开启，而当地规制机构对空气质量的监测也严重不足，② 社区居民没有任何途径获得空气监测数据。因此，代表社区起诉冶炼厂的律师马斯里（Ed Masry）为了给诉讼提供更充分的污染数据，同时确保居民日后的健康，萌生了自己监测空气质量的想法。他的律所资助雇用了工程师设计一个低成本的空气监测装置（类似于滤毒罐），③ 协助这两个社区的居民自检空气。此后，加州优化改良环境联盟（Communities for A Better Environment，CBE）的丹尼·拉森（Denny Larson）与马斯里合作，在加州康特拉柯斯达县成立了第一支正式的水桶传递队，并将该项目推广到美国其他州以及其他国家。丹尼·拉森还在 2001 年成立了全球社区监测（Global Community Monitor），提供专业训练和推广该运动。目前已有 27 个国家实施该项目，其成果被证实改变了社区成员、环保组织、政府规制机关和排污企业之间的角力关系。空气质量数据的收集向排放者和规制者施加了压力，并最终促进空气质量

---

① O'ROURKE D, MACEY G P. Community environmental policing: assessing new strategies of public participation in environmental regulation. *Journal of policy analysis and management*, 2003, 22 (3): 383.

② CONRAD C C, HILCHEY K G. A review of citizen science and community-based environmental monitoring: issues and opportunities. *Environmental monitoring and assessment*, 2011, 176 (1-4): 273-291.

③ 被雇用的工程公司把用来收纳标准化的聚氟乙烯气体的钢铁桶改成塑料桶，从而把空气质量监测仪器的成本从 2000 美元降低到 250 美元，使马斯里的项目可以支持这些仪器。此后，丹尼·拉森又进一步把成本降低到 75 美元。NIJHUIS M. How the five-gallon plastic bucket came to the aid of grassroots environmentalists. GRIST, 23 Jul 2003 (http://grist.org/article/the19/).

的提高。①

我国也有很多公益组织在做类似的信息生产活动。例如，2011年，我国民间环保组织达尔文自然求知社曾发起的"我为祖国测空气"项目，②以及2015年中国水安全公益基金会发起的水质量检测项目。③在上述这些项目中，社会组织带领志愿者收集了大量有价值的数据，不但对参与者起到了认识风险、了解科学的教育意义，同时，收集的数据也是政府自身难以获得的，能为政府制定相关政策提供支持。

2. 社会模式的优势与劣势

风险信息收集的社会机制具有自身的动力。在社会团体这一方面，利他主义的偏好使社会团体主动地、自费地进行信息收集是可能的。在公众这一方面，公众最大的参与动机来源于对切身利益的维护。由于公众是真正的风险承受者，因此，他们比其他角色更关心规制的进展和成败。公众是理性的利益最大化者，当他们无法获得深藏于工业或规制者手中的信息，或这些信息总是晦涩难懂而无法被公众轻易理解消化时，公众就有很大的动机寻找自己所需的简单易懂的信息，包括自己担负起收集信息的成本。但与此同时，由公众和社会组

---

① NIJHUIS M. How the five-gallon plastic bucket came to the aid of grassroots environmentalists. GRIST, 23 Jul 2003（http://grist.org/article/the19/）. GCM：history of the bucket brigade（http://www.bucketbrigade.net/section.php? id = 136）.

② 冯洁、吕宗恕：《我为祖国测空气》，载《南方周末》2011年10月28日（http://www.infzm.con/content/64281.）。

③ 中国水安全公益基金会是中华社会救助基金会下属的一个专项基金会，致力于披露水污染、遏制污染蔓延，希望通过跨界合作来探索和建立一个水污染控制与治理的体系，配合支持国家治理污染的行动。2014年11月至2015年1月，中华社会救助基金会中国水安全公益基金会历时3个月对全国29个大中城市的居民饮用水水质进行取样检测。这一次的监测按照《生活饮用水卫生标准》（GB5749-2006）的要求，共选取20项能直观反映水质的检测指标，选取水样89个，所有水样均由公开招募的50多名志愿者采集，采样容器由中国水安全公益基金会统一提供，采样严格按照检测机构要求进行，并在样品规定的保存时间内送至当地的第三方专业检测机构进行检测。检测结果显示，14个城市存在一项或多项指标不合格的情况，约占抽检城市总数的48%。王元元：《全国29城市饮用水水质报告》，载《瞭望东方周刊》2015年第6期。

织负责风险信息的收集也存在诸多的困难和弱点。

首先，公众与社会组织在面对成本巨大的信息收集项目时会面临资金问题。但随着公益实践的开展，我国的公益项目资金日趋丰盈。如果可以形成良性循环——项目价值越大，越能吸引来自政府和企业的资本投入。资金投入越大，项目的选择和运作越有价值，则资金也并非绝对的阻力。来自民间和官方的慈善资金并不短缺，例如，阿拉善SEE生态协会，自2005年开始颁发生态奖用以资助环保项目；2008年汶川地震引发公益组织井喷，中国红十字基金会专款资助NGO（民间组织）的救灾项目，北京"地球村"的彭州项目获得三百多万元的资助。①

其次，收集信息的能力问题。风险信息的收集需要合格、精确的仪器，没有科学仪器，信息质量无法保证，而公众一般无法购买或使用最专业的仪器，需要借助社会团体才有可能实现，但社会团体也会受财力限制。例如，在我国的公民自测PM2.5活动中，测量器成为数据不可信的首要理由。② 此外，科学检测的进行需要使用一定的科学标准，如测量时间、测量频率、误差的计算方式、仪器的存放和维护方法等等。依照科学标准操作，是专业性的标志，也是数据科学性的保证。而公民不一定掌握专业的标准，或者在操作过程中严格按照标准操作，也可能不清楚使用不同仪器、标准、手段对最终数据会产生什么影响。而我国公民进行PM2.5自测时，所采用的时均值便与一般标准所用的年均值或日均值不一样，因此受到质疑。③

最后，公众和社会组织可能具有非公益性立场。作为环保参与者

---

① 徐楠：《环保NGO的中国生命史》，载《南方周末》2009年10月8日（http://www.infzm.com/content/35571）。

② 李建伟：《PM2.5空气监测流程比高考还严 市民自测不科学》，载《东南快报》2012年11月6日（http://www.fjsen.com/d/2012-11/06/content_9764200_2.htm）；《南京公布蓝天目标遭质疑官方称民间自测无意义》，见人民网2011年12月26日（http://politics.people.com.cn/GB/14562/16712339.html）。

③ 杨晓红：《PM2.5逼宫API》，载《今日国土》2012年第1期。

或政治诉求者,公民缺少客观中立的风险认识,他们不是在寻求真理,而是可能利用这种客观的科学方法去达成私人目的。能力和设备问题对数据的可信度来说也许是一种客观的障碍,而公众和社会组织的非公益性立场却可能带来主观的扭曲。虽然一般观念会简单地基于志愿者和公益组织的公益性而毫不怀疑数据的客观性,参与者自身也必定主张自己的中立立场,① 但我们不得不考虑参加公益活动的公众往往以公益伪装私利,或者是某种政治目的的诉求者。前者如在PM2.5自测活动高涨时,出现了关于某楼盘自测PM2.5的报道,就有宣传楼盘之嫌疑。② 而后者如具有政治诉求的环保主义者。美国国会就曾要求全国生物调查(National Biological Survey)排除志愿者收集的数据,认为志愿者很可能是"环境盖世太保",带有环保主义的政治目的,因此其所收集的数据很可能有所偏颇。③

3. 社会模式的运作方式

为利用社会机制的免费性、中立性和资源充足性,同时尽可能地避免上述不良因素对信息质量的影响,应当避免由公众自发零散地进行信息收集(比如我国公民在PM2.5自测活动后期的零散模式),而增加其组织性和技术支援。较佳的模式有强合作模式与弱合作模式两种。

强合作模式:采取公私深度合作的方式,由政府或官方科研组织指引、协助公众完成信息收集,同时认可所获信息的权威性,在行政决策中作为重要参考。在这种模式下,由政府确定项目,并提供技术、标准等方面的指导和支持,政府根据自身需求而确定项目及内容,同时可确保公众收集的信息有质量保障。公众在这种模式中通过

---

① REES G, POND K. Marine litter monitoring programmes: a review of methods with special reference to national survey. *Marine pollution bulletin*,1995,30(2):103-108.

② 百度乐居:《PM2.5自测首盘:十五峰远超世界空污安全值》,2012年7月5日(http://house.baidu.com/sznews0/4253091/)。

③ ROOT T, ALPERT P. Volunteers and the NBS. Science,1994,263(5151):1205.

参与获得体验、认知,并在最终数据被官方采纳后获得成就感。这种模式的代表项目是英国的露天实验室项目(Open Air Laboratories),该项目由伦敦大学帝国学院于 2007 年发起,目前已经形成一个包含 15 个机构的全国性公民科学网络——10 所大学、1 个自然历史博物馆、1 个教育机构、1 个生物记录机构、1 个公园联合会以及政府生态环境部。这些机构都可以发起全民性调研项目,在科普的同时,为官方和科学家收集信息。[1]

弱合作模式:由具有专业技术能力的社会组织负责引导、组织公众开展有价值的项目,最终将收集的数据以及相关的政策建议提交给政府,分享给社会。这种模式的代表可参见我国四川省绿色江河环境保护促进会的活动。该协会长期关注长江上游地区的自然生态保护,其项目方式是进行科学考察并提出政策建议,每一个政策建议都会附上详细的、数据丰富的调研报告。例如,"青藏公路、青藏铁路沿线藏羚羊种群数量调查"项目耗时 4 年,参与的志愿者 100 多名,收集的数据 2000 多组,范围包括长江源头地区青藏铁路、青藏公路沿线 100 千米。最后,志愿者在收集到的藏羚羊分布、迁徙和数量情况数据的基础上形成了野生动物调查报告,就如何加强野生动物保护向政府和社会提出了建议。[2] 在这种模式下,政府没有直接参与,项目的确定由社会组织根据自身定位和关注而定,项目成果仅作为决策建议,无法保证受到官方重视和被采纳。相比较零散而背景各异的志愿者,由具有专业技术能力的社会组织领导志愿者展开风险信息收集,也可以在一定程度上保障项目的价值性和数据的准确性,且保持与政府的距离有利于避免政府受议程偏好限制,能为政府提供来自社会的不同视角。

对于社会自愿机制,其存在既是对政府机制不足的补充,又是一种公众参与风险决策的表现形式,体现决策者对社会理性的支持和培

---

[1] 参见该项目官方网站 https://www.opalexplorenature.org/。
[2] 参见绿色江河官网 http://www.green-river.org/list-7-1.html。

育。因此，对于社会自愿机制，规制者应当"疏通"而不是"堵死"，应当"协助"而不是"反对"。

首先，进行质量保障项目。规制者往往担心公民自测的信息无质量保障而造成误导。相比较禁止公众测量和传播信息，规制者应当尝试提高信息质量以避免误导。可以制定仪器使用、测量的统一标准（如不同方法的误差有多大，多大程度的误差是可接受的等），向民众普及科学知识，使其具有辨别各种信息的能力（如PM2.5的时均值和日均值有何差别），通过培训志愿者来规范其操作，给予公益组织资金上和器械上的支持，对如何理解和传播信息进行指导，等等。类似的官方努力已被尝试过，如美国环保署在第九区与水桶传递队合作的质量保障项目，[①] 加州的康特拉科斯塔郡的健康服务部为水桶传递队提供了技术支持、培训和资金资助。[②]

其次，鼓励公民与专家合作。确保信息质量的最好方式是支持具有政治性的公益活动与中立性的科研机构的合作。科研机构可以训练出较为专业的参与者，监督采集数据的过程，在实验室里分析、解释样本，说明科研结果可以在多大程度上具有指引规制行为的价值。有了专业人员所贴上的"专业"标签，规制者应当鼓励测量结果的公开和传播，并给予不同程度的政治认可。实践表明，与科研机构合作的信息产出更加有效，更容易获得官方认同。加拿大多伦多大学的公民环境观察（Citizens' Environment Watch）是一个很好的例子。加拿大政府自1996年开始，削减了安大略环保局的财政和人员，使其不能有效地界定和回应环保问题，日常监控、调查和起诉都相应减少。这种背景促使了安大略社区调查的发展。这种社区调查项目主要由社区

[①] NIJHUIS M. How the five-gallon plastic bucket came to the aid of grassroots environmentalists. GRIST, 23 Jul 2003（http://grist.org/article/the19/）.

[②] O'ROURKE D, MACEY G P. Community environmental policing: assessing new strategies of public participation in environmental regulation. *Journal of policy analysis and management*, 2003, 22 (3): 383 – 414. HEREDIA C. Lessening the scares in the air: contra costans begin noting chemical discharges. *San Francisco Chronicle*, 1998, 4 (4): A17.

成员（以普通群众或社区组织为代表）和专家（以大学研究者和专业科学家为代表）合作，如多伦多大学联合当地的居民，从1996年开始对安大略湖进行水质监控。由于专业人员的介入，很好地解决了一开始出现的数据不准确问题。此外，即使由于成本问题，多伦多大学变换了检测方法，但数据还是获得了官方的认同。①

最后，通过认同分享权威。这是最困难却最有实质性意义的一步。实践中公私合作的例子是存在的，但让规制者真正认可公民所收集的信息并作为决策基础的并不多。目前，官方最开明的态度是承认公民生产的信息可以用来"补充"官方信息，却没有一个更开放的途径可以将这些信息与规制者自己收集的信息同等对待。如果公民生产的信息是有质量保证的，规制者应当建立这样的信息论坛，使公民生产的信息可以在论坛中分享，与专家生产的信息形成竞争。如果信息是可靠的，规制者应当采纳并作为决策基础。这既可以促进信息的优胜劣汰，又可以避免由于信息不足导致无法制定出合理的规制方案，还可增加此后决策方案的公众认同度。

三、案例分析：疫情信息收集与直报系统检讨

2020年，新冠肺炎公共卫生事件为分析风险信息收集提供了一个颇有价值的本土个案。在这次公共卫生事件中，我国传染病网络直报系统被质疑在前期没有发挥疫情信息收集和上报功能。本部分对该信息系统及其运行过程进行分析回顾，以此为案例进一步探讨风险信息收集的重要性、实现机制和完善路径。

疫情信息的收集是制定疫情应对决策的前提，而实现这一任务的信息机制必须以政府为核心主体来投入建设和运营。从信息收集能力

---

① SAVAN B, MORGANA J, GORE C. Volunteer environmental monitoring and the role of the universities: the case of citizens' environment watch. *Environmental management*, 2003, 31 (5): 561-568.

看,由于疫情信息是由零散个体病例汇集而成,其生发在时间、地点、人群和后果等方面具有高度不确定性,只有一个横向覆盖全部行政区域、纵向深入基层各个医疗网点的信息网络才能有效实现信息的获取和监测,因此,仅有政府具备这种大规模建构疫情信息收集监测机制的财力、物力。从信息收集动力看,疫情一旦发生会对社会、经济、政治秩序产生严重影响,与公共利益密切相关,也是政府进行社会治理的基本职能内容之一。尽管市场和社会也可以从疫情信息收集中获益,但其需求更容易通过"搭便车"实现。当然,政府的疫情信息收集职能同样需要市场和社会机制的协作和配合,特别是市场主体能发挥在信息技术运用方面的优势,可见下文分析。

有鉴于政府的核心信息收集职责,在中国历史上,历代政府都将疫情奏报视为国家大事,并制定了地方奏报要求。如唐令规定,呈报疫情的官文书须遵循"小事五日程,中事十日程,大事二十日程"的期限,如果延误信息上报,则相关人员需要受到处罚,"诸驿使稽程者,一日杖八十,二日加一等,罪止徒二年"[①]。在新中国成立前,东北解放区曾探索鼠疫报告制度,设定法定疫情报告人,建构了一个"街、屯(卫生组长、卫生员)→村(农村医生)→乡、镇、区(防疫医生)→县疾疫防治站→地、州疾疫防治站→省疾疫防治所(站)"的报告程序,后被作为重要经验纳入国家法律之中。[②] 现代国家公共卫生防疫机制进一步与信息技术结合,运用信息系统提高信息收集的便捷性、实时性和全面性,同时,信息收集汇报系统亦从区域扩展到全国乃至全球。我国作为《国际卫生条例》(*International Health Regulations*)的缔约国,积极履行该条例规定的共享信息要求,与世界卫生组织建立了信息汇报与风险沟通机制,并在本次疫情暴发后发挥了重要作用,为世界卫生组织和其他国家做出疫情决策提供了

---

① 张晋藩、王斌通:《古代抗疫举措中彰显的民族智慧》,载《光明日报》2020年4月8日,第15版。

② 李洪河:《新中国国家卫生防疫机制的建立》,载《光明日报》2020年3月11日,第16版。

重要的信息和数据。①

然而,在2020年疫情初期,旨在实现高效信息传输的传染病网络直报系统却被质疑没有发挥期待中的作用。而及时发现传染病病例,全面收集一线病例信息和实时数据,对疫情发展进行监测,是进行疫情预警、防控和应急决策的前提条件。鉴于2003年非典型肺炎(SARS)公共卫生事件中信息不畅的问题,中央和地方共同投资建立了一个全国传染病与突发公共卫生事件监测信息系统。② 该系统于2004年1月1日正式启用,到2004年9月底已覆盖全国90%的县及县以上医院,③ 到2011年年底,已覆盖全国100%的疾病预防控制机构、98%的县级及以上医疗机构和94%的乡镇卫生院。④

这一网络直报系统的全称是中国疾病预防控制信息系统,包含传染病监测系统和突发公共卫生事件两个核心系统,以及结核病、艾滋病、计划免疫、出生和死因等其他业务监测系统。传染病监测系统是其中的核心系统,其运行流程是:一线医护人员在发现法定传染性病例后,应当填写纸质或电子报告卡,由医院公共卫生科或院感部门的管理人员收卡、登记并录入直报系统。一旦录入,各级疾控中心均可看到本地的疫情信息。同时,病例个案还会实时报至中国疾控中心的数据中心。中国疾控中心有专人定期针对每个子系统进行信息监测和

---

① 根据世界卫生组织在官网上公布的时间线,早在2019年12月31日,中国武汉市卫健委便报告了湖北省武汉市的一组肺炎病例。2020年1月1日,世界卫生组织便建立了总部、区域总部和国家三个层级的事故管理支持小组,进入抗疫紧急状态。1月3日起,中国有关方面定期向世界卫生组织、有关国家和地区组织以及中国港澳台地区及时主动通报疫情信息。参见 https://www.who.int/zh/news-room/detail/27-04-2020-who-timeline–covid-19;中华人民共和国国务院新闻办公室:《抗击新冠肺炎疫情的中国行动》白皮书,2020年6月。

② SARS之后便有专家提出应当借鉴美国的全国公共卫生应急信息系统,打造我国的现代化、网络化的全国电子网络疾病监测报告系统。参见邢远翔、罗刚、王雪飞、吴志军:《关于SARS之战的思考》,载《健康报》2003年5月29日。

③ 吴佳佳、秦海波:《卫生信息化:发展驶入快车道》,载《经济日报》2005年12月8日,第11版。

④ 中华人民共和国国务院新闻办公室:《中国的医疗卫生事业》,载《人民日报》2012年12月27日,第10版。

数据分析并上报。

一开始，传染病监测系统主要针对法定传染病病例。2004年《中华人民共和国传染病防治法》修订后，增加了疾控机构、医疗机构和采供血机构"发现其他传染病暴发、流行以及突发原因不明的传染病"具有报告义务的规定。此后，原卫生部为了更好地筛查及处理可能出现的SARS、人禽流感等其他传染性呼吸道疾病，在信息系统中增加了针对不明原因肺炎的直报功能。

不同级别的传染病，报告时限要求不同。根据国家卫生计生委办公厅印发的《传染病信息报告管理规范（2015年版）》，发现甲类传染病和乙类传染病中的肺炭疽、传染性非典型肺炎等按照甲类管理的传染病病人时应于2小时内通过网络报告，发现其他乙、丙类传染病病人则应于24小时内进行网络报告。例如，甲型H1N1流感被纳入《中华人民共和国传染病防治法》规定的乙类传染病，并采取甲类传染病的预防、控制措施，则对甲型H1N1流感的直报时间要求也是2小时。① 对于不明原因的肺炎，则没有明确的报告要求。但《全国不明原因肺炎病例监测实施方案（试行）》对于报送不明原因肺炎的时间有所指引："医疗机构的临床医务人员发现符合不明原因肺炎定义的病例后……应立即报告医院相关部门，由医院组织本医院专家组进行会诊和排查，仍不能明确诊断的，应立即填写传染病报告卡进行网络直报，并电话报告当地县级卫生行政部门。尚不具备网络直报条件的医疗机构，应在6小时内电话报告当地县级卫生行政部门，同时报至县级疾控中心，县级疾控中心应立即进行网络直报。"

我国的传染病与突发公共卫生事件监测过去一直采用纸质报告的方式收集信息，医生确诊病例后，需要填写纸质的传染病报告卡片，交给医院分类汇总后逐级上报，经过乡、县、市、省、国家等逐级报

---

① 卫计委《甲型H1N1流感监测方案（第二版）》：实验室确诊的季节性流感或甲型H1N1流感暴发疫情中符合以下标准之一者，负责疫情核实的县（区）级疾病预防控制机构应在2小时内填写《突发公共卫生事件信息报告卡》及《季节性流感和甲型H1N1流感暴发疫情报告表》（附件1），在"突发公共卫生事件报告系统"进行网络直报。

告和汇总统计，效率低下且程序烦琐，一条疫情信息往往需要1个月乃至数月才能到达决策者手中。① 而根据此前的媒体报道，中国疾病预防控制信息系统的使用，"大大缩短了疾病报告周期，提高了疾病监测系统的敏感度"，且在2004年的高致病性禽流感疫情中发挥了重要的作用。② 时任卫生部统计信息中心主任的饶克勤自豪地指出："不到三年时间，我们就实现了党中央关于公共卫生'纵向'到底的要求，即从乡卫生院到中央一级，全部按照国家规定在线报告。"③ 世界卫生组织专家也曾对这一"全球最大的传染病监测网络"给予高度评价，"认为这一系统的规模和覆盖率在全世界独一无二"④。

这个"全球最大的传染病监测网络"的直报系统确实在疫情后期发挥了重要的信息直报作用。例如，自2020年1月19日，北京市报告第一例新冠肺炎确诊病例后，"从医疗机构诊断到网上报告的平均用时为42分钟，区级疾控中心从收到网上报告到审核平均用时4分钟，市级疾控中心复核用时8分钟"，充分发挥了信息系统的高效便捷功能。⑤ 但在2020年1月24日该系统正式上线新冠肺炎的动态监测功能之前，该系统还没有发挥高效便捷地收集、上报、共享病例信息的功能，全国各地乃至疫情最为严重的武汉地区，对新冠肺炎的病例信息一直采取电话、邮箱、传真或其他口头上报方式，直报系统被虚置。⑥

---

① 许雯：《新型肺炎背后的疫情报告系统》，载《新京报》2020年2月5日（https://www.bjnews.com.cn/detail/158081891614340.html）。

② 据媒体报道："2004年，我国发生高致病性禽流感疫情，县级动物防疫监督机构通过网络、传真等形式，两小时内即将疫情上传到全国防治高致病性禽流感指挥部办公室，为在短短50天内扑灭全国疫情提供了有力保障。"吴佳佳、秦海波：《卫生信息化：发展驶入快车道》，载《经济日报》2005年12月8日，第11版。

③ 吴佳佳、秦海波：《卫生信息化：发展驶入快车道》，载《经济日报》2005年12月8日，第011版。

④ 潘莹：《中国建立起全球最大的传染病监测网络》，载《新浪新闻》2012年3月19日（http://news.sina.com.cn/o/2012-03-19/131824138222.shtml）。

⑤ 韦再华：《疾病预防控制信息化建设要与时俱进》，载《北京观察》2020年第5期。

⑥ 信娜、王小、孙爱民等：《传染病网络直报系统投资了7.3亿，为何失灵了28天？》，载《财经》2020年2月25日（https://news.qq.com/rain/a/20200225a0n9jf00）。

一些人在事后对该系统进行检讨，认为这一信息系统之所以失灵，主要是因为对传统汇报路径的依赖、一线医生不熟悉、培训不足、缺乏填报动力、系统设计缺陷等问题。从本质上讲，信息系统仅为一个工具，是否能够发挥作用关键在于使用该系统的人。由于信息录入的前提是首诊医生诊断为应当录入的传染病种类，因此，人为判断是信息系统发挥功效的前提性要件。例如，2019年曾有患者染上应当上报的甲级传染病鼠疫，但因早期被误诊为大叶性肺炎，便没有通过信息系统直报，之后患鼠疫的确诊信息由北京市疾控中心做出后才填入直报系统，才能启动后续的疫情防控举措。① 2006年3月通过的《卫生部办公厅关于进一步加强不明原因肺炎病例报告、核实、检测、筛查工作的通知》（卫发电〔2006〕34号）中指出，"个别医疗卫生机构发现不明原因肺炎病例后，没有及时报告，或用所谓的'重症肺炎'的含糊诊断规避报告"。因此，系统失灵的归责首先不应从系统本身，而应当从使用者以及指引使用者的制度本身进行探讨。从风险治理的角度观之，信息系统功能发挥受限的原因，是"已知"疾病与"未知"风险之间难以调和的矛盾。从根源上讲，是疫情信息收集机制未能契合风险的不确定性、未知性与突发性等特点。

一方面，信息直报系统一开始的基本定位便是针对已知风险——法定传染病。一开始，这一直报系统被称为法定传染病信息直报系统，初始目标便是要实现对39种法定传染病②病例个案信息的实时、

---

① 肖文杰、许冰清、陈锐：《疾控中心无辜吗？》，载《第一财经》2020年2月1日（https://www.yicai.com/news/100485171.html）。

② 39种法定传染病分别为：甲类传染病（2种）有鼠疫、霍乱；乙类传染病（26种）有传染性非典型肺炎（严重急性呼吸综合征）、艾滋病、病毒性肝炎、脊髓灰质炎、人感染高致病性禽流感、甲型H1N1流感、麻疹、流行性出血热、狂犬病、流行性乙型脑炎、登革热、炭疽、细菌性和阿米巴性痢疾、肺结核、伤寒和副伤寒、流行性脑脊髓膜炎、百日咳、白喉、新生儿破伤风、猩红热、布鲁氏菌病、淋病、梅毒、钩端螺旋体病、血吸虫病、疟疾；丙类传染病（11种）有流行性感冒、流行性腮腺炎、风疹、急性出血性结膜炎、麻风病、流行性和地方性斑疹伤寒、黑热病、棘球蚴病、丝虫病、除霍乱、细菌性和阿米巴性痢疾、伤寒和副伤寒以外的感染性腹泻病、手足口病。

在线收集和监测，在这一方面，直报系统一直发挥着重要的作用。而在新冠肺炎被正式列入乙类传染病并按甲类管理之后，信息系统便开始高效发挥直报功能。在被列入法定传染病的情形下，录入义务人、录入哪些信息、如何录入、如何审查和监测的规则都是明晰的，信息系统可以发挥最大的功效。而针对明确疾病的诊断和汇报与针对未知疾病的诊断和汇报遵循不同的逻辑，也需要信息系统做出不同的设计。一个用以录入法定传染病病例信息的系统难以直接适用于对未知疾病的监控。因此，江苏省预防医学会会长、江苏省疾控中心原主任、江苏省卫生厅副厅长汪华指出："这个直报系统并不负责发现新发传染病。"① 而根据媒体报道，中国疾控中心主任高福院士曾在2019年博鳌亚洲论坛全球健康论坛上对该信息系统展露自信，认为在此系统下，"对于任何可疑的，包括新发或者再发的传染病等，卫生部门在6个小时之内会立刻知道"。② 实际上，由于该系统在已知疾病的监测方面表现优异，而2003年后并未发生过始发于我国的严重新型传染病，该系统在应对新发传染病方面并未经历过考验，因此，大众容易对该系统有过高期待。

另一方面，非法定传染病的不确定性阻碍了信息系统的功能发挥。第一，非法定传染病的汇报义务不明确。尽管根据《中华人民共和国传染病防治法》，医护人员在"发现其他传染病暴发、流行以及突发原因不明的传染病"时具有信息填报义务，但并未明确应当通过直报系统录入。③ 鉴于法律法规对非法定传染病的上报要求不明确，通过其他方式（口头/邮件）进行报告同样符合规定。第二，不确定性过高的信息具有等待转化为确定信息的天然行为动机。直报系统并非完全不具备对非法定传染病的监测发现功能。一线医护人员可以通

---

① 彭丹妮、李想俣：《专家复盘："不明原因肺炎"上报失灵的背后》，载《中国新闻周刊》2020年第7期。
② 信娜、王小、孙爱民等：《传染病网络直报系统投资了7.3亿，为何失灵了28天?》，载《财经》2020年2月25日（https://news.qq.com/rain/a/20200225a0n9jf00）。
③ 彭丹妮、李想俣：《专家复盘："不明原因肺炎"上报失灵的背后》，载《中国新闻周刊》2020年第7期。

过传染病监测子系统中后来新增的"不明原因肺炎"病例模块进行填报,也可以通过突发公共卫生事件报告子系统以"事件"方式上报。然而,由于"不明原因肺炎"的定义较广,实操中有大量符合定义的个案,如 2004 年到 2016 年,全国共上报 1666 例不明原因肺炎病例,8%（125 例）为人感染禽流感病例,76%（1273 例）被订正为其他已知疾病,14%为其他不明原因疾病。① 因此,现实中,从基层医院到各级疾控中心、卫健委进行模板的规则是先降低不确定性,搞清楚是否为已知疾病,而非让全部数据涌入信息系统。同样,对于后者,只有首先定义了何为"突发公共卫生事件"才能上报。若积极上报,不但会增加工作量,还可能在造成社会恐慌后确认为非传染病,其中的责任难以厘清。② 因此,直报系统被虚置首先并非因为瞒报或一线医护人员对信息直报系统的接受度不高等,而是因为非法定传染病的不确定性带来对传统疫情通报制度的惯性依赖。因此,在 2019 年 12 月 31 日武汉市卫健委所通报的 27 例病例——这是首次正式疫情通报——均由辖区医院在前一天通过邮件上报。③

可见,直报系统的确定性指向与非法定传染病的不确定性之间的冲突是阻碍其发挥最大信息收集汇总上报功能的根本性障碍。除此之外,具有信息录入义务的基层医院对该系统的熟悉度不高④,系统自

---

① 王宇:《不明原因肺炎监测系统评价》（硕士学位论文）,中国疾病预防控制中心,2017 年。

② 郑雪倩:《用法治补上传染病直报漏洞》,载《健康报》2020 年 5 月 7 日,第 006 版。

③ 信娜、王小、孙爱民等:《传染病网络直报系统投资了 7.3 亿,为何失灵了 28 天?》,载《财经》2020 年 2 月 25 日（https://news.qq.com/rain/a/20200225a0n9jf00）。

④ 由于自 2003 年之后我国并未暴发较为严重的重大传染病疫情,各地对直报系统的监督管理工作逐渐松懈,医护人员对该系统的使用操作逐渐陌生,对其重要性的认知日益缺失。多年来一线医护人员欠缺培训,对系统操作不熟练。有医生表示"直报系统复杂,没有经过培训,不知道如何有效使用"。在对新系统不熟悉或接受度不足的情况下,医院、疾控中心、卫生行政部门之间的信息传输系统依然偏向于传统通信手段。参见郑雪倩《用法治补上传染病直报漏洞》,载《健康报》2020 年 5 月 7 日,第 006 版。

身的设计缺陷，地方卫生行政部门监督检查不力，实践中看病、诊断、转诊等客观复杂情形①等因素共同加剧了该系统在该公共卫生事件初期的失灵。

一个旨在收集风险信息用以服务于决策判断的机制，既需要信息收集系统设计的科学性和合理性，也需要确保该系统在实践中的覆盖率、接受度和熟悉度，更需要设计者与使用者的行为动机实现激励相容的制度。2020年5月22日，国务院总理李克强在第十三届全国人民代表大会第三次会议所做的《政府工作报告》提出，要加强公共卫生体系建设……改革疾病预防控制体制，完善传染病直报和预警系统。2020年10月2日发布的《中华人民共和国传染病防治法》（修订草案征求意见稿）第二十条第二款规定："加强国家传染病监测平台建设，建立重点传染病及不明原因传染病监测哨点，拓展传染病症状监测，收集传染病症候群、不明原因聚集性发病等敏感信息，及时发现重大疫情及突发公共卫生事件；建立传染病病原学监测网络，多途径、多渠道开展多病原监测，提升监测能力。"针对上述问题，应当从以下几个方面对传染病信息直报系统及配套的报告规则进行完善。

第一，依法明确首诊医生的上报义务，增加首诊医生的系统填报责任。针对当前填报信息系统的义务并不明确的问题，建议在《中华人民共和国传染病防治法》中明确医生的首诊负责制和首诊医生进行系统填报的义务，并通过升级信息系统，在保留原来的医院填报功能基础上，增加首诊医生填报模块，实现"对任何不明原因疾病和异常健康事件，不需经医疗机构、疾控机构及卫生行政部门的审核，通过直报系统第一时间同时直报给所在医疗机构、所属市、所属省、国家

---

① 2006年3月，卫生部办公厅关于进一步加强不明原因肺炎病例报告、核实、检测、筛查工作的通知指出："一些地方卫生行政部门也没有及时组织对这项工作的督促检查；个别有病死家禽接触史的不明原因肺炎病例自行转诊就医，为传染病的传播蔓延留下隐患。"

疾控中心及卫生行政部门"①。

第二，完善《中华人民共和国突发事件应对法》《中华人民共和国传染病防治法》等立法的报告义务条款。例如，针对基层医院和各级疾控中心、卫健委基于非法定传染病不确定性的顾虑，应当通过法律明确"隐瞒""谎报"等含义及其后果，设计必要的免责条款，并规定符合报告条件的、无主观恶意的信息填报偏差无须担责，避免各报告义务主体担心信息不准确、引发社会恐慌而瞒报。

第三，完善信息填报系统，运用大数据等最新信息技术工具提升信息收集、分类、运算等功能。值得注意的是，增加首诊医生的上报义务，以及加强各义务主体的信息填报义务，是否会导致大量无用信息涌入信息系统，从而产生张文宏医生所担心的"这个系统经受不起大量垃圾信息的摧毁"②的问题？为解决这个问题，应当升级信息直报系统，充分嵌入大数据等最新信息分析工具。如果信息系统能够实现从不同维度、不同层面对信息进行分类、区分、分级，对不同信息赋予不同属性、权重和风险系数，例如，是否为首诊医生直接填报的、是否已经过医院或上级疾控中心确认等，并运用各种数据分析模型对不同属性的信息进行分析，这样既可以避免信息系统被海量填报导致的垃圾信息淹没，也可以保留大量一线诊断数据，进行更精确的风险预警。

第四，建立一体协同的传染病直报系统。首先，中国疾病预防控制信息系统平台上同时运行着 30 多个子系统，除了传染病信息报告管理系统外，还有传染病自动预警系统、突发公共卫生事件管理信息系统、人口死亡信息登记管理系统、高温中暑病例报告信息系统等，以及肺结核、艾滋病、流感监测等专报系统。每个网络直报系统因管理部门不同、专业的使用对象不同而相对独立，但其中又存在业务交

---

① 王贵齐：《传染病直报怎样"一网到底"》，载《健康报》2020 年 6 月 1 日，第 005 版。

② 王烨捷：《张文宏复盘新冠疫情：中国疾控直报系统不是"花架子"，但需要改造》，载《中国青年报》2020 年 3 月 5 日（https://shareapp.cyol.com/cmsfile/News/202003/05/web343928.html）。

叉重复的情况，如"疾病监测信息报告系统"与"甲型 H1N1 流感信息管理系统"等，给信息填报带来困难。应当建立统一的传染病直报系统，以"用户友好型"为导向完善系统设计。其次，应当将网络直报系统与医院内部的业务管理系统（HIS）对接。我国各地许多医院均建立了信息系统，但直报系统并不一定与各个医院的信息系统相匹配，无法实现精准衔接和数据共享。例如，某医院即使发现不明原因肺炎，临床判断会显示为诊断待查，这样的话，电脑系统无法直接识别，也不能直报。① 系统对接将极大地方便首诊医生履行信息填报义务，也能减少信息被篡改的可能。最后，我国各地的疾病档案电子化程度尚未全面实现，亦无法与传染病监测的信息系统和管理业务实现全面的数据融合和互联互通。② 应当进一步推进疾病档案电子化程度，依托电子档案系统，促进各级各类医疗机构与疾病预防控制机构之间的信息推送和预警制度。③

四、域外经验：美国有毒物质排放清单制度

本部分选取在所有风险信息收集系统中较为完整、成熟的一个域外机制——美国有毒物质排放清单制度（Toxic Release Inventory Program，以下简称"TRI 制度"）加以深入分析，探讨服务于风险决策需要的一个风险信息生产、收集系统如何建构和运行。这一机制是现代国家环境规制机制中关于污染物排放信息收集、公开的一个重要制度。污染物排放信息收集公开制度要求企业对污染物信息进行保存和上报，要求政府相关部门建设污染物数据库，且所有数据都要实时或

---

① 信娜、王小、孙爱民等：《传染病网络直报系统投资了 7.3 亿，为何失灵了 28 天?》，载《财经》2020 年 2 月 25 日（https://news.qq.com/rain/a/20200225a0n9jf00）。

② 韦再华：《疾病预防控制信息化建设要与时俱进》，载《北京观察》2020 年第 5 期。

③ 参见《中共上海市委、上海市人民政府关于完善重大疫情防控体制机制健全公共卫生应急管理体系的若干意见》。

定时公开。其代表性机制便是污染物排放与转移登记制度（Pollutant Release and Transfer Registers，以下简称"PRTR制度"）。PRTR制度是指向大气、水、土壤释放潜在有害化学物质并转移至其他地方进行处理或处置的污染物清单或环境数据库。① 目前，至少有50个国家已经建立或正在建立该制度。② 我国面临严重的有毒有害物质污染问题，也曾进行过类似的制度建构，但进展缓慢，效果并不理想。

美国的TRI制度是世界上第一个PRTR制度，被誉为美国环境保护中"最有效的制度之一"③。它强制企业上报有毒物质的运输和排放数据，运用获得的数据建立信息数据库并向整个社会开放，从而对企业施加减排压力、为政府制定环境政策收集基础数据，同时，为环保组织和个人开展环保活动提供必要的信息支持。这个制度的参考价值不仅在于其制度内容，更重要的是其实施发展的过程。尽管我国对该制度的内容已有不少研究成果，④ 但大部分研究成果与其他域外制度的介绍一样，只有静态的描述制度内容，没有动态的描述制度从产生到演变的真实实施图景与力量格局。而该制度的真实实施图景与力量格局，恰对我国建立污染物信息公开制度更具有借鉴意义。

因此，本部分旨在阐述美国TRI制度的发展与实施，通过分析该制度在实施过程中的各种阻碍与争论，以及制度实施后的各种变迁发

---

① 公众环境研究中心、国际POPs消除网络：《PRTR：建立中国的污染物排放与转移登记制度》，报告全文见 http://www.ipe.org.cn/reports/report_19581.html#。

② 参见美国环保署官方网站统计数据（https://www.epa.gov/toxics-release-inventory-tri-program/tri-around-world）。

③ FUNG A, O'ROURKE D. Reinventing environmental regulation from the grassroots up: explaining and expanding the success of the toxics release inventory. *Environmental management*, 2000, 25（2）: 115 – 127. National Report Released, Working Notes on Community Right-to-Know, November 1990 Working Group on CRTK Newsletter, available in RTK-NET, Entry No. 1941, April 25, 1991.

④ 例如，金自宁：《作为风险规制工具的信息交流：以环境行政中TRI为例》，载《中外法学》2010年第3期；孙凯：《环境法的自动执行：美国〈毒性物质排放清单〉的启示》，载《世界环境》2010年第2期；刘恒：《论风险规制中的知情权》，载《暨南学报（哲学社会科学版）》2013年第5期。

展,希望对我国目前正在建设的污染物信息收集公开制度有所启发,避免重蹈过去环境信息收集公开制度实施状况不佳或进步缓慢的覆辙,从而推动我国环境风险信息收集公开制度的发展。

(一) 美国 TRI 制度的背景与内容

1984 年,位于印度博帕尔(India Bhopal)的联合碳化物公司发生氰化物泄漏事件,超过 2500 人丧生,以及超过 20 万人受伤。① 这一事件加上之前发生在美国本土的其他有毒物泄露事件,在民众中引发了恐慌。② 所有有毒物泄露事件中,由于没有完善的应急措施,当局并不清楚泄露了什么有毒物质,无法迅速正确地指引居民进行防护或救治,而且由于法律缺失,没有明确的责任部门对事件承担责任。

在此之前,美国国会正在考虑延长即将到期的《综合环境应急、赔偿和责任法》(the Comprehensive Environmental Response, Compensation, and Liability Act of 1980)③ 的期限,频发的有毒物泄露事件和来自民众的压力使国会决定在这个法案中回应有毒物质的泄露问题。最终,《综合环境应急、赔偿和责任法》扩大为内容更丰富、更严格的《超级基金修正和再授权法案》(the Superfund Amendments and Reauthorization Act),1986 年《应急计划与社区知情权法》(the Emergency Planning and Community Right-to-Know Act,以下简称"EPCRA")作为该法的第三

---

① WOLF S M. Fear and loathing about the public right to know: the surprising success of the emergency planning and community right-to-know Act. Journal of land use & environmental law, 1995 (11): 217 – 324.

② 1985 年美国环保署公布,在之前的 5 年时间里,美国发生了超过 6900 起有毒物泄露事件,导致 135 人死亡和大约 1500 人受伤。参见 PRITCHARD J S. A closer look at title III of SARA: emergency planning and community right-to-know act of 1986. Pace environmental law review, 1988 (6): 203.

③ 该法案是受 Love Canal 事件的刺激而制定的,主要目的是清理全国各地成千上万种有毒物质废弃物。WOLF S M. Public opposition to hazardous waste sites: the self-defeating approach to national hazardous waste control under subtitle C of the resource conservation and recovery act of 1976. Boston College environment affairs law review, 1980 (8): 463.

章实施。①

该法第 313 条要求美国环保署建立 TRI 制度。符合要求的企业必须每年向环保署和所在的州提交一份排放表格（以下简称"R 表格"），报告与特定有毒物质有关的各种原始数据，环保署将这些表格录入数据库，将所有的原始数据向公众公开。此外，环保署每年都对数据进行分析，形成年度报告。这个制度主要包括以下内容：

第一，哪一类企业肩负报告的义务？

EPCRA 为报告责任人设定了条件，符合下述条件的企业即负有报告义务：首先，其行业属于美国标准行业分类的 20～39 类。由于该法同时授权环保署可以将报告义务扩展到增加的行业，因此，此后环保署增加了 7 个行业。② 其次，雇佣 10 个或 10 个以上的工人。最后，所处理的有毒物质超过规定的门槛数量。满足这三个条件，就需要提交 R 表格。

第二，哪些有毒物质需要报告？

一开始，EPCRA 规定本法的有毒物质是指编号为 99～169 的化学物质，这些代码下包括有毒化学物质 291 种，类型 13 个。但为了保证立法内容随时代发展而更新，该法授予环保署根据以下标准增减有毒物质的种类：如果存在一种物质，我们知道或可以充分预期它会导致以下任何一种情况：

● 如果持续、不断地反复排放，会对人类健康产生严重的负面效果；

● 在人体中导致癌症、先天缺陷，或严重或不可逆转的慢性健康

---

① Emergency planning and community right-to-know act, 42 U.S.C. 11001 – 11050.《应急计划与社区知情权法》的内容可分为三节。第一节是 301 – 305 条款，规定了应急机制的总框架，包括州级应急委员会、地方应急委员会的建立，有毒物质清单的制作和负有报告义务的企业范围等。第二部分包括 311 – 313 条，规定了企业的各种汇报义务和美国环保署建立有毒物质排放清单制度的责任，此为 TRI 制度的核心条款。第三部分规定一般条款，包含 321 – 330 条，内容涉及商业秘密条款、实施和公民诉讼等。

② 这 7 个行业是金属矿业、煤矿业、商业电力部门、石油散货码头、化学品批发商和溶剂处理厂。

效果；

● 由于它的毒性，它的毒性及在环境中的长期存在，它的毒性及在环境中生物积蓄的趋向，会对环境产生足够严重的负面效果。

如符合上述描述，则环保署可以将其加进清单，如不再符合这些描述，则可以删去。此后，环保署运用该标准，通过自行筛查或公民请愿要求，不断更新清单，目前共包含594种单独列出的有毒化学物质和30个化学物质类别。①

第三，多大分量的有毒物质需要报告？

除了有毒物质的种类，TRI制度还设定了报告的数量门槛。一开始，EPCRA区分两种情况：如果是生产和加工有毒物质，报告门槛逐年递减——1988年作为适应年，为75000磅，1989年为50000磅，从1990年开始固定为25000磅；如果是除了生产和加工之外的其他使用，则报告门槛是10000磅。后来增加了持续性生化累积性有毒物质（Persistent Bioaccumulative Toxic，以下简称"PBT"）之后，鉴于更严重的毒性，其报告门槛设定为100磅与10磅，其中，二噁英及其化合物更是低至0.1克。②

第四，R表格应当记载哪些内容？

EPCRA中对于R表格的内容进行了列举，包括某种化学物质是否被生产、处理或者使用；使用的常规类别；在前一年每一地点存在的最大量；所使用的处理方法及效率；向环境排放的数量或者转移去处理的数量等内容。③但美国1990年制定的《污染预防法》（Pollution Prevention Act）将报告内容大大丰富，增加了以下内容：企业在工厂内外对有毒物质的运输，对污染源削减、循环、最小化浪费所做

---

① 1994年环保署增加了286种化学物质和化学类别，1999年将18种PBT纳入汇报清单，2001年增加了铅及铅化合物，2010年增加了16种，2012年增加了1种，最新增加的是2013年的邻硝基甲苯。EPA, Toxics Release Inventory (TRI) Program, TRI Chemicals List, http://www.epa.gov/tri/trichemicals/index.htm.

② Persistent, Bioaccumulative, and Toxic (PBT) Chemicals Rules, 64 FR 58666 (1999).

③ Emergency Planning and Community Right-to-Know Act, 42 U.S.C. §11023 (g) 1.

的努力。此外，意外的、可修复的或非正常的一次性排放也属于日常排放。①

TRI 制度在一开始只是超级基金法案中一个相对模糊的章节，主要目的是为社区提供有毒物质的信息以备不测。因此，无论是环保署还是环保组织都没有对这个制度寄予厚望。② 但此后的发展显示了它强大的潜能。

TRI 制度的建立促进了公民环境知情权的保护，其收集的数据为政府制定环境政策、环保团体开展环保活动、学界进行科学研究和制度研究都提供了帮助。③ 更重要的是，它本身还是重要的环境规制手段。通过迫使企业公开数据，民众和媒体会对有毒物质排放量高的企业强烈谴责，为企业减排提效施加压力，而企业自己也通过数据整理和与其他企业的比较而有了清晰的认识，增加了减排提效的动力。④ 1995 年的年度报告显示，受 TRI 制度规制的有毒物质排放量自 1988 年以来降低了 45%。2012 年的年度报告显示，受 TRI 制度规制的有毒物质排放总量相比 2003 年下降了 14%。而其他环境法律制度的实施无法起到这种效果。⑤ 因此，环保署官员认为 TRI 是环保署"对抗

---

① Pollution Prevention Act, 42 U. S. C. § 13106 (b).

② WOLF S M. Fear and loathing about the public right to know: the surprising success of the emergency planning and community right-to-know act. *Journal of land use & environmental law*, 1995 (11): 217 – 324.

③ 关于 TRI 制度的价值，详见刘爱良《美国有毒化学物质排放清单制度研究》（学位论文），湖南师范大学，2011 年。关于 TRI 数据的用途，参见 U. S. EPA, How are the Toxics Release Inventory Data Used？, May 2003, http://www.epa.gov/toxics-release-inventory-tri-program/how-are-toxics-release-inventory-data-used。

④ 关于 TRI 制度发挥减排作用的机制，详见 HAMLITON J T. Pollution as news: media and stock market reactions to the toxics release inventory data. *Journal of environmental economics and management*, 1995 (28): 98 – 113. FUNG A, O'ROURKE D. Reinventing environmental regulation from the grassroots up: explaining and expanding the success of the toxics release inventory. *Environmental management*, 2000, 25 (2): 115 – 127。

⑤ FUNG A, O'ROURKE, D. Reinventing environmental regulation from the grassroots up: explaining and expanding the success of the toxics release inventory. *Environmental management*, 2000, 25 (2): 115 – 127.

污染的最重要的武器之一"。① 环保人士赞誉 TRI 制度所削减的污染物排放量比所有其他规制工具加起来还要多,是"美国历史上最成功的环境法之一"。② 行业代表也承认"强制公开制度的效果,比所有其他要求企业自愿减排的法律制度加起来还要强"③。

TRI 制度经过多年的实践发展,其影响力和作用已远超立法之初的设想。美国这一制度为我们建立类似制度提供了模板,其取得的成就也会刺激我国政府更重视该制度的引入和实验。但复制一个制度并不难,难的是设计一个能在本土生根发芽,可以抵挡得住实施中的各种挑战并不断壮大的制度。因此,真正的参考借鉴,要求我们把目光投放到 TRI 制度的实施历程之中。

(二) 美国 TRI 制度的实践与争议

一项制度在制定之后,即面临着有效实施的问题。制度实施是一个把人为设想栽种于实际的土壤之中,等待其开花结果的过程。这个过程既是把预想的制度内容加以执行,从而实现立法目的,同时又是通过实践检验出制度设计的缺陷,以供日后对制度进行修改更新。因此,制度实施落实过程甚至要比制度设计过程更为艰难。尽管美国的 TRI 制度被誉为环境法最成功的制度之一,既受各方赞誉,又已显现出节能减排的积极规制效果,但这并不意味着其实施过程顺畅轻松。恰恰相反,TRI 制度的实施,既是一个制度不断试错和完善的过程,

---

① National Report Released, Working Notes on Community Right-to-Know, November 1990 Working Group on CRTK Newsletter, available in RTK-NET, Entry No. 1941, April 25, 1991 (Bush administration EPA administrator). CAROL M. Browner, 1993 Statement on '91 Toxics Release Inventory, available in RTK-NET Entry No. 4133, May 25, 1993 (Statement of EPA Administrator Carol M. Browner).

② LAWRENCE A T, MORELL D. Leading-edge environmental management: motivation, opportunity, resources, and processes. *Research in corporate social performance and policy*, 1995 Supplement 1: 99–126.

③ FUNG A, O'ROURKE D. Reinventing environmental regulation from the grassroots up: explaining and expanding the success of the toxics release inventory. *Environmental management*, 2000, 25 (2): 115–127.

也是各个利益方相互争论、角力和妥协的过程。TRI 制度的实施过程主要围绕下面三条线索而展开。在这三条线索中,既有失败的教训,也有成功的经验。

1. 加强制度落实

无论制度设计得多么美好,只有真正得到落实,才有可能发挥其作用,达到所追求的目标。但实践中的很多制度,或因为执行力度不够,或因为执行机制缺失,或由于日渐熟悉,被规制者懂得敷衍应对之法等原因,使制度效能无法完全发挥,实施效果大打折扣。如何加强 TRI 制度落实这个问题,不但从设计一开始便出现在环保署面前,而且至今依然是环保署需要努力解决的难题。

要确保 TRI 制度得以有效落实,环保署的第一个任务是确保所有应当汇报的企业都按时汇报,如果企业汇报不足,则最终获得的数据便不够真实准确。从一开始,TRI 制度的汇报要求就持续地遭到忽视。环保署本来预测汇报第一年会有约 3 万家企业需要汇报,但最后超过 1/3 的企业没有汇报。[1] 这个不遵守率在此后一直在 30% 左右徘徊。虽然有超过 23000 家企业提交了 1990 年的排放报告,但环保署估算这只占了 67% 左右。[2] 美国审计总署研究发现,不遵守的情况主要集中在中小企业,且很多企业是无意识的,因为它们并没有意识到自己有汇报责任。[3]

尽管 EPCRA 对未履行汇报义务的法律后果进行了规定,[4] 但美国

---

[1] United States General Accounting Office, Report to Congress, Toxic Chemicals: EPA's Toxic Release Inventory Is Useful But Can Be Improved 36 – 37 (June 1991)(GAO/RCED – 91 – 121), 50.

[2] WOLF S M. Fear and loathing about the public right to know: the surprising success of the emergency planning and community right-to-know act. *Journal of land use & environmental law*, 1995 (11): 217 – 324.

[3] United States General Accounting Office, Report to Congress, Toxic Chemicals: EPA's Toxic Release Inventory Is Useful But Can Be Improved 36 – 37 (June 1991)(GAO/RCED – 91 – 121), 51 – 52.

[4] EPCRA 的 325 章 c 节规定了违反行为的民事、行政和刑事后果。但环保署很少使用刑事手段,一般是行政处罚。

审计总署批评环保署实际的监督检查工作并不到位。① 为了解决这个问题，首先，环保署每年都会颁布一次 TRI 报告指南，详细指导行业企业如何判断自己是否需要汇报以及如何汇报。环保署还针对特定的行业颁布了特定的指南，例如，1997 年添加溶剂处理厂进入汇报行列之后，环保署立刻颁布了针对性的指南，并在实践中不断更新该指南。其次，环保署在 1992 年颁布了强制实施政策，明确规定了不履行汇报责任的后果以及处罚规则。② 再次，环保署在全国加强检查活动，运用行政处罚和诉讼手段打击违法不报者。环保署还在网站上专门开设了实施专栏，用于发布检查和处罚的最新消息，以期起到震慑效果。最后，环保署通过发动群众参与监督，在网站主页上建立专门通道供公众检举。

环保署的第二个任务是确保所提交的数据的真实性。TRI 制度的汇报数据主要是企业自己对自己的用量估算，并没有统一的计算方法。由于环保署和州政府没有足够资源来确认数据的真实性，每年只抽查大概 3%，因此，数据的真实性无法保证。③ 还有学者批评 TRI 制度的数据统计所得出的减排结论，其实只是企业在玩弄文字游戏而已，是通过修改统计方法或改变填报方式而得出的虚假数据。④ 环保署的应对措施包括：首先，每年颁布一次 TRI 报告指引以指导企业进

---

① United States General Accounting Office, Report to Congress, Toxic Chemicals: EPA's Toxic Release Inventory Is Useful But Can Be Improved 36－37（June 1991）（GAO/RCED－91－121），51－52.

② Enforcement Response Policy for Section 313 of the Emergency Planning Community Right-to-know Act（1986）and section 6607 of the Pollution Prevention Act（1990），该规则于 1996、1997 和 2001 年进行过修改。

③ FUNG A, O'ROURKE D. Reinventing environmental regulation from the grassroots up: explaining and expanding the success of the toxics release inventory. Environmental management, 2000, 25（2）: 115－127.

④ NATANTE Jr, MILLER C G. Are toxic release inventory reductions real?. Environmental science & technology, 1998, 32: 368A－374A.

行数据自查，TRI 信息中心也为企业提供数据排查帮助。① 其次，加强数据审查，如果企业数据存在异常，例如，提交的数据前后两年出现极大变化，或者提交给 TRI 制度的数据和提交给其他项目的数据差别极大等，环保署会与企业进行沟通，如果发现错误则会要求其改正。最后，环保署在 2008 年研发了在线汇报应用软件（TRI-Me web online reporting application）。从 2013 年开始，除了涉及商业秘密的数据之外，其他数据全部只能经由此软件提交。② 而该应用软件内含数据检测功能，有助于排查错误数据。后来，环保署还计划针对数据的真实性发布统计报告。③

在提高制度执行率方面，公众参与也发挥了一定的作用。美国的公民诉讼制度始于 1970 年的空气清洁法。该法创造性地借鉴了密歇根州的立法，设了一个公民诉讼条款，授权公民可作为私人总检察长（private attorneys general）起诉政府或企业。之后，国会所有的环境立法中都包含该条款。④ EPCRA 也不例外，在第 326 条款规定了公民可以对企业、环保署、政府官员或地方应急委员会提起诉讼。法律生效后，许多组织都援引公民诉讼条款起诉违法者。大西洋各州法律基金会（Atlantic States Legal Foundation）于 1990 年提起了第一个 TRI 诉讼。⑤ 此后不到 5 年的时间里，该基金会迫使近 40 个企业履行 EPCRA 制度规定，在其中的 20 个案件中，该基金会还与违反者达成降低有

---

① 美国环保署官网（http://www2.epa.gov/toxics-release-inventory-tri-program/forms/tri-program-contacts）。

② Electronic reporting of toxics release inventory data, 78 Federal Register 52860 (August 27, 2013).

③ 美国环保署官网（http://www.epa.gov/toxics-release-inventory-tri-program/tri-data-quality）。

④ 例如，《清洁水法》（Clean Water Act）、《安全饮用水法》（Safe Drinking Water Act）、《濒危物种法》（Endangered Species Act）、《有毒物质控制法》（Toxic Substance Control Act）等等。

⑤ Atlantic States Legal Foundation v. Com-Cir-Tek, Inc., No. CIV-90-772C (W. D. N. Y. filed July 25, 1990).

毒物质使用量的协议。① 但应当注意的是，真正由公民个人提起的诉讼并不多。②

环保署的第三个任务是如何提高制度利用率，这也是一个难题。任何信息公开机制的制度目标都不可能仅停留在收集和公开信息本身。若信息无法引出行动，无法为下一步的行动而服务，则只是一堆无用的数据而已。如何从信息公开发展成公众参与，成为摆在环保署面前的难题。TRI 制度实施之初，社会反应微弱。美国审计署调查显示，反应不佳的原因包括宣传不足、公众无法理解数据或仅关心与自己有关的信息等等。③ 鉴于此，环保署进行了大量的宣传推广工作，借助媒体、图书馆、大学的力量推广该制度。同时，逐年完善年度报告，降低数据理解的难度。此外，环保署还不断完善数据库的功能，增加系统的用户友好性。值得我国重视的是，TRI 数据系统不仅能方便不同的人检索出不同的数据，还具有报告生成功能，这意味着任何一个公民，都可以像专家一样制作一份报告（如只针对某种物质、某一行业、某个地区），用以论证特定的结论。这其中隐含的是一种鼓励信息利用、鼓励信息传播的价值。（见表 3-4）

---

① SHAVELSON R W. EPCRA, citizen suits and the sixth circuit's assault on the public's right-to-know. *Albany law environmental outlook*, 1995（2）：29.

② WOLF S M. Fear and loathing about the public right to know: the surprising success of the emergency planning and community right-to-know act. *Journal of land use & environmental law*, 1995（11）：217-324.

③ United States General Accounting Office, Report to Congress, Toxic Chemicals: EPA's Toxic Release Inventory Is Useful But Can Be Improved 36-37（June 1991）（GAO/RCED-91-121），32.

表3-4 TRI系统的配套工具

名称	类型	功能
Envirofacts	报告检索工具	获取一个设施在其TRI历史中所提交的所有TRI报告表格，并查看所报告的任何化学品的表格
TRI Factsheets	数据检索工具	可对一个年份报告输入邮政编码、化学品名称、地区名称、工厂名称等关键词而获得有关数据
my RTK	移动端的应用	可安装在手机等移动设备上，方便随时检索数据。2020年年末停用
TRI Explorer	报告生成工具	用户可以制作自己的排污报告
Basic Data Files/ Basic Plus Data Files	高级报告分析生成工具	获取和分析更原始的数据，并可生成csv格式或以制表符分隔的.txt文件的报告
TRI.NET	综合软件	用户下载安装了该软件之后，可以检索数据、排序数据、生成报告和地图、与其他数据库进行比较等等

如今，TRI数据被不同的人群用于达成不同的目的。社区成员用这些数据与当地企业开展对话，改进社区环境；研究人员用这些数据进行学术研究；政府部门以这些数据为基础把握实践进展、制定规制政策；企业用这些数据改善生产；金融分析师利用这些数据进行企业经济分析、寻找投资机会；等等。[①] 随着使用人数增多、潜在价值被挖掘，这个制度更加受到重视，而环保署就更有不断完善它的动力，也更有抵制各种不同声音的底气。

2. 完善制度内容

制度在设计之初不可能尽善尽美，其自身缺陷会随着实践而凸显。而随着社会高速发展，一成不变的制度内容与日新月异的社会状况可能会出现脱节，显示出不同程度的滞后性，这就需要实施者不断

[①] 关于TRI数据的运用和具体个案，参见EPA: the toxics release inventory in action: media, government, business, community and academic uses of TRI data, July 2013。

对制度缺陷进行补正，对制度内容进行更新，才能保持制度的有效性、适应性，并散发出自身活力。如上所述，TRI 制度制定之时便对制度的适用范围进行了初步界定，包括涵盖的行业范围、需要汇报的有毒物质种类、报告的内容等。但这种初始界定很快显示了它的缺陷。例如，1984 年国家科学协会的国家研究委员会发布的报告显示，正在被使用的、应当重视其毒性的有毒物质有 65725 种，[①] 但 EPCRA 只规定了 291 种，差距甚大，由州或其他法律所列举的有毒物质并没有全部进入 TRI 清单。[②] 但该制度设计的优点在于明确赋予了环保署对行业范围、有毒物质种类等进行修改的权利，使该制度有可能在日后的实践中保持活力。

因此，从 1993 年开始，环保署便致力于逐步完善该制度，设计出一个"三步走"的 TRI 扩大计划。第一步是扩大有毒物质种类。环保署于 1994 年增加了 286 种新的有毒物质，1999 年又增加了 18 种 PBT 物质，此后也有零星增加，但速度较为缓慢，目前依然受到批评。[③]

第二步是增加受规制的企业范围。1993 年，克林顿总统发布行政命令，要求所有联邦企业，无论属于哪一种类，都必须履行 TRI 汇报义务。[④] 1995 年的总统令又要求与联邦政府签订 10 吨订单以上的企业必须履行 TRI 义务以作为合同条件。[⑤] 1997 年，环保署制定规则新

[①] NATIONAL RESEARCH COUNCIL. *Toxicity testing*: *strategies to determine needs and priorities*. National Academy Press, 1984, Executive Summary, 1.

[②] UNITED STATES GENERAL ACCOUNTING OFFICE. Report to congress, toxic chemicals: EPA's toxic release inventory is useful but can be improved 36 – 37（June 1991）（GAO/RCED – 91 – 121），29.

[③] 至 2010 年，全美国有超过 84000 种化学物质，但只有 666 种需要依据 TRI 公开。TRI 清单的增加速度远赶不上工业有毒物质的增长速度。CEG. EPA Expands Toxic Right-to-Know Program, 12/1/2010, http://www.foreffectivegov.org/node/11393.

[④] Executive Order 12856（Federal Compliance with Right-to-know Laws and Pollution Prevention Requirements）.

[⑤] Executive Order 12969（Federal Acquisition and Community Right-to-Know）.

增了 7 个需要汇报的行业。①

尽管 TRI 制度在上述两个方面不断进步，但环保署在完善 TRI 制度的努力也有失败的经历，其中之一便是该扩大计划的第三步——增加报告内容。TRI 制度原本的设计有一个缺陷，那就是所要求报告的数据是企业对自己的排放量和运输量的估算，并非精确的统计。此前的报告要求的是企业汇报有多少有毒物质进入工厂，又有多少离开。至于有毒物质在工厂内的工艺过程则无须汇报。1996 年，环保署宣布了它试图增加物资核算数据（Materials Accounting Data）作为汇报内容的想法。② 物资核算数据要比现有数据更具体复杂，它包括一种化学物质从进入工厂、进入生产加工环节、进入废弃物环节一直到最后的排放环节的数量，即包含了生产工艺全过程的全部信息。环保署认为，公众的知情权不应止步于工厂门口，而应了解发生在工厂内的情况。如果企业汇报这些数据，不但可能增加数据准确性，还能使政府和公众更清晰地了解各种化学物品在一个完整的生产流程中的变化，有利于工艺改进和节能减排。但这个计划遭到了强烈反对，统计成本过高和商业秘密泄露是两大反对理由。③ 因此，在压力之下，该计划被搁置。

3. 应对各方声音

有价值的新制度必然会对一些利益方造成利益损害，从而引发这些利益方的反对和抵制。实施者既需要强有力地运用奖惩机制执行制度内容，又需要与抵制者进行灵活的周旋和协调，从而确保制度不会在抨击中被违背、被忽视或被架空。TRI 制度实施伊始，直接利益损害者——各大小企业便一直反对该制度，并进行了各种抨击。反对的理由包括：该制度会导致商业秘密泄露；会导致有毒物质存放点泄露给恐怖分子，危害国家安全；极大加重企业的经营成本和政府的数据

---

① 62 Federal Register 23834 (May 1, 1997).

② 61 Federal Register 51322 (October 1, 1996).

③ CLAY B A. The EPA's proposed phase-Ⅲ expansion of the toxic release inventory (TRI) reporting requirements: everything and the kitchen sink. *Pace environmental law review*, 1997, 15: 292 - 328.

处理负担；引发民众恐慌；等等。而公民和环境组织则站在对立面，要求环保署更有力地完善 TRI 制度。夹在不同利益方之间，环保署既有坚定的抵制，也有不得已的妥协。

商业秘密问题是 EPCRA 颁布之初企业的最大担忧。EPCRA 尽管规定了商业秘密保护条款，但其规定被认为是模糊、不可信、难以预测以及不实用的。① 企业认为商业秘密很可能会因环保署的失误而泄露。作为回应，环保署于 1988 年颁布了商业秘密规则来指导企业申请商业秘密保护。② 但事实上，在实践之后发现，商业秘密问题并不存在。在 TRI 的第一个汇报年（1988 年），在超过 19000 家企业所提交的 TRI 报告中，只有 28 家申请了商业秘密保护，申请比例只占提交报告企业总数的 0.06% 和所有排放物的 0.01%。③ 此后情况类似，关于商业秘密的反对声音基本消失。

然而，面对反对和抵制，环保署也做过许多妥协。例如，环保署曾试图颁布的一个 TRI 澄清规则就在行业的压力下撤销了。环保署曾为了减轻企业负担，规定了如果非工厂制造的物质在储存过程中出现了有毒物质释放以及物质的自然损耗，是享有汇报豁免权的。2007 年，木材加工业的代表咨询环保署关于这个规则的确切含义，才使环保署意识到木材加工业一直误解了这一规则。木材加工厂在制作木材的过程中需要将木材经过有毒化学物质加工处理，处理后的木材才会释放有毒物质。但他们一直以为这个过程属于上述规则的豁免范围，因此无须汇报。2009 年，环保署提议，试图对豁免的含义进行更清晰

---

① WOLF S M. Fear and loathing about the public right to know: the surprising success of the emergency planning and community right-to-know act. *Journal of land use & environmental law*, 1995（11）: 217 – 324.

② Trade Secrecy Claims For Emergency Planning And Community Right-to-know Information, 40 C. F. R. §350（53 FR 28801）.

③ United States Environmental Protection Agency. The toxics release inventory: a national perspective, 1987: 66 – 67.

的解释,明确木材加工厂的这种情况不可豁免。① 然而在 2011 年 6 月 17 日,正当这个提议在最后一个审批环节——信息规制事务办公室进行审查时,环保署自己撤回了该提议。种种迹象表明,环保署在木材加工厂的压力下做出了妥协。②

(三) TRI 制度实施的真实个案:报告负担削减计划的沉浮

上述列举也许无法直观地反映 TRI 制度的实施图景,下面的个案可以更清晰地反映 TRI 制度如何在各种不同声音和阻碍下得以维持,甚至不断完善和成长。这个过程,全权负责实施该制度的环保署既需要坚定地抵制各种压力,也需要灵活地做出战略性妥协,还需要不断地检讨完善 TRI 制度,赋予自身以活力。

EPCRA 从一开始就遭到来自企业的反对,其中一个原因是成本过高。小企业利益的维护者——美国小企业管理局(Small Business Administration)一直是 EPCRA 的主要反对者,他们把 EPCRA 描述为"大大伤痛,小小收获"(much pain, little gain)。③ 因为小企业的排放量只占总排放量非常小的部分(小企业管理局估算最多 10% 到 15%),TRI 制度只会对小企业产生极大的负担,同时加重环保署的表格处理任务,却产生不了多少有用的信息,于大局无益。为了安抚小企业,环保署免去了小企业在汇报起始年——1988 年的汇报义务,小企业只需要从 1989 年开始汇报。

但此后,小企业管理局继续请愿,要求环保署行使自由裁量权,提高汇报门槛,同时改变汇报数量门槛的算法。根据 TRI 制度,如果"生产、加工或其他使用"一定数量的有毒物质,就需要履行汇报义务。也就是说,数量门槛的计算方式是"生产、加工或其他使用",

---

① TRI articles exemption clarification proposed rule, 74 Federal Register 42625 (August 24, 2009).

② LOVEJOY C. EPA withdraws TRI clarification rule that would protect public health, 6/24/2011, http://www.foreffectivegov.org/node/11743.

③ BROMBERG K L. Right-to-know: much pain, little gain. *Environmental forum*, 1988 (5): 24.

而不是"排放"。在小企业管理局看来,只有"排放"有毒物质才是对环境有害的,因此,触发汇报义务的数量门槛应该是有毒物质的"排放"数量,而不应该是"生产、加工或其他使用"的数量。① 但这种提议,无论是环保团体还是大企业,都持反对意见。环保团体认为,小企业也会生产、使用大量的有毒物质,就算这些有毒物质没有被排放到环境中,其存在本身就是一种威胁,因此获取这些有毒物质的信息是非常必要的。而大企业认为改变排放的算法会加重他们的负担,因此也与环保团体站在一边。

此时,环保署夹在各方之间进退两难。一方面,小企业要求改变计算方法,而环保团体和大企业不同意,克林顿政府的白宫管理及预算办公室(the Office of Management and Budget)还对环保署施压,要求环保署在平衡各方利益的基础上逐步扩大 TRI 项目。② 处于各方压力之下的环保署于 1994 年颁布了一个妥协方案,规定如果企业的总排放量不超过 100 磅,那么汇报的数量门槛提高到 100 万磅(之前是 2.5 万磅)。③ 这是一个畸形的结合方案,把小企业所要求的按"排放量"的计算方法和原制度中按"生产、加工或其他使用"的计算方法结合起来,既不改变原来的算法,也可减轻小企业的负担。但这个方案依然遭到了环保组织和地方政府的强烈反对。

1994 年年底,环保署整合各方的要求,颁布了最终的规则,规定如果企业的总排放量不超过 500 磅,那么汇报的数量门槛为 100 万磅。如果达不到这个数量的企业,则不需要提交繁杂的 R 表格,而只

---

① WOLF S M. Fear and loathing about the public right to know: the surprising success of the emergency planning and community right-to-know act. *Journal of land use & environmental law*, 1995 (11): 217-324.

② WOLF S M. Fear and loathing about the public right to know: the surprising success of the emergency planning and community right-to-know act. *Journal of land use & environmental law*, 1995 (11): 217-324.

③ EPA proposed rule on reporting low-level chemical releases under EPCRA, 59 Fed. Reg. 684 (July 28, 1994) [reprinted in 25 Env't Rep. (BNA) 684 (Aug. 5, 1994)].

需提交另一种内容简单得多的 A 表格。① 这一规则使许多小企业得以豁免繁重的汇报义务,同时把排放量从 100 磅改为 500 磅,又不至于损失太多信息来源,一定程度上满足了环保团体的要求。更重要的是,通过缓和各方矛盾,环保署营造了一种有利于 TRI 扩大计划的和谐氛围——同一天,环保署颁布了另一个规则,增加 286 种新的有毒物质进入 TRI 制度。② 需汇报的有毒物质数量几乎增加一倍,实现了白宫管理及预算办公室所要求的扩大 TRI 项目的指令。

此后,环保署一直努力完善 TRI 制度。2002 年年底,环保署开启了一个 TRI 利益相关者对话项目,收集各利益方关于改进这个项目的各种意见。小企业管理局借此机会继续游说环保署减轻小企业负担。为此,2006 年布什政府制定了一个新的负担削减规则,加大了企业豁免范围,减轻了企业的一些汇报义务。③ 但这个规则遭到全国的强烈反对。2009 年,13 个州起诉该规则违反 EPRCA;④ 238 个州、地方与全国性组织和大约 1300 人联合签名,致信给环保署行政长官要求废除该行政规则。⑤ 此外,加州通过了一个法案,要求加州的企业依照规则颁布前的高标准履行汇报义务,无视该规则的存在。这种强烈的反对迫使国会介入,2009 年,国会通过综合拨款法案(The Omnibus Appropriations Act of 2009),废除了该行政规则。⑥

---

① Form A Certification Statement (59 FR 61488).
② Toxic Chemical Release Reporting. Community right-to-know, 59 Federal Register 61432 (Nov. 30, 1994) (40 C. F. R. § 372).
③ Toxics Release Inventory Burden Reduction Final Rule (71 Federal Register 76932 –45).
④ 这 13 个州是亚利桑那、加利福尼亚、康涅狄格、伊利诺伊、缅因州、马萨诸塞州、明尼苏达州、新罕布尔州、新泽西州、纽约、宾夕法尼亚、罗得岛和佛蒙特州。
⑤ CEG, Hundreds Call on EPA to Restore Public Access to Toxic Pollution Information, 3/4/2009, http://www.foreffectivegov.org/node/9761.
⑥ Division E, Title IV General Provisions, Sec. 425. Toxics release inventory reporting.

(四) TRI 制度实施对我国建构 PRTR 制度的启示

我国面临严重的有毒有害物质污染的环境问题。中国是世界上最大的化学品制造国和消费国,有学者估算 2012 年至 2020 年中国化学品产量将增长 66%,远高于北美和西欧 25%、24% 的增长率。① 但我国有毒有害物质的规章制度尚处于起步阶段,环境污染事件频发,企业为了牟利不惜选择以牺牲生态为代价的负外部性行为,如 2016 年中央环保督察组发现,上海地区有 18 家集中污水处理厂存在出水重金属超标的问题,而问题源头在于上游污水严重超标,导致污水处理厂运载能力和处理能力无法达标。② 2017 年 4 月,河北、天津等地发现 17 万平方米的工业污水渗坑,污染程度触目惊心。③ 针对频发的有毒有害物质污染事件,各方曾努力呼吁建立我国的 PRTR 制度,对有害化学物质的转移进行数据收集和监管。终于,2012 年我国出台了《危险化学品环境管理登记办法(试行)》,被业界称为"中国唯一具有 PRTR 制度雏形"的规范性文件,然而,该文件于 2016 年便被废止,环保组织公众环境研究中心认为是缺乏相关配套文件及行业抵制等原因。2016 年发布的《危险化学品安全综合治理方案》、2018 年的《中华人民共和国水污染防治法》均有对危险或有毒有害物质的相关信息监测、收集的要求,但并未有明确建立 PRTR 制度的趋向。在曾经公布的《中华人民共和国土壤污染防治法(草案)》第二十条中要求土壤污染重点监管企业应当报告有毒有害物质向环境介质的年度排

---

① MASSEY R, JACOBS M, GALLAGHER L A, et al. *Global chemicals outlook-towards sound management of chemicals*. Nairobi: United Nations environment programme, 2013.

② 李佳蔚:《上海 18 家城镇污水处理厂出水重金属超标,源头企业被整顿》,载《澎湃新闻》2017 年 9 月 9 日 (https://m.thepaper.cn/newsDetail_forward_1789547)。

③ 胥文燕:《河北迅速处理大城县工业污水渗坑问题,要求 9 月底前完成治理》,载《长城网》2017 年 4 月 20 日 (https://www.thepaper.cn/newsDetail_forward_1667372)。

放与转移情况，但该条最后被删去。①

而我国第一个 PRTR 试点项目——"天津滨海新区企业环境信息公开试点项目"在各方推动下于 2012 年正式启动，② 公开污染物信息的企业数量从 2013 年的 29 家增加到 2015 年的 129 家，但 2015 年试点结束后便不了了之，网站不再更新。③ 2013 年环保组织公众环境研究中心建立了 PRTR 信息自愿公开平台，结合绿色供应链项目推动受环境影响的生产企业公开包括有害化学品在内的排放数据。但该项目为公益组织发起的资源项目，参与的企业有限，且着重于年度信息发布而非完整的数据库建设。④

为何各方多年呼吁，国家立法也透露出建立相关制度的倾向，PRTR 试点项目的开展也证明了在我国开展该制度的可行性，但 PRTR 制度却长期无法坚持和推进？美国的 TRI 制度作为全世界第一个污染物排放与转移登记制度，为其他国家建立类似制度提供了模板。美国 TRI 制度的实施经历对于我国建构类似制度具有一定的启示作用。其实施过程充满了各种成功与失败的起伏，决策者为了维持制度的运行和发展更是花费了不少心血，这些都值得我国在相关制度建设过程中借鉴。

第一，制度确立仅是开端，制度实施才是根本。

一项制度无论设计得多么美好，只有真正落实到位，其所追求的立法目标才能实现。而制度实施往往比制度设计更难。美国 TRI 制度的实施便很好地展现了这种制度落实的困难。时至今日，如何确保企业履行汇报义务、如何确保数据的真实性、如何提高数据的利用率等问题，依然是困扰环保署的难题。如果我国要建设 PRTR 制度，可以

---

① 最终公布的《中华人民共和国土壤污染防治法》第二十一条仅要求土壤污染重点监管单位"制定、实施自行监测方案，并将监测数据报生态环境主管部门"。
② 《让企业环境信息"阳光透明"》，载《滨海时报》2013 年 1 月 16 日，第 002 版。
③ 见 http://prtr.ecoteda.org/html/EGP/portal/index/index.htm。
④ 公众环境研究中心、国际 POPs 消除网络：《PRTR：建立中国的污染物排放与转移登记制度》，报告全文见 http://www.ipe.org.cn/reports/report_19581.html#。

预想，同样的问题也会出现，因此，应当在制度设计之初便预先考虑，例如，执法权和检查权的授予，执法检查资金和人力的配备，以及数据统计、错误排查的技术投入，等等。

第二，明确制度负责主体，对制度实施一以贯之。

环保署在美国的 TRI 制度实施的过程中扮演着绝对重要的角色。正是环保署持续不断地对制度进行检讨、更新和扩展，在各种利益主体间小心翼翼地协调，并通过制度的宣传、软件的开发、平台的搭建不断加强制度的实用性和简易性，才使 TRI 制度一直保持着发展生机。相比之下，我国经常出现相关制度责任不明、分工不清的情况，对于一项制度或一个项目很少能有一个主体一以贯之，并持续不断地跟踪制度实施状况，以及定期对制度进行回顾、检讨和改进。

第三，搭建各方参与的平台，鼓励公众参与。

美国的 TRI 制度的开放性有利于其实施。美国的请愿制度允许公众向环保署提出建议，因此，环保署每年都会收到来自公众、团体或企业的请愿，要求增减某一化学物质或投诉某一行业。这都为环保署提供了决策的基础信息，也是对环保署定期检讨、完善、更新制度的一种监督。环境公益诉讼制度促使公益团体加入制度监督者的行列，一定程度上缓解了环保署监督资源不足的问题。而从上文的个案可以看出，公众积极的政策回应最终施压于国会，推翻了环保署已经生效的行政规则。可见，公众参与有利于制度的实施、完善，通过各方的参与和角力显示主流价值追求，形成当前最佳的处理方案。因此，我国应当将环境法领域进一步开放，充分发挥公众对制度实施、制度监督的积极作用。虽然我国的政治体制与美国不同，但现行环保法已规定了公益诉讼，尽管原告主体仅为环保团体而非个人，但美国 TRI 案件的经验显示，主要的诉讼原告还是环保组织。因此，个人没有公益诉讼资格并无太大阻碍。在建立 PRTR 制度或者其他环境信息公开制度时，应当通过提高公众关注度、提高制度利用率让更多人重视环境信息收集制度，自愿加入制度监督行列，建立一套公众也可以成为监督者的制度，对蹒跚学步的公益诉讼制度给予指导和奖励。

第四,缓解制度实施阻力。

小企业是美国 TRI 制度的主要反对者,最重要的原因是 TRI 制度的实施对其施加的成本可能会抵消其收益,导致小企业难以为继。这也是环保署一直努力推动负担削减计划的原因,尽管汇报义务的削减意味着重要数据来源的丧失,与 EPCRA 的立法目的相悖,但是,这种妥协又恰恰是 TRI 制度能够经受住各种反对和抵制,并在行业范围和有毒物质种类等方面逐渐扩展的原因。环保署的负担削减计划有利于降低制度实施成本,缓解来自企业的压力。我国一向重视经济发展,如要建立 PRTR 制度,不但会遭到企业的反对,甚至地方政府也会与企业立场一致。而美国环保署的一边妥协、一边扩展的策略具有重大的借鉴意义。只有在必要的时候做出妥协,通过精细设计得出可以缓和各方矛盾的制度实施方案,才能减少制度实施的阻力,确保制度的总体目标得以实现。

第五,设计出具有前瞻性和国际性的 PRTR 制度。

由于美国是世界上第一个建立 PRTR 制度的国家,实现的是从无到有的突破。随着世界上其他国家相继建立 PRTR 制度,不同数据库之间的差异性也为国际数据库的建立带来了难题。风险社会的最大特点是生态风险的空间蔓延性,面对环境污染这种全球性的问题,TRI 数据库的区域性使数据无法被直接运用于国际间的比对,因此,各国的数据无法直接对接。随着制度实施逐年累进,统一各国数据库的难度日益增加,而中途修改算法的成本过大。这一方面,美国在一定程度上提供的是反面教材。因为,在制度建设初期,就应当具有前瞻性,提前考虑国际统一问题,尽量与主要的数据库进行衔接,并保持算法的开放性和灵活性。

第六,信息收集制度应当加强决策运用和公众参与。

最后一点,也是最重要的一点,是实施者需要努力提高制度的利用率,而提高利用率的前提,是完善信息发布、检索和利用平台。我国的环境信息公开制度大多只有粗糙的框架,通过立法规定了信息的收集、公开，却没有进一步涉及如何公开、如何鼓励制度利用的问题。大部分信息公开制度的公开方式单一、数据残缺、检索困难，且数据难以理解。① 如此状态下，所收集的信息的价值便大打折扣，制度本身也会因此而逐渐退化，最终无人问津、形同虚设。而美国 TRI 制度除了不断完善信息公开平台，方便用户检索之外，还配备了各种工具，鼓励更多的人发布自己设计的环境报告。不同的人利用这些信息进行不同的组合，观察到不同的问题，以达到不同的目的。通过对制度利用率的关注，TRI 制度被不断挖掘出新的可能，受到更多人的重视，才能在各种反对声音中茁壮成长。而其核心价值——通过信息公开进行环境治理——被更好地保存和促进，协助社区成员和环保组织开展更多的环保行动。美国环保署的努力，体现了一种对艰难创立的制度的珍惜和尊重，一种对现有制度的肯定和信心，也代表了不盲目追求新项目、新噱头的脚踏实地的精神，更体现了对制度实施、完善的责任和担当。对比我国各项环境信息公开制度"建立容易、实施困难"的局面，美国环保署的一些做法值得我们深思和借鉴。

---

① 以我国天津滨海新区建立的企业环境诚信评价体系为例，自 2009 年开始，天津滨海新区每年发布企业环境评价排名，且公布自愿参加的企业环境报告。查阅滨海新区的政府官网发现，对该项目没有专题报道，只能通过检索获取分散的公告，且只有 2008—2009、2009—2010、2010—2011、2013—2014 年度四份年报，2011—2012、2012—2013 年度的报告无法检索出。天津工业技术开发区的官网可以找到 2011—2012 年度的，但依然没有 2012—2013 年度的报告，且该网站检索工具失灵，只能逐一栏目浏览。对于企业所提交的环境信息公开报告，2013 年的报告公布在"工作动态—公告栏"的栏目下，而 2012 年的报告则需要在"环境信息公开—企业环境信息公开专栏"之下才能找到。新闻报道显示，2013—2014 年度共有 129 家企业参与公开环境信息报告，但官网上只发布了 92 家企业的报告。总体上讲，信息极为混乱，检索极为困难。

第四章　风险决策的组织法调控

信息是风险行政决策活动开展的基础资源，而组织架构是风险行政决策活动开展的物理框架。在上一章分析了风险行政决策如何获取风险信息作为决策行动的出发点后，本章将从组织法的角度，探讨行政组织法如何通过影响风险行政决策的做出，对其科学化和民主化进行调控，最终影响决策的正确性与正当性。

在一般的行政活动之中，行政决策贯穿于各类行政事务之中。一些行政事务明显以决策为主要活动内容，也有行政活动以执行或裁量为主，但其中无疑同样在微观层面进行着无数的判断和选择。而无论是宏观还是微观层面的行政决策，都依托于合法授权的行政组织在职权范围内开展的行政活动，都需要一个具体的机构情境。费雪指出，"在用宏大而模糊的术语论及'国家'时，很少有人讨论机构情境"[1]。组织法是"为符合公共利益需求之结构性法律"[2]，与行政行为法、行政救济法一样同为调控国家资源的管制方式，通过建构行政组织体系、创设不同公共行政组织并分配不同的行政权能，协调组织间关系与权力分配，提供了决策活动得以开展的组织基础、权力来源、活动目标、内容和边界等。对行政决策的研究一般关注外部力量对决策活动的影响，如立法者、司法者、利益集团、公众等主体如何影响公共决策。然而，组织设立以及与组织相关的内部结构、分工、文化、员工个人取向等组织法要素同样会对决策权的运行与决策结果产生重要影响。

具体到与风险治理相关的行政决策活动，风险决策活动是一种包

---

[1] 伊丽莎白·费雪：《风险规制与行政宪政主义》，沈岿译，法律出版社2012年版，第21页。
[2] 林明锵：《德国新行政法》，台湾五南出版社2019年版，第129页。

含复杂利益衡量、资源调配的政治过程，其中有众多争议点，例如，议程优先性的确定、科学与民主要素的协调、商谈开展的实效性等问题，都可以追究到组织法上的不足，或可以通过组织法的调控加以完善。承担决策职能的规制机构如何选择组织形态，如何处理它们与其他决策主体、执法主体之间的职能关系和利益关系，其内部的横向职能结构和纵向的层级结构之间的分工协调问题如何处理——这些问题在很大程度上决定了风险决策能否实现正当性。而在风险社会的背景下，规制对象的属性和决策特点带来对传统行政组织法理论的挑战，要求组织法超越规范主义模式中组织行政、控制行政和保障行政等传统作用，而以功能主义的风格，针对风险社会的属性，建构承担风险决策职能的机构，对风险决策机构的职能行使给予规范，以不同组织模式实现科学、民主与法治等要素的输入，从而提高风险决策的制度可接受性、技术可接受性和社会可接受性。

因此，从组织法与决策正当性之间的关系视角分析，决策机关的机构属性和决策权的运行环境会影响其决策的范围和内容，也会影响其决策的能力和质量，最终影响行政决策之正当性。而组织法便是通过调整风险决策权所依存的组织机构形态、风险决策权的运行网络以及运行条件，最终影响风险决策正当性的获取。本章重点关注科层制与独立规制机构两种不同的决策组织类型，并探讨组织法如何促进科学性和民主性的输入，最后选取我国疾控机构改革作为例子，探讨如何通过组织法促进疾控机构在公共卫生决策中的功能发挥。

一、组织法对行政决策的调控功能

（一）组织法之权力组织形态

组织法决定了风险决策机构的组织形态。行政组织法是一种组织公共行政的基础性法律体系，负责建构履行国家公共行政职责的各类组织类型。组织是为了达成一定任务的手段，是一种具有工具属性的形式选择。以结构功能取向的视角观之，为了组织目的的达成，应当选择最优手段,即最为适合达成国家任务的组织形态。"公务主体的法律形态(结构)须适应公务性质(功能)的需要"①,即行政组织形态的选择以行政任务最佳化为终极目标,为实现不同的行政任务而选择不同的最佳组织形态。德国行政法学者艾伯哈德·施密特－阿斯曼(Eberhard Schmidt-Aßmann)从组织类型学的角度,根据行政组织的内部结构特点将行政组织体系性地区分为:层级型结构组织、合议型结构组织、学术专家型组织形态、自治行政型组织形态、经济企业型组织形态以及合作组织形态六大类别。②

在风险规制领域,要实现风险决策正当性的追求,从组织机构层面来看,应当实现风险规制组织类型与风险规制目标之间的契合。而为了实现这种契合,最优地开展行政决策活动,国家应当通过组织法调控,建构或选择能够履行决策活动的最佳组织体,并促进机构之间的合理分工与协作。这要求以风险决策任务为导向,从法治层面规范履行风险决策组织之人员构成、机构属性、功能定位和决策资源等,确保组织的这一手段有利于机构目标的实现以及实现所追求的价值。大陆法系的公法人制度便是由组织法创设,强调公法人的自主性、独立性和专业性,履行不宜由行政机关承担的公共职能,例如,日本的药品审批独立行政公法人。③ 英美法系则通过设立独立监管机构(行政署),如美国的环保署、英国的食品标准局(Food Standards Agency)等,通过其独立性、灵活性、专业性而发挥着重要的风险决策作用。组织法则通过建构履行风险决策的不同组织形态,实现对风险决策的科学输入、民主连接与合法性获取。

(二)组织法之权力分配模式

尽管一个规制机构的属性和职能会直接影响其决策内容,但所有

---

① 李洪雷:《行政法释义学:行政法学理的更新》,中国人民大学出版社2014年版,第170页。
② 袁文峰:《论行政形式自由选择权》,载《财经法学》2018年第1期。
③ 王勇:《日本药品审批独立行政公法人制度》,载《中国党政干部论坛》2016年第3期。

决策主体都是在一个纵横交错的动态规制网络之中履行职责。这种多元主体之间的互动也最终决定了规制政策的方向。"政策不是哪一个机构的责任,而是若干机构互动的结果。"① 根据汉彻(Leigh Hancher)和莫兰(Michael Moran)的"规制空间"理论,规制资源决定规制权,而现实中的规制资源呈分散化、碎片化样态,掌握在科层制行政体系中的不同机构、独立规制机构乃至私法组织手中。② 仅关注一个机构的组织目标和决策资源,并不能完全洞悉其决策活动的动因。某一个风险决策的做出并不简单是一个机构对自身组织目标追求的结果,而可能是规制空间中不同权力主体之间复杂博弈的产物。因此,组织法除了通过控制机构设立而影响决策权的行使,还通过调整这一整体性、动态性的规制网络来促进风险行政决策的妥善做出。

在横向方面,组织法需要调控不同规制主体之间的职能分工与相互协作。例如,决策权与执行权的分配模式会影响决策质量,因此对这两种权力关系的权衡便是组织法的调控重点。在科层制行政体系中,通过划分职能领域而设立了不同的主管部门,尽管一些部门偏执行性,如国土和建设部门,一些部门偏决策性,如发改部门,但随着现代社会治理的日益复杂化、多元化,几乎所有部门都是集决策与执行属性为一体的综合性部门。由于执行职能的承担会影响决策的做出,因此,一些国家或地区试图采取决策与执行二分的行政体制来避免执行职能对决策职能的影响。例如,20世纪80年代开始推进新公共管理运动的英国通过设立执行局而推进政府决策与执行的分离。③

---

① 托尼·普罗瑟:《政府监管的新视野:英国监管机构十大样本考察》,马英娟、张洁译,译林出版社2020年版,第9页。
② HANCHER L, MORAN M. Organizing regulatory space. In *Capitalism, culture and economic regulation*. Oxford: Clarendon Press, 1989: 271-299.
③ 例如,英国负责健康安全的规制机构分为健康和安全委员会(Health and Safety Commission)、健康和安全执行局,前者偏决策,后者偏执行。参见托尼·普罗瑟《政府监管的新视野:英国监管机构十大样本考察》,马英娟、张洁译,译林出版社2020年版,第122页。

我国也曾借鉴英国的这一改革思路，在不同层面推行"行政三分"改革。① 此外，科层制行政部门与独立规制机构之间的关系，承担民主输入功能的政府部门与承担科学输入功能的专业辅助部门之间的关系，也直接影响着风险决策的合法性、恰当性与可接受性。

在纵向方面，组织法能够通过对行政机构垂直结构的治理，实现不同层级权力之间的信息流通、决策传递和协调合作，从而保障组织机构的顺畅运行与机构目标的实现。例如，组织法通过划分中央与地方之间对地方事务的决策权，在中央垂直管理、省级以下垂直管理或属地化管理等不同模式之间进行选择，对决策主体的决策范围、程序、内容、效力等产生直接影响。例如，在跨区域河流治理或大气治理方面，由于过往属地管理模式难以实现有效的政策制定，许多国家和地区开始通过跨区域管理机构或协同机制的设立，跨层级、跨区域、跨部门实现协作，共同进行治理决策的制定，推进环境有效治理。因此，行政组织的不同架构，机构与机构之间的沟通模式与信息共享水平等，都将影响做出风险决策的速度和质量。

（三）组织法之权力运行条件

行政组织法影响风险决策权的运行条件。决策权的运行受制于行

---

① 这一改革最早于2002年年初由中央编制委员会提出，其基本思路是在行政部门内部进行分权，把决策、执行、监督适度分开，此被深圳大学马敬仁教授概括为"行政三分"改革。2003年深圳率先发起改革，其设想是通过搭建决策局、执行局与监督局的内部结构，辅以各类决策咨询委员会，从而克服原有机制重执行、轻决策、"一言堂"、部门利益等问题，提高行政决策的质量，但改革并不顺利。2007年党的十七大报告提出"建立健全决策权、执行权、监督权既相互制约又相互协调的权力结构和运行机制"。湖南省于2008颁布的《湖南省行政程序规定》中将这一理念法治化，在第十一条规定"行政机关应当按决策权、执行权和监督权既相互制约又相互协调的原则，设定权力结构和运行机制"。2003年深圳启动改革后推进不顺，后又于2009年启动了新一轮的综合配套改革，在《深圳市综合配套改革实施方案》中重提决策、执行与监督的行政三分体制——"建立健全决策、执行、监督既相互制约又相互协调的权力结构和运行机制，实现决策相对集中，执行专业高效，监督有力到位"。但深圳的改革进展并不顺利，无疾而终。

政组织内部结构及其内部资源。西蒙认为,决策是"从前提中得出结论",而各种前提是组织过程的复杂结果,因此,每一个决策都是由大量前提组合而形成的。因此,一个复杂的决定就像一条大河,是由无数的支流汇集而成的。① 这些支流汇集于行政组织体中,因此,"行政组织本身是藉由人员、工作技术、行为惯例乃至激励动机等各种因素所组成的作用脉络,行政组织是以此整体脉络来影响行政决定的做出"②。行政决策的做出受制于行政组织内在结构和内部资源,而行政组织法通过对内在结构的框定和内部资源的调节而影响风险决策权的运行条件。

一方面,组织法通过对决策机关的组织架构、职能分配、目标价值定位、人员结构和财政拨款等方面明确规则和边界,避免行政活动处于无序状态或面临越权风险,形塑了决策权的运行模式和裁量空间。同时,通过调控组织内部的人员、文化、工作规则、激励机制等要素来影响风险决策者的行为选择。

另一方面,所有行政行为均依赖所掌握的资源。资源多寡影响着决策权的运行条件,最终影响决策内容。根据规制空间理论,资源决定着决策能力,在一定的规制空间内,由于资源总是分散的,因此能够实际履行规制决策的主体必然是多元的。③ 这种资源"不限于由立法或合同演化出的正式国家权力,还包括信息、财富和组织方面的能力"④。行政组织法通过调控资源在不同主体之间的分配和流转,最终影响不同机构的决策权能。

---

① ANDERSON N A, PORS J G. On the history of the form of administrative decisions: how decisions begin to desire uncertainty. *Management & organizational history*, 2017, 12(2): 119 – 141.

② SCHMIDT-AßMANN E, HOFFMANN-RIEM W. Verwaltungsorganisationsrecht als Steuerungsressource, 1997, Vorwort. 转引自陈爱娥《行政任务取向的行政组织法:重新建构行政组织法的考虑观点》,载《月旦法学教室》(台湾地区) 2003 年 3 月,第 5 期。

③ HANCHER L, MORAN M. Organizing regulatory space. Capitalism, culture and economic regulation, 1989: 271 – 299.

④ 科林·斯科特:《规制、治理与法律:前沿问题研究》,安永康译、宋华琳校,清华大学出版社 2018 年版,第 31 页。

西蒙把决策视为个人决策的汇集,但决策绝不是一种个人的心理操作,而是任何组织都可以履行的某种特定功能的基本操作。个人决策是特定组织背景下运用特定资源的活动,"它绝不能被归结为个人的选择"①。因此,研究决策活动应当具有组织视角,将组织视为决策整体来观察,视为一种被卢曼称为社会交流的主体。②而组织法便是组织建构和运行的规则,通过影响行政决策的结构性前提而形塑风险决策权的行使,确保风险决策的正当性。

二、科层制与规制机构改革

风险决策职责应当由什么样的机构来承担?传统科层制结构组织具有层级化、专业化、规则化与非人格化等特点,③ 是"传送带"模式下最佳的行政任务执行者,能够高效执行立法机构的意志,实现对社会的统一管理。但科层制本身具有僵化、膨胀、条块分割导致的协作不足等问题。当国家的社会治理任务日渐复杂化,从过去单纯的强干预逐渐扩展到服务性,从政策性转向专业性需求,国家机构能力与复杂的挑战之间日益显现出不协调的状态。而风险社会的到来进一步加剧了这种挑战,当国家任务从危险防范转向风险预防时,承担风险决策的行政组织之机构属性、职能目标、内部构造等问题都需要重新检讨。为实现对风险对象的有效规制,国家机构的再造成为过去三十年来各国的探索方向。这些探索通过机构间的合作、独立机构的设立、行政任务向私人组织转移外包等形式形成公务负担的多元模式,

---

① ANDERSON N A, PORS J G. On the history of the form of administrative decisions: how decisions begin to desire uncertainty. *Management & organizational history*,2017,12(2):119 – 141.

② ANDERSON N A, PORS J G. On the history of the form of administrative decisions: how decisions begin to desire uncertainty. *Management & organizational history*,2017,12(2):119 – 141.

③ 李洪雷:《行政法释义学:行政法学理的更新》,中国人民大学出版社2014年版,第181页。

同时寻求传统行政机构与其他创新主体间的良性互动,实现国家权威和责任在多元化的主体之间的分配。其中,在风险规制领域发挥重要影响的便是作为组织改革方向的独立规制机构及其委员会决策模式。

(一) 科层制行政体系中的决策

科层制行政体系是传统国家行政的基本形象,其基本属性在于行政一体、上传下达和层层节制。马克斯·韦伯使用科层制来描述这种"高度行动一致性"的组织结构,并认为这种组织体系具有效率、稳定、平等三大价值目标,因此具有"无与伦比的优越性"。[1] 从结构功能取向的视角观之,国家行政采取科层制组织体系,确实是实现国家意志传递与执行、确保权力控制和行政应责的最佳形态。一方面,稳定的层级结构能够实现上层领导意志层层下传到基层执行,由金字塔塔尖的决策层实际指挥和控制整部行政机器的运行;另一方面,各个行政机关的行为都是一种贯彻上级命令的行为,因此最终都能够统合到国家或政府身上,成为一种可控制和可追责的公权力行为。[2]

科层制模型的理论建构在一定程度上强化了这一行政体系的"执行"属性,由于强调科层制行政体系承担的是代表民意的立法者意志的执行任务,从事的是大量重复、固定的事务,这一理论模型模糊了其中包含的行政决策和自由裁量的活动内容。实际上,随着国家事务复杂化与行政权的不断扩张,国家行政活动中巨大的自由裁量权空间以及决策活动早已被关注。但这一体系中的决策活动具有自身的特点:

首先,在科层制以层级划分为基础的体系中,通过层级分工与权威分配而形成了上层决策而下层执行的基本框架。"科层制界定了行

---

[1] WEBER M. *Economy and society*, edited by Guenther Roth and Claus Wittich. Berkeley: University of California Press, reissue, 1978: 196.

[2] 陈淳文:《从法国法论独立行政机关的设置缘由与组成争议:兼评司法院释字第 613 号解释》,载《台大法学论丛》(台湾地区) 2009 年第 2 期。

政管理者的权威。权威越小，选择的范围越有限。"① 这意味着决策权并非均匀分配，越往金字塔塔尖，行政活动的决策属性越强，越往下层，执行的属性越强。下层决策者只有先完成上级下达的执行性任务，才有时间和空间思考本层级、本辖区中能够自由决策的事项。

其次，合法性和应责性往往需要通过压缩决策的裁量空间而实现。传统国家行政之所以选择科层制，其中一个原因在于科层制是控制权力的最佳组织形式，而行政权一直以来都被视为各种权力形态中最容易侵犯私权的类型。科层制中控制权力的主要方式之一便是压缩其裁量空间。例如，我国针对各种行政权开展的制定行政裁量权基准规则改革，目的在于监督裁量权的行使，同时也是提高行政效率和保护行政工作人员的手段。而科层制中的个体在一定程度上也会更希望承担没有裁量空间的执行性事务，从而避免因自行决策而担责。

再次，科层制行政体系对行政专才的需求以及日常事务中以执行命令为主的内容，既吸引人才也形塑人才。行政专才区别于政治专才，前者以服从、模仿、执行为特点，后者以利益衡量、全局考量与创新思维为价值导向。基于效率和统一的价值目标，科层制行政体系中并不崇尚自由决策和创新，而更追求下级对上级指令的精准贯彻落实，这种价值导向会体现在工作机制和奖惩机制的设计上，并最终影响体系中个体的行为选择。因此，科层制中最终汇集的人才往往是行政专才而非政治专才。

最后，科层制体制中的行政决策往往带有管理主义风格，缺少公开性与回应性。科层制中的决策者被视为没有个体偏好的公共利益代表者，客观中立地执行法律意志，因此，科层制中的决策过程也是一个无须确保民主性和正当性的客观过程。决策者主导议程，公众处于被咨询的地位，决策过程具有封闭性和单向性特点，缺少回应社会需求的动力。"由于官僚体制内的官员考核指标侧重于完成上级的刚性

---

① 罗森布鲁姆等：《公共行政学》，张成福等译，中国人民大学出版社 2002 年版，第 329 页。

任务，决策者对自下而上的需求往往缺乏回应的动力。"①

进入风险行政规制的语境之中，尽管风险行政的特殊性带来组织法的极大变革，产生了类型众多、属性各异的决策组织，这些组织或属于国际组织而超越了国家的概念，或具有社会或市场属性而偏离了政府的概念，但这个领域的国家行政活动还谈不上全然违背传统科层制行政的组织形象。这是因为，首先，以"国家"概念为后盾的传统科层制行政组织"拥有与生俱来的规制风险的权力"②，也因此必然成为法治主义和规范主义之限权目标的基本指向；其次，传统科层制行政组织依然主要承担着各个风险规制领域的决策职责，并掌握主要的规制资源；最后，直接国家行政依然是风险规制领域的基本路径，必须以传统科层制行政组织中的层级制与首长负责制为基础。因此，无论风险规制领域如何被"多元治理"的话语体系占领，科层制依然是最为重要的决策组织形态。

然而，风险行政确实给行政体制中的决策活动带来了全新的挑战。这一崭新的行政组织任务具有不确定性、创造性与"科学－民主"冲突性三个特点。风险社会的到来要求国家职能从过去的以危险防御为中心转向面向未来的风险预防。首先，危险防御任务以秩序行政为主要手段，并决定了科层制的组织结构是最佳的组织形态，而风险预防任务的最大特点在于需要在不确定性中决策，因此，风险规制领域强调合作、协商与参与，风险决策应是多方协商达成的可接受的结果。其次，风险事务的决策判断往往缺失可供参考和支撑的过往数据，只能依靠主观能动性的发挥。当面对不确定的环境，风险决策不可能再简单按照"传送带"模式对立法进行没有创造性的涵摄，而需要运用创新思维进行创造性活动。最后，风险决策高度依赖科学，同时，风险决策也面临更为强烈的民主正当性挑战，且科学与民主之间

---

① 王锡锌、章永乐：《从"管理主义模式"到"参与式治理模式"：两种公共决策的经验模型、理论框架及制度分析》，载江必新主编《行政规制论丛：2009年卷》，法律出版社2009年版，第39－44页。

② 伊丽莎白·费雪：《风险规制与行政宪政主义》，沈岿译，法律出版社2012年版，第14页。

天然的难以调和的冲突，需要在风险决策中兼顾。这就要求决策者从行政官思维转向政治家思维，把握科学和民主要素在风险决策中的分量，在多元利益和多元价值中做出抉择。面对风险行政这一崭新的国家任务和组织目标，科层制行政体制的组织特点导致其无法很好地胜任：

第一，信息不足或信息过载问题。科层制行政体系的运作通过垂直结构中的上传下达实现，即下层信息传递到上层，上层决策者根据信息做出决策后下达。在这一过程中，由于上层决策者远离一线与基层，需要依赖基层将决策所需要的信息向上级层层传递。层级越多，传递过程越会面临效率不高、信息失真、人为隐瞒等问题，导致上层决策者面临信息不足的决策难题。而由于形成这种分工，又可能导致基层执法者将自己定位为忠实的信息传递者，拒绝做出需要主观能动性的决策行为，而仅负责事无巨细地传递信息，又可能导致信息过载。[1]

第二，面对新情况，组织僵化与灵活度不足。科层制行政体系通过固定的行政程序和办事模式来确保一体性与应责性。但恰恰是这种固定化容易产生组织僵化问题，当行政任务简单、相似时，可以基于过往的经验而采取同一模式应对，但当面对新形势时，这种组织僵化便会带来反应迟缓和无法决策等问题。"传统行政任务所处理的事项大多性质较为类似和重复，具有较为明显的可预见性和稳定性，依靠传统层级制的组织结构已足以应对。"[2] 但风险规制领域需要应对缺少参照物、具有高度不确定性、不可预测性的事务，故科层制行政体制无法满足其灵活性需求。例如，2020 年新冠肺炎公共卫生事件中，地方政府在初期的反应便是，由于无法预估疫情的严重程度，便遵循过往以维持社会稳定为第一要务的经验而做出决策判断。科层制在面对

---

[1] 陈爱娥：《行政任务取向的行政组织法：重新建构行政组织法的考虑观点》，载《月旦法学教室》（台湾地区）2003 年 3 月，第 5 期。

[2] 大桥洋一：《行政法学的结构性变革》，吕艳滨译，中国人民大学出版社 2008 年版，第 273 页。

新情势时需要克服庞大机器的前进惯性,因此对新技能的习得需要更久的时间和成本。

第三,组织的不负责任。科层制在横向上按照业务来划分板块以实现高度分工,在纵向上遵循等级制度而执行上级指令,因此最终的政策结果往往是这种条块互动形成的结果,难以简单归责。尽管实行首长负责制,但现代行政体系通过复杂化的决策程序建构而淡化了这种责任指向性。例如,我国重大行政决策程序要求的公众参与、专家论证和集体讨论决定,产生的效果便是一个决策是由不同部门和层级共同协商角力的结果,经过多数人的共同同意,容易造成"组织化的无责任"① 的后果。

第四,行政一体原则与多元目标的冲突。科层制贯彻行政一体化原则,不仅要求不同行政机关之间的行动一体,更要求功能一体和价值一体。但多元价值目标之间必然会形成冲突,其中就包括以健康安全为规制目标的风险与传统政府促进经济、产业发展的基本功能之间的冲突。20世纪八九十年代,英国发生了一系列食品安全问题,而其中一个原因便是内阁既要监管食品安全,又要"积极支持农民和食品业的商业和工业目标",这种相互矛盾的目标导致监管失败。②因此,科层制对行政一体原则的贯彻具有无法实现的内在矛盾性,结果往往是短期目标取胜,或被领导喜好或利益团体游说而左右。

第五,风险应对的民主性和回应性不足。传统的行政法理论通过"政治—行政"二分论、议会主权理论以及"传送带"理论等来解决行政行为的民主正当性。而这种理论正当性难以解决现实中公众对风险行政决策的话语权需求。科层制行政体系是一个专业化的执行体系,这种行政专业化与专家系统的科学专业化结合,形成一个封闭排外的科学技术官僚系统。这一系统不善于吸纳民主要素,其中的精英

---

① 陈爱娥:《行政任务取向的行政组织法:重新建构行政组织法的考虑观点》,载《月旦法学教室》(台湾地区)2003年3月,第5期。
② 托尼·普罗瑟:《政府监管的新视野英国监管机构十大样本考察》,马英娟、张洁译,译林出版社2020年版,第63页。

主义态度容易漠视社会的需求，导致其做出的风险决策无法通过恰当性与可接受性的检验。

鉴于科层制行政体系在面对风险决策任务时的不足之处，各国对此进行检讨和反思，寻求更具有"中立性、独立性、科学性、参与性和透明性"①的组织形态来承担风险社会的行政决策任务。建立独立的规制机构便是去科层化的一个努力方向。

（二）作为改革方向的独立规制机构

1. 独立规制机构的建制

大陆法系的行政法理论认为，科层制行政体系的优越地位与典范作用根源于法律拘束要求。这一理论假定，"行政应遵守法律之要求的落实，法理论上最适宜以涵摄的模型，法律实践上则应以上令下从的行政科层体制为基础"②。科层制是实现权力控制、行政一体和政治责任的组织手段，③ 如果要背离这一统一行政的标准形象，就必须具备特殊的正当性理由。风险社会中的崭新治理任务无疑是一个正当的理由。由于科层制模式无法很好地完成风险行政任务，做出最佳的风险决策，因此，风险规制领域的组织形态选择需要超越科层制。

设置独立规制机构是许多国家颇为流行的改革选项。伴随着规制机构法人化和规制扩张的趋势，独立规制机构在19世纪90年代如雨后春笋般出现。④ 美国的环保署、英国的食品标准局、法国的核能安全总署（ASN）等都可归入这一组织类型。独立规制机构的最大属性是其"独立性"，这一独立性强调它们是在科层制行政部门之外的建

---

① 王贵松：《风险行政的组织法构造》，载《法商研究》2016年第6期。

② 陈爱娥：《行政任务取向的行政组织法：重新建构行政组织法的考虑观点》，载《月旦法学教室》（台湾地区）2003年3月，第5期。

③ 许宗力：《独立机关：我国台湾地区行政组织法的难题》，载《行政法学研究》2015年第3期。

④ BIANCULLI A C, FERNADEZ-I-MARIN X, JORDANA J. The world of regulatory agencies: institutional varieties and administrative traditions. EPSA 2013 annual general conference paper, 2013: 786.

制,可以独立地制定和执行规制政策,不受政党、利益相关方的干扰。

从机构建制来看,这一类机构独立于科层制行政体系,作为一个结构上分开的机构独立履行公共规制职能,在人员任命、经费使用和履职程序等方面与一般的部属机构有所区别。但不同国家的不同规制机构之间存在独立性差异。在这个广义理解的机构类型下,可以区分为直接对议会负责的独立规制机构(狭义的独立规制机构,如美国的核规制委员会)、对总统负责的独立规制机构(如美国的环保署)和隶属于内阁的部属规制机构(如美国隶属于卫生和公共服务部的食品药品管理局),其独立性逐渐递减。

从机构内部结构看,第一种真正的独立规制机构往往采用委员会的形式,而非科层制体系下采取的"层级制+首长负责制",但第二、三种规制机构则可能依然采取首长负责制。委员会成员往往由具有特定领域专才的人组成,例如,具有某一产业工作背景或科学技术的专家,而非科层制中偏重的通才型行政官僚。委员会的人员应当独立于政治,不代表党派利益,不卷入党派斗争。

从机构职能来看,独立规制机构依据法律授权履行特定领域的规制政策制定与执行,其职能范围具有聚焦性,区别于业务涵盖多个领域的综合性部属机构。其还具有较大的产业政策、社会规制政策的制定空间和自由裁量权,区别于纯政治类部门,也区别于没有政策制定权的执行性部属机构。但由于同样是承担公共职能,因此其与科层制行政部门一样由国家来承担经费预算,且必须遵从法律程序。这些独立规制机构作为区别于部属机构的独立主体,往往具有较大的政策制定空间和决策自主性,不受各部部长的直接指令,直接对国会负责。例如,美国环保署是由美国总统尼克松提议设立,在获国会批准后于1970年12月2日成立并开始运行的独立规制机构。美国环保署不属于科层制行政体系,但与内阁各部门同级,根据国会颁布的环境法律制定和执行环境法规,具有极大的政策制定空间,需要做出大量与环境规制相关的风险决策。

独立规制机构是用以解决上文所述的科层制行政体系缺陷的一剂

良方，通过可信任度、中立性、专业性和灵活性体现其组织优势。在信任度方面，独立规制机构因其自我隔离于党派斗争和政治纠葛之外，因而能够获得来自公众的更高权威性和信任度。很多独立规制机构的设置起源于公众对传统科层制组织被产业势力捕获的担忧，认为它们无法纯粹追求公共利益，而独立规制机构弥补了这种信任缺失，因而更受到公众追捧。① 在中立性方面，独立性使其能够胜任中立的裁决者角色，成为"多元价值之整合者与维护者，利益冲突之调解者与卸责者，以及权力竞争游戏的公平维护者与仲裁者"②。美国独立规制机构制定规制政策和措施的过程便是一个由受规制政策影响的利益团体谈判协商的"公共选择过程"，这种过程本身便会为规制决策获得合法性。③ 在专业性方面，由特定领域专家构成的委员会模式是确保专业性的基础，而独立建制又提供了一种使保护规制决策者免受政策压力的方式，并使其能够依据非政治因素进行客观决策。④ 在灵活性方面，风险规制领域区别于单向度的秩序行政，更强调双向度的参与、合作，鼓励开放与协商，重视被规制者的资源配合和自治。因此，"治理之组织便不宜再是由常任文官为主体所组成的传统行政组织，而宜由一种被治者得以参与的混合式组织模式来取代"⑤。

2. 对独立性的监管

然而，独立规制机构的独立性并非绝对，无论是哪一种类型的独

---

① 例如，在瑞典，瑞典化工局属于被认为对产业态度强硬的规制机构，拥有很高的公众信誉，公众认为它们的决策是基于良好科学做出的，即使基于尚不完善的科学，但至少不会被产业势力捕获，因此是把公众的最佳利益放在心上的。而一些被视为受到产业影响的规制机构会被公众和利益相关者视为软弱，从而丧失社会信任，越来越被边缘化。LOFSTEDTRE. Risk versus hazard: how to regulate in the 21st century. European journal of risk regulation, 2011 (2): 149 – 168.
② 陈淳文:《从法国法论独立行政机关的设置缘由与组成争议：兼评司法院释字第 613 号解释》，载《台大法学论丛》（台湾地区）2009 年第 2 期。
③ 韩春晖:《行政决策的多元困局及其立法应对》，载《政法论坛》2016 年第 5 月。
④ OGUS A I. Regulation: legal reform and economic theory. Oxford: Clarendon Press, 1994: 181.
⑤ 陈淳文:《从法国法论独立行政机关的设置缘由与组成争议：兼评司法院释字第 613 号解释》，载《台大法学论丛》（台湾地区）2009 年第 2 期。

立规制机构，无论处于哪一种国家政体下，其独立性都会受到限制。采取独立规制机构形式的初始动机是为了解决科层制行政机关的僵化、依附、易被捕获等缺陷，但如果其活动不受政府监管，则其决策容易偏离政府的总体目标，难以保证其应责性；但从另一个方面讲，如果对其监管过度，则这种机构形态的存在便失去了原初的改革价值。

美国国家规制体系中便面临着如何监管独立规制机构的问题。在美国三权分立的政治体制下，独立规制机构的主体身份引发极大的争议，由于它依立法授权而成立与行事，不对选民直接负责，却享有包含行政权、准立法权和准司法权的综合性权力，而总统、国会和法院对其监管均存在问题，因此被称为"无头的第四部门"，其权力被批评为"不负责任的和不协调的权力的杂乱堆积"。[1] 反对声最为激烈的是作为受规制对象的产业界。产业界对于大部分来自独立规制机构的规制政策存疑，认为规制机构只关心如何充分履行自己的法定职责，导致过度监管，且不会综合考虑其他同样值得追求的价值，例如，控制财政预算或促进经济增长，因此大部分规制政策是任性武断的。[2] 对独立规制机构的应责性及其决策正当性的审查，原本理应由国会承担，但国会的监督一直都是无效的。[3] 而司法机关对规制政策的审查又总是滞后而自抑的。由于规制权本质上还是应当归入行政权，因此最直接的控制机制还是以总统主导为宜。作为对这种社会期待的回应，美国第 37 任总统尼克松于 1971 年创设了第一个"规制审查"（Regulatory Review）制度——"生活质量"审查（"Quality of Life" Review）。[4] 此后，福特总统、卡特总统以及里根总统不断发展这

---

[1] BROWNLOW L, et al. Report of the committee, with studies of administrative management in the federal government. US Government Printing Office, 1937: 4.

[2] EISTREICHER S. Pragmatic justice: the contributions of judge harold leventhal to administrative law. *Columbia law review*, 1980, 80: 894 – 905.

[3] SCHOENBROD D. Goals statutes or rules statutes: the case of the clean air act. *UCLA law review*, 1982, 30: 740, 803 – 804.

[4] S. REP. No. 256, 102d Cong., 2d Sess. 12 (1992).

一制度,尽管不同时期的程序要求、审查标准以及适用范围有所区别,但核心内容便是要求独立规制机构在制定规制政策的过程中必须向审查委员会提交报告,审查委员会对规制方案进行审查并提出意见。

受到这种规制审查影响最大的独立规制机构便是美国环保署,其在不同时期受到白宫不同审查委员会的限制。① 例如,20 世纪 80 年代末,美国环保署试图规制铅酸蓄电池的回收,要求城市垃圾焚烧炉的运营商将包括铅酸蓄电池在内的可回收材料从垃圾源中移除。这一计划遭到白宫竞争力委员会(White House Council on Competitiveness)的阻碍。该委员会由美国第 41 任总统乔治·布什建立,负责审核各个规制部门所提出的新规制政策对美国经济的影响,并对受影响者提供补救。委员会认为环保署的这一决策只要求分选,并未要求分选出来后如何处理,因此只会鼓励企业将铅酸蓄电池填埋以替代焚烧,但并不能增加铅酸蓄电池的回收。而且,鉴于不同地方已制定本区域的回收方案,这一规制政策会削减州和地方政府的决策权威。② 由于白宫竞争力委员会的反对,环保署的最终规定并没有禁止焚烧铅酸蓄电池。③

独立规制委员会由于脱离总统所领导的科层制行政体系,可能缺乏和其他部门协调的能力。④ 因此,支持"规制审查"制度的人认为,这种审查机制对于促进行政部门各机构之间的协调,并确保规制决策准确反映政府总体政策是必要的。⑤ 但这一制度的必要性和正当

---

① O'BRIEN C. White House review of regulations under the clean air act amendments of 1990. *Journal of environmental law and litigation*, 1993 (8): 51 – 107.

② President's Council on Competitiveness. *Fact sheet on recycling requirement in the municipal waste combustors rule*. Washington, D. C.: Office of the Vice President, December 19, 1990.

③ Environmental Protection Agency. Establishment and open meeting of the negotiated rulemaking advisory committee for the lead acid battery recycling rule. *Federal Register*, 1991, 56: 2885 – 2886.

④ 王名扬:《美国行政法(上)》,北京大学出版社 2016 年版,第 138 页。

⑤ O'BRIEN C. White House review of regulations under the clean air act amendments of 1990. *Journal of environmental law and litigation*, 1993 (8): 51 – 107.

性同样受到质疑。

有反对者对一些审查委员会的正当性是存疑的,例如,布什时期设立的这个白宫竞争力委员会并非根据法令或行政命令而成立的,仅是根据副总统办公室发布的新闻稿成立的,这被认为违反了立法授权原则。而相比之下,美国环保署是国会立法设立的,其行为需对国会负责,其决策受法院审查,由白宫内部的审查委员会来干预其规制决策是不合适的。①

也有反对者质疑这种干预的动机。规制审查制度的正当性建立在认为"审查委员会是一个中立的决策者,能够以一种公正的方式准确地评估规制的成本和收益"的观点之上。② 例如,白宫竞争力委员会成立的目标是"保持并提高美国的竞争力"③,通过审查政府法规,确保它们不会给企业造成不必要的负担。但审查委员会是否能够真的中立地追求这种看似正当的目标?有人认为,审查委员会其实是受被规制对象捕获而倾向于放松管制。④ 由于这种审查程序的公开程度不高,审查采取的标准也不明确,这种干预破坏了美国《行政程序法》为规则制定所设计的公开、规范的程序,实际上为产业界提供了影响规制决策的"后门渠道"。⑤

还有学者批评这种组织法内部的自相矛盾。独立规制机构的设立目标便是使其可以"独立地"进行风险决策,避免受到产业保护等其他目标干涉,确保其不会被商界捕获。而审查委员会对放松管制的狂

---

① Fact Sheet on the Council on Competitiveness (Apr. 12, 1989); DeWITT C. The president's council on competitiveness: undermining the administrative procedure act with regulatory review. *Administrative law journal of the American University*, 1993 (6): 759.

② BAGLEY N, RICHARD L R. Centralized oversight of the regulatory state. *Columbia law review*, 2006, 106: 1260 – 1325.

③ Fact Sheet on the Council on Competitiveness (Apr. 12, 1989).

④ MORRISON A B. OMB interference with agency rulemaking: the wrong way to write a regulation. *Harvard law review*, 1986, 99 (5): 1059.

⑤ DeWITT C. The president's council on competitiveness: undermining the administrative procedure act with regulatory review. *Administrative law journal of the American University*, 1993 (6): 759.

热追求篡夺了国会赋予各规制机构的监管自由裁量权，使得实际的规制决策权掌握在白宫手中。① 在各届政府中，布什政府的白宫竞争力委员会最为臭名昭著，因为，自其成立之后，阻碍、干预了包括商用飞机噪音、垃圾填埋场地下水径流保护、城市垃圾焚烧炉、湿地保护、空气质量在内的大量风险规制举措,② 成为实际意义上的规制者。法国宪法委员会也曾表现出一种纠结的立场，在一些案例中肯定了独立规制机构存在的合法性，却否决了其政策决定权，这一立场招致批评，被认为如果既要设立独立行政机关，又要剥夺其自由裁量空间，无疑会出现"两头皆失"的情况。③

我国没有与美国独立规制机构一样的建制，但某些机构具有部分相似的特征，如银保监会、证监会等在金融、经济管理领域具有特殊职能的事业单位。在风险规制领域的规制机构均为国务院组成部门或国务院直属机构，如生态环境部、国家卫生健康委员会、应急管理部等。然而，我国政府机构改革和职能调整所试图解决的问题却与独立规制机构面对的问题具有相似性，例如，机构独立性与政策一体性之间的矛盾，专业性职能聚焦与完整规制职权之间的矛盾等,④ 因此，对此问题的探讨同样具有借鉴意义。

从组织法的角度来看，在美国，如环境保护机构或职业健康机构等独立规制委员会本身便是为规制而生，其独立性和单任务性既可能

---

① DeWITT C. The president's council on competitiveness: undermining the administrative procedure act with regulatory review. *Administrative law journal of the American University*, 1993（6）: 759.

② SHANE P M. Political accountability in a system of checks and balances: the case of presidential review of rulemaking. *Arkansas law review*, 1995, 48: 161 – 189.

③ 陈淳文：《从法国法论独立行政机关的设置缘由与组成争议：兼评司法院释字第 613 号解释》，载《台大法学论丛》（台湾地区）2009 年第 2 期。

④ 宋华琳：《美国行政法上的独立规制机构》，载《清华法学》2010 年第 6 期。

会在一定程度上导致其极力地推进本领域的规制，产生过度规制的问题，[①] 也可能使其决策偏离政府的整体目标，产生与其他部门的协调难题。施加统一监管机制可以在一定程度上解决这种目标冲突和政策碎片化现象，避免过度规制和追求不切实际的零风险目标。但这种监管必须确保标准的明确性、程序的规范性和程度的适中性，才能既有利于提高独立规制机构的决策质量，又不会破坏规制机构的独立性和创造性。

首先，审查标准的明确性和一致性。在风险规制领域，一直存在零风险目标与成本收益衡量两个相互冲突的目标。前者要求规制者更为谨慎地对待风险可接受性，以预防原则为指导尽量减少风险的发生；而后者要求考虑规制成本，减少收益不佳的规制政策，因此其往往代表了产业界的声音。当风险的不确定性较高时，"天平"到底应当朝向哪一边倾斜很可能是随机的。因此，如果要追求一致性，限缩独立规制机构的自由裁量空间，则应当建构一个统一而公开的规制审查标准。例如，针对某种类型的风险，可在政府范围内通过同行评审与集中审查确定一个基本目标和统一标准，由规制审查委员会审查独立规制机构的计划是否偏离政府总体目标和统一标准。例如，克林顿时期的规制审查机构——信息与规制事务办公室（Office of Information and Regulatory Affairs）便致力于树立一种统一的对待科学的态度，试图规范和提高监管机构在进行风险评估时所依赖的科学质量。[②]

其次，审查程序的规范性和公开性。规制审查的保密性一直备受争议，这种争议在布什政府时期的白宫竞争力委员会运行期间达到高潮。因此，1993年克林顿上台后的第一个机构调整动作便是解散了白

[①] NISKANEN J. Bureaucracy and representative government. *Routledge*, 1971: 36-42. 但也有研究表明独立规制机构并不会产生过度规制的倾向。BAGLEY N, RICHARD L R. Centralized oversight of the regulatory state. *Columbia law review*, 2006, 106: 1260-1325.

[②] BAGLEY N, RICHARD L R. Centralized oversight of the regulatory State. *Columbia law review*, 2006, 106: 1260-1325.

宫竞争力委员会,① 提出建立更加透明有责的规制监管机制。"上届政府……利用美国竞争力委员会做为借口,为狭隘利益和幕后决策提供特殊优惠……我们将致力于一个诚实、公开、尊重法律和人民安全的为美国人民服务的程序。"② 克林顿总统将规制审查权重新交回信息与规制事务办公室,对监管范围进行限制并增加了透明度等要求。③ 规制审查本质上是科层制官僚机构与议会、法院之间的话语权争夺,相比议会和法院的监督审查,其正当性更容易受到挑战,因此,应当通过程序的规范性和公开性来获取正当性。

最后,审查程度的适中性。规制审查是一种确保独立规制机构独立性和应责性相平衡的机制,干预性太强将影响其独立性,干预性不够则影响其应责性。经济合作与发展组织(Organization for Economic Cooperation and Development)曾建议实施全面的监管影响评估以提高决策制定的应责性。④ 借鉴这一思路,规制审查可由事前审查和事后评估两部分构成,适当放宽事前的审查,并辅以事后的规制影响评估来了解规制决策的实施效果,从而决定如何对决策进行完善和修正。

(三) 委员会模式的内部治理

传统行政法学采取一种外部视角,将核心关注点置于行政行为的外部性,以及用以确保行政行为合法性的司法审查路径。而行政机关

---

① O'BRIEN C. White House review of regulations under the clean air act amendments of 1990. *Journal of environmental law and litigation*, 1993 (8): 51–107.

② Clinton Administration Orders Pullback of More than 50 Last-Minute Regulations, 14 DAILY ExEc. REP. (BNA), at d15 (Jan. 25, 1993).

③ 克林顿总统颁布的 12866 号行政命令要求增加独立规制机构与信息与规制事务办公室之间的沟通性与协商性,包括独立规制机构有权参加信息与规制事务办公室与利益代表之间的会议,必须共享信息,公众有权获得规制审查过程中的重要信息,即使审查仍在进行中等待。SHANEP M. Political accountability in a system of checks and balances: the case of presidential review of rulemaking. *Arkansas law review*, 1995, 48: 161–214。

④ OECD. Designing independent and accountable regulatory authorities for high quality regulation, 10–11 January 2005: 35.

在"办公大楼"中开展的活动和行为,包括"与行政机关内部组织设置、相互关系、人员配备、物资保障等有关的内部行为"①,则一直不属于行政法的调控范围。然而,行政机关的这些内部制度、关系和行为,尽管不似外部行政行为会直接产生影响行为相对人权益的立法效果,却会影响行政机关及其工作人员履职的目标、动机和资源,从而影响行政行为的内容和质量,最终产生影响行政行为的正当性和行政相对人权益的结果。因此,行政法需要引入内部视角用以补充传统的外部视角,用内部行政法搭建另一个确保行政行为正当性的规范体系。对风险行政决策行为来说,规制决策机构的内部组织形态便属于会对风险决策行为产生影响的组织因素,值得"风险内部行政法"视角的关注。

科层制行政体系中的机构决策模式一般采取首长独任制,即单一决策者模式。而作为改革方向的独立规制机构则大多采用委员会式的决策模式和合议制决策程序。"就行政机关执行行政事务的过程与行政机关内部的组织运作方式来看,行政机关以一人负全责并由上而下地进行事务、职权的决定、执行与行使的指挥监督,一般称为行政首长制或独任制;而行政事务、职权的决定、执行与行使的指挥监督由地位平等的多人负责,称之为行政委员会制或合议制。"② 规制机构内的委员会决策模式具有区别于首长独任制的特点,但这种特点之于决策质量的作用则存在争议。

1. 委员会决策模式的制度特点

单一决策模式和委员会决策模式在目标和价值上存在较大差异。单一决策模式和首长独任制是科层制行政体系所要追求的执行性、效率性和应责性的最佳选择。而委员会组织结构和合议制决策程序所追求的是"合意达成、政策反思和多元主义"③。规制机构通过设置委

---

① 章剑生:《作为担保行政行为合法性的内部行政法》,载《法学家》2018年第6期。
② 张润书:《行政学》,台湾三民书局1992年版,第197页。
③ VERKUIL P R. Purposes and limits of independent agencies. *Duke law journal*, 1988 (2 & 3): 257, 279.

员会，形成由多名委员会成员作为共同决策者的集体决策模式，实现对问题的更全面把握和对资源的整合汇集，产生集思广益的智慧，能够避免独任制可能出现的专断和偏颇。通过审议过程的辩证性，合议制决策程序更能够保障决策结果的准确性和公平性，并在面对决策难题时促进统一，达成共识。① 同时，若从风险决策所追求的正当性标准来看，相比效率，委员会结构所体现的协商性、公平性、可接受性和准确性等制度价值与之更为契合。但追求的价值不等于实现的价值。尽管委员会决策模式作为一种改革举措，被视为对科层制行政体系缺陷的弥补，但这一内部组织形态之于行政决策的优势也并非无可争议。集体决策模式本身，是否一定优于单一决策模式？答案是存疑的。

2. 委员会构成与成员身份

委员会结构通过委员会成员的身份背景来确保所达成决策的专业性。首长独任制模式中由一位首长来做出决策，则要求行政首长是一位行政官僚属性的通才。但委员会结构通过任命具有特定属性的多名成员组成委员会，不同成员可以具有不同的背景和特长，可以为决策贡献更为丰富的专业知识、价值理念和判断视角。但这种成员身份的选择标准为何？上文提及的 20 世纪八九十年代英国食品安全治理难题中，为解决内阁的监管失败问题，英国成立了属性为非内阁政府部门的食品标准局，以委员会形式来履行食品安全监管的职责。而在食品标准局成立之后，委员会的人员任命和成员资格问题引发较大争议。委员会成员应当偏重于具有行政管理经验的专家，或是消费者利益代表，还是食品安全科学家？② 不同的人员构成将直接影响机构目标的追求与风险决策的质量。委员会成员资格的考量因素包括专业性、超然性、代表性和均衡性。专业性要求委员会成员具有规制领域的专业知识背景，例如，美国核管理委员会（Nuclear Regulatory Com-

---

① VERKUIL P R. Purposes and limits of independent agencies. *Duke law journal*, 1988 (2 & 3): 257, 279.

② 托尼·普罗瑟：《政府监管的新视野：英国监管机构十大样本考察》，马英娟、张洁译，译林出版社 2020 年版，第 63 页。

mission）的第 15 任委员会主席麦克法兰（Allison Macfarlane）博士是核废料问题的专家，拥有麻省理工学院地质学博士学位和罗切斯特大学地质学学士学位，任职前是弗吉尼亚州乔治梅森大学的环境科学与政策副教授。① 超然性要求委员会成员不能是政府部门的雇员，或与政府有业务往来的人。例如，美国防御核设施安全委员会（Defense Nuclear Facilities Safety Board）要求董事会成员不得是能源部或能源部任何承包商的雇员，或与能源部有任何重大财务关系的人。② 代表性和均衡性要求委员会成员应当兼顾各种相关利益，如代表消费者、产业或劳工利益群体，或代表政党、地区。例如，美国地面运输安全委员会（National Transportation Safety Board）由 5 名成员组成，同一政党任命不得超过 3 名成员。③ 英国健康与安全执行局（Health and Safety Executive）的委员会由 7～11 名成员组成，其中应包含 3 名雇主代表，3 名劳工代表，1 名地方当局代表，最多 4 名苏格兰地区、威尔士地区和其他专业团体代表，试图达到一个"雇员—雇主—地方当局"三方参与的均衡结构。④

3. 质疑与反思

从理论上讲，委员会决策模式可以解决首长独任制和单一决策模式的缺陷，但其理想形态也并非完美，实际的运作结果更是充满争议。哈罗德·孔茨（Harold Koontz）便曾批评委员会决策模式存在"既费时又费钱、在最小共同基础上的妥协、议而不决、责任分裂、少数人专制等缺陷"。⑤ 从程序上看，委员会决策模式无疑会导致效率低下、程序拖沓以及机构管理混乱等问题。但这些程序性缺陷能否换来更高的决策质量，答案又是存疑的。

---

① 参见美国核管理委员会官网（https://www.nrc.gov/about-nrc/organization/commission/former-commissioners/macfarlane.html）。

② 参见美国法典 42 U.S.C. § 2286 (b)(1)。

③ 参见美国法典 49 U.S. Code § 1301 (b)(1)。

④ 参见 Legislative Reform (Health and Safety Executive) Order 2008, Sch 1, para 2。

⑤ 哈罗德·孔茨、海因茨·韦里克：《管理学（第 9 版）》，郝国华等译，经济科学出版社 1993 年版，第 284–286 页。

首先,委员会决策模式的结果并不一定比单一决策模式好。根据社会心理学家欧文·贾尼斯（Irving Janis）的研究,群体决策会产生群体思维,产生一种维护群体和睦而压制异议的现象。① 为努力达成协商一致的效果,委员会成员可能会趋向采取平庸、中立的思维,导致决策偏差或创造力丧失。此外还有"合成谬误"② 的风险,即各个专家的决定可能是对的,或在此事情上尽了自己最大努力,但组合起来的整体结果却可能是错误的,从而导致"理性冲突"。其次,通过委员会成员的身份背景与均衡构成来保障风险决策的正当性也并非绝对可行。因为,具有某一行业的从业背景、某一个规制领域的科学知识,或者具有代表某一特定群体的倾向,不代表具有完善的政策制定能力。再次,区别于议会这一具有单纯立法功能的组织,现实中规制机构承担着执法、准司法和准立法的多重职能,其中对个案的裁断和纯执法职能占据了委员会成员的大部分时间,即使委员会成员是各领域专家,也难以真正将精力全部投入到对风险政策的研究上。最后,相比首长独任制下由行政长官承担最终决策责任,委员会决策模式中的责任不明确问题也会影响委员会成员正直而恰当地履职。有鉴于此,美国历史上一些针对独立规制机构的独立调查都提出了对委员会决策模式的批评,建议回归首长独任职。③

可见,单一决策模式和委员会决策模式各有所长。委员会制的群体决策模式可以促进决策的科学性和民主性,对于风险规制任务来说具有优势。但对于一些需要兼顾效率、任务繁重的应急型、综合性决

---

① ARONSON E, WILSON T D, AKERT R M：《社会心理学（第五版）》（影印版）,中国轻工业出版社 2005 年版,第 268 页。

② "合成谬误"命题是美国经济学家萨缪尔森提出的,指对于部分来说是对的事情,对于整体来说却可能是错的。参见保罗·A·萨缪尔森《萨缪尔森辞典/原典》,陈迅、白远良译释,京华出版社 2001 年版,第 57 页。

③ 例如,凯美尼（Kemeny）委员会在一份针对核能委员会（The Nuclear Regulatory Commission）的调查报告中对委员会的机制运行提出了猛烈批评,并认为核能委员会的问题症结在于其内部的委员会模式,建议将核能委员会改回行政首长独任制。参见 Marshall E. Kemeny Report：Abolish the NRC, 1979。

策来说就不太适合。我国由于没有独立规制机构，实际履行风险决策职能的规制机构一般为科层制体系中的组成部门，均实行首长负责制。虽有部分冠以"委员会"称谓的部门，如国家卫生健康委员会，但其实都是采取"首长＋党组成员"的内部架构与决策模式。而法定的集体讨论决定程序并未改变行政首长负责制的决策模式。[①] 集体讨论决定仅是一种为行政首长提供智力支持的机制，并未弱化首长的第一职责。我国的决策模式可以说，是在确保责任明晰的前提下通过法定的集体讨论决定程序和党组成员的多元专业背景[②]来促进最终决策的正当性，是单一决策模式和委员会决策模式的整合，具有我国的特色。

三、科学性的组织法调控

（一）科学输入型组织

在风险行政中，科学性与决策正当性密切关联。尽管对社会风险感知的强调似乎在动摇科学的价值，但科学对风险的描述是我们了解风险的第一步，科学对风险的概率化建构是决策行动的第一步，风险评估结论也是社会商议的初始素材。"尽管社会越来越怀疑风险是可以计算的，但任何控制风险的努力都需要客观化风险。"[③] 有学者描述了德国法治国家原理中对"学问性"的要求，其本质便是通过对知识的吸纳而获得决策合法性的过程："在决策时，国家机关根据问题的性质，寻求与学术系统、专家之间的协调，这将有助于使国家机关的行为、决定合理化，富有实效性地保障基本权利，因而这被认为是包

[①] 根据《重大行政决策程序暂行条例》第三十条，决策草案应当经决策机关常务会议或者全体会议讨论，但最终的决策是行政首长在集体讨论的基础上做出的。

[②] 例如，国家卫生健康委员会采委员会模式，由一名委员会主任和八名党组成员构成，8名党组成员中有4名医学博士，2名法学博士，1名工学博士，1名管理学博士。

[③] ALEMANNO a. Foreword: a plea for a pluralistic understanding of risk. In *Risk and communication: theories, models, problems*. Egea, 2017.

含在德国法治国家原理中的一项内容。"① 这种学问性主要通过两个途径确保,一个是程序法上的决策过程由专家咨询,一个是由组织法上风险评估机构的设立或委托。前者将在下一章探讨,这里关注组织法上用以确保科学性的组织法完善。

风险决策必须建立在风险评估之上,而风险评估需要由科学专家组成的专业团队来承担。随着现代国家风险治理任务日益增加和决策议题的专业化程度日益提升,设立科学研究型机构用以支持风险决策的做出是现今各风险规制领域的基本形态。但不同政府或不同领域设立的科学输入型组织具有不同的属性和建制。

根据科学组织的聘任模式,可以分为由单个专家决策的个人型组织和由多名专家组成的委员会型组织。这两种模式可以欧盟的改革实践为例。欧盟委员会曾于2012年设立了首席科学顾问(EU Chief Scientific Advisor)以响应号召欧洲加强科学咨询、基于科学证据制定政策的呼吁。由具有威望的科学家担任这一职位可以确保其不受产业捕获,但其缺点也很明显——可能会存在个体科学倾向,因此不一定能够客观地为欧盟的决策提供支持。② 例如,安妮·格洛弗(Anne Glover)教授自2012年起担任这一职位后就受到非政府组织的批评,其中一个重要原因是她在转基因技术问题上是一个直言不讳的倡导者,曾公开表示"没有证据表明转基因技术比传统育种技术风险更大"③。2014年,包括"绿色和平"组织在内的9个非政府组织向欧盟委员会主席提出废除首席科学顾问职位的要求,此举引发科学界的

---

① 山本隆司「リスク行政の手続法構造」城山英明、山本隆司編『環境と生命』(東京大学出版会、2005年)34頁。转引自王贵松:《风险行政的组织法构造》,载《法商研究》2016年第6期。

② ALEMANNO A. What role – if any – for a chief scientist in the European union system of scientific advice?. *European journal of risk regulation*, 2014, 5(3): 286–292.

③ LOFSTED T R, SCHLAG A K. Looking back and going forward: what should the new European commission do in order to promote evidence-based policymaking?. *Journal of risk research*, 2016, 20(11): 1359–1378.

反对。① 但因这一职位争议过大，2014年新一届欧盟委员会上任后还是取消了这一职位，另行设立了欧盟高级科学咨询委员会（Scientific Advice Mechanism），② 后为进一步提高委员会在欧盟及其成员国科技咨询的地位和影响力，又于2018年升级为首席科学顾问组（Group of Chief Scientific Advisors）。后两者采取委员会模式，由7名欧盟资深科学家组成，负责为欧委会政策和决策咨询提供高水平的科学建议。

根据科学组织与政府的关系，可以区分为公共属性组织和社会属性组织两种不同的组织。政府或行政机关根据需要，可能会使用公共财政设立政府内部的常设性或临时性科学研究机构或决策咨询机构。前者如美国设立的总统科技顾问委员会（The President's Council of Advisors on Science and Technology），由产学研及非政府组织的专家组成，负责就科技政策相关问题向总统提出建议。又如，我国的国家卫建委下属疾控中心、食品评估中心、科研所等，这些单位属于公共财政支持的事业单位。后者指各类非政府设立的专业科学机构、学术机构及民间智库等，受政府委托或自发向政府提供政策报告和建议。例如，1863年3月成立的美国国家科学院（National Academy of Sciences）的属性为民间非营利性自治组织，负责对任何政府部门提出的科学技术主题进行"调查、检验、实验"并完成报告。③ 公共机构与决策部门的关系更为紧密，更能提供符合决策者需要的信息和结论，但其客观性和中立性则可能会受到挑战。实践中风险决策的开展可能会根据实际需要委托不同类型的机构进行风险评估，例如，我国台湾地区的"卫生福利部食品药物管理署"需开展风险评估时，可能委托财团法人开展，也可能委托大学研究机构开展，也可能委托政府自己的研究

---

① 张章：《"科学需要一个入口"欧盟撤销"科学顾问"让学界愤怒》，载《中国科学报》2014年11月25日。
② 张志勤、吴鹏：《欧盟新一届最高科学咨询机构正式成立》，见中华人民共和国驻欧盟使团官网（https://www.fmprc.gov.cn/ce/cebe/chn/kjhz/t1317396.htm）。
③ 万劲波：《完善国家科技创新决策咨询制度》，载《光明日报》2016年6月8日，第016版。

机构开展。①

根据科学组织所承担业务的综合程度,可区分为综合性组织和专业性组织。前者如 1957 年成立的欧盟联合研究中心(Joint Research Center),其主要职责是在重要科技议题上开展研究,为欧盟立法和风险决策提供科学的支撑,所涉议题极为广泛,雇员也多,可称为全世界规模最大的政策科技咨询机构之一。前述的欧盟高级科学咨询委员会也属于这一类,其设立动因之一便是为整合欧盟下属各个决策机构所设立的纷繁复杂的专业意见小组。②而对于一些专业性规制部门来说,其科学决策需要获取具有针对性的专业意见,因此可能会设立研究对象更为专一的科学组织,例如,我国原国家食品药品监督管理总局成立的保健食品专家委员会和化妆品安全专家委员会,专门负责对保健食品和化妆品监管提供技术咨询和政策建议。综合性组织由具有不同专业背景的专家构成,可以互通有无,整合资源,增加意见的全面性;而专业性组织则更具有专业优势,且能形成同行共识,避免个体专家的偏颇。

不同类型的科学输入型机构并无优劣之区别,值得关注的是其独立性和开放性的保障,二者将影响风险评估或科学建议的技术可接受性,进而影响风险决策的正当性。独立性涉及科学与政治的关系,开放性涉及科学与民主的关系。

(二)风险评估正当性的组织保障

1. 风险评估机构的独立性

在经典规制框架下,风险决策由一个包含了"风险评估"和"风险管理"两部分的线性程序做出。其中,风险评估应基于现有的科学证据,以独立、客观和透明的方式进行;而风险管理是在独立客观的风险评估结论之上做出政治考量,通过风险评估结论的科学性和客观

---

① 倪贵荣:《食品安全与司法救济》,台湾元照出版社 2020 年版,第 69 页。
② 倪贵荣、王郁霖、蔡嘉晏:《食品安全治理中科学基础与民主参与的平衡》,载《政大法学评论》(台湾地区)第 155 期。

性强化风险决策的正当性。① 然而,在"科学和政府之间建立建设性的伙伴关系"② 最终演化为上文论述的"科学与政治的共谋",导致风险规制形成被广泛质疑的理性技术官僚范式。基于对科学和政治关系的反思,许多国家试图通过组织法的调控来厘清二者的关系,在组织法上从一体模式转向分离模式,由不同机构分别负责评估环节和管理环节。③

但分离模式下依然存在多种组织法方案。从评估机构与管理机构的组织关系上看,可以归纳为三种。第一种是内设模式,由风险管理机构下设的风险评估机构承担评估任务;第二种是独立模式,由法律法规设立与风险管理机构相分离的评估机构承担;第三种是委外模式,即以项目委托或其他方式由社会性风险评估机构承担。

以食品安全风险评估为例,我国的国家食品安全风险评估中心是经中央机构编制委员会办公室批准、直属于国家卫生健康委员会的公共卫生事业单位;而美国则为食品药物管理局(Food and Drug Administration)下设立的食品安全与营养中心(Center for Food Safety and Applied Nutrition);日本则是内阁府下的食品安全委员会,三国均属于第一种内设模式。而欧盟则采取第二种模式。1996年发生的疯牛病危机中,欧盟食品科学委员会被批评为在英国的操控下行事,导致无法有效应对这一场公共危机,最终演化成一场严重的食品安全事件。④ 作为反思,欧盟取消了食品科学委员会,重新设立了具有独立法律地位和单独编制预算的欧洲食品安全局来统一负责食品安全相关的科学咨询工作。改革后的食品安全局努力重建信任,在 2004 年和 2010 年

---

① FISHER E. Framing risk regulation: a critical reflection. *European journal of risk regulation*, 2013, 4 (2): 125-132.

② NATIONAL RESEARCH COUNCIL. *Risk assessment in the federal government: managing the process*. Washington D C: National Academy Press, 1983: 1.

③ 王贵松:《风险行政的组织法构造》,载《法商研究》2016年第6期。

④ 张海柱:《专业知识的民主化:欧盟风险治理的经验与启示》,载《科学学研究》2019年第1期。

开展的两次评估都显示欧盟管理机构与社会公众对其持高度肯定态度。① 这一模式便属于第二种独立模式。我国台湾地区采取的模式则是第一、第三种的结合。台湾地区风险评估机构的总体框架与美国类似，是在"卫生福利部"下设立了风险评估咨询委员会，负责食品安全风险评估之拟定与执行。但由于这一委员会属于综合性组织，涉及专业领域太多，而每一领域仅由一位至两位专家学者负责，因此，面对具有个案性、领域单一且高度复杂的食品风险评估研究，往往需要首先委托社会性研究机构进行评估，再由咨询委员会订立标准和最大残留容许量等，最后再提交风险管理机构。②

尽管第二种分离模式似乎更能促进科学建议的中立性与客观性，欧洲食品安全局的实践也可作为典型案例，但其优越性并不绝对，还需要考虑一些其他影响因素。在财政方面，一般财政越独立，越可能避免政治的干扰。例如，美国第45任总统特朗普（Donald Trump）上台后宣称与气候变迁相关的科学报告是伪科学，并大量删减联邦科研机构包括美国国家科学卫生研究院、美国国家航空暨太空总署等的预算，其背后的动因便是要减少这些研究对美国石油产业的不利影响。③ 在人员方面，评估机构专家或委员会成员的遴选规则非常重要，只有规则和过程越规范、科学、透明，才越能保证成员的中立性和权威性。在评估结果的法律效力方面，评估结论对决策者的约束力也是形塑科学和政治关系的重要因素。一般来说，机构越独立，则其风险评估结论的"过程性材料"属性就越小，对决策者的约束力就越大。如果评估结论可以公开甚至成为诉讼标的，则评估的客观性和中立性必定会更强。但这里存在一个悖论，即如果评估结论对决策的拘束力越

---

① 戚建刚、易君：《论欧盟食品安全风险评估科学顾问的行政法治理》，载《浙江学刊》2012年第6期。

② 王郁霖：《论食品输入政策中风险评估之程序建构与审查必要：以严格检视原则之脉络为例》，载《月旦医事法报告》（台湾地区）第24期。

③ ATKIN E. Trump wants to cut science research. Here's how it improves your everyday life. New republic，Apr. 21，2017.

大，一旦科学结论得出便一定要遵从，则决策者越可能存在干涉评估结论的动机。

2. 风险评估机构的开放性

一般认为，风险评估是一个价值无涉的过程，而风险管理阶段则是一个价值承载和利益衡量的过程，因此，信息公开和公众参与一般发生在风险管理阶段。① 然而，随着科学的祛魅和民主运动的兴起，风险评估阶段的民主性要求也被主张。相应的，风险评估机构不再被视为"躲"在风险管理机构背后的智库。许多国家通过增加评估机构活动的透明度形成专家与公众之间的直接互动，试图重塑科学与民主的关系。评估机构的公开性主要通过评估结论的公开、机构活动与资料的公开以及专家成员信息的公开等方面实现。

评估结论的公开。评估结论是供决策者做出决策的科学信息和科学证据，若结论保密，则公众很难知道科学结论在决策环节的采纳情况，也无法知道决策者是否偏离了专业意见。因此，风险评估结论的公开既是风险管理环节公众参与的基础，也是厘清风险社会中专家与决策者之间责任分配的基础，还是公众有效监督决策者的机制。在这个意义上，正式结论的公开主要发挥的是监督作用。但更激进的观点认为社会理性能够促进科学理性，因此在最终结论做出之前即应当公开征求意见，而非等到结论做出之后再公开，其目的是让社会理性也可以进入风险评估环节。美国食品安全与营养中心的实践便体现了这种观点，除了公开风险评估结论外，关涉公共利益的评估结果也会预先公开征求公众意见。当美国食品安全与营养中心开展了一个将为政策决策提供信息的项目时，中心将在《联邦公报》(*Federal Register*)发布通知，邀请包括食品工业和消费者团体在内的公众发表意见。②

---

① NERLICH B, HARTLEY S, RAMAN S, et al. *Science and the politics of openness: here be monsters*. Manchester University Press, 2018: 170.

② U. S. Food and Drug Administration, Risk Analysis at FDA: Food Safety (Nov. 28, 2017), https://www.fda.gov/food/cfsan-risk-safety-assessments/risk-analysis-food-fda.

食品药物管理局主页上还有专门指引如何搜索信息的指引。① 相比之下，我国许多风险评估工作的开展及其结论并不对外公布，例如，曾有律师向农业农村部申请公开转基因作物信息不成功后起诉，但最终败诉。② 而且，我国食品安全风险评估中心官网上的风险评估报告一栏内容尚处于空白状态。③

机构活动与资料的公开。除了风险评估资料，确保整个机构公开、透明的运行也是提高其权威性和中立性、增加公众信任度的重要举措。欧洲食品安全管理局的创始法规（EC No 178/2002）规定了这一机构的风险评估活动应以透明的方式进行。而欧盟的一般食品法也对其透明性提出了要求。因此，欧洲食品安全管理局公开的信息非常广泛，包括科学委员会与科学小组的会议议程与记录、通过的决议及反对意见，作为决议基础之信息，所做之科学研究、年度报告，等等。④ 美国食品药品管理局的咨询委员会制度也提供了公众直接参与的途径，如公布会议的部分会议记录，允许公众参与会议，尽管没有投票权，但是有发言权，可参与讨论。⑤

专家成员信息的公开。评估结论和评估机构的权威性很大程度上基于专家成员的权威性，因此，欧洲食品安全管理局关于透明度的改革方向之一是建构更为公开的专家遴选标准、程序以及专家的信息。例如，欧盟的《统一食品安全法》以及欧盟食品安全管理局所制定的《关于协助食品安全管理局的科学工作的科学委员会、科学小组和外

---

① 参见美国食品药物监督管理局主页（https://www.fda.gov/regulatory-information/federal-register-fr-notices/how-use-regulationsgov）。

② 刘洋：《律师诉农业部公开转基因信息败诉》，载《新京报》2015年4月8日，第A14版。

③ 参见国家食品安全风险评估中心官网上的风险评估报告栏目（https://www.cfsa.net.cn/Article/News_List.aspx?channelcode=0BF7C4EABE99AB17785E8C097FEFB9C0C989A3242E08B589&code=57764FA09D89FAACD77AA4B52A02D8CE#）。

④ 倪贵荣、王郁霖、蔡嘉晏：《食品安全治理中科学基础与民主参与的平衡》，载《政大法学评论》（台湾地区）第155期。

⑤ TAI S. Comparing approaches towards governing scientific advisory bodies on food safety in the United States and the European Union. *Wisconsin law review*, 2010 (2): 627–671.

部专家的成员的选择决定》，科学委员会和科学小组的成员的遴选过程都强调公开性，例如，遴选的第一步便是在欧盟官方杂志、委员会官方网站以及欧盟的主流科学期刊上发布公告。① 而最终获选的专家的研究领域和主要成果、观点、活动等都可以查询。相比之下，我国在这一方面的建设还有待提升。在 2020 年新冠肺炎公共卫生事件中，国家卫生健康委先后发布了八个版本的《新型冠状病毒肺炎诊疗方案》，导言均为"为进一步……全国新型冠状病毒肺炎医疗救治专家组……进行了修订""组织专家……对诊疗方案进行修订"。但具体哪些专家参与了本次修订却并未公开。这一问题应当在修订《中华人民共和国传染病防治法》时加以完善。②

四、民主性的组织法调控

（一）民主输入型组织

对风险决策可接受性的价值目标之追求，一般主要关注如何从决策程序的开放性和互动性实现，例如，决策过程的征求意见、信息公开、商谈程序的保障等。但从组织法的角度看，决策网络的开放是否有可能从组织机构发生？风险规制领域的决策网络确实在向民主性和

---

① 戚建刚、易君：《论欧盟食品安全风险评估科学顾问的行政法治理》，载《浙江学刊》2012 年第 6 期。

② 2020 年 10 月 2 日国家卫生健康委发布了《中华人民共和国传染病防治法》的征求意见稿，其中，第八条规定卫健委组建传染病防治专家咨询委员会和专家组，但并未规定相关专家信息的公开要求。参见征求意见稿第八条："国务院卫生健康主管部门组建全国传染病防治专家咨询委员会，由公共卫生、临床医学、中医学、法学、管理学、公共政策学、经济学、社会学、传播学、信息技术等领域专家组成，为传染病防治政策制定及实施提供咨询、评估、论证等技术支撑。县级以上地方人民政府卫生健康主管部门负责组建本级传染病防治专家咨询委员会。发生重大传染病疫情时，国家重大突发传染病疫情联防联控机制依托全国传染病防治专家咨询委员会组建专家组，及时分析研判疫情形势，提出防控政策措施及调整建议，向国务院报告。县级以上地方人民政府重大突发传染病疫情联防联控机制根据疫情防控需要设立专家组。"

开放性发展。从规制到治理的话语转换表明了一种决策主体的扩展和开放方向。"治理的主体已不限于国家,而是涉及政府主体之外的各种非政府主体,治理更为强调国家与非国家主体之间的相互作用,以治理网络乃至以'新治理'的方式,去实现相应的行政任务。"① 有学者曾描述了 21 世纪国家职能向社会扩散的方向,在横向上向私部门和第三部门扩散,在纵向上向国际层面和地方层面扩散。②(如图 4-1 所示)

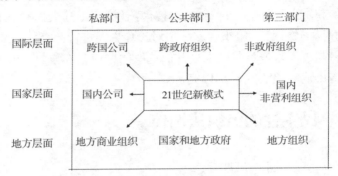

图 4-1　21 世纪国家职能的扩散

治理网络的扩散有两个方面,一个是权力从以科层制决策体系为特征的国家主体中分离,一个是通过机构民主化改革而将外部主体吸纳进传统组织体系之中。本书关注后者在风险治理议题上的可能性,即是否有组织法上的民主化和社会化可能,作为促进风险决策社会可接受性的方案?

机构内部组织架构的安排是影响风险决策可接受性的重要因素。一项收集了 100 多个国家和 16 个领域的规制机构进行比较研究的报告显示,不同国家、地区的规制显现出不同的社会性。其中,斯堪的纳维亚地区的国家显示出更高的社会参与度,而拿破仑、日耳曼传统、拉丁美洲的国家规制机构则显示出中等水平,后殖民和东亚集群则显示出较低的社会参与度。社会性、民主性高的国家中,除了信息

---

① 宋华琳:《规制研究与行政法学的新发展》,载《行政法论丛》第 25 卷,卷首语。
② KICKBUSCH I, GLEICHER D E. Governance for health in the 21st century: a study conducted for the WHO regional office for Europe. WHO, 2011, 15.

公开，一些国家的规制机构内部设有公众咨询委员会、公众听证会和消费者办公室等，通过组织法调控来实现政策制定的民主性。[1]

这一方面的代表性机构便是法国的国家公共辩论委员会（以下简称 CNDP）。CNDP 是一个独立的行政机关，用以组织公众就关涉公共利益的议题开展公共辩论，其作用是确保法律规定的或由公共当局自愿推动的参与性民主国家的程序到位，使公民能在项目启动之时便参与到决策之中并发表意见，让决策者能了解大众的想法。自 1995 年设立以来，CNDP 已组织过 95 次公开辩论和 250 多次协商，讨论了关于国家能源方案、国家放射性材料和废物管理计划、圭亚那金矿项目和戴高乐机场扩建项目等议题。2018 年 3 月 2 日，法国议会通过了一项法律扩大和加强了 CNDP 的权力，赋予其决定和资助替代或补充专门知识的权力，在项目发生冲突时进行调解，就计划和方案进行公开辩论和组织协商等。[2] CNDP 的运作可以说是一种国家直接了解社会对风险的可接受、可容忍程度的重要途径。

法国的这种机构设置是国家层面的民主安排，CNDP 可视为议会的机构衍生。对于行政机关来说，也有可能在行政层面设立民主性机构，用以促进风险决策过程中的民主要素。

（二）民主性机构的类型与建构

承担风险决策职能的规制机构往往通过设立内部科研部门或专家库等形式实现科学要素的纳入，但较少专门设立用以实现信息公开、公众参与和纠纷化解的部门。实际上，通过设立扮演民主促进角色的机构和部门，可以为决策过程提供一个固定的对外"窗口"，用以履行民意调查、信息获取和协商沟通的职能，为风险决策注入民主要素。这种民主机构可以分为临时性机构和固定性机构。

---

[1] BIANCULLI A C, FERNADEZ-I-MARINX, JORDANA J. The world of regulatory agencies: institutional varieties and administrative traditions. EPSA 2013 annual general conference paper, 2013, 786: 6.

[2] 参见法国国家公共辩论委员会官网简介（https://www.debatpublic.fr/son-role）。

在规制政策制定过程中组建协商委员会（Negotiated Rulemaking Committee）是美国规制性协商机制的一个特点。在制定可能会对市场、社会主体产生较大影响、争议较大的规制政策时，为促进规制决策的正当性和可接受性，规制机构会在规制政策制定的过程中组建协商委员会来代表被规制者或受规制影响的利害关系人的利益，提高公众参与度和政策的协商性。根据美国的《协商性规章制定法》第585条，① 当规制机构认为必要时，可以在《联邦公报》上刊登组建协商委员会的公告。而认为自己的利益将受到新政策影响，或认为自己的利益无法在政策制定程序中被充分代表的人，可以申请进入委员会。委员会成立后，负责审议规制机构所提出的审议事项，并应设法就该事项的拟议规则以及委员会认为与拟议规则有关的任何其他事项达成统一意见。如果委员会能够达成统一意见，则在谈判结束后，由委员会向设立委员会的机构提交一份载有拟议规则的报告。如果委员会无法达成统一意见，则可仅就达成协商一致的部分向机构报告。委员会提交的报告中可以包含委员会认为适当的任何其他信息、建议或材料。任何委员会成员均可将补充资料、建议或材料列入报告附件。在规制机构完成规则制定程序，最终规则公布后，委员会便会解散。

这种政策制定过程中的临时性民主机构，将规制机构主导的公众参与过程升级为更为开放互动的协商过程，使"公众参与机制走向明确化和聚焦化"②。委员会的目标和任务、组成人员、设立的过程和解散的时间等均由立法委员会明确规定，因此，这无疑比在决策过程中召开听证会要更为规范、正式和可信。但此种临时性的民主机构是否有进一步升级的可能？答案是不确定的。

在风险规制领域，一个永恒的主题是科学和民主的对峙。这种对峙本质上是公众对专家及其结论的不信任，以及规制者对民众风险感

---

① Negotiated Rulemaking Act of 1990, Pub. L. No. 101-648, 104 Stat. 4969, §584, 585.

② 蒋红珍：《治愈行政僵化：美国规制性协商机制及其启示》，载《华东政法大学学报》2014年第3期。

知和利益诉求的漠视。化解这种对峙是否具有组织法上的方案？如果说参与程序是目前所有方案中最被期待的选项，那么通过设立真正代表民意的民主机构则有可能解决风险公共决策中的"民主作秀"，使公众参与和民主协商得到真正的推进。这一种民主机构可以参考申诉专员办公室的组织形态来建构。

申诉专员制度（ombudsmen）是一种起源于瑞典的行政监察制度，由议会或行政首长任命一名申诉专员负责接受公众对公共行政的投诉，发起专项调查并提出改进意见，以促进公共行政的良好运行。申诉专员可视为直接代表公众意志的民意发言人，因此，在行政机关内部设立一个申诉专员办公室，负责收集公众对风险规制事项的意见建议、代表公众对风险决策提出意见，能够促进风险沟通，化解风险冲突，有利于风险决策社会可接受性的实现。欧洲申诉专员制度在促进风险规制透明度和欧盟良好行政方面发挥了很大的作用。2007 年 6 月 29 日，北欧科克伦中心（Nordic Cochrane Centre）申请获得欧洲药品管理局（European Medicines Agency）关于两种减肥药的 15 项临床试验的完整报告。但欧洲药品管理局以涉及商业秘密为由拒绝了其申请。该中心向欧洲申诉专员提出申诉，申诉专员检查了这些文件，认为这些文件不包含任何重要的商业机密，因此不同意欧洲药品管理局的意见。2010 年 5 月 19 日，申诉专员提出有利于科克伦中心的建议，认为该机构没有给出足够的理由来拒绝披露，对患者的福利的关注应该优先于对制药行业的商业利益。最终，欧洲药品管理局公开了相关信息。[1]

借鉴这些已有的实践经验，可以探讨如何在风险规制领域建立专门的申诉专员办公室，用以促进风险沟通，从而促进风险决策的做出。伦纳特·舍贝里（Lennart Sjöberg）针对核安全规制问题，便曾建议设立一个代表民意的申诉专员办公室，授权其负责核发电厂和其

---

[1] WAY D. Transparency in risk regulation: the case of the European medicines agency. King's College London, doctor of philosophy in geography (science) research (full-time), 2017: 116 – 117.

他设施的核安全检查,可以发布改进安全方案的命令,在极端情况下甚至可以命令永久或临时关闭核电站和其他设施。负责这个办公室的申诉专员由人民直接选举产生,只对人民负责,而不是对商业或工业负责。[①] 但申诉专员制度的成败很大程度上依赖于申诉专员本身的专业性和权威性,而这种专业性和权威性又受到机构设置的独立性、成员遴选、责任法设置等多重因素的影响,是一个较为复杂的议题。

五、案例分析:我国公共卫生决策中的疾控机构

公共卫生突发事件中的决策属于应急型风险决策,需要在短时间内、面对高度不确定性情景而果断选择方案和采取行动。由于关涉全社会公共利益和基本民生,代表公共利益的科层制行政机关是公共卫生突发事件中的核心决策主体,如何做出能够匹配三元可接受性之正当标准的风险决策,对于行政机关来说是极大的挑战。由于这一类决策对专家的专业判断具有高度依赖性,因此,掌握科学技术和专业知识的疾控机构和医疗机构同样扮演着重要的角色,也承载着公众对其控制疫情、降低风险的极大期待。但这一类科学专业机构能否在风险决策中发挥应有的功能,取决于其机构属性和机构能力是否能够与其机构目标相匹配。在 2020 年新冠肺炎公共卫生事件中,我国疾病预防控制机构作为代表科学一方的专业机构,在疫情初期陷入了舆论谴责的漩涡之中。一边是公众批评其没有发挥好科学代言人和公共卫生守门人的角色作用,导致前期相关风险决策出现失误;另一边是疾控机构认为自己受制于机构属性和制度能力,难以真正参与到疫情防控决策之中,发挥公众期待的作用。这一矛盾的化解,需要我们重新探讨现代疫情防控体系的制度目标和价值导向是什么,并以此为目标探讨疾控机构的法律定位和机构属性,以及如何为疾控体系分配相匹配的制度资源,确保其能够发挥风险规制的充足能力等问题。

---

① SJÖBERG L. Risk perception by the public and by experts: a dilemma in risk management. *Human ecology review*, 1999, 6 (2): 1 - 9.

（一）现代疫情防控体系的价值导向和制度目标

疫情防控是现代国家治理体系的重要一环。虽然科学技术的不断发展让人类攻克了越来越多的医学难题，控制了许多重大传染病，但不断变异和更新的病毒依然给社会公共卫生体系带来挑战，加之全球化、现代化发展进程中出现的社会人口聚集、人员流动、生活方式改变等新属性，使疫情防控的难度增加、成本增大，对国家公共卫生治理体系也提出了更高的要求。无论是 2003 年的非典型肺炎还是 2020 年的新冠肺炎公共卫生事件，围绕不确定环境下的疫情防控决策，不同价值之间的优先选择，国家治理机制与社群机制的功能发挥等问题，均引发了极大的争议。如何做出公共卫生决策，首先需要确立基本的制度目标和价值导向。经过 2020 年新冠肺炎疫情的再一次洗礼和磨炼，我们应当深刻认识到，现代疫情防控体系应当以人民健康安全为优先价值导向，以主动预防为基本行为模式，以提供公共卫生服务为组织基本任务。

1. 健康价值导向

2016 年 10 月 25 日中共中央、国务院印发《"健康中国 2030"规划纲要》，提出健康优先战略。[①] 这一健康优先原则意味着政府的公共决策应当将人民的健康放在首位，将健康理念融入所有公共政策制定过程中。然而，在 2020 年新冠肺炎疫情发生初期，在面对较小的感染者样本和陌生的病毒时，地方政府决策者"综合考虑到风险决策可能给当地社会稳定和经济发展所带来的影响"[②]，并未将人民的健康放在绝对的首要位置，而是在衡量综合利益后将其置后，导致防控应对过于迟缓。若抛开"事后诸葛亮"的视角，设身处地地分析地方决策

[①] 中共中央、国务院：《"健康中国 2030"规划纲要》第一章"指导思想"：健康优先。把健康摆在优先发展的战略地位，立足国情，将促进健康的理念融入公共政策制定实施的全过程，加快形成有利于健康的生活方式、生态环境和经济社会发展模式，实现健康与经济社会良性协调发展。

[②] 刘鹏：《科学与价值：新冠肺炎疫情背景下的风险决策机制及其优化》，载《治理研究》2020 年第 2 期。

者的行为动机,在初期信息不足与风险不确定性过高的情况下,如果疫情最终并未演变至后来的严重程度,决策者可能将承担过度预警与引起社会恐慌的政治风险。① 因此,地方决策者必然会对政治、社会、经济相关因素进行更为综合的衡量。要打破这种阻碍倾力防控的决策思维,应当以建立绝对的健康价值为基本导向。2020年2月5日,习近平总书记在中央全面依法治国委员会第三次会议上的讲话中指出:"坚持依法防控,要始终把人民群众生命安全和身体健康放在第一位。"② 疫情防控要以人民的生命健康为首位,不可因其他考量价值而牺牲这一基本立场。而对健康优先原则的贯彻要求公共卫生决策应当高度尊重科学知识,依赖疾控专业机构的专业判断,确保疾控专业力量能够顺畅参与到公共卫生决策之中,并在其中扮演主导的角色。

2. 主动预防模式

习近平总书记在中央全面依法治国委员会第三次会议上的讲话中指出:"要改革完善疾病预防控制体系,坚决贯彻预防为主的卫生与健康工作方针,坚持常备不懈,将预防关口前移,避免小病酿成大疫。"③ 现代疫情防控体系的制度目标在于"防"与"控"——能够在常态下科学布防,在疫情出现时精准预警,在疫情扩大阶段进行有效控制。"防"优先于"控",如果能够在常态下科学布防消灭风险点,在疫情萌芽之初便精准扼杀,其社会成本将远远小于疫情扩散之后的控制与善后。要将"预防关口前移",要求政府必须建立主动预防型疾控体系,树立常态化的预防思维,克服高度不确定性状态下的惰性、松懈与无法达成合意,以预防行政思维指导决策的做出,提前安排好信息监测、疫情预警和物资储备等工作,确保一旦疫情发生,能够主动出击而非被动应对。主动预防模式和常态预防思维需要一个有效运转的国家疾控组织体系和一支专业过硬的公共卫生队伍,在行

---

① 参见 https://www.jiemian.com/article/4131685.html。
② 习近平:《全面提高依法防控依法治理能力 健全国家公共卫生应急管理体系》,载《求是》2020年第5期。
③ 习近平:《全面提高依法防控依法治理能力 健全国家公共卫生应急管理体系》,载《求是》2020年第5期。

政体系和疾控专家体系之间形成常态化的互动,确保疾控专家队伍在所有公共卫生决策活动中的权威性,避免在发生疫情并扩大到无法应对时才紧急调用疾控专家体系。

3. 公共卫生服务

自新中国成立到20世纪70年代末,我国建立了覆盖县、乡、村三级的医疗预防保健网络,初步建成相对完善的公共卫生体系。但是,从20世纪80年代到2003年爆发非典型性肺炎危机这一时期,由于政策上更关注经济效益,医疗卫生体制改革的核心思想是"放权让利",扩大医院等医疗机构的自主权。通过此次改革虽然缓解了医疗服务机构经费不足的压力,提高了医疗服务机构的自我发展能力,但客观上却使"医疗为中心"的倾向得到强化,政府公共卫生服务的职能明显弱化。[①]"重医轻卫""重医轻防"的倾向比较突出,财政、人才都流向临床医疗和医院,公共卫生职能被淡化。[②]而这一倾向也在一定程度上降低了国家在2003年非典型肺炎疫情中的应对能力。为扭转这一趋势,此后我国重新加大公共卫生体系建设投入,初步建成"国家—省—市—县"四级以疾病预防控制为龙头的专业公共卫生工作体系、卫生监督体系和城乡基层公共卫生体系。随后,在《"健康中国2030"规划纲要》中,国家提出要"推动健康领域基本公共服务均等化,维护基本医疗卫生服务的公益性"。在这一背景下,疾控中心未来的改革方向应紧扣供给公共卫生服务这一基本职能,在预防疾病、风险防控、卫生服务等方面发挥更加积极的作用。

(二)疾控机构的组织定位与制度资源

由于公共卫生决策极大地依赖于专业机构,因此,疾控机构在疾控体系中的角色非常重要。然而,如上文所述,只有当机构属性和机

[①] 迟福林:《以人民健康至上的理念推进公共卫生治理体系变革》,载《行政管理改革》2020年第4期。

[②] 李新华:《以整体观念改革重塑疾病预防控制体系》,载《人民论坛》2020年第24期。

构能力与规制目标相匹配时,其做出的风险决策才更容易达到正当性标准。要实现疫情有效防控的目标,作为核心规制主体的疾控预防控制机构必须具有明确的角色定位,与卫生行政部门和其他规制主体顺畅协作,各方必须解决责权清晰、组织资源充足等组织法问题。这些组织法上的问题决定了最终的风险决策能否经得起技术可接受性和社会可接受性的检验。令人遗憾的是,在 2020 年新冠肺炎公共卫生事件中,我国疫情防控体制机制暴露出一些短板,现有组织架构无法有效实现制度目标,使疫情应对过程出现了一些决策失误。其中,疾控机构"并未在预警监测、流行病学调查、防控措施的提出和实施等方面充分发挥作用"。①这一问题的根源,一方面在于现有疾控机构的法律定位和组织属性使其无法实质性地参与到公共卫生决策之中,难以充分发挥其专业优势;另一方面在于疾控机构所掌握的制度资源不足,难以与其组织目标相匹配。具体可从三个方面阐述。

1. 多重职能与角色冲突

根据我国现有法律法规所确立的制度体系,我国的疾控机构目前承担着多重职能。现行疾病预防控制机构的前身是卫生防疫机构。根据 1989 年《中华人民共和国传染病防治法》,我国各级各类卫生防疫机构在各级政府卫生行政部门的领导管理下,按照专业分工承担责任范围内的传染病监测管理工作,并对各级各类医疗保健机构进行业务指导。2004 年的《中华人民共和国传染病防治法》将"卫生防疫机构"修改为"疾病预防控制机构",规定其职能为"传染病监测、预测、流行病学调查、疫情报告以及其他预防、控制工作,并指导城市社区和农村基层医疗机构开展传染病防治工作"。这一概括中包含着两个略有冲突的角色:第一,疾控机构是一个科研机构,承担基础性的学术研究职能,负责系统地收集信息,为政府风险决策的做出提供专业建议和技术支持;第二,疾控机构是一个执行机构,必须与作为行政机关的卫健委密切配合,参与疫情具体防控工作,实施应急

---

① 杨睿:《高福谈疾控体系改革技术工作不应受行政干扰》,载《财新网》2020 年 5 月 26 日 (http://www.caixin.com/2020-05-26/101558908.html)。

预案。

作为一个科研机构,应该说我国疾控中心的运行是非常成功的。新冠肺炎疫情发生以后,2020年1月4日中国疾控中心就根据首批标本成功研制出PCR检测试剂;1月7日,中国疾控中心病毒病所成功分离了第一株源自临床患者的新型冠状病毒。疾控中心快速分离出新型冠状病毒,公布其基因序列,研发诊断试剂盒,并及时向世界公布,获得了包括世界卫生组织在内的各方的好评。① 然后,疾控中心还有另外一个身份——疫情防控政策的执行者。社会公众期待疾控中心能够扮演好公共卫生"守门人"的角色,负责在疫情发生时果断决策、有力防控。而当公众发现疫情期间疾控中心依然致力于科研工作时,会对其产生防控不力的误解。例如,2020年1月,中国疾控中心和武汉市疾病预防控制中心等机构在国际医学刊物《新英格兰医学杂志》上发表了题为《新型冠状病毒感染的肺炎在中国武汉的初期传播动力学》的文章。② 该文提出,2019年12月中旬密切接触者之间就已发生人际传播。这一观点经科普作家、浙江大学神经生物学教授王立铭发微博质疑后在媒体上传播,使公众质疑疾控机构为了发论文而隐瞒疫情。尽管事后中国疾控中心做出了解释,③ 但是,社会上还是形成了一波对疾控中心进行严厉声讨的巨大声浪。

这次争议显示了疾控中心的科研职能与行政职能之间的冲突性。"这种兼具专家和行政官员的功能,在实践中极易发生职能倒挂,从

---

① COHEN J. Chinese researchers reveal draft genome of virus implicated in Wuhan pneumonia outbreak. Science,2020,doi:10.1126/science.aba8829.

② LI Q,GUAN X,WU P,et al. Early transmission dynamics in Wuhan,China,of novel coronavirus-infected pneumonia. New England journal of medicine,2020,382 (13):1199-1207.

③ 根据中国疾控中心的解释,该论文是根据截至2020年1月23日上报的425例确诊病例(包括15名医务人员)所做的回顾性分析,所有病例在论文撰写前已向社会公布。论文提出的"2019年12月即在密切接触者中发生了人际传播"的观点,是基于425例病例流行病学调查资料做出的回顾性推论。参见中国疾病预防控制中心:《中国疾病预防控制中心关于在新英格兰医学杂志发表文章的说明》(http://news.cyol.com/app/2020-01/31/content_18345868.htm)。

而导致法律责任不清晰的状况。"① 疾控中心如何二者兼顾，又应当如何增进公众对这种兼顾的理解？这些都是制度改革中需要思考的。

2. 规制责任与决策资源

风险规制决策是一项需要以科学研究和治理技术为基础，对风险进行把握和对相关利益进行衡量的复杂任务。决策机构应当具备能够匹配其规制目标的机构能力，才能完成任务。机构能力是实现风险规制目标的条件。机构能力可以分为资产、技能和能力三个方面。其中，资产是风险治理的社会资本，是有效管理的知识基础和结构条件；技能是指制度和人在探索、预测和处理现有的和新出现的风险方面的表现质量；能力描述了将资产和技能转化为成功政策所必需的体制框架。这三个组成部分构成了风险治理机构能力的支柱。②

遗憾的是，目前，我国的疾控中心正缺乏与其规制目标相匹配的机构能力。这种机构能力的缺乏首先表现在权力的阙如上。疫情发生后，中国疾控中心被批评未及时向社会发布预警信息，需承担导致决策迟缓的责任。然而，成立于 2002 年 1 月 23 日的中国疾控中心是在中国预防医学科学院的基础上整合而来的。中国预防医学科学院成立于 1986 年，其前身又是 1983 年卫生部报国务院批准设立的中国预防医学中心。③ 即从成立之初，中国疾控中心就是原国家卫生部直属的全额事业单位，并没有发布疫情数据和部署防控措施的行政权力。这一权力应当归于国家卫健委下属疾病预防控制局。中国疾控中心作为卫健委的"智囊团"，主要负责向卫生行政部门提供决策建议，并没有相应的行政管理权力。④ 不论是物资调配、交通管制还是人员流动限制等，均超过了中国疾控中心的机构能力范围。

---

① 陈海萍：《疫情防控体系中的专家意见及其合法性审视》，载《中国社会科学报》2020 年 3 月 12 日。
② RENN O. White Paper on risk governance: towards and integrative approach. International risk governance council (IRGC), 2009, 58.
③ 季敏、华莫杨：《中国疾控往事》，载《记者观察》2020 年第 7 期。
④ 陈鑫：《边缘化困境难解：中国疾控体系如何履行"吹哨权"》，载《界面新闻》2020 年 4 月 1 日（https://www.jiemian.com/article/4131685.html）。

此外，无论是中国疾控中心还是各级疾控机构，都面临着人力、财力、物力的限制。有研究显示，2003年至2018年，我国疾控中心数量和卫生技术人员数量呈明显下降趋势。① 总体上讲，政府对卫生资源投入不足，资源配置不均衡，队伍建设薄弱，极大地限制了各级疾控机构的职能发挥。②

3. 组织架构与信息困境

疾控体系能否发挥其公共卫生服务职能，还需要关注其内部组织架构。良好的组织体系能够助力组织目标的实现，反之则会导致资源内耗、信息阻塞与功能紊乱。疾病预防控制是一项涵盖全国的公共职能，现有的《中华人民共和国传染病防治法》和《突发公共卫生事件应急条例》等法律法规确立了疾控中心分级管理、属地为主的管理体制，强调落实各级政府责任。③ 四级疾控层级系统与行政体系基本对应，但区别于其他行政系统，疾控体系并非一个上级领导下级的科层制体系，上级疾控机构对下级仅有业务指导关系，无隶属关系。地方三级的疾控中心均归同级地方政府管辖，属于各级卫生行政部门管理的事业单位。

这种组织架构极大地影响了疫情期间疾控职能的发挥。《中华人民共和国传染病防治法》第三十三条规定："疾病预防控制机构应当主动收集、分析、调查、核实传染病疫情信息。接到甲类、乙类传染病疫情报告或者发现传染病暴发、流行时，应当立即报告当地卫生行政部门，由当地卫生行政部门立即报告当地人民政府，同时报告上级卫生行政部门和国务院卫生行政部门。"疾病预防控制机构的信息收集和传递职能首先是由同级卫生行政部门负责的，省、市、县三级疾控中心主要向当地的卫健委和政府汇报，上级疾控中心不一定能够第一时间从下级疾控中心获得疫情信息，而是需要卫生行政部门作为传

---

① 周星宇等：《我国疾病预防控制中心资源配置的效率》，载《中国卫生资源》2020年第5期。

② 孙点剑一、李立明：《浅谈公共卫生与疾病预防控制体系建设》，载《中国科学院院刊》2020年第9期。

③ 参见《突发急性传染病防治"十三五"规划（2016—2020年）》。

递媒介。这种信息传递路径不仅速度慢、效率低,还可能存在传递过程被行政壁垒拦截的风险。"7"字型管理模式必然导致决策滞后、处置迟缓。①

例如,在2020年新冠肺炎公共卫生事件中,被称为"疫情上报第一人"的湖北省中西医结合医院呼吸内科主任张继先于2019年12月26日接诊了4位不明原因的肺炎患者,第二天便上报医院,相关信息又上报至武汉市江汉区疾控中心。2019年12月29日,湖北省疾控中心和武汉市疾控中心以及几个区级的疾控中心便已在调查武汉市不明原因肺炎的情况,并于12月30日形成了书面报告。② 然而,2020年1月8日中央第二批专家抵达武汉后,并不知道当时有医务人员感染的情况。2020年1月11日,武汉卫健委对外通报的情况是:"自2020年1月3日以来未发现新发病例。目前,未发现医务人员感染,未发现明确的人传人证据。"③ 国家医疗专家组专家、北京大学第一医院呼吸和危重症医学科主任王广发则在同日表示武汉的情况"可防可控"。可见信息上传并不顺畅。而上文已详细介绍过的信息直报系统,也并未实现其功能发挥,④ 因此,无法弥补这种体制不畅带来的信息传递问题。

---

① 李程跃等:《新冠肺炎疫情对疾病预防控制体系的冲击及思考》,载《上海预防医学》2020年第4期。
② 陈鑫:《边缘化困境难解:中国疾控体系如何履行"吹哨权"》,载《界面新闻》2020年4月1日(https://www.jiemian.com/article/4131685.html)。
③ 《武汉市卫生健康委关于不明原因的病毒性肺炎情况通报》,见武汉市卫生健康委员会官方网站(http://www.wuhan.gov.cn/gsgg/202004/t20200430_1199591.shtml)。
④ 中国疾控中心从2020年1月3日起便通过网络直报系统收到了武汉病例信息,但报告很快在1月上旬后停止,原因是武汉市卫健委要求不明原因肺炎病例要"经省卫健委同意"才能上报。参见陈鑫《边缘化困境难解:中国疾控体系如何履行"吹哨权"》,载《界面新闻》2020年4月1日(https://www.jiemian.com/article/4131685.html)。

（三）疾控机构的改革方向

针对上述问题，我国未来的疾控机构改革应当明晰其法定角色，施以相匹配的属性、权力和资源，理顺其组织架构，促进以人民健康安全为价值导向、以主动预防为基本行为模式、以提供公共卫生服务为组织任务的现代疫情防控体系的形成。

1. 明晰角色定位

疾控机构既扮演着科研机构的角色，也承担着疾病防控的职责。目前而言，其作为科研机构的职能明显比作为疾病防控组织的职能发挥得更好，这并不完全符合疾控机构设立的制度初衷，也不符合社会公众对疾控机构职能的期待。因此，有学者指出，当前疾控机构科研工作的主要形式和科技成果的主要表现形式间的矛盾日益浮现，即"以应用研究为主的疾控机构不再适合以科技论文为主要表现形式来产生科技成果"。[①] 新冠疫情发生以后，国家有关部门也对疾控机构的科研角色做出了调整。国家科技部下发《关于加强新型冠状病毒肺炎科技攻关项目管理有关事项的通知》，其中明确指出，"各项目承担单位及其科研人员要坚持国家利益和人民利益至上，把论文'写在祖国大地上'，把研究成果应用到战胜疫情中，在疫情防控任务完成之前不应将精力放在论文发表上"。国家科技部进一步会同财政部制定了《关于破除科技评价中"唯论文"不良导向的若干措施（试行）》。其目的都是进一步明晰疾控机构的定位，使之将科研成果更好地应用于疾病防控的职能上，而不仅仅是追求非应用型的科研成果数量。

在角色定位方面，至少应该区分常态和应急两种情形。在常态环境下，疾控体系可以也应当专注于研究、检测等科研技术工作。但是，当发生公共卫生突发事件时，疾控中心应该迅速做出角色转换，将工作中心调整到疾病防控工作上来。而内部机构和人员也可以有偏科研或偏行政的工作分工。此外，应当加强疾控机构的透明度和公开

[①] 何梓凯、蒋学诚：《疾控机构科研管理工作在破除"唯论文"导向政策下的改进》，载《海峡预防医学杂志》2020年第6期。

性,创造专家与公众之间的沟通交流机会,让公众了解疾控机构的日常工作和科研贡献,增加公众对疾控机构不同角色的认同感。

2. 赋予机构能力

疫情发生之后,多位专家指出目前疾控中心存在能力薄弱的问题。国家卫健委高级专家组组长、中国工程院院士钟南山指出:"这次疫情暴露的短板是疾控中心地位太低了,只是卫健委领导下的技术部门,疾控中心的特殊地位没有得到足够的重视。"[①] 中国疾控中心主任高福指出:"权责不对等是疾控机构目前面临的一大难题。疾控机构承担提出防控策略的职责,由于缺乏疫情处置的决策权、话语权,导致行政决策和技术策略脱节,疾控专家只能行使建议权,无法深度参与决策。"[②]

对于如何给疾控机构赋能,提升其机构能力,存在着行政化、行政赋权和去行政化三种观点。主张行政化的观点认为,应当将疾控机构归入政府行政机关,明确疾控体系的公益性,将疾控体系列入国家公务员管理系列。具体做法是将各级疾控机构与中央和地方各级政府的疾控局合并,在卫健委外建立疾病预防控制局,具有独立决策权和发展规划权。主张这一改革的理由在于,如果疾控机构仅仅是事业单位,那么由其行使限制公民人身自由等的公权力,将与法治基本理念相悖。而赋予其行政机关的地位,将有利于促进依法行政,行使相应的公权力,并承担对应的职责和义务。[③] 主张行政赋权的观点认为,为方便疾控机构执行公共卫生任务,国家需要授予其一定的行政执法权,但并不一定要将疾控机构转变为行政机关。对疾控机构的赋权,

---

[①] 陈鑫:《边缘化困境难解:中国疾控体系如何履行"吹哨权"》,载《界面新闻》2020 年 4 月 1 日(https://www.jiemian.com/article/4131685.html)。

[②] 杨睿:《高福谈疾控体系改革技术工作不应受行政干扰》,载《财新网》2020 年 5 月 26 日(http://www.caixin.com/2020-05-26/101558908.html)。

[③] 李楯:《我们该怎样应对突发事件:与陈国强院士等商榷》,载《探索与争鸣》2020 年第 4 期;齐晔等:《新冠肺炎疫情早期科学研究对政府决策的影响》,载《治理研究》2020 年第 2 期。

最核心的是要赋予疾控机构信息发布权。① 主张去行政化的观点认为，疾控机构改革的方向不应是行政化，相反，应当努力实现疾控机构的去行政化，将其明确定位为向行政决策提供情报的专业化独立机构。② 还有学者提出要推进疾控机构法定机构改革，"通过特别立法，实现组织职能法定和落实管办分离的组织方式"③。

本书认为，作为行政体系附属物的疾控机构难以充分发挥其专业优势。2019 年 7 月，国务院印发《关于实施健康中国行动的意见》，要求"把人民健康放在优先发展的战略地位"。在与人民健康息息相关的风险决策上，应当确保谨慎、专业，以实现人民生命权利和健康权益为根本导向。因此，在"健康中国"战略下，能够担当公共健康"守门人"和专业决策辅助者的疾控机构应当朝着专业性、独立性和功能性的方向改革。疾控机构不应该转变为行政机关，将疾控机构转变为行政机关，并无法解决上述各种问题，只会加剧目前的行政机构数量庞大、权责分散、协调困难的问题。也无须引入流行于新加坡及中国香港的"法定机构"概念，对其属性进行过大调整。此外，也不宜直接赋予疾控机构在传染病暴发、流行时的信息预警权，因为风险预警归于风险管理阶段，需要同时兼顾多种因素，直接赋予疾控机构信息预警权可能会带来信息混乱和冲突的问题，折损政府与专家的权威性。

以上文提出的组织目标为导向，疾控机构应当维持其事业单位属性，并通过法定授权而成为"法律法规授权组织"。主要通过法律授权和政策保障，确立其在应急防控中的主导地位，授予其决定是否进入应急状态和发起应急联动机制的权力。专家组应当在应急联

---

① 赵今朝、马丹萌、丁捷：《疾控怎么改》，载《财新周刊》2020 年第 21 期。
② 顾昕：《假借"地位低"而想让疾控体系再行政化，恐怕南辕北辙》，载《文化纵横》2020 年 3 月 1 日（https://www.sohu.com/a/376969024_232950）。
③ 崔俊杰：《公共行政任务取向的疾病预防控制体系改革》，载《行政法学研究》2020 年第 5 期。

动机制中具有主导地位,明确疾控机构定期公布法定传染病疫情信息的权力,但传染病暴发、流行时的预警信息发布应当由联动应急机制发布。①

3. 理顺组织架构

为改变疾控体系因内部不顺导致的内耗与低效,应当探讨如何改变"7"字型管理模式,增强体系的上下贯通、资源配置能力,提高运作效率。

第一,朝着去科层制的扁平化方向改革。参考其他学者的建议,加强疾控体系中的垂直关系,可以考虑建构一个"两级平台、五级网络"的基本框架,由中国疾控中心设立省级疾控中心,由地级政府设立同级疾控中心,由地级疾控中心根据需要设立区县、乡镇级疾控机构,从而形成"横向到边、纵向到底"的五级疾控网络。② 这一方案的好处在于能够实现垂直结构上的扁平化,避免过多层级带来的信息传递和任务下达的效率低下。同时,可以确保中央疾控机构能够深入到市、县一级,从而确保对一线情况的掌握。

第二,横向上,促进机构协调和提高效率。横向建构由卫生健康行政机关内设的疾病预防控制、卫生应急管理部门与同级疾病预防控制中心构成的联动机制,考虑不设置成常态式的固定机构,③ 而设置为动态性协调机制,随时以此为雏形转变为应急决策小组,依法享有超越本级卫生管理部门的专业管理和协调权限。

---

① 2020年10月2日,国家卫生健康委发布了关于《中华人民共和国传染病防治法》(修订草案征求意见稿)公开征求意见的通知,意见稿第43条规定了"国家疾病预防控制机构定期公布全国法定传染病疫情信息。县级以上疾病预防控制机构定期公布本行政区域的法定传染病疫情信息"。"传染病暴发、流行时,县级以上地方人民政府卫生健康主管部门应当及时、准确向社会公布本行政区域内传染病名称、流行传播范围,传染病确诊、疑似、死亡病例数等疫情信息。"上述内容与本书观点基本一致。

② 崔俊杰:《公共行政任务取向的疾病预防控制体系改革》,载《行政法学研究》2020年第5期。

③ 李程跃等:《新冠肺炎疫情对疾病预防控制体系的冲击及思考》,载《上海预防医学》2020年第4期。

第三，纵向上，明确不同层级疾控机构的差异化定位和职能。中国疾控中心作为中央疾控机构，应定位为全国性公共卫生事件应急管理机构，日常承担重大公共卫生科学研究和疫情信息汇总分析职能，在疫情发生时转变为危机应对机制的主导力量。省级疾控机构由中央疾控机构设立，主要负责在疫情发生时协调本辖区内的多部门行动，以及协助信息、任务的上传下达。地市级疾控机构是这一系统的第二股核心力量，虽然其由地市级政府设立，但业务上归口省级疾控中心管理，主要负责本辖区内公共服务产品的供给、与医疗机构和行政机关的协调网络搭建，以及下级疾控机构的职能管理和业务指导。

第五章　风险决策的程序法调控

行政程序是当代行政法的基石之一。① 行政程序承担着规范行政活动的功能，是依法行政原则的实现途径。同时，行政程序也是构建公众参与空间的法律标准，赋予了行政行为在广义上的民主正当性。在风险规制领域，鉴于传统行政法框架与法律工具的局限性，一些学者已倡导通过程序来规范规制活动，特别是通过公众参与程序来提高规制行政活动的可问责性和决策正当性，"以间接缓解传统法律概念工具局限性所造成司法监督行政之功能弱化的挑战"②。

然而，传统行政法概念所自带的程序要求无法与规制语境完全契合。"规制法具有一种强烈的部门化和分散化的倾向"，③ 这意味着行政程序在风险规制领域也面临着部门化建构的任务。但我们依然可以根据风险决策活动的特殊属性而做出一定程度的抽象化建构。风险决策的最大属性是为了应对不确定风险而做出风险管理。风险不确定性的存在，使风险决策相较于其他行政行为有着更高的专业门槛、更多的裁量空间和更激烈的利益冲突。因此，风险决策的程序法调控，不能只停留在填补、拼接传统行政程序制度构成的层面上，应当根据风险行政的特征与发展趋势，设计一套促进决策实现三元可接受性的理性程序框架。这一程序框架不仅应当发挥限制行政机关公权力行使的作用，还担当了不同行政机关之间、行政机关与专家之间、行政机关与公众之间、专家与公众之间交换风险信息的媒介。为了避免形式主

---

① BARNES J. Reform and innovation in administrative procedure. In *Transforming administrative procedure*. Global law press, 2008: 11-41.

② 梁志鸣、张兆恬：《论当代司法对行政监督的管制挑战：从全民健康保险药价不实申报之管制切入》，载《台大法学论丛》2018 年第 2 期。

③ 罗豪才、毕洪海：《行政法的新视野》，商务印书馆 2011 年版，卷首语。

义,风险决策的程序是一种理性程序,它被寄予希望,能够促成风险信息的收集,了解公众的风险认知和接受程度,筛选出符合技术可接受性的科学证据,确保风险管理环节的正当性,促进正当决策的做出。

本章首先从规范权力行使、促进决策理性、提升决策可接受性的角度,介绍程序之风险决策的调控功能。在以风险决策科学及民主价值的程序实现为目标,尝试建构一个综合性的风险决策程序框架。在这个框架中,风险决策程序以"分析—商议"为范式,纳入多元的行动者,通过分析思考确定系争风险的框架,进而进行相互诠释、了解以及理性商议,最终得出风险管理方案。这一方案强调通过学习、沟通、判断与反馈的迭代,来加深对风险信息与风险知识的认知,促进不同利益相关方了解彼此的观点与立场,进而尽可能地实现理解与共识。这样一个程序框架设计是高度灵活的,为了保证"分析—商议"的充分迭代,又兼顾风险规制实践高度复杂的现实,风险的界定、风险评估、风险沟通、风险管理均以一种分类的指导思想进行。在面对具体风险议题时,应当通过相应的启动程序评价来确定风险的类别,不严重或争议小的风险将适用于简易快速的风险决策步骤,反之则进入更为复杂的风险评估程序和风险沟通程序。在此基础上,本章将着重分析其中两个环节的作用机理,一是作为技术可接受性程序法保障的风险评估,二是作为社会可接受性程序法保障的风险沟通,并在最后以农业转基因生物风险为例,探讨如何适用这个开放反思型的五步程序框架。

一、程序之风险决策的调控功能

(一)促进决策的法治契合度

行政程序通常被认为是对抗权力滥用以及规范自由裁量的防御机

制。"只有借助于程序公正，权力才可能获得容忍。"① 行政程序的存在与遵循，使行政主体的行为能够依据权力配置系统而被采纳，并保障私人的权利和利益。从这个意义上讲，作为权力控制的工具，行政程序与行政法治相挂钩，使正当程序已成为行政法治的重要标志之一。行政决策作为行政内容的重要组成部分，行政决策权作为行政权力具体应用的起点，程序调控自然也就成为行政决策法治化的技术侧重。②

而在风险社会背景下，权力的控制与法治的保障更加重要。当风险决策成为一种国家行为而非个人行为时，其标准和机理则发生了彻底的变化。中世纪航海情形下的风险决策是个体对自身生命和财产的一次赌博，而国家所肩负的风险决策任务则是以人民的集体生命健康为赌资的。"当某一决定将牵涉众多人的命运时，决定者没有权利为赌注行为。"③ 因此，如何评价、限制和规范这种以国家为主体的风险决策活动，便成为现代法治国家的一个重要任务。风险决策面对的是无法消除的不确定性，法律的滞后性使其往往无法在第一时间回应风险规制的新情况、新问题，为顺利实现风险决策，行政权在不知不觉中扩张了；④ 与此同时，以风险预防为原则的风险规制在理论建构上必然产生诸如"威胁""不可逆转的损害"等不确定性概念，由法律加以规定后赋予风险决策主体极大的裁量余地，因此带来了滥权或恣意决策的空间。

为避免裁量空间中的滥权和恣意行为，程序的施加可以确保决策的做出不会偏离公共利益，能够符合法律的条文规定与追求价值。风

---

① 威廉·韦德、克里斯托弗·福赛：《行政法（第十版）》，骆梅英等译，中国人民大学出版社 2018 年版，第 339 页。

② 肖北庚：《行政决策法治化的范围与立法技术》，载《河北法学》2013 年第 6 期。

③ 陈宗忆：《国家的风险决策与风险决策监督：以建立"风险原则"为中心》（学位论文），台湾大学法律学研究所 2008 年，第 64 页。

④ 赵鹏：《知识与合法性：风险社会的行政法治原理》，载《行政法学研究》2011 年第 4 期。

险行政决策的法治模式要求一切决策权的运用、决策程序和决策考量标准都依法进行，都符合法治精神和理念。程序通过对决策者设定行为规范，要求决策者必须关注法律要求，倾听公众声音，寻找科学凭据，从而结构性地约束决策活动的裁量空间，实现风险决策过程的合法性以及决策结果与法治理念的一致性。

（二）提供科学与民主的对话机制

行政法治意义下的行政程序并非仅是官僚系统内部的办事规则，也不单纯是权力控制的工具，更应当是构筑多样社会现实、体现科学民主等现代价值的媒介，对行政的过程和结果能够产生实质性的影响。如上文所述，风险决策需要倚重程序，但这种倚重是一种理性程序主义而非形式主义。这意味着程序的设计是能够促进技术理性和社会理性的。风险行政决策由若干具体行政行为和抽象行政行为相互耦合而成，[①] 其本质上是一种确定或反映公共价值的政治决策，需要面对利益和价值的分歧，故而同时需要技术知识（科学根据）和价值性知识（民主意见）的支撑。[②] 换言之，决策程序的功能之一是保障其对行政决策过程及结果的科学性和民主性，以实现技术理性和社会理性融合下的行政理性。

在风险规制领域，早期对于风险决策的科学与民主问题有着针锋相对的两派看法，一派强烈主张基于科学证据做出风险决策，另一派则质疑所谓科学客观性的存在，认为决策不能仅仅听从专家的看法，还需要考虑公众的意见，[③] 最终形成了决策科学化与民主化两条相互冲突的路径。决策民主化具备浓厚的民主政治色彩，关注的是公众的

[①] 湛中乐、高俊杰：《作为"过程"的行政决策及其正当性逻辑》，载《苏州大学学报（哲学社会科学版）》2013 年第 5 期。

[②] 戴维·杜鲁门：《政治过程：政治利益与公共舆论》，陈尧译，天津人民出版社 2005 年版，第 362 – 363 页。

[③] SUNSTEIN C R, et al. *Risk and reason: safety, law, and the environment.* Cambridge: University Press, 2002: 108.

身影能否出现在决策的场域之中,追求开放性;但决策科学化强调技术的特征与精英的治理,有一定的封闭性,可能削弱民主政治及法律对公共决策的控制。在风险决策中,兼顾科学与民主所面临的困难,比一般行政决策更加明显。最终,科学和民主之间的调和只能通过程序的建构来实现。"由于决策的复杂性及不可预测性,正义的问题还是要回到程序问题上。"① 风险决策程序能够为这种冲突的化解提供一个缓冲的空间。② 通过程序之调控,决策者可以通过规范的程序获取最可接受的科学证据,可以了解社会对某种风险的认知和价值判断,了解公众的风险"底线",并通过设立对话机制对不确定性问题进行理性的交涉与商谈,而使风险决策能够建立在对已有知识和信息的审慎考量和充分对话之上,达成一个各方都可接受的风险规制方案。

(三)形塑规制政策的社会效果

风险理论中某些观点认为,风险是由人类行动创造和选择的,是心理上的"构造",代表了人们在现实中观察到的和他们经历的内容。③ 彼得·桑德曼(Peter Sandman)著名的"风险 = 危险 + 愤怒"公式也出于类似的假设。④ 以此为观察,风险决策势必要考虑普罗大众的接受程度。尽管行政机关的职权通常已由组织法所明确,但如若行政决策方案不具备广泛的社会可接受性,则容易引发社会争论和正当性质疑,其实施时也将遭遇阻力。我国厦门 PX 项目事件等例子表明,忽视了公众意见与利益相关人诉求的封闭式风险决策,极容易引

---

① 郭淑珍:《科技领域的风险决策之研究:以德国法为中心》(硕士学位论文),台湾大学法律研究所,1998年。
② 张恩典:《风险规制正当程序研究》(学位论文),苏州大学2017年,第84页。
③ OECD. Emerging systemic risks: final report to the OECD futures project, 2003: 67.
④ SANDMAN P M. Risk communication: facing public outrage. *EPA journal* (U.S. Environmental Protection Agency), 1987, 13: 21-22.

发大规模的社会冲突。① 事实上，在社会结构的复杂化加剧、国家开始由国家中心主义转变为向社会和市场的进一步放权、政府规制也开始走向合作治理的背景下，私人主体的角色定位已经由传统的行政管理对象及行政管理的辅助者转化为风险规制等公共事务的决定者之一。现代国家风险治理框架逐步建立的过程，同时也是公众日益形成风险意识、公众风险认知与专家风险结论分道扬镳，最终公众试图争夺风险决策话语权的过程。如若忽视作为治理主体的公众的风险认知和风险可接受度，则风险规制将与其原本所设定的社会集体学习风险与建构风险的制度图景相背离。

　　程序的调控能够形塑规制政策的社会效果，促进决策结果的可接受性。一方面，承担整体社会风险后果的主体并非风险规制机关或者专家，而是全体社会公民。但建立于概率之上的风险规制体系，没有绝对正确的答案和绝对安全的选择，零风险的不可达性，要求我们通过相应的风险决策程序得出一个社会各方能够妥协的"风险可接受水平"，并力求在社会可接受的风险水平和进一步减少风险的成本之间取得最佳平衡。② 另一方面，风险规制交织着利益和价值，风险决策方案不可能获得所有利益相关者的青睐，也可能造成社会和风险规制

---

① 从 PX 项目选址厦门开始，由于当时风险沟通尚未受到重视，厦门政府并没有做好信息交流工作。而全国政协委员、中国科学院院士、厦门大学化学系教授赵玉芬所发起的反对，特别是她联合百余名全国政协委员，在 2007 年 3 月的全国两会上提交了"关于厦门海沧 PX 项目迁址建议的提案"，导致了 PX 项目在中国的污名化。2007 年 12 月，厦门市政府启动环评公众参与，统计显示厦门人压倒性的反对态度。后来，随着专家、地方政府及媒体不遗余力地科普，PX 项目最终迁址至漳州古雷半岛。
2015 年 4 月 6 日，古雷 PX 项目工厂发生因漏油着火引发的爆燃事故，其中，610 号火储罐还在现场明火被宣布扑灭后又复燃，截至 9 日晚上才最终扑灭。事件发生后，地方政府没有很好地对燃爆细节进行披露，使原已宁静的反 PX 项目声音再次在网络上沸腾起来。相关专家被迫重新出来进行科普，表示这次的燃爆是管理问题，与 PX 项目本身的毒性无关。参见科学公园《科学看待 PX》（https://sg.weibo.comusersciencepark/3506422479984522）。

② KUKLICKE C, DEMERITT D. Adaptive and risk-based approaches to climate change and the management of uncertainty and institutional risk: the case of future flooding in England. *Global environmental change*, 2016, 37: 56–68.

机关之间的冲突与角力，但当决策程序的设置是公正的、正当的，公众可以决策参与者的身份参与到风险决策当中，利益相关各方也都能在决策过程中获得充分表达自身意见的机会以及得到相应的意见反馈，即使风险决策的最终方案无法满足自身的风险偏好及利益诉求，他们也更可能尊重和服从相应的决策决定，① 并增加对风险规制机关决策公正性的信任程度。② 故而，开放式决策程序能够发挥促进社会可接受性的制度作用。

二、风险决策程序的框架建构

（一）程序范式：从合法执行到"分析与商议"

1. 风险议题中的"分析"与"商议"要素

程序在应然上具有规范风险决策权力行使、促进对话机制及提升决策可接受性社会效果的功能，并不意味着实然上的风险程序设计能够天生实现上述功能。一个好的风险决策程序框架也不可能消除所有关于风险的冲突，但它可能消除或减少那些基于误解、不信任、错误沟通、忽视等因素的冲突。可以说，虽然良好的程序设置或许并不一定可以减少冲突，但糟糕的程序设置却可以预期地增加冲突。故而，风险决策程序的核心议题在于，程序应该如何建构，方能应对风险社会下科学和技术所带来的挑战？

在"传送带"模式下，囿于创制与执行法律二分的框架，行政将自身视为对法律的执行，并不制定公共政策，因此，行政程序与法院的裁决程序类似，按照司法场景的模式来运行，以确保冲突中的特定权利得到保障，更像是法律适用的工具。然而，伴随着秩序行政向给付行政和风险行政的发展变迁，既有程序规范在面对新的行政形式时

---

① BAYLESM E. *Principles of law: a normative analysis*. Springer science & business media, 2012: 32.

② GELLHORN E. Public participation in administrative proceedings. *Yale law journal*, 1971, 81: 359–406.

常常捉襟见肘。传统行政程序的概念基础已经落后，其忽略了在行政立法、行政规划、技术标准制定以及其他涉及科学性质或技术问题的决定场景中，因此，行政机关必须依赖于行政程序机制来发现解决问题的办法。行政决策结合了内部行政行为与外部行政行为、抽象行政行为与具体行政行为，实际上是一个创制规则、设计规划与方案的过程。决策程序不是为了执行实体法而适用，而是为了帮助行政机关做出更好的决策。[1] 这就要求风险决策机制在程序设计上要超越传统形式法治的范畴，塑造行政决策正当化的新路径。[2] 而程序法所要回应的，是一个对分析和商议提出极高要求的风险社会。

风险社会是一个了解未知与预测未来的探寻社会。一方面，风险社会是一个高度依赖分析的社会。风险决策首先应当建立在对科学事实理解的基石之上：有关危险和暴露的可靠信息以及解决方案依赖于定量或定性的分析，因此对风险的估计和评价离不开数学模型的运用。通过计算和推导的方式得出概率，才能为决策提供资源。[3] 同时，风险有不同类型，在规制资源有限的情况下，由于受制于时间、人力资源等各项成本的约束，行政机关进行风险决策时不得不将成本和收益纳入考量范围，因此，自然的风险概念也由此转变为法律的风险概念，通过法律而建构了规制的对象。法律所要求的风险分类管理或成本效益分析方式，都是法律对风险对象的分析工具。而如果缺失理性与现实的风险分析，风险的高度复杂性与不确定性会让现代法治国家中的规范行为退回到中世纪面对海洋时未知的"鲁莽赌博"。

另一方面，风险社会又必然是一个商议的社会。在复杂化、多元化的风险社会里，政策决定常常面临"不相容的价值"与"不完整的

---

[1] 覃慧：《治理时代行政程序法制的变革与因应研究》，北京大学出版社2018年版，第132页。
[2] 田飞龙：《行政决策程序的法治定位及其合理化需求》，载《江苏警官学院学报》2011年第3期。
[3] 凯斯·孙斯坦：《风险与理性》，师帅译，中国政法大学出版社2005年版，第132页。

理解"的问题,① 人们对决策的目标可能存在价值的冲突。即使目标相同,由于手段与目的关系的不确定性,人们对于政策的预期后果,以及何种政策方案才是最合适的选择,也可能存在认知方面的冲突。社会的意义在根本上与商议民主的理念紧密结合在一起,公民社会本来就是政治的共同体,是政治沟通及公共政策论辩的场域。② 风险的整体后果由公民社会承担,则风险决策的完成必须在公民社会的领域进行。即便风险决策相较一般行政决策更加强调专业风险知识和科学方法的运用,作为风险知识拥有者的专家,以及作为风险决策最终做出者的行政机关,也不能简单将作为风险可能后果承受者的公众仅仅视作风险和风险规制活动的"客体"而存在。

鉴于风险社会所要求的分析性与商议性,理论界和实务界开始建构一个用以指引国家风险规制活动的程序框架——"分析—商议"模式。美国国家研究委员会在1996年出版的《理解风险:在民主社会中为决策提供信息》一书中提出,风险决策应当考虑分析和商议两大要素。③ "对风险的准确、合理、完整的描述必须同时涉及物理世界的客观事实和不涉及物理世界的客观事实的(价值)陈述。"④ 风险始于理性判断,但这种理性判断又并非单纯的技术性问题,而是一种涉及价值判断的社会建构过程。在分析—商议的过程中,更多的资讯被提供、被分析,各方的利益与价值关切也得到了充分的考量,从而提升了决策的正当性以及决策的理性程度。从这个意义上讲,风险决策的程序必须是交涉过程的制度构建,需要弱化科学与民主的冲突和对立,给予多元主体、多元认知和多元利益充足的交流空间。风险决策

---

① GUTMANN A, THOMPSON D F. *Democracy and disagreement*. Harvard University Press, 1998: 20 – 35.

② 周桂田:《现代性与风险社会》,载《台湾社会学刊》(台湾地区)1998 年第 10 期。

③ NATIONAL RESEARCH COUNCIL, et al. *Understanding risk: informing decisions in a democratic society*. National Academic Press, 1996: 1 – 10.

④ HANSSON S O. Risk: objective or subjective, facts or values. *Journal of risk research*, 2010, 13 (2): 231 – 238.

程序为专家和公众提供了交涉、反思、协商与选择的场域，使专家、公众及政府得以就各自所掌握的风险知识进行互动对话，克服各主体的"知识贫乏"和"价值冲突"问题，[①] 使认同、理解或谅解成为风险决策选择的基础。

2. "分析—商议"程序范式的内涵

分析与商议可以看作人们认识世界，在认识的基础上形成理解、达成共识的两种互补的途径。明智的风险决策同时依赖于分析和商议过程。在风险决策下，分析是指通过确定决策的可能结果、选项的含义和以前未认识到的潜在危险来澄清问题的环节。它将发挥如下作用：一是可以使各方就一些问题达成协议，并将进一步讨论的重点放在有分歧的领域；二是可以提供一个基础的、供选择的立场，而不考虑谁赞成这些立场；三是将阐明在不完全信息、不确定性的情况下有哪些可用的决策选项。商议是指沟通、提出和集体商谈问题的任何正式或非正式的制度安排。在商议过程中，人们互相讨论、交换意见、考虑证据、思考共同关心的问题、谈判并试图说服对方，因此，既包括双方同意的沟通过程，也包括对抗性的沟通过程。商议意味着受影响的各方都进入风险规制的过程，还意味着要对问题的各个方面进行深思熟虑，并可能根据新的知识或见解重新讨论先前的问题。一个好的商议过程会随着细节的出现和结果的发生而加深参与者的理解，使不同立场之间的关系更加清晰。商议的参与者可能有不同的利益，但商议能够促进利益之间的妥协，因此，商议过程是一个互动的学习和妥协的过程。

尽管"分析—商议"的先后顺序为先分析后商议，但风险决策的"分析—商议"程序并非指风险决策程序被划分为分析和商议两个环节，分析与商议的迭代才是"分析—商议"程序的要义，而且"分析—商议"贯穿于风险决策始终。从人类的思维逻辑与行动逻辑出发，人们通常将决策程序抽象化分解为"发现问题""调查拟订方案"

[①] 戚建刚、余海洋：《统一风险行政程序法的学理思考》，载《理论探讨》2019年第5期。

"评估确定方案"和"实施及反馈修正",[①]而这个过程中的每一步都涉及判断,都可能涉及分析与商议。只有秉持这一思路,才有可能实现本书提出的三元可接受性——在合法、科学和民主要素的最小公约数之上的更高目标追求。这种最小公约数的获取过程便需要对这三个要素进行反复的综合考量,即分析与商议的迭代。

具体到风险决策,多数国家和地区普遍适用的是"风险评估—风险沟通—风险管理"的三分法风险决策链,对风险的科学识别与估算,对风险信息的相互沟通交流以及具体风险管理措施的制定和运用构成了以风险预防、风险控制为目的的风险决策整体。风险评估程序主要回应了风险决策的科学决策需求,确定风险决策的事实根据;风险沟通程序主要回应了风险决策的民主决策需求,基于信息的传播、交互来实现"审议式民主";风险管理程序主要回应了风险决策的依法决策需求,以风险决策的事实根据和法律根据共同做出决策选择。但这并不意味着应将分析简单等同于风险评估环节、将商议简单等同于风险沟通环节。驳斥这种错误看法的一个最简单的例子是,风险评估中专家与专家之间有关风险(事实)知识的商谈,就是商议的过程。分析和商议都是增进对既有现象的了解和对未来状况的估计的过程,都是告知、构建和测试关于证据有效性和决定适当性的判断方式,都可能有助于风险决策过程的推进。风险评估、风险沟通和风险管理中都将涉及分析与商议。只不过,风险评估强调专家治理,对于分析自然更加侧重;风险沟通强调公众参与,自然偏重商议的范畴。但这并不意味着各程序环节排他性地支撑着科学决策、民主决策与依法决策中的某一个决策价值逻辑。"风险评估/风险管理"是透过切割行政程序达到伦理上的责任划分,但如果依靠行政程序来切分"科学/民主"或"科学/政治",就容易失之偏颇。

充分的分析和商议取决于从了解风险的最初阶段就纳入利益相关方和受影响方的观点和知识,进而提出正确的问题,做出适当的假设,并找到正确的方法来总结信息。因此,需要通过设计包括风险评

[①] 杨寅:《行政决策程序、监督与责任制度》,中国法制出版社2011年版,第73页。

估、风险管理和风险沟通在内的每一个判断相适的流程来应对，并经过各方信任的过程而做出正确的决策选择。在这个过程中，风险规制机关首先应当对决策情况进行临时诊断，以便确定潜在的参与者，分配资源并组织"分析—商议"过程。然而，在做这些事时，风险规制机关应将其视为暂时性的、可随时接受改变的过程。这意味着，分析和商议是可能循环发生的。这种循环可能需要依赖于本书第四章所讨论的常设性民主促进机构来实现。当然，任何决策的做出都有时间及程度上的限制，即在风险管理阶段，商议在达到特定程度时应当结束，以得出相应的风险管理方案。"分析—商议"程序框架需要面对的重要问题是如何处理对更多分析、更多商议的渴望与达成共识的需要之间的紧张关系。在利益对立强烈、参与人数众多、价值观存在差异的情况下，达成妥协和共识可能相当困难。风险规制机关应当考虑通过程序规则，让参与商议的各方即使存在重大分歧也能达成暂时的一致意见。由程序的调控功能来倒推，在满足了各方充分听取所有相关主体的意见，以及已经将需要考虑的其他信息和关切事项公之于众的情况下，"分析—商议"过程得以结束。当然，这不是指永久意义上的结束。鉴于风险的不确定性，风险管理应当被理解为得出对问题的暂时性定义与安排。有效的"分析—商议"过程达成的是一种谅解，大多数参与者会达成一种共识——所采取的风险管理措施在现有的时间或努力范围内是充分的，即仅是"最小公约数"，今后完全可能需要重新商议。

综上，"分析—商议"型风险决策程序必须容纳多元的社会行动者以及公共代表，并通过分析思考确定系争风险的框架，进而进行相互诠释、了解以及理性协议，得出具体的风险管理方案。亦即，"分析—商议"程序范式指向了几个要素要求，包括开放、说理和反思，从而使得各方意见能得到充分权衡。[①]

[①] 沈岿：《风险治理决策程序的科学与民主：以防控甲流的隔离决策为例》，载《行政法论丛》2009 年，第 110 – 140 页。

(二)程序步骤：从线性三分法到反思性五分法

1. 经典的二分框架与三分框架

历史上，技术官僚政治将民主简化为科学的真理主张，民粹主义将民主简化为对人民意志的单一表征，[①] 而风险规制的不断发展为避免培育出民粹主义和纯粹的技术官僚政治做出了努力。风险规制的发展变迁史体现了由以"专家政治"为主导转向强调民主沟通与公众参与的轨迹。以"分析—商议"程序原则为指导，风险决策的程序框架是提供风险规制治理思路的一套结构。在该结构内部，利益相关者可以对特定的风险进行调查、讨论、沟通和管理。这个程序主义的框架，并不是一味地追求听从专家、听从民意或听从政府，也不追求所有人都对风险决策表示满意，而是追求所有的参与者都能在持续对话中保持合作的可能，最终达到本书提出的三元可接受性状态。

当代风险规制实践已经设计出不少线性决策结构。其中，以1983年美国国家科学研究院发布的《联邦政府的风险评估：管理流程》中确定的"风险评估"与"风险管理"二分框架为典型。这种以科学知识、技术路线为起点，基于科学的"风险评估"和基于政策的"风险管理"二分的规制体系确立了科学方面与政治/价值方面的区分，在实践中对政策制定极为有用，因而产生了广泛影响。风险评估和风险管理分离模式被视为理性的程序建构，它暗含着规制机构只是将专家的科学事实结论运用于风险管理，因此是一个可控而应责的过程的理解。海瓦特（Heyvaert）在谈到欧盟时也认为："风险评估和风险管理的分离发挥了至关重要的作用，使作为决策者的欧盟委员会展现出一种形象，即对外来产生的信息做出冷静、中立的裁决，而不是不受约束的监管力量。"[②] 然而，风险评估和风险管理的截然区分不但不符

[①] NERLICH B, HARTLEY S, RAMAN S, et al. Science and the politics of openness: here be monsters. Manchester University Press, 2018, 175.

[②] FISHER E. Framing risk regulation: a critical reflection. European journal of risk regulation, 2013, 4 (2): 125 – 132.

合现实，也会导致民主要素无处安置。① 该二分框架并非完全排斥民主要素，但仅把公众参与放置在风险管理的下位概念。

随着对风险规制民主化的要求日益提高，风险沟通环节日益受到规制者的重视，从风险管理中的一个要素上升为一个与风险评估、风险管理同样重要的组成要素。世界卫生组织和联合国粮食及农业组织在 1998 年发布的《风险沟通在食品标准和安全问题中的适用》中将风险评估纳入了规制框架，在这个框架中，风险评估、风险管理和风险沟通是三个相互交叉的独立模块。但此后，风险沟通被认为应当是贯穿于风险评估和风险管理全过程的一种渗透性的活动，因此，在 2006 年出版的《食品安全风险分析——国家食品安全管理机构应用指南》一书中给出了一个新的食品安全风险分析框架，这个框架是一个包含风险评估、风险管理和风险沟通的三位一体的框架，其中，风险评估处理科学问题，风险管理处理政策和价值的问题，而风险沟通涵盖整个规制过程。②（如图 5-1 所示）

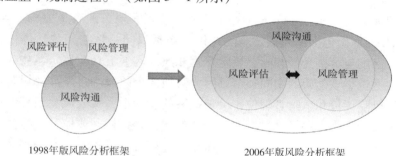

图 5-1 世界卫生组织食品安全风险分析框架的变化

因此，在风险评估与风险管理二分法的基础之上，"风险评估—风险沟通—风险管理"的三分法风险决策链被提出并得到适用。由于风险决策过程的动态迭代，"风险评估—风险沟通—风险管理"的三

---

① MILLSTONE E. Science, risk and governance: radical rhetorics and the realities of reform in food safety governance. *Research policy*, 2009, 38: 624-636.

② 参见《食品安全风险分析国家食品安全管理机构应用指南》，樊永祥主译，人民卫生出版社 2008 年版。

分法风险决策链尽管呼应了"分析"与"商议"的某些需求，但在开放的、循环的、迭代的和相互关联的程序追求方面仍有不足。

另有一些研究提出了更为细化的线性框架，如美国国家研究委员会在1996年出版的报告《理解风险：在民主社会中为决策提供信息》中，将风险决策过程分为"问题表述""考虑可选择的方案和结果""信息收集和解释""综合信息"四大判断过程；[1] 英国健康与安全执行局在2001年将风险决策程序设置为"决定问题是否属于管辖范围""定义和描述问题""审查解决问题的可选方案及其优点""获取利益相关者的支持""实施决策"以及"评估所采取行动的有效性"六大环节。[2] 还有学者提出了风险治理的四个阶段——框架（设计话语）、评估（认识论话语）、评价（反思性话语）与管理（实际的话语）。[3]

2. IRGC框架的启发

国际风险治理委员会（The International Risk Governance Council，以下简称IRGC）2005年提出了一个包容性的风险治理框架（如图5-2所示），对"分析—商议"程序的具体框架搭建有重要的启发。IRGC的框架包括预评估、风险评价（包括风险评估与相关性评估）、可容忍度与可接受性判断、风险管理和风险沟通五个阶段。其中，风险沟通位于该框架的中间环节，因为其他四个阶段均可能涉及风险沟通；风险评价和风险管理位于治理框架的横轴上，代表风险治理实际是生成和收集有关风险的知识，并就如何减轻、控制或以其他方式管理风险、做出决策的活动过程；而在治理框架的纵轴上，则安排了体现知识和价值观紧密交织的两个阶段，它们串联起了风险评估与风险管理。该框架通过横、纵轴的划分，强调重视评估和管理之间的联

---

[1] NATIONAL RESEARCH COUNCIL, et al. *Understanding risk: informing decisions in a democratic society*. National Academic Press, 1996: 37 – 72.

[2] HEALTH AND SAFETY EXECUTIVE. *Reducing risks, protecting people – HSE's decision making process*. HSE Books, 2001: 22 – 39.

[3] DREYER M, RENN O. EFSA stakeholder and public involvement policy and practice: a risk governance perspective. In *Foundations of EU Food Law and Policy: ten years of European food safety authority*. New York: Ledge, 2016: 171 – 194.

系,勾勒事实世界和价值世界之间的分析区别,又避免了事实与价值的简单分离,追求取得政策制定与实施的潜在风险与潜在利益之间尽可能地平衡;同时,强调风险沟通在风险治理中占据中心位置,主张邀请科学、政治、经济行动者和民间社会代表在评估和管理中发挥作用。①(如图 5-2 所示)

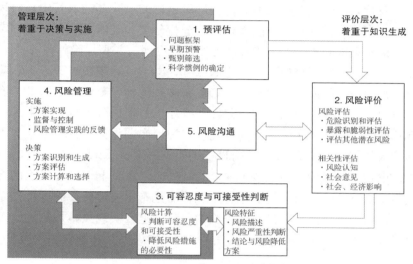

图 5-2　IRGC 的包容性风险治理框架②

本书的导论中描述了风险社会中的风险演化,从自然风险、人为风险到生态风险,风险社会对人类带来的挑战呈现多样化、多量级以及复合性。而 IGRC 白皮书风险治理框架的创新之一是考虑这些复杂风险的分类问题。这一框架将风险分为简单风险(如某些已知的健康风险)、复杂性风险(如电网断电带来的风险)、不确定性风险(如国际恐怖主义性质和规模的改变风险),以及有歧义的风险(如纳米

---

① RENN O. White Paper on risk governance: towards and integrative approach. International risk governance council (IRGC), 2009.

② 颜上泳、唐淑美、周于舜:《国家发展纳米医学之风险治理核心规范初探:以国际风险治理委员会(IRGC)之架构为借镜》,载《生物产业科技管理丛刊》第 4 卷第 2 期。

技术等有争议技术的长期影响和道德可接受性风险);对于每一类风险,风险决策的策略亦即风险评估、风险管理以及利益相关者的参与水平和形式都应当有所不同。① 风险的分类除了能帮助我们加深对风险的了解认知,更能为下一步的行动指明方向。从风险规制的角度看,风险所具备的灵活性、评价性、过渡性等特征②导致传统的公共行政及行政法因成本过大而难以将形形色色的风险都纳入其中。对风险的分类最终是为了对风险管理措施进行分类。既然风险存在不确定性,则不可能有单一的风险预防原则能符合所有类型风险的需要。③

风险有是否严重或是否紧迫的区分,由于风险规制机关人力、物力、财力资源的限制,风险的监管也有必要区别轻重缓急。因此,有必要根据风险属性对风险进行分类和排序,并根据分类排序结果来设计不同的规制方案和分配不同的规制资源,亦即根据区分结果采取不同等级的规制方式,采用不同程度的严厉手段,调动不同程度的资源,设定不同风险残余的规制目标。④ 在这个意义上,基于风险的方法不是试图防止所有可能的危害出现,而是希望通过将规制标准制定和执行活动的重点放在最高优先级的风险之上,实现风险规制的合理化。⑤ 对此,我国立法上也有所认可。《中华人民共和国食品安全法》

---

① 简单的风险问题可以使用"基于常规"的策略进行管理;复杂的风险问题应当使用"风险告知"和"稳健性聚焦"策略进行管理;不确定性风险问题可以通过"预防为主"和"注重弹性"的策略得到更好的管理;有歧义的风险问题应当使用"基于话语"的策略进行管理,该策略旨在创造对冲突的容忍和相互理解的观点和价值观,以期最终协调它们。RENN O. White Paper on risk governance: towards and integrative approach. International risk governance council (IRGC), 2009: 15.

② 张哲飞:《科技风险规制过程中的行政法问题研究》(博士学位论文),中南财经政法大学 2018 年,第 32 – 34 页。

③ STONE C D. Is there a precautionary principle. *Environmental law reporter*, *news & analysis*, 2001, 31: 97 – 107.

④ 黄泽萱:《现代风险治理框架下的民意困局及其出路探讨:兼评张小燕等人诉江苏省环保厅环评行政许可案》,载《清华法学》2018 年第 5 期。

⑤ BEASSIER A, et al. Accounting for failure: risk-based regulation and the problems of ensuring healthcare quality in the NHS. *Health*, *risk & society*, 2016, 18 (3): 205 – 224.

明确对食品安全实施了风险分级管理,①《中华人民共和国环境影响评价法》则将建设项目分为可能造成重大环境影响的、可能造成轻度环境影响的以及对环境影响很小的三类,要求分别填写环境影响报告书、环境影响报告表和环境影响登记表;② 对于具体某种项目分属何种类别,由生态环境部制定的《建设项目环境影响评价分类管理名录》,确立了以风险分类管理为基准的环境影响评价制度。

以环境影响评价制度为代表的风险分类管理,可以看作一种狭义的风险分类管理。从更广义的角度看,选择不对风险进行规制也应当属于风险分类管理的一种情形。若以此为标准,尽管具体的风险管理措施千差万别,但一般可以分为三种情形:第一种情形是不限制某项设施的建设、某类科学技术的商业化运用。这是在对风险与收益进行分析比较后所做出的以承受风险来换取特定收益的决定。第二种情形与第一种情形相互对照,认为风险过高或者是虽然存在相关利益,但并不足以取代承受风险所带来的负面影响,进而直接禁止相关设施、技术、产品的建设、运用和流通。第三种情形则更为复杂也更为常见,其并非"非此即彼",在规范形式上多半是附有条件的限制性措施,例如,转基因食品的生产经营需要遵循标识制度。③ 在这种模式中,风险规制机关设想可以通过限制措施或特殊规定将某些风险降低到可以被接受或容忍的程度。而第三种情形中的相关措施,又可以进行进一步的分类,亦即指向狭义的风险分类管理。

与风险分类相呼应,衔接风险分类管理的风险评估、可容忍度与可接受性判断甚至风险沟通也应当有相应的分类或分层意识。以风险评估为例,在转基因作物可能带来的环境风险问题上,不少学者主张

---

① 参见《中华人民共和国食品安全法》(2018年修正)第109条。
② 参见《中华人民共和国环境影响评价法》(2018年修正)第16条。
③ 《中华人民共和国食品安全法》(2018年修正)第69条规定"生产经营转基因食品应当按照规定显著标示"。

风险评估应是分层的,① 亦即需要对某些不那么严重或争议不大的风险提供一些相对快速地评估程序,以降低环境风险评估的成本,集中精力于最大的风险。这显然也符合"分析—商议"程序中将讨论重点放在分歧所在处的要义。又如,风险沟通也关涉组织成本和动员能力,因此也应当视个案和情况的需要,而非要求其出现在每一次风险决策的每一个环节当中,且需视具体情况的不同,采取不同风格和重点的风险沟通策略。

不过,风险的分类以及风险管理的分类都可能遭受批评或面临质疑,对于 IRGC 的风险分类框架,有学者提出"清晰的划分很难反映现实""这些风险类别可能只是描述同一风险的各个方面"等反对意见。还有学者根据案例研究,提出决策者和利益相关者在分析之初掌握的知识往往有限,可能会导致对风险的错误描述,进而导致建立在错误前提下的管理决策。② 而传统的风险分类管理制度往往由专家支配,公众并未有太多参与的空间,体现了专家技术理性独大的趋势;同时,以风险分类降低规制成本、兼顾经济效益是政治理性的必然选择,导致风险分类管理模式往往是政治理性下的折中方案而不一定是最优方案,进而可能会忽视被裹挟其中的民意。③ 这种批评值得重视,但其解决之法并非不对风险进行分类,而是风险分类管理不能设置为一个僵化的、不容挑战的步骤,否则这一环节便会成为技术官僚垄断并预设风险问题的自由疆域。如何分辨风险的属性、判断风险的规模继而进入对风险的管理必须由具体的问题及个案背景等细节决定,并保持分类系统的开放性与反思性,根据社会可接受性做出调整,即风

---

① HILL R A, SENDASHONGA C. General principles for risk assessment of living modified organisms: lessons from chemical risk assessment. *Environment biosafety research*, 2003, 2 (2): 81 – 88. KJAERC, et al. Ecological risk assessment of genetically modified higher plants (GMHP): identification of data needs. NERI-technical report, 1999: 303.

② RENN O, WALKER K. Lessons learned: a reassessment of the IRGC framework on risk governance. In *Global risk governance*. Dordrecht: Springer, 2008: 331 – 367.

③ 黄泽萱:《现代风险治理框架下的民意困局及其出路探讨:兼评张小燕等人诉江苏省环保厅环评行政许可案》,载《清华法学》2018 年第 5 期。

险分类管理本身也需要建立在充分的"分析—商议"范式之上。

统而观之,在"分析—商议"的程序框架下,国家应当建立风险的基本分类框架,并对不同类别的风险建立不同的程序步骤。在面对具体风险议题时,应当通过相应的启动程序评价,确定需要决策的风险属于哪一类,不严重或争议小的风险适用于简易快速的风险决策步骤,反之则进入更复杂的风险评估程序和风险沟通程序,既保证"分析—商议"程序的充分迭代,又兼顾风险规制实践高度复杂的现实。但同时,风险分类机制应当是动态而开放的,并且能够根据技术发展和社会可接受性的变化而调整。

3. 风险决策的开放反思程序

基于上文所阐述的相关启发与考虑,结合本书对风险决策正当性的标准建构,本书认为应当以强化风险决策程序中的"分析"和"商议"要素,在经典三分的基础上增加"议题提出与预评估"环节,将程序的要求提前,同时采取广义的风险评估概念,将之区分为技术方面的评估与社会方面的评估,因此,在技术性风险评估后增加一个"社会可接受性评估"环节,从而建构一个包含议题提出与预评估、技术性风险评估、社会可接受性评估、风险沟通、风险管理为基本板块的开放式、循环式、反思性程序框架。

需要注意的是,设计一个有效的、为可能引起争议的风险决策提供信息的"分析—商议"程序框架并非易事。图5-3的框架图尽可能在各个阶段中体现学习与反馈、分析与商议的要素,但它所提供的阶段和步骤顺序主要是出于对逻辑和功能性的考虑,并不总是符合现实。如上所述,规制法天然地具有强烈的部门化和抵制抽象化的倾向,不同领域的具体规制程序可能存在巨大的差异,甚至在同一领域中,一般的风险决策程序与风险应急决策程序也应当有所区分,正确的程序安排往往取决于个案的具体情况,亦即风险决策的程序仍然有赖于部门法的具体设计。(如图5-3所示)

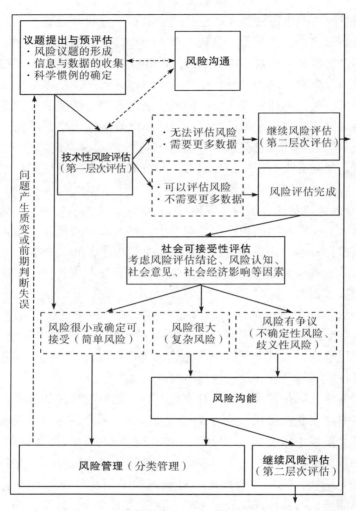

图 5-3 风险决策"分析—商议"的程序框架

议题提出与预评估阶段。这一阶段可以被视为风险决策的启动程序。通过预评估,风险规制机关得以捕获利益相关者和社会公众对某一风险的关注,形成风险议题的框架。预评估由风险规制机关进行主导,但应赋予其他主体风险决策程序启动的建议权。在预评估阶段,风险规制机关可以通过既有信息形成议题的概念,根据现有风险处理模型及风险分析方法，初步确定风险的大小和性质（是简单风险还是其他类型的风险，是否紧急）。如果所面对的风险问题是一个可以立即做出决定的简单风险问题，则风险规制机关可以基于常规的策略、运用已经取得过实践效果和经过一定时间考验的既有规制工具直接进行风险管理。看似简单的风险有可能比最初判断的更为复杂、不确定或模棱两可，也有可能是因为低估了社会的反馈。因此，有必要定期重新审视这些风险，或根据社会反馈做出调整。如果一开始面对的风险问题便具有复杂性、争议性，或是风险危害性与发生可能性很大，则需要进入风险评估的阶段。而在进入风险评估阶段之前，预评估还发挥了初步确定风险评估所采用的主要科学假设及科学方法的作用，这将影响未来的决策能否符合技术可接受性要求。在这个过程中，相关利益主体能就需要处理的风险问题达成初步共识，或提高这些利益相关方之间对被视为风险的对象的差异化认识。[1]

需要强调的是，这一初步的问题框定必须是开放性与动态性的。决策者可能有意将风险问题归于简单类别以规避复杂的后续程序。如上文所述，行政主体可能在议题发起环节便进行政治运作，而非等到议题形成后进入正式的风险决策环节。由于后续决策程序的法定性，决策者必须遵守而无违背的可能，但在议题形成环节，如果决策者享有绝对权力，则完全可能通过操控议题的形成而规避后续的风险评估和风险沟通环节。例如，在台湾环评制度的双阶程序中，大量环评申请在第一阶段获得"有条件通过"，因此无须进入第二阶段的公众参与程序。[2] 而当法律框架过于僵化时，法律规定就变成决策者规避复

---

[1] 科学界对风险评估的标准，亦即风险评估应当选择何种假设进行风险的计算往往达不成共识。风险计算假设的选择过程实际上是在对风险进行更进一步的定义，描述风险评估的组成部分及其相互关系，不同的标准可能带来完全不同的风险评估结论。因此，风险定义、风险评估标准的选择及其随之而来的权力斗争甚至可以视作当代社会如何经历、辩论和应对风险的核心之一。参见 BECK U. Climate for change, or how to create a green modernity?. Theory, culture & society, 2010, 27（2）: 254–266。

[2] 胡孟婷：《再探环境影响评估之正当程序及其司法审查》（学位论文），台湾成功大学法律学系，2017年。

杂程序的理由。我国环评制度的预先分类模式也会产生类似的纠纷。①因此，法律设计必须留下调整的空间，并要求决策者可以在风险评估和社会可接受性评估之后重新进行分类。

技术性风险评估阶段。技术性风险评估是科学研究和实践的一个成熟领域，其目标是为风险决策提供相应的科学知识库，以确定是否应当承担风险、如何降低或控制风险。在"分析—商议"的范式内，风险评估的计算和推导可以是分层进行的。首先进行的风险评估活动可以称为第一层次的风险评估。在这个过程中，以专家为主导，以分析和商议、学习和反馈的方式方法得出相应的评估结论。若此时的结论认为既有的证据已经足以进行风险评估，或者即便风险存在不确定性也暂时不需要进行新的数据收集、试验，则风险评估可以视作完成，风险决策可以进入社会可接受性评估的阶段。如若相关结论认为尚无法继续评估风险，或者需要更多的数据和证据来验证结论，则风险决策应进入更高层次的风险评估活动，继续完成新的风险评估程序及后续的相关程序。至于各领域风险分层评估的具体要件，应由各领域的法律法规或技术标准予以规范。风险评估分层的结构和条件设置，应当与其目的联系起来，亦即分层的结构是根据前一层次风险评估的结果、所要支持的决策的性质以及既有数据的局限性，来进一步提高风险评估的详细程度。离开和进入某一个层次都是有意识的决定，这些决定是对现有信息是否足够进行风险评估的评估。这种评估基于充足的分析，并辅之必要的商议。

不同层次的风险评估可能需要依赖不同的专家群体。第一层级的初步风险评估可能是委托内部风险评估机构实施的，但当问题过于复杂而需要进入更高层次的评估时，可能需要通过委托更高级风险评估机构，如外部评估机构或组建专家团队来实施。

社会可接受性评估阶段。由于风险的社会建构属性，从风险评估到风险管理往往需要以风险沟通作为商议的场合，来确定及达成风险规制的目标。但从分层分类的程序设计理念出发，参考 IGRC 的风险

---

① 详见本书第六章第四节。

治理框架,在进入专家主导的风险评估阶段后,风险规制机关应当先进行社会可接受性判断,继而决定下一步的行动内容。在这一阶段,风险规制机关需要详细了解、分析利益相关者对风险的担忧和具体问题,以及可能产生的社会后果、经济影响和政治反应,再综合风险评估结论所提供的有关风险的物理属性问题,一同做出对风险属性的判断,进而初步拟定风险管理的若干可能方案。这种方案的拟定不能仅为虚假的民主而定,即不同方案过于相似,且均不利于特定群体,使得公众的选择权丧失了意义。① 在社会可接受性判断的阶段,风险规制机关实际上在进行风险与利益的社会平衡分析与商议。当然,在"不可接受"和"可接受"之间划清界限是风险决策中最困难的任务之一。② 因此,这一阶段只能阐述框架性的方案区分,为下一步的风险沟通或重新的风险评估提供指导。

经过风险评估、社会可接受性判断后,如果风险规制机关认为相关风险仅是简单风险,则可直接采取风险管理措施;否则,则应进入风险沟通的阶段,以达成可接受的风险管理方案。之所以进行这样的区别对待,是因为对于简单风险而言,风险的信息和知识已经较为充足,预防、控制和减少风险的方法已经确定,剩余不确定性较低,因此并不需要采用复杂的方法让所有潜在的受影响方都参与到决策中来——在这种情形下,大多数行动者甚至不会寻求参与风险决策,因为预期的结果或多或少是显而易见的。③

风险沟通阶段。社会可接受性判断阶段后,不被视为简单风险的风险议题则需要进入风险沟通阶段。透过风险沟通,利益相关者和大

---

① 例如,以前常有报道的水价上升方案,多个方案都升价,只是上升幅度有所差异。风险规制领域也曾出现风险项目的建设方案,不同方案仅是与居民区的距离略有差异。

② FAIRMAN R. What makes tolerability of risk work? Exploring the limitations of its applicability to ther risk fields. In *The tolerability of risk: a new framework for risk management*, 2007: 119 – 138.

③ RENN O. The challenge of integrating deliberation and expertise. In *Risk analysis and society: an interdisciplinary characterisation of the field*, 2004: 289 – 366.

众能够更好地理解风险评估结论和风险管理备选方案的基本原理，进而对风险做出知情的选择。在风险沟通过程中，如果利益相关的各方最终对风险管理的方案有了普遍的共识或能够达成妥协，则风险规制机关可以进行风险管理活动；如果存在巨大的分歧，则风险决策需要重新转入风险评估程序，进行更高层次的评估活动。

此外，由图 5-3 可知，在整个风险决策的框架中，风险沟通并不仅仅是衔接社会可接受性判断阶段和风险管理阶段。在预评估、技术性风险评估活动中，风险沟通的身影也可能出现。这与沟通的定位相关——因为，沟通有助于相互冲突观点的容忍和调和，并能在评估和管理风险及相关问题的体制机制中建立信任。对于社会可接受性判断阶段而言，由于其主要定位为风险规制机关的内部程序，且其上游及下游都可能涉及风险沟通，基于程序简洁的要求，则在这一阶段可以不考虑风险沟通的纳入，但风险规制机关也应当尽可能实现信息的披露，以达成知情、平衡和公平的判断。

风险管理阶段。风险管理阶段是设计并实施应对风险所需的行动和补救措施，以预防、减少、消灭、转移或忽略风险的阶段。风险管理需要将前述科学知识和社会需求都容纳进来。"政治学的研究表明，在决策中需要两种知识：一是界定政策问题的技术知识，一是平衡决策替代方案后果的价值性知识。"① 风险管理是在风险技术评估及社会可接受性判断的基础上、在潜在风险管理选项中选择最终方案并予以实施的过程。按照上文的叙述，既然风险有不同类型，那么风险管理也应秉承分类管理的逻辑。但这种分类管理不可过于僵化而无任何商谈的可能性。而在程序进行至风险管理的实施时，也并不意味着风险规制的闭环完成。风险管理实施过程中，风险规制机关应当适时进行效果监测与评估。风险管理中产生的新问题，有可能形成新的风险议题而进入预评估阶段。当问题产生质变或前提预判失误时，也需要及时回归到第一步。

---

① 戴维·杜鲁门：《政治过程：政治利益与公共舆论》，陈尧译，天津人民出版社 2005 年版，第 362-363 页。

此处以环评分类管理为例。建设项目的环境风险控制一般都由专家根据项目可能产生的环境影响而区分为不同等级，施以不同的管理模式。① 当这种分类与民众的认知不一致，而风险分类管理模式过于僵化、没有商谈可能时，就很容易产生"科学—民主"纠纷。而相比我国通过目录将项目固定分为三类，此间公众没有任何话语权，其他国家的模式则更为开放反思，采用的是灵活的筛选（screening）程序。例如，日本的环评制度区分了必须要进行环评的 13 种"一级项目"和其余的"二级项目"，二级项目是否进行环评则根据项目的具体情况决定;② 与此相似，欧盟的环评指令包含两个附件，第一个附件所列举的项目必须进行环评，第二个附件所列举的项目则由各国根据个案情况或者本国立法决定是否进行，所有筛查活动及其标准都必须公开。③ 在美国环评制度的筛选阶段中，行政机关如果认为要采取的行动并无环境影响，需编制"无重大影响认定"的文件，通过听证和公开文件的方式告知利益相关者，在必要的时候还需要交由公众审

---

① 例如，《中华人民共和国环境影响评价法》将建设项目分为三类：可能造成重大环境影响的、可能造成轻度环境影响的以及对环境影响很小的。不同分类决定了建设单位的环评要求，并进一步决定了公众能够在多大程度上知悉和参与该建设项目。对于具体某种项目分属何种类别，由生态环境部制定的《建设项目环境影响评价分类管理名录》确定。对于可能造成重大环境影响的（第一类），应当编制环境影响报告书的项目，建设单位应当在报批建设项目环境影响报告书前，举行论证会、听证会，或者采取其他形式，征求有关单位、专家和公众的意见。然而，对于可能造成轻度环境影响的（第二类）以及对环境影响很小的（第三类）两类，环境影响评价相关立法没有提出公众参与的程序要求。参见《中华人民共和国环境影响评价法》第 16、21 条。又如，我国将传染病分为甲类、乙类和丙类，不同类别有不同的管理手段。参见 2013 年《中华人民共和国传染病防治法》第 3、4、32、33、39、41 条等。

② 孟根巴根、李丽华：《建设项目环境影响评价的分类管理机制之重构》，载《再生资源与循环经济》2015 年第 6 期。

③ CeC 2003. Report from the commission to the European parliament and the council on the application and effectiveness of the EIA directive (Directive 85/337/EEC as amended by Directive 97/11/EC): how successful are the member states in implementing the EIA Directive. Brussels: CeC.

查决定。①

需要强调的是,当风险决策是应急型决策时,上述详尽程序的适用便不再现实,需要根据应急决策的属性做出调整。议题提出环节即等于发现突发情况的时间点,应当直接进入风险管理环节,因此,决策的科学性和民主性都会有所减损。② 但开放反思的程序要求的价值恰在于要求决策者在做出应急决策后应当同时进入反思阶段,根据应急决策的实施效果不断补充科学性和民主性,对已有政策进行调整。

三、技术可接受性的程序法保障

(一) 风险评估与科学决策

在决策过程中增加风险技术评估程序是确保决策符合技术可接受性的基本保障。但风险评估工具并非现代风险规制体系中特有的。用于风险评估的工具和思想早已存在几千年之久,在古时被用来决定在巴比伦的居住是否安全,用来估算中世纪的航运损失,用来了解赌博的概率,等等。③ 然而,直到20世纪50年代,它才开始获得为规制提供指引的地位,用于预测太空飞船的故障,以及了解核电站和化工厂的安全、工作场所的安全、公共卫生和环境危害等。④

风险评估主要以毒理学或流行病学数据为基础,用以"描述人们暴露于环境危害时,对于人体健康潜在之负面影响"⑤。风险评估是一

---

① CEQ regulations for implementing the procedural provisions of NEPA (40 CFR 1500 – 1508), §1501.4, §1506.6, §1507.3.

② 沈岿:《风险治理决策程序的应急模式:对防控甲型H1N1流感隔离决策的考察》,载《华东政法大学学报》2009年第5期。

③ BERNSTEIN P. *Against the gods: the remarkable story of risk*, New York: John Wiley and Sons, 1996.

④ LOFSTEDT R E. Risk versus hazard: how to regulate in the 21st Century. *European journal of risk regulation*, 2011 (2): 149 – 168.

⑤ 蔡暄庭:《美国风险法规之作用与其司法审查案件之分析》,载《宪政与行政法治评论》(台湾地区)第5卷。

个关涉数学、毒理学、医学等各学科的系统分析过程，以科学知识和专业判断为依托，是以分析为主导的环节，是充实风险决策科学依据的主要渠道。风险评估通常表现为法定的、具有相对独立地位的科学研究或专家论证模式，① 由专家通过识别、估算风险的性质及其程度、规模，将风险所蕴含的不确定性因素进行定量和定性，形成针对风险的科学认知，为相关议题是否应当优先纳入风险规制议程的具体决策提供科学基础。

风险评估蕴含的基本假设有三点：第一，行政机关做出行政活动，首先应当发现事实，方能有效论证应当采取何种决策；而在风险决策的语境下，需要对风险进行充分的科学调查，以降低不确定性，制定更加恰当的风险管理策略。第二，由于风险议题的答案往往处于科学争论的前沿，行政机关作为政策的制定与执行主体，并不具备相应的科学知识进行判断的能力，故而风险评估需要转交科学专家来完成对决策事实基础的寻求，通过专家的科学知识和权威来规范决策裁量，实现决策的理性化。② 第三，风险评估背后是逻辑实证论的科学哲学，依据科学方法建立概率性的因果关系；在这一"价值中立"的科学活动过程中，专家需要诚实地忠于科学结论，扮演风险决策"诚实代理人"的角色，无须考虑风险决策的社会性问题。③ 可见，风险评估的规范要求指向科学和专业技术。科学证据与科学分析在风险评估过程中是占据支配地位的依据，④ 风险评估的程序和方法需要符合科学要求。例如，《中华人民共和国食品安全法》在规定食品安全风

---

① 例如，我国根据《中华人民共和国食品安全法》成立的国家食品安全风险评估专家委员会，专司食品安全风险评估工作；根据《农业转基因生物安全管理条例》成立的农业转基因生物安全委员会，专司农业转基因生物的安全评价工作。

② 赵鹏：《中华人民共和国风险社会的行政法回应》，中国政法大学出版社2018年版，第170–171页。

③ 小罗杰·皮尔克：《诚实的代理人：科学在政策与政治中的意义》，李正风、缪航译，上海交通大学出版社2010年版，第16–17页；金自宁：《作为风险规制工具的信息交流：以环境行政中TRI为例》，载《中外法学》2010年第3期。

④ CARY C, GARY E M：《流沙：科学在风险标准制定中的局限》，载金自宁编译：《风险规制与行政法》，法律出版社2012年版。

险评估时,就采用了"科学数据""科学依据"等概念来强调风险评估制度的科学意义。① 没有科学上独立、公正的风险评估,风险沟通将变成谣言传播的过程,风险管理也将失去可以依托的基础,成为无本之木。② 但我国的风险决策和风险规制活动在不同程度上存在着科学专家"缺位"和"错位"的现象。③ 以《中华人民共和国传染病防治法》和《中华人民共和国突发事件应对法》为例,《中华人民共和国传染病防治法》并未明确规定风险评估或专家参与制度,仅规定疾控机构有"收集、分析和报告传染病监测信息"职责及县级以上政府的预防、控制预案中应当包括"传染病的分析制度"④;《中华人民共和国突发事件应对法》则概括性地规定了政府评估突发事件的可能性,在"必要时"组织专业人士会商,⑤ 其中,"缺少参与人员资格、专家组的法律地位、论证结论效力等具体实体规定,也缺乏诸如实地调查、收集信息、分析情况、送达结论、决策参考等具体程序规定"⑥。立法规定的简略在一定程度上导致了 2020 年新冠疫情暴发初期,国家专家组未能深入地、实地进行缜密的流行病学调查,以致相关部门在早期防控疫情决策策略上出现较大的失误。

(二) 风险评估的局限性与可疑性

风险决策是基于风险评估所得出的科学证据和科学结论而做出的。然而,以"科学"为名、强调专家治理的风险评估,并非没有局限性,这是不容置疑的。风险评估的局限性与可疑性主要可以概括为以下三个层面:

---

① 《中华人民共和国食品安全法》(2018 年修正)第 17、18 条。
② 沈岿:《风险规制与行政法新发展》,法律出版社 2013 年版,第 116 页。
③ 张恩典:《风险规制正当程序研究》(学位论文),苏州大学 2017 年,第 103 – 107 页。
④ 《中华人民共和国传染病防治法》(2013 年修正)第 18、20 条。
⑤ 《中华人民共和国突发事件应对法》(2007 年)第 40 条。
⑥ 王晨光:《疫情防控法律体系优化的逻辑及展开》,载《中外法学》2020 年第 3 期。

第一，风险评估中的科学证据存在不确定性。风险的不确定性已经获得普遍的认同和理解。对于风险评估及其所依赖或追求的科学证据而言，自然也存在着不确定性，既包括知识与模型的不确定性，也包括有限的可预测性与不可预测性。① 由于人类科技水平边际的存在、某些决定性数据在技术或伦理上的不可得、人类行为和自然环境中不可预估的各种变量、专家对风险认知的偏好以及专家在科学推导中发生失误的可能性，使风险评估在很多情形下无法对风险的起因、危害的可能及程度做出全面科学的判断，对可能导致风险的过程只有部分了解，因此，自然也就不可能到达所谓的真实或真理。尤其是在核反应堆的风险问题等稀少事件上，信息的不足导致概率论根本无从发挥自身作用。例如，在 2003 年非典型肺炎事件中，直至疫情结束，WHO 仍指出："目前所有对 SARS 的实验检测都有其限制，因此，我们无法推荐任何一种实验检测作为全球的标准。"② 当然，既然科学研究的目标就是努力探寻未知问题的客观规律或因果关系，对风险的认知在整体趋势上是逐步深化的，但正是非典型肺炎疫情防控的经验教训，为对 2020 年新冠肺炎疫情的风险认知打下了基础。一个典型的例子就是激素及抗病毒药物的使用，激素与抗病毒药物大剂量的使用给非典型肺炎患者带来了较大的后遗症，新冠肺炎治疗中对此类药物的使用就非常慎重。③ 不过，问题的另外一面是，虽然增强后的科学认知和科学技术能使专家识别、估算、评价风险的能力均得到增长，实现对风险规制机关控制、减少或消除风险的赋能，但这不等于风险

---

① FUNTOWICZ S O, RAVETZ J R. Three types of risk assessment and the emergence of post-normal science. In *Social theories of risk*. Netherlands: Praeger Publishers, 1992, 251–274.

② WHO. WHO SARS scientific research advisory committee first meeting, 22 October 2003, http://www.who.int/csr/sars/archive/research/en/.

③ 赵倩、严雨程：《北京医院援鄂医疗队：与 SARS 时期相比，此次避免使用大剂量激素》，载《红星新闻》2020 年 4 月 29 日（https://www.sohu.com/a/392064153_116237?scm=1002.3d003a.f30178.0-0）。

越来越少,因为它同时使可识别的风险事件数量的增长。① 即便科学知识在某个领域能被推到极限,人类往往也很难精确地界定所可能引起的风险。换言之,人类总是在"发现未知—探寻知识—已知或部分已知—发现新的未知"这一过程中循环往复。

第二,风险评估的客观与中立容易受价值判断的影响。风险评估与风险管理的阶段划分意味着"事实—价值"相分离的基本假设,在理想模式下,风险评估是价值中立的。但事实证明,建立在永恒真理、客观性和证据的三位一体之上的神话般的科学观是不存在的;②风险评估并非与价值无涉,而是一个政治、经济,甚至个人偏好与信任水平的角力场。③ 价值判断的参与,将可能影响风险评估的客观及中立态度。首先,由于专家是凭借各自的知识储备、技术经验对风险进行科学评估的,"假设"与"推定"不可避免,故评估结果的主观性也就不可避免。④ 这也就导致科学并不是绝对客观的。不同研究水平、研究程度和信息及评估标准的不同取舍都将得出不一样的结论。⑤ 其次,在现实情境中,科学可能被政府或利益相关者所干涉,从而被相关主体的利益诉求所裹挟。例如,在食盐加碘风险评估案例中,卫计委是在确定继续实施全民食盐加碘的政策后才委托专家委员会进行风险评估,⑥ 这种"政策在先科学在后"的做法显然容易让公众对专

---

① VINCENT T C, JERYL M:《风险分析与风险管理:一个历史的视角》,载金自宁编译:《风险规制与行政法》,法律出版社2012年版,第52－55页。

② CAROLAN M S. Scientific knowledge and environmental policy: why science needs values. *Environmental sciences*, 2006, 3 (4): 229－237.

③ SLOVIC P. Trust, emotion, sex, politics, and science: surveying the risk-assessment battlefield. *Risk analysis*, 1999, 19 (4): 689－701.

④ 宋湘琦:《行政决策风险评估的预见性与可持续性研究》,载《人民论坛》2020第23期。

⑤ 黄泽萱:《风险信息供应中的公众参与:以我国PM2.5自测活动为例》,载《暨南学报(哲学社会科学版)》2013年第5期。

⑥ 2010年5月14日,国家食品安全风险评估专家委员会发布了《中国食盐加碘和居民碘营养状况的风险评估》报告。对此案例的详细研究,可参见赵鹏《风险评估中的政策、偏好及其法律规制:以食盐加碘风险评估为例的研究》,载《中外法学》2014年第1期。

家是否被"蛊惑"产生疑虑。再如,番禺垃圾焚烧场选址事件中,网友就曾对政府聘请的环评专家产生怀疑,认为他们是"为了做垃圾焚烧生意"①。以此逻辑进行推导,某种程度上,规制机构对科学客观性的依赖,更像是"为其规制决策辩护的一种有效且方便的政治策略"②。最后,即使风险评估的核心属性是科学的,是否要对某类危害进行风险评估、何时评估、标准为何等问题,并不是科学判断能够单独支配的,其中必然关涉到价值问题。

  第三,风险评估可能存在民主赤字,因而遭受"黑箱操作"的批评。专家治理意味着知识壁垒,故评估封闭性常常相伴而生。在人类知识的发展进程中,随着分工越来越细化,"隔行如隔山",最终造就了"专家"这一种身份。"专家"代表着某一领域的专业知识,代表着这一领域的权威,而公民则成为被"科普"和被"辟谣"的无知对象,只有被动地接受知识,而无法主动创造知识。③ 然而,科学证据的不确定性以及价值判断对风险评估客观中立的可能影响已经表明,仅仅依靠科学体系,并不能获得可信赖的知识与风险决策。科学越想成为政策的基础,越需要经受住社会的考验。如果在风险评估过程中欠缺民主的参与,则人们不免质疑风险评估只是走了一下"程序过场"。④ 这可能使专家遭遇信任危机,进一步加剧科学与公众的认知差异,降低风险决策的社会可接受性,也抹除了由公众获取在地风险知识的可能。上述风险规制的经典三分框架中,以专家主导的风险评估工作作为风险管理的基础,这种线性关系"等于将风险决策相关的

---

  ① 李立志:《广州番禺垃圾焚烧项目因居民反对停建》,见搜狐网 2009 年 12 月 21 日(http://news.sohu.com/20091221/n269097665.shtml)。

  ② CARY C, GARY E M:《流沙:科学在风险标准制定中的局限》,载金自宁编译《风险规制与行政法》,法律出版社 2012 年版,第 116 页。

  ③ 黄泽萱:《风险信息供应中的公众参与:以我国 PM2.5 自测活动为例》,载《暨南学报(哲学社会科学版)》2013 年第 5 期。

  ④ 陈越峰:《风险行政的行为法构造:以重大风险设施选址为参照事项》,载《学术月刊》2020 年第 6 期。

科学知识，视为探索自然的真理，是无须动用社会学解释的自变项"①。而风险沟通经常被放置在决策框架的外围，公众参与只存在于风险管理或专门的风险沟通环节。

因此，在风险规制中应当努力避免或消解风险评估存在的这些问题，恰当地界定风险问题，明确风险评估的性质和局限性、根据评估的结论确认是否需要进行第二次评估，明确风险评估的结果只是决策的众多考虑因素之一。为了保障科学性的发挥，避免遭受"黑箱操作"的批评、专家代表性不足和利益无涉性欠缺等质疑，风险评估的具体程序建构则需要回应风险评估的局限性。概言之，应当设置保障风险评估独立性、透明性和科学民主化的程序装置，在程序制度的构造上确保风险评估专家委员会及风险评估过程的相对独立性、客观性与论辩性，为专家出具超脱特殊利益价值之争的科学意见提供保障，以塑造专家治理的正当性。

（三）风险评估的具体程序建构

如果未曾建立客观科学的评估体系，所谓的以风险评估保障科学决策就只能是徒有虚名。美国1983年发布的《联邦政府的风险评估：管理流程》归纳了健康风险评估的"四步法"——"危害识别""剂量与反应评价""暴露评价"和"风险表征"。② 后续的风险评估实践，也基本围绕这四个步骤开展；并且，为统合定量分析与定性分析，风险评估工作程序逐渐发展为"危害识别"（确认某种物质和某种损害之间是否存在因果关系）、"危害特征描述"（确定目标因素引起有害效应的危害等级或是推导某种物质的剂量与有害反应的关系）、"暴露评估"（定性或定量估计特定情景下特定物质对人群的影响或潜在影响）和"风险特征描述"（用易于理解的语言、总结性描述目标

---

① 吴嘉苓、曾嬿芬：《SARS 的风险治理：超越技术模型》，载《台湾社会学》（台湾地区）2006 年第 11 期。

② NATIONAL RESEARCH COUNCIL. *Risk assessment in the federal government: managing the process*. Washington D C: National Academy Press, 1983.

风险的具体性质、规模、程度和不确定性）四个环节。[①] 我国各领域所采用的风险评估方法也基本遵循这一经典流程。未来，是否需要根据我国实际情况采取新的风险评估步骤，以及是否有足够的数据和科学方法支撑风险评估步骤的更新，仍有待观察。

同时，为确保风险评估结论在科学意义上的可靠性，发挥专家的理性"功能"，实现科学决策，风险评估程序的建构上应当避免风险评估过程被操纵或被俘获，追求专家的代表性和利益无涉性。与此相应，风险评估活动应进行评估指南制定、专家遴选、同行评审等程序建制，建构的基本导向应当是促进科学证据或评估结论的中立性、客观性并更容易达成技术可接受性。

评估指南制定。很多情况下，由于科技水平的局限性以及价值判断上的影响因素，对风险评估标准、方法的选择问题是没有办法达成共识的。不同的环境、学科、文化会导致对不同评估标准的偏好结果；不同国家和地区风险治理框架的特性也会影响风险决策所采取的科学基础所需服众的精密程度，[②] 进而影响风险评估的标准选择。其

[①] 国际风险治理理事会（IRGC）将风险评估分为"有害性确认及估计""暴露/脆弱性评估"和"风险估计"；我国《突发事件公共卫生风险评估管理办法》（卫办应急发〔2012〕11号）第二条规定突发事件公共卫生风险评估是"通过风险识别、风险分析和风险评价，对突发公共卫生事件风险或其他突发事件的公共卫生风险进行评估，并提出风险管理建议的过程"；2020年，生态环境部《生态环境健康风险评估技术指南总纲》（标准号：HJ 1111—2020）规定，生态环境健康风险评估程序包括方案制定、危害识别、危害表征、暴露评估和风险表征，其中，危害识别、危害表征共同构成了危害评估，基本都可以对应上述的四个步骤。

[②] 例如，英国专家一直以来较为看重流行病学调查等模式的经验证据，而美国专家则比较倚重以动物实验数据为基础的理论预测模型。参见吴嘉苓、曾嬿芬《SARS的风险治理：超越技术模型》，载《台湾社会学》2006年第11期。

至，风险规制机构不同的监管目标也会导致风险评估标准的差异。①尽管存在分歧，但风险规制并不能因此而搁置，风险评估专家必须进行风险评估。此时，行政机关可能通过直接"拍板"，也可能通过暗示、引导等方式影响风险评估标准的选择。风险评估标准的选择不可避免地与政策导向、行政机关的价值判断相交融，存在自由裁量的空间。为避免裁量的滥用，可以事先制定风险评估指南，对评估工作本体程序若干环节的具体步骤、评估标准及估算模型的选择、既有研究的有效性判断、科学证据解释的基本思路，以及风险评估的分层思路等做出概括性的安排，能够发挥类似于裁量基准的作用。评估指南是对风险评估活动的标准化尝试，即采用科学社群大部分人所共同承认的评估程序。但这并不意味着评估的实质标准要为所有的科学社群所承认。

  首先，这种标准化能够提高效率，使每次的风险评估活动不必再投入资源去选择或确定某些科学假设。通过标准化来增加一致性，风险管理主体能在相同假设下更好地比较不同的风险管理方案。其次，标准化还能增强可预测性，消除风险规制是任意的或基于不稳定推理的印象，公众也将通过对风险评估标准、方法等内容的了解，有更多机会去表达其规制偏好。②再次，标准化还可以提高本书强调的技术可接受性。采用科学社群所共同承认的评估程序，并不意味着评估的实质标准要为所有的科学社群所承认，但评估指南的制定过程中便是

---

  ① 例如，美国环保署和美国职业健康局对甲醛和二溴乙烷的风险评估采用了截然不同的风险评估标准。美国环保署认为，自身的职责是保护儿童、老年人在内的弱势群体，因而采用较高置信水平（present that risk in terms of an upper confidence level）的风险评估标准，这意味着对风险的认知是更加保守的，考虑风险所可能带来的最坏的结果；美国职业健康局保护的是在职成年人，与年幼的儿童和年迈的老人相比，这个群体更不易因为甲醛或二溴乙烷的泄露而患病，因而美国职业健康局认为应当对风险进行现实的估算，采用最大似然估计（present that risk in terms of the maximum likelihood estimate）的风险评估标准。参见 YANG A. Standards and uncertainty in risk assessment. *New York University environmental law journey*, 1994（3）: 523 – 558。

  ② YANG A. Standards and uncertainty in risk assessment. *New York University environmental law journey*, 1994（3）: 523 – 558.

一种获取同行理解的过程，一个形成可接受状态的过程。最后，从某种程度上讲，评估指南还有助于应对分析与商议相结合所遇到的挑战，使更多的利益相关方能够以更复杂和更知情的方式参与"分析—商议"的过程——当基本模型和数据输入以一种科学合理、开放和包容的方式得到发展，从而激发参与者之间的信任和支持时，它们就可以成为决策各方联合调查和评估规制方案的基础和协调中心。因而，在评估指南的内容上，为防止专家结论的狭隘或不当偏向，以及帮助风险决策主体和公众客观理智地做出选择，应当设计出可以促成相互协商、各种专家观点充分讨论竞争的风险评估议事规则，规定风险评估结论应当用尽可能容易理解的方式阐述风险的程度、风险评估结论形成过程中的分歧，以及规定风险评估结论中应当尽可能说明所采用的评估方法、数据和假设在科学上可能存在的局限性。

专家遴选。避免偏私是正当程序的必然要求。风险的不确定性及科学证据的不确定性给风险评估提供了多种解释的空间，个体的偏好无以避免。为避免个体偏好发展成为系统的偏见，影响风险评估的科学性，恰当的专家遴选制度实属必要。[①] 专家遴选制度首先应当建立专家库，再根据专门性、常设性的专家委员会的设立要求，从其中遴选出合适的专家。专家遴选应当注重人员结构在研究方向和工作性质方面的多元化，有效平衡个体偏好对风险评估的影响。[②] 如2020年国家食品安全第二届风险评估专家委员会相较第一届委员会增设了化学危害专业委员会等四个专委会，并增加了顾问委员会和技术总师。[③]

[①] 在2020年新冠肺炎公共卫生事件的风险决策中，不同科学专家对疫情风险认知的争论不足，导致风险管理过程中行政机关"轻易将认识尚不清楚的地方当作科学群体的共识而进行决策"，参见刘鹏《科学与价值：新冠肺炎疫情背景下的风险决策机制及其优化》，载《治理研究》2020年第2期。

[②] 张红显：《重大决策社会稳定风险评估程序建设研究》，载《河南财经政法大学学报》2015年第4期。

[③] 参见《国家食品安全风险评估专家委员会简介》，载"国家食品安全风险评估中心"网（https://www.cfsa.net.cn/Article/Singel.aspx?channelcode=2A9E075016B733825769FBA04017804BB9AC0726D523E5B9&code=53C3DF92DF3DDF3E556C44268F65BDDEE4718189A36613B6）。

经过 2020 年新冠肺炎公共卫生事件后,《中华人民共和国传染病防治法》的修改中也体现了对组建专家咨询委员会和专家遴选的重视,公布的征求意见稿第八条规定了"国务院卫生健康主管部门组建全国传染病防治专家咨询委员会,由公共卫生、临床医学、中医学、法学、管理学、公共政策学、经济学、社会学、传播学、信息技术等领域专家组成……"这体现了对专家成员背景多元化的重视。另外,确定了专家利益声明和专家回避程序,要求参与风险评估的专家在开始评估前进行利益声明并向社会公开;① 社会公众或风险决策的其他相关主体认为评估专家与风险评估事项存在直接利害关系的,可以申请专家回避。② 如果因为无法寻找到可发挥替代作用的专家而导致回避不现实的,则需要向申请人或公众说明理由,并且邀请有其他学科知识或学术背景的专家参加,实现价值偏好的平衡。③ 这一点也已在本书第四章中做了探讨。

同行评审。由于任何科学证据都无法获得整个科学群体的认同,因此,对于决策所要求的技术可接受性如何判断的难题,可以通过设置同行评审程序来辅助判断。"由于科学并非绝对客观,缺少监督机制就可能使得风险评估环节成为滋养非法徇私的中空地带。"④ 同行评审同样是避免偏私的程序设计,可以揭开实践中存在的科学伪装的

---

① 例如,欧盟《统一食品安全法》第 37 条和欧盟食品安全管理局发布的《关于利益宣告的政策》《识别和处理潜在的利益冲突的规则》等具有行政裁量基准性质的规定。

② 原国家药品监督管理局《国家药品审评专家管理办法(试行)》(国药管注〔2000〕7 号)第 21 条规定:"国家药品审评专家若系被审评药品的研制参与者、指导者或为研制单位的领导或参与了相同品种的研制开发等,该专家应主动向药品审评中心申明并在审评中回避。国家药品审评专家若与被审评药品的申报单位、个人有任何其他利害关系,以及存在可能影响到科学、公正审评的其他情况时,也应在审评中回避。药品审评中心应将每次审评会议中专家回避情况书面报告药品注册司。"

③ 赵鹏:《风险评估中的政策、偏好及其法律规制:以食盐加碘风险评估为例的研究》,载《中外法学》2014 年第 1 期。

④ 黄泽萱:《风险信息供应中的公众参与:以我国 PM2.5 自测活动为例》,载《暨南学报(哲学社会科学版)》2013 年第 5 期。

"面纱"。具体来说，应由同行的其他专家匿名对风险评估的相关内容进行评审，以避免风险评估结论存在科学上明显错误的问题和利益交换的存在。同行评审可以在风险评估早期介入，也可以在风险评估的初步结论得出后介入。而为了防止科学意见产生过大的分歧，导致风险决策的科学基础迟迟无法形成，在风险评估的早期和中期进行同行评审更为合适。由同行专家对专家评审委员会拟采用的风险评估标准和模型、阶段性的意见进行评审，最终交由专家评审委员会得出最终的评估结论。尽管通过具有规范程序的同行评审并不绝对等于科学结论的正确性，但也应理解为基本达到了技术可接受性的要求。

而为保障风险评估的过程是透明的、开放的、具备交涉性的，应让利益相关者有权参与到风险评估中，实现合作治理；风险沟通的身影也应当出现在风险评估中，为另一个标准——社会可接受性提供实现的空间。普通大众和相关利益团体也可能作为"在地知识的生产者"[①]，实现知识生产；风险信息的公开与流通能够增强公众的信任感，并为公众参与风险评估提供可能，能够保障公民知情权、监督权和参与权的行使，并提高风险评估结论的社会接受度；与此同时，既然价值判断在风险评估过程中无可避免，与其进一步封锁所谓的"科学殿堂"，不让所有非科学家进入，不如打开大门，让更多的利益相关者参与解决科学的争议问题，促进对科学更真实的理解，通过程序实现"科学民主化"[②]。

四、社会可接受性的程序法保障

（一）风险沟通与民主决策

社会可接受性的程序法保障主要由风险沟通来实现。风险决策的

[①] 陈颖峰：《科学事实建构与环评民主化：五件环评专家会议的启示》，载《科技、医疗与社会》（台湾地区）2017年第4期。
[②] 沈岿：《风险规制与行政法新发展》，法律出版社2013年版，第351-352页。

过程并非以专家的意见为准,科学不确定性与社会建构的事实紧密相关,无法摆脱价值的问题,需要民主论辩证成其背后预设的价值选择。"客观风险越大,它的现实越依赖于一个价值体系。"[1] 只有通过对潜在结果赋予价值,而非依赖于一个对结果和可能性的概率评估,才有可能做出决策。风险确实创造了一种行动的机会,消除了无法决策的问题,但仅仅以风险和概率来表述问题并不会使我们"发现"应该采取什么行动。而技术官僚范式的问题便在于以概率结果替代决策结果,而缺少了为概率结果赋值的环节。而这一环节需要进入社会这一场域,通过引入社会价值和社会行动者而实现。科学的民主化与公共论辩弥补了专家治理模式中民主代表性不足的问题。民主决策强调通过协调将风险问题开放到公共论坛,使公众的各种不同声音都能进入决策讨论中,由公民社会中的代表共同参与决策。由此,需要风险沟通程序发挥达成社会可接受性的作用,实现民主决策。风险沟通是指在风险专家、风险规制者、私人营利主体和公众等相关利益者之间展开的,与风险和风险相关要素有关的各种信息和观点互动式交换的过程,亦即商议的过程。

风险沟通经历了一个从无到有、从单向说服到双向互动、从技巧到信任的发展过程。在 1984 年该术语首次被提出来之前,[2] 风险规制领域一直聚焦在风险的精英化管理上,关注点停留在"风险"本身,规制者和专家认为应当对风险进行细节化的精确管理,"高傲的专业技能"是这一阶段〔威廉·莱斯(William Leiss)称之为风险沟通的第一个阶段〕的特征。然而,20 世纪 70 年代的环保运动对这种精英模式提出了挑战,公众要求更多地参与到国家政策的制定过程中。但这种公众参与不可避免地带来了原本封闭精英化、理性量化的风险分

---

[1] EWALD F. Two infinities of risk. In *The politics of everyday fear*. Minneapolis, Minnesota: University of Minnesota Press, 1991: 221 – 228.

[2] LEISS W. Three phases in the evolution of risk communication practice. *The annals of the American academy of political and social science*, 1996, 545(1): 85 – 94.

析方法与公众风险认知之间的冲突。① 作为对这种冲突的解决手段,风险沟通从被提出之初就面临着如何在技术官僚和公众之间搭建一个沟通桥梁的难题。20 世纪 80 年代,这个术语受到学术界和规制者的重视之后,风险分析的关注点从"风险"转移到了"沟通"("交流")。但在一段时间里(威廉·莱斯称之为风险沟通的第二个阶段),风险沟通是一种单向的说服过程,强调对听众的说服以及让听众信任信息源。它过度强调说服的技巧,相比信息本身,更强调对说服者的信任。但要求公众对规制者无条件的信任是很难的,因此这段时间里,虽然风险沟通可能缓和了冲突的加剧,但没有证据证明这种交流拉近了专家和大众之间的距离。② 因此,到 20 世纪 90 年代初期(威廉·莱斯称之为风险沟通的第三个阶段),人们对风险沟通的认识发生了转变,开始承认风险具有社会建构性,应当将风险放置到社会语境中去理解,重视公众对风险的认知,不能仅关注工具性的交流技能,还要关注各个利益相关者之间的社会互动。由于上一个阶段的缺陷使这种工具性的交流技能无法产生信任,因此,在第三阶段时人们认为,对政府和工业的信任只能通过他们的行动来获得,这些行动包括负责任的风险沟通,而且是作为一种日常实践,而非突发事件发生后临时采取的应对手段。③

风险沟通的具体程序到底要如何设计,取决于规制者如何看待公众的风险认知,希望如何安置这些风险认知,以及要通过风险沟通机制实现什么目标。实践中,由于对风险认知的认识不同,对风险沟通的定位也就不同。规制者可能利用风险沟通来了解公众的风险感知,以便制定能够获得支持的风险政策;可能采取技术官僚的姿态试图通过信息交流去改变非理性的公众认知,实现教育与纠正的目的;可能

---

① PLOUGH A, KRIMSKY S. The emergence of risk communication studies: social and political context. *Science, technology, & human values*, 1987, 12 (3): 4–10.

② LEISS W. Three phases in the evolution of risk communication practice. *The annals of the American academy of political and social science*, 1996, 545 (1): 85–94.

③ LEISS W. Three phases in the evolution of risk communication practice. *The annals of the American academy of political and social science*, 1996, 545 (1): 85–94.

仅仅将其作为一个信息公开与告知途径,用以满足现代行政要求;还可能将其作为一种拉近风险识别与风险认知的差距,试图同时满足风险规制的公众参与和专家主导的要求。

在我国,重点领域的风险沟通的展开仍然十分受限。如《广东省民用核设施核事故预防和应急管理条例》尽管规定了应对居民开展事故预防和应急知识的普及教育,但未对风险沟通的其他内容予以提及。① 又以"金箔入酒"事件为例。2014年,国家卫生计生委收到将金箔作为食品添加剂新品种的申请,国家食品安全风险评估中心依程序组织安全性技术评审并在网上公开征求意见,其间并未收到不同意见。2015年1月,卫计委办公厅在官网上发布了《国家卫生计生委办公厅关于征求拟批准金箔为食品添加剂新品种意见的函》,再次公开征求意见。② 该函经媒体报道后,引发社会公众热烈争议,除了对金箔入酒是否有害、是否必要的争论外,还有人将矛头指向了卫计委。有评论称,征求意见函所传递的信息与之前政府公开取缔金箔入酒的行为相矛盾,而函中用语过于专业,对于公众关心的重要问题却没有提供任何信息,因此,这种征求意见难免给人"走过场"的感觉。③ 由于征求意见函中没有公布金箔入酒的申请方是谁以及相关申请的依

---

① 见《广东省民用核设施核事故预防和应急管理条例》(2018年修订)第9条。在最新的修改草案征求意见稿中,相关规定仍然只是规定了科普教育内容。参见《关于公开征求〈广东省民用核设施核事故预防和应急管理条例(修订草案)〉(征求意见稿)意见的公告》,见广东省人民政府门户网站(http://www.gd.gov.cn/hdjlptyjzjanswer/mobile/4720#/index)。

② 《国家卫生计生委办公厅关于征求拟批准金箔为食品添加剂新品种意见的函》(国卫办食品函〔2015〕28号),见食品安全标准与监测评估司网2015年1月28日(http://www.nhc.gov.cn/sps/s3585/201501/b199c500c96c43cfad7f2abb802a1c04.shtml);国家食品安全风险评估中心:《有关金箔拟作为食品添加剂的相关情况》,见国家食品安全风险评估中心网2015年2月3日(https://www.cfsa.net.cn/Article/News.aspx?id=E8EE5EFA98B976D2B233AFC7C5ABF8A98ECF10EE70829448)。

③ 铁永功:《白酒可以加金箔给个理由先》,见新华报业网2015年2月3日(http://js.xhby.net/system/2015/02/03/023592560.shtml)。

据、申请目的是什么等,因此还有人怀疑卫计委"被企业利益绑架"。① 还有许多观点是从"金不是人体必要的元素""金箔入酒会助长奢靡之风""会导致白酒借机炒作提价"等其他角度切入的,甚至将这个问题上升到与中央的反腐大局唱反调,等等,而归责于卫计委。实际上,这些指责在情理上大部分是讲不通的。此次征求意见的程序是按照法律相关规定进行的,实际上在第一次征求意见而收不到反对意见之后,按照法律程序原本已经可以批准了,如此"多此一举",恰是卫计委考虑周全、倾听民意的表现(揣测可能是过于敏感而试图免责),而不是已有定论之后的"走过场"。而"被企业利益绑架"的说法更是不合情理。因为,征求意见函中向来不会公布申请人信息,并非这次没有公布,而如果这次申请成功了,整个食品行业都可以按规定添加金箔,并不会被某一家企业所垄断。② 而其他所有可能产生的后续反应,基本都是市场自愿行为,应当归由商家和消费者自己决定,实在不应该把"账"都算到卫计委的头上。然而,恰恰是对这些信息的"遮遮掩掩",沟通的"敷衍了事",展现出了"没有沟通诚意"的规制者形象,加剧了公众先入为主的不信任惯性,导致风险决策无法满足社会可接受性要求。

本书认为,理性程序主义下的风险沟通在于增进不同利益相关者之间的对话质量,并将增进的对话用以获取更高程度的社会认同和一致性,③ 以弥补专家风险识别与公众风险感知之间的鸿沟。故而,风险沟通的设计目标是达成共识和妥协;而在风险沟通的过程中,应尽可能保证用诚恳的态度"知无不言,言无不尽"。完整的风险沟通内容应当有四个:第一,风险的相关信息:风险属性,风险量级和严重

---

① 周琳、胡浩、王旺旺:《三问"金箔入酒"征求意见函》,见新华社网 2015 年 2 月 5 日 (http://paper.chinaso.com/detail/20150205/1000200032731901423126143880980 7261.html)。

② 钟凯:《金箔入酒,何不打开天窗说亮话?》,见果壳网 2015 年 2 月 4 日 (http://www.guokr.com/article/439912/)。

③ LEISS W. Three phases in the evolution of risk communication practice. *The annals of the American academy of political and social science*, 1996, 545 (1): 85 – 94.

性、情况的危急性、风险发展的趋势（正在加强还是减弱）、暴露于风险中的可能性、风险分布、会导致值得注意的危害后果的暴露数量、高危人群及其属性和数量等；第二，收益的相关信息：与风险相关的现有或预期收益、受益者和收益方式、风险和收益的平衡点、风险的量级和重要性、社会总收益；第三，风险评估的相关信息：评估方法、不确定性的重要性、现有数据的缺陷/不准确性、评估结论的前提假设、评估结论变化的敏感度、评估结论变化对风险决策的影响；第四，风险管理的相关信息：规制者已经或即将采取的控制措施、个人应当做什么的建议、规制政策的正当性理据、决策选项的预期效果、成本和收益、决策成本的担负者、规制政策实施后依然可能存在的剩余风险。这些内容应当尽量用清晰的语言表达出来，避免用科学术语来故弄玄虚，但也要避免过于简单化地损失信息的内容，确保信息的完整、客观和易懂。易言之，虽然风险沟通的发展表明，风险沟通是风险专业人士主导下的信息传递，但它始终应被视为一个相互学习的过程，因此，目标受众的关注点、看法和经验知识应起到对风险专业人士选择风险沟通话题和策略时的指导作用，风险相关知识传播者的任务不是决定人们需要知道什么，而是回答人们想知道什么。

（二）风险沟通的设计目标：达成共识和妥协

研究表明，风险沟通机制的良好设计将有助于公众做出理性选择，并建立相互信任，进而达到风险的社会可接受状态。[①] 而要达到社会可接受状态，风险沟通机制应当努力通过信息交换和对话，找到不同参与者之间的共识并最终形成妥协方案。简单来讲，共识和妥协是两个最终目标，但实践中具有不同的风险沟通机制，并不是每一个机制都以达成共识和妥协为目标，因此可根据具体情况，分成以下三个逐渐深入、层层推进的小目标。

---

① LUDGEN R E, MCMAKIN A H. *Risk communication*: *a handbook for communicating environmental safety*, *and health risks*. John Wiley & Sons, 2018: 67.

初级目标，是实现信息的交换并促进信息理解和风险认知。这是风险沟通机制至少要达到的目标。风险信息在被生产和公开之后，并不会自动地进行有效的传播和流通，并被所有参与者掌握进而形成对风险问题的全面、深度、无偏差的理解。因此，应当通过信息沟通机制来促进信息从信息掌握者手里及时、有效、完整地通过各种信息渠道向信息接收者传输，并尽可能减少这个过程中的信息损耗。这种传输是多方向、多渠道、多次进行的。这种传输有利于各个参与者对风险问题形成更全面深入的认知，特别是有利于公众理解即将要实施的风险规制决策，减少规制政策实施阻力，并为下面更高级的目标铺垫。

中级目标，是建立信任与培育认知。在实现信息尽可能不损耗地流通和交换的基础上，通过风险沟通机制实现信息交流者之间的相互信任，对彼此和对风险决策产生信心，并为下一步搭建参与者之间的合作关系提供实现的前提。只有各参与者对彼此信任，才有可能反思自己的风险认知和风险决策是否可能是错误的并做出修改，也才有可能最终实现求同存异，在风险规制的各种不确定和利益价值冲突中找到一个各方都接受的妥协点。此外，风险沟通还应当实现对社会风险可接受度的培养。这种培养可以有两种路径：一种是"权威—说服"路径，即技术官僚体系运用自身的知识对社会进行说服，社会因被说服而接受风险；一种是"权威—交换"路径，即技术官僚体系将自身拥有的资源与社会主体进行交换，通过利益补偿而获得社会对风险的接受。[1] 大部分邻避事件的最终结果，民众要么被说服，要么被补偿。鉴于零风险的不可达性以及规制成本的有限性，社会对风险的可接受性确实在一定程度上需要务实地培养。例如，在新冠肺炎公共卫生事件中，2021年春运临近时，一些地方出现了对返乡人员健康监测和核酸检测要求的"层层加码"现象。这种现象在一定程度上源于社会对新增病例的接受度不足。在复工复产背景下人口加大流动，而人口流动必然会导致部分地区疫情复发。这很难说必然有失职或哪些环节的

---

[1] 韩春晖：《行政决策的多元困局及其立法应对》，载《政法论坛》2016年第3期。

缺漏。因此，有学者便倡导要在保持对防控的重视之前提下，"适度提升整个社会对疫情增长的包容度"。①

高级目标，是促进各方形成共识和妥协，促进风险决策的顺畅执行。所谓共识，是指在差异和分歧中寻找可能达成一致意见的领域。不同参与者之间会存在不同的风险观。这些不同的风险观，有一些是源于信息不对称、误解和偏见，有一些是源于不同的世界观和价值观。前者具有通过沟通改变观念并与其他参与者达成某些共识的可能性。这种可能性可以使制定各方接受的风险政策也具有了可能性。所谓妥协，是指对于无法通过沟通而改变的认知以及无法动摇的价值观和利益，各方通过协商而各自退让，并最终形成一个各方可接受的结果。而到了这一步，则使风险决策满足社会可接受性标准成为可能，决策的执行也会顺畅无阻。

（三）风险沟通的具体程序建构

风险沟通是一种手段，以确保对风险规制至关重要的各个主体了解发生了什么、他们将如何参与到风险决策中来、他们的权利义务是什么。在风险沟通具体程序建构问题上，公众的风险认知应当作为风险沟通的基础，而风险沟通不但是一个改造、阻断风险传播过程中各种扭曲和偏差的过程，更是一个社会集体学习风险与建构风险的过程。② 以这个定位为起点，风险沟通机制才能最终打破技术官僚对风险信息的垄断，实现从"有效告知和流通"到"促进信任"再到"实现协作与妥协"的逐步演进。

1. 风险决策中风险沟通的程序融入

公民科学的发展，使民众拿起科学的武器对抗一直以来正统的"专家"，民众不再仅在"统计学意义上的死亡率是多少才是可以接受

---

① 李婷：《复工复产后，各地疫情问责机制也要改一改》，载《澎湃新闻》2020年2月27日（https://www.thepaper.cn/newsDetail_forward_6166935）。

② 周桂田：《独大的科学与隐没（默）的社会理性之对话：在地公众、科学专家与国家的风险文化探讨》，载《台湾社会研究季刊》（台湾地区）第56期。

的""环境保护和经济发展如何平衡"这类具有价值判断的问题上才能表达观点,"他们挑战的不仅是对科学和专业技能的政治运用和控制,还有'天然可靠'的专家所生产的技术知识的内容和处理过程"①。民众参与不仅可以发挥监督作用,甚至可以产出足以与专家对抗的科学数据。② 风险沟通作为风险及相关信息的交换和沟通过程,并非完全独立于风险评估和风险管理的单独程序,③ 而是作用于其中。在风险评估中,风险沟通的首要任务是促进风险专业人员之间的信息交流;同时,风险专家需要一般大众、利害关系人通过风险沟通提供在地风险知识,让彼此之间可以进行交流。在风险管理过程中,履行必要的资讯披露与公众参与也是实质参与、程序正义的必要落实。风险沟通需要具备组织性,并遵循特定的程序和方法。故而在程序设计上,在针对某一种风险进行风险决策的过程中,应当在每一个必要的环节纳入风险沟通的程序。图 5-4 为联合国粮农组织和世界卫生组织出版的《食品安全风险分析(国家食品安全管理机构应用指南)》中列举的需要进行风险沟通的环节,这一环节并非仅在风险评估之后,而是贯穿于风险决策的整个过程。风险沟通还应当关注参与者的立场,理解他们试图获得实质性协商机会的动机,不只停留在耐心倾听上,而更重要的是,利用这个平台建立信任和寻找妥协点。(如图 5-4 所示)

---

① CORBURN J. Community knowledge in environmental health science: co-producing policy expertise. *Environmental science & policy*, 2007, 10 (2): 150–161.
② 现有的各种公众科学中,也有成功的个案来证明这一点,比如英国鸟类学基金会的鸟类观察项目,由于它发布和检测数据的强项,已经成了一个具有强大政治影响力的活动。参见 LAWRENCE A. "No Personal Motive?" volunteers, biodiversity, and the false dichotomies of participation. *Ethics place and environment*, 2006, 9 (3): 279–298。
③ 沈岿:《风险规制与行政法新发展》,法律出版社 2013 年版,第 139 页。

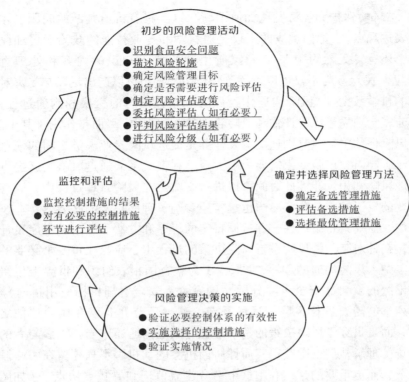

图 5-4 需要进行风险沟通的环节（下画线处）①

2. 风险沟通的程序设计

风险沟通应当贯穿于风险决策的各个环节，但可集中于社会可接受性评估环节之后，是风险评估与风险管理的桥梁与衔接。尽管各类风险沟通程序的具体表现形式或侧重点不尽相同，但仍可以抽象化地将风险沟通划分为"准备—召集—交流—评估和回访"四个环节。

在准备环节，决策者首先要对需要沟通的风险议题拟定一个基本的框架，然后识别确定哪些人是利益相关方，需要参与沟通环节。这一程序所采用的标准容易被操控，因此经常是实践中核心争议点之

---

① 世界卫生组织联合国粮食及农业组织：《食品安全风险分析：国家食品安全管理机构应用指南》，人民卫生出版社 2008 年版，第 52 页。

一。例如,决策者可以故意限缩利益相关者的范围而排斥特定人群,也可能扩大受众范围而稀释目标人群。① 决策者应当建立相应的机制,确保尽可能地包容恰当范围的受众。上述国家食品安全管理机构应用指南识别,列举了应参与的潜在利益相关方的标准,包括:"①哪些团体可能会受到风险管理决策的影响(既包括知道或认为,自身会受到影响的群体,也包括可能受到影响但自己还没有认识到的群体);②哪些团体掌握了有价值的信息和专业技能;③在以前相似的风险情况中都涉及哪些团体;④在以前相似的决策中哪些团体愿意参与;⑤应该包括哪些团体,即便他们并未提出此要求。"② 作为准备,决策者要初步研究公众的风险认知和风险知识,尝试全面地确定公众所关注和认为重要的东西,分析哪一种交流渠道和信息是最有用的。

在召集环节,规制者应当根据议题选择会议型沟通方式或非会议型沟通方式。然后提前向参与沟通者发布相关信息,提前向参与者描述风险是如何被确定、目前所处的规制状态、风险评估过程和结果、社会可接受性评估的初步结果,给予他们消化的时间,并在必要时帮助他们理解信息。

在交流环节,决策者与公众进行双向的正式交流。这一环节最重要的是,要理解风险沟通对象并非一张白纸。除了前期的信息披露,身处信息时代的每一个人都在从各种渠道获取信息,因此,在公众心中早已有一个预设的风险观念——他们是带着某种信念和疑虑来参加的。"风险沟通,无论是正式的还是非正式的,个人的还是公共的,

---

① 例如,在上海市杨浦区正文花园(二期)业主委员会等诉上海市环境保护局环境影响报告审批决定案[(2013)沪二中行终字第576号]中,原告是临近变电站建设项目的业委会,反对变电站建设,但环评机构的公众意见调查显示有72.7%的被调查对象持支持和基本支持态度。原告认为环评机构确定的敏感目标过于广泛,是通过扩大敏感目标的范围,稀释了主要敏感区域的公众意见。

② 世界卫生组织联合国粮食及农业组织:《食品安全风险分析:国家食品安全管理机构应用指南》,人民卫生出版社2008年版,第59页。

几乎从来没有在一块处女地上进行,而是在一个移动的基础上进行的。"① 因此,交流环节首先需要倾听,了解公众的关注和质疑,根据需要做出解答,关键是要收集用以调整风险评估结论和促进风险管理的素材。风险沟通是多方向的,而不是仅从技术专家向公众单向传播,也能从公众向技术专家传播。保障激烈论辩交锋的环节,必要时将交锋各方的意见通过向社会公开而作为更大范围的风险沟通内容。

而在评估和回访环节——这是我国较为忽略的一个环节,规制者可以选取部分参与者进行关于信息清晰性和沟通质量的评估,从而判断这次沟通是否有利于促进可接受性的达成。如果不行,则需要考量是否重新开展风险沟通。同时,也要根据需要进行回访,告知公众的意见和建议是否被纳入决策考量,在哪种程度上影响了最终决策。这种回访是增进认同和共识的重要方式。

在这个过程中,呼应前文对分类问题的探讨,风险沟通的具体程序设计可以有不同的类型与风格,亦即可以划分为对抗式风险决策下的风险沟通以及非对抗式风险决策下的风险沟通。② 第一种情形中往往存在着利益和意见高度冲突的双方或多方,不同行为者在各自的政策领域争夺社会和政治影响力,则利益相关者实质、深入参与到风险评估及风险管理等风险决策过程对实现沟通目标至关重要。相关风险沟通程序的设置需要采取构建开放论坛等做法,更加强调参与及知情权利的保障,此外,还强调科学证据的披露与充分讨论,尽可能达成共识及妥协。在第二种情形中,各方对风险议题没有明显的分歧或争议,风险决策可以预见能够相对平和地完成,则风险沟通的程序设置目标是让公众确信由官僚、科学家及相关群体共同组成的决策行动者圈子的行为符合公共利益,并让公众感受到自己的意见已经得到充分

---

① BIEDER C. Societal risk communication: towards smart risk governance and safety management. In *Risk communication for the future towards smart risk governance and safety management*, Berlin: Springer, 2018: 155 – 175.

② O'RIORDAN T, WYNNE B. Regulating environmental risks: a comparative perspective. In *Insuring and managing mazardous risks: from Seveso to Bhopal and beyond*, Berlin: Springer, 1987: 389 – 410.

的考量，激烈论辩交锋的环节则可以适时略去或减少。

五、案例分析：农业转基因生物的风险决策程序

现代科学技术改变了人们的生活条件和思维方式，在人与人、社会与自然的关系中发挥着越来越强大的作用。与此同时，科学技术的局限性也越来越明显，包括信息技术、生物技术在内的科学技术在很多情况下已经成为当今社会最大的风险源。不同于以往自然的、外部的风险，科学技术发展所带来的风险是安东尼·吉登斯（Anthony Giddens）所称的"被制造出来的风险"，是"由我们不断发展的知识对这个世界的影响所产生的风险，是指我们没有多少历史经验的情况下所产生的风险"[1]。其中，转基因技术无疑是这一类技术风险的代表。转基因技术是指将外源基因转移到受体植物、动物、微生物的一系列研发、制造或改进的科学方法。得益于 DNA 双螺旋结构的发现，DNA 重组技术被发明，[2] 使生物科技的应用方式与层面不断创新，转基因技术成为国际竞相发展的科技及产业。

在各类转基因技术的运用中，与基因相关的医疗技术以及转基因生物（Genetically Modified Organism）是较为典型的应用成果。前者重在运用转基因技术攻克以物理或化学为主的传统医疗模式所无法有效处理的医疗问题，包括基因筛查、DNA 疫苗、基因药品、胚胎干细胞移植、试管婴儿等。后者是指研发经由转基因技术所培育出来的生物体或新物种，其研究成果主要运用于农作物的改造与食品的改良。[3] 按照我国立法的界定，农业转基因生物是指"利用基因工程技术改变

---

[1] 安东尼·吉登斯：《失控的世界：全球化如何重塑我们的生活》，周红云译，江西人民出版社 2001 年版，第 22 页。

[2] WATSON J D, CRICK F H C. Molecular structure of nucleic acids: a structure for deoxyribose nucleic acid. Nature, 1953, 171 (4356): 737–738.

[3] 牛惠之：《生物科技之风险议题之省思：兼论 GMO 与基因治疗之科技风险管理与规范体系》，载《东吴大学法律学报》（台湾地区）第 15 卷第 1 期。

基因组构成,用于农业生产或者农产品加工的动植物、微生物及其产品"①。这种技术突破了物种的藩篱,其出现是为了回应人类对农作物营养成分、抗虫害等方面的特殊需求。而转基因食品(Genetically Modified Foods)则是指利用转基因技术所生产的食品和食品添加剂。②农业转基因技术及转基因食品的研发与运用具有相当的商业价值甚至政治效果——除了可以缩短农作物的收获时间、提高单位产量、改进加工方式进而增加生产者的利益外,还有助于解决贫困或灾荒地区的粮食安全问题。由于减少了土地的开垦和农药的喷洒,农业对于环境治理也可能发挥正面作用。

尽管转基因技术的发展给人类社会造就了不少福祉,但同时也充满了争议。③ 与基因相关的医疗技术方面关涉人类最基本遗传物质的特性,让不少人忧心科幻作品里的"克隆人"成为现实,进而冲击既有的人类伦理体系和社会秩序。而在转基因生物的发展方面,由于知识的局限,人类至今无法完全掌握基因科技的内涵以及基因技术在产业应用时所可能产生的后果,导致不少人对转基因生物的研发和应用存在着疑虑。在科学界,对转基因技术的研究也呈分裂态势。例如,苏格兰罗伊特(Rowett)研究所科学家曾公布转基因作物(马铃薯

---

① 参见《农业转基因生物安全管理条例》(2017年修订)第3条。
② 参见《转基因食品卫生管理办法》(卫生部令第28号,2002年,已失效)第2条规定:"本办法所称转基因食品,系指利用基因工程技术改变基因组构成的动物、植物和微生物生产的食品和食品添加剂,包括:(一)转基因动植物、微生物产品;(二)转基因动植物、微生物直接加工品;(三)以转基因动植物、微生物或者其直接加工品为原料生产的食品和食品添加剂。"
③ 我国公共舆论对转基因议题有多轮论辩,2010年12月27日的《北京科技报》发表署名文章《2010中国十大科学争议》,"转基因水稻安危"排在十大科学争议第二位。2013年,崔永元的一个纪录片再次将转基因生物技术推向舆论的风口浪尖,此后,崔永元和方舟子等人在互联网上针对转基因作物频繁争论。参见谭娜、王夕《2010中国十大科学争议》,载《中国科技报》2010年12月20日,第022版;岳中行:《方舟子、崔永元大战转基因,科学去哪儿了?》,见凤凰网2014年1月13日(https://news.ifeng.com/opinion/wangping/zhuanjiyin/)。

弱化老鼠免疫能力的结果，立即遭到其他科学机构的围剿。① 这些社会分裂认知甚至对国家的风险认知也有巨大影响。2002 年，非洲南部因为百年一遇的旱灾而导致粮食紧缺，但津巴布韦等国却从预防风险出发，拒绝了美国援助的转基因玉米。②

（一）风险议题形成

根据学者的归纳，以农业转基因生物作为观察，对农业转基因生物的风险担忧主要包括以下几个方面：③ ①农业转基因生物对人体安全的风险。人们担心由农业转基因生物制成的转基因食品会引发食物中毒、食物过敏、抗生素抗药性等人体健康风险。②农业转基因生物的生态环境风险。转基因生物对非转基因物种以及以非转基因生物为食物的昆虫的生存空间的压抑，可能对生物多样性和生态系统平衡造成破坏；农业转基因生物更能抵抗除草剂，可能因此导致滥用化学农药的环境污染。③农业转基因生物规制的社会风险。从风险认知的角度看，由于风险评估科学专业的门槛，普通公众往往难以直观地理解或笃定地相信特定主体出具的转基因技术的安全性证明。此外，有时候公众对转基因技术的反对并不单纯是对技术本身风险的担忧，还可能包含对既得利益主体、风险决策和风险规制执行过程的不满——如果只有开发、上市转基因生物的企业会在转基因生物的产业扩张中受益，民众可能对转基因生物的运用推广持较为保留的态度；而风险规制机关的决策过程也会因决策不透明、解释不充足、未征求公众意见等因素或做法，而造成公众担忧公共利益和个人权益遭受侵害，"垃圾焚烧厂建在政府旁边""转基因食品让官员先吃"等网络上的激愤之词就是例证。从风险不确定性的角度看，专家往往也难以确切、可

---

① 周桂田、叶普照：《生物科技产业与社会风险：迟滞型高科技风险社会》，载《深圳大学学报（人文社会科学版）》2001 年第 6 期。
② 田地：《饥饿的非洲对转基因食品说"不"》，载《农药市场信息》2003 年第 2 期。
③ 牛惠之：《生物科技之风险议题之省思：兼论 GMO 与基因治疗之科技风险管理与规范体系》，载《东吴大学法律学报》（台湾地区）第 15 卷第 1 期。

靠地证明转基因生物危害产生的效应与规模。信息的不充分可能导致监管决策左右为难、进退维谷。我国对是否许可转基因水稻商业化种植就经历了数次反复,其间,支持者或反对者都曾以科学证据来攻击对方的观点。① ④农业转基因生物规制的规范性风险。当法律试图规范转基因技术的社会与科技风险时,由于法律人对生物科技不熟悉,在设立规范措施时,未必能面面俱到,也有可能造成不当后果。

伴随着转基因技术的扩张运用,上述风险规模及效应可能扩大至无法估量的程度。有鉴于此,许多国家已经将农业转基因生物及转基因食品风险纳入风险规制议题,并出台相应的法律法规进行规范。由于社会文化、经济发展水平、利益诉求等方面的不同,各国在相关技术管制、市场准入等方面多有分歧,甚至曾形成"挺转派"和"反转派"两大阵营。② 在风险不甚明确的情况下,如果"一刀切"地禁止农业转基因生物,丧失的技术发展机会及市场竞争能力将很难在短时间内获得改变;但如果不加限制,风险一旦变成现实,将带来巨大的代价。对此,我国在有关转基因技术的多轮公共论辩和政策调试中,最终形成了"确保安全、自主创新、大胆研究、慎重推广"的基本规制思路。③ 在我国,《中华人民共和国种子法》《中华人民共和国农产品质量安全法》《中华人民共和国食品安全法》对农业转基因生物的

---

① 赵鹏:《风险社会的行政法回应》,中国政法大学出版社 2018 年版,第 85-90 页。

② 21 世纪初,全球逐渐形成以美国、加拿大、巴西、阿根廷等为代表的"挺转联盟"和以欧盟、日本为代表的"反转联盟",前者主张科学证据原则,后者主张预防原则。两大联盟围绕着转基因作物的商业化种植与审批监管等一系列问题产生了诸多贸易摩擦和对立冲突。但近年来也有变化,2016 年奥巴马签署《国家生物工程食品披露标准》法案,美国转基因食品标签制度从自愿标签变为强制标签,标志着美国开始对转基因加强监管。

③ 习近平:《在中央农村工作会议上的讲话》,载中共中央文献研究室《十八大以来重要文献选编》,中央文献出版社 2018 年版,第 658-686 页。

风险规制有框架式的规定;① 更加具体的制度构建见于国务院发布的《农业转基因生物安全管理条例》及原农业部出台的《农业转基因生物安全评价管理办法》等规章中。② 农业转基因生物实行分等级、分阶段的安全评价：分等级是指按照风险的程度将农业转基因生物分为Ⅰ、Ⅱ、Ⅲ、Ⅳ四级，以Ⅰ级为风险最小。相比从事风险较小的Ⅰ、Ⅱ等级农业转基因生物研究，相关主体从事Ⅲ、Ⅳ级转基因生物研究的需要遵循向国务院农业行政主管部门报告的特别程序。分阶段是指农业转基因生物需要完成实验研究、中间试验、环境释放、生产性试验和安全证书申请五个阶段，方可投入生产、加工和经营。而依据上述其他相关法律规范，在生产、加工、经营过程中，还需要遵循取得加工许可证、进行标识等规制要求。③

对于我国农业转基因生物的风险管理体系，全国人大环境与资源保护委员会直言，"多头管理、缺乏统一指导与有效监督等问题"客观存在。④ 而"黄金大米"事件⑤、金龙鱼转基因大豆油事件⑥、黑龙

---

① 《中华人民共和国种子法》（2015年修订）主要规范转基因植物品种的选育、试验、审定、推广和标识，《中华人民共和国农产品质量安全法》（2018年修正）、《中华人民共和国食品安全法》（2018年修正）则分别明确了转基因农产品和转基因食品应当遵循相应的标识制度。

② 除了《农业转基因生物安全评价管理办法》，原农业部（现农业农村部）还出台了《农业转基因生物进口安全管理办法》《农业转基因生物标识管理办法》和《农业转基因生物加工审批办法》。

③ 参见《农业转基因生物加工审批办法》（2019年修正）第3条。

④ 参见《全国人民代表大会环境与资源保护委员会关于第十二届全国人民代表大会第五次会议主席团交付审议的代表提出的议案审议结果的报告》，见中国人大网 2017 年 12 月 27 日（http://www.npc.gov.cn/npc/c12435/201712/2e2c7f8c237d403d9da7fac4a36a0c89.shtml）。

⑤ 2008年，美国塔夫茨大学某科研机构在湖南衡南县江口镇中心小学进行过转基因大米（"黄金大米"）人体实验，且并未如实告知学生及家长相关转基因信息，掀起轩然大波。参见冯军《黄金大米事件：被隐瞒的实验》，见新浪网 2012 年 12 月 10 日（http://style.sina.com.cn/news/b/2012-12-10/0726111211.shtml）。

⑥ 2010年，《金龙鱼，一条祸国殃民的鱼！》一文在网络传播，宣称金龙鱼食用油利用有害的转基因大豆制作，引发风波。参见《金龙鱼被指非法使用转基因大豆》，见新浪财经（http://finance.sina.com.cn/focus/jlyzjy/）。

江立法全面禁止转基因事件[①]等的发酵,则暴露了农业转基因生物风险规制体系仍有不断完善及改进的空间,其中包括决策程序的问题。

跳出具体法律规定,我们可以总结出农业转基因生物风险决策的大致流程。在这其中,风险的主要参与者可以分为:①风险产生者,主要指从事转基因技术研发的企业;②风险评估者,是进行风险评估等分析活动的专家;③风险管理者,指负责决定和控制风险的行政机关;④抗议者,代表潜在风险受害者而反对转基因技术或活动的个人或群体。[②] 风险监管的过程往往开始于风险产生者向有关风险管理者申请农业转基因生物的安全许可、加工许可或生产销售许可,其本身需要按照法律的规定进行风险评估。因此,这些企业不仅仅是风险产生者,往往也是第一个评估风险的主体。这意味着,风险决策中的风险评估程序实际上是对风险产生者的评估的后设评估(元评估)。在整个风险决策过程里,风险管理者需要权衡如何在对人体健康、生态环境、土地利用可能的负面影响与更具成本效益的粮食生产以及减少使用杀虫剂等好处之间取得平衡。以"分析—商议"程序以及图5-3的程序框架作为指导,本书对未来农业转基因生物风险决策程序的制度完善提出了参考性的方向。

(二) 预评估

在预评估中,相关风险规制机关需要尽可能地描述转基因技术的科学性及其潜在运用的具体内容,并对主要的参与者,如政府、产业、科学社群、非政府组织以及普罗大众等可能关切的议题进行研究。

转基因技术的发展和运用史表明,对于社会而言,农业转基因生物的风险问题集中在对未来的展望、基本价值观和信念之间的差异,

[①] 2016年,新修订的《黑龙江省食品安全条例》通过,第55条规定黑龙江省行政区域内依法禁止种植转基因玉米、水稻、大豆等粮食作物,禁止非法生产、经营和为种植者提供转基因粮食作物种子,禁止非法生产、加工、经营、进境转基因或者含有转基因成分的食用农产品。

[②] VAN ASSELT M B, VOSE. Science, uncertainty and GMOs. The transformation of EU policies: EU governance at work. *CONNEX report series*, 2008 (8): 65-97.

以及对人类控制和指导自身技术命运的能力的信心程度。出于不同的社会和道德原因，人们往往将高风险与转基因技术的应用联系在一起，农业转基因生物风险往往被视为是有歧义的或模糊性的风险，其科学数据对于人类安全到底意味着什么是暂时或永远不可知的。由于不同种类的转基因生物在性质与风险上均可能有所差异，因此，不同情形下对生态环境和人体健康的影响也会有所区别，不可一概而论。预评估阶段应当对此有清晰的认知，亦即可以采用分层分类的思路，将已经投入市场的农业转基因生物与尚未量产的转基因生物进行分开讨论。例如，对于已经运用、量产的转基因生物及其技术，相关的科学研究较为透彻，专家们较多地掌握了相关转基因生物的特性与技术风险，则相关的预评估可以着重对其进行持续收集与调查相关资料，并可以判断是否可以视为简单风险而直接采取风险管理措施。但对于尚未投入市场运用、尚在研发阶段的转基因生物品种及技术，由于有许多未知的地方，风险规制机关在预评估阶段应当视技术的成熟度，尽早回应相关争议，以便后续的风险决策阶段能够提高相关技术的安全性和可靠性。这意味着，在这一阶段风险沟通的介入是必要的，风险规制机关应发起广泛的社会讨论，以实现参与性决策。这些讨论性措施旨在找到适当的冲突解决机制，能够将转基因技术的模糊性降低到可管理的程度，并可进行进一步的评估。

（三）技术性风险评估

如前所述，农业转基因生物可能面临的风险包括科技风险（人体健康与生态环境风险）、社会性风险（公共事件风险、产业风险）和规范性风险。而风险评估的功能主要在于对科技风险进行确认与掌握。为降低转基因技术在运用时所携带的健康或环境风险，转基因生物在投入市场运用前需要经过一定程度的测试，以观察可能的风险，并权衡利弊后再决定是否可以开放运用。对转基因生物的风险评估，国际上已有一定的共识。将转基因生物划分为少数风险类别是不现实的，农业转基因生物的评估应当个案进行，综合考虑转基因生物的来源和目标环境、生物和生态特征等方面的风险。①

风险评估阶段,专家应努力基于科学证据分析找出关于农业转基因作物的风险所在。由风险评估的科学属性可知,风险评估结论或者是明确的科学结论,或者是与推论性指导方针相结合的科学推论。②所以,风险的可确定性取决于有科学证据证明了转基因作物与风险之间具备因果关系;当完全不存在这样的科学证据时,则应当推定为不具有风险(其实是暂时未发现风险);进而,可以决定是继续完成更高层次的风险评估还是转向社会可接受性判断。不过,对于农业转基因生物而言,更常见的情形是要面临多数且有分歧的科学证据的存在或无法确切评估风险的窘境。而本书关于技术可接受性的概念在此处的运用便是,在一个特定议题中,科学上的合理可能性推论往往只会有几种,通过充分的分析判断及商议互动,风险评估者尽可能地向外界展示为何选择特定的科学假设、科学方法,确保评估结论能够获得最基本的同行认同即可。在这个过程中,风险评估者应当尽可能忠实地描述科学知识的现状,充分讨论和解释科学的不确定性问题,确认其对风险决策的可能影响。

(四)社会可接受性评估

"科技风险评估的安全不仅意味着科学层面的安全,更指社会方面的安全。"③ 农业转基因生物安全需要建立在相应的科学研究基础之上,但其风险在本质上也是一种社会构建。④ 例如,即使农业转基因生物在科学上被证明是安全的,风险管理也要以社会公众可接受的认

---

① ANDOW D A, ZWAHLEN C. Assessing environmental risks of transgenic plants. *Ecology letters*, 2006, 9 (2): 196 – 214.

② 牛惠之:《生物科技之风险议题之省思:兼论 GMO 与基因治疗之科技风险管理与规范体系》,载《东吴大学法律学报》(台湾地区)第 15 卷第 1 期。

③ 张哲飞:《科技风险规制过程中的行政法问题研究》(学位论文),中南财经政法大学 2018 年。

④ JAFFE G. Regulating transgenic crops: a comparative analysis of different regulatory processes. *Transgenic research*, 2004, 13 (1): 5 – 19.

知安全为依托。以欧盟对转基因生物的风险规制为例，即使某种转基因生物已在科学上被证明是安全的，欧盟食品安全管理局也可能以其他的原因限制其进口。① 在社会可接受性判断阶段中，风险规制机关必须通过调查初步评估系争转基因技术是否可能为公众所接受、公众的风险承受度到达何种程度，以及能够做出哪种妥协（如通过产品标识制度是否就会允许其上市）。这些判断的内容除了指该项转基因技术可能直接导致人身伤害或死亡、环境污染或生态破坏的风险的承受度外，还包含社会大众在道德甚至伦理面向的承受度。例如，由于水稻是我国的主粮作物，公众对转基因水稻的敏感度就可能要远超过对转基因番茄的敏感度。

依据前述有关立法，我国农业转基因生物的安全评价等级分为Ⅰ、Ⅱ、Ⅲ、Ⅳ四级。由立法设计看，安全评价是风险评估的结论，对于农业转基因生物的社会可接受性判断，目前的立法规定还是空白的，建议未来建立安全评价等级与风险可接受性评估的衔接机制。

（五）风险沟通与风险管理

按照相应的框架设计，在社会可接受性判断阶段后，不被视为简单风险的风险议题需要进入风险沟通阶段。在农业转基因生物的案例里，可以预见的是，大多数情况下都应在社会可接受性判断阶段后经过风险沟通。此外，在涉及农业转基因生物的预评估及风险评估中，沟通尤为重要。这是因为，不管科学界是否认为农业转基因作物具有风险，公众普遍对此感到担忧。因此，有必要通过风险沟通让公众了解或相信相应的风险评估结论和风险管理措施，并且，充分的风险沟通才能使风险规制机关做出最妥适的决定。我国既有立法中鲜少涉及农业转基因生物的风险沟通问题，② 而近年来我国不断出现因风险沟

---

① BOSMAN A, et al. Expertise for the future: learning and training in the area of food safety risk assessment. *EFSA journal*, 2016, 14: 1–12.

② 仅有少量规定涉及行政机关的信息公开问题，如《农业转基因生物安全管理条例》（2017年修订）第8条："国家对农业转基因生物实行标识制度。实施标识管理的农业转基因生物目录，由国务院农业行政主管部门商国务院有关部门制定、调整并公布。"

通不足而发酵的转基因风波,也昭示着我国转基因风险沟通距离"建立信任、促进共识和达成妥协"的制度目标还有很远的路要走。未来,可以以原国家卫计委的《食品安全风险交流工作技术指南》等为参照,制定有关转基因风险沟通工作的技术性规范。

风险沟通后的风险管理阶段,是确认、评价、选择以及实施行动以降低转基因技术风险的过程,要求风险规制机关针对可承受的风险设计出一套可以降低风险发生可能性的制度。风险管理是在风险评估结论的基础上,对不同风险管理模式之间所可能消耗的成本和所可能取得的收益进行分析判断,以及进行其他的价值判断,从而决定处理风险的方式。各国因国情、文化的不同,对特殊风险承受的自愿性可能不同,或对于转基因所带来的利益的需求也不同,如欧盟对转基因生物的管制措施整体相较美国而言更加严格。[①] 一个国家或地区对风险及风险管理的态度,决定了其对安全的保护水准。采用较高的风险标准,往往会采取更加保守和严格的风险管理措施,对人民安全的保障也有着较高的保护水准。对于我国的农业转基因生物的风险管理,我们既要建立预防机制避免公众暴露于风险社会当中,保护可能受到影响的法益,又要防止过度干预风险而对产业发展和国家竞争力的干涉。因而,风险分类管理是基本的路径。以德国为参考,其基因技术法将具体的基因项目分为"在封闭的设施中研发的转基因生物""在优先的领域开放的转基因生物""流通的转基因生物"三类进行管理。[②] 未来可借鉴此分类方法,但还应根据社会的反馈随时修改这种分类。

[①] JAFFE G. Regulating transgenic crops: a comparative analysis of different regulatory processes. *Transgenic research*, 2004, 13 (1): 5-19.

[②] 格沃·埃布森:《通过规制实现健康保护:范围、方法和程序概览》,喻文光译,载《行政法学研究》2015 年第 4 期。

第六章　风险决策的责任法调控

在公共行政领域，责任具有两个不同含义。一个是职责意义上的"责任"（responsibility）。这个意义上的责任是一个事前概念，它指的是行政主体或行政官员因其所处的职位而应当承担的相应职责，是一种内部控制手段。另一个是问责意义上的"责任"（accountability）。这个意义上的责任是一个事后概念，是指在相关行政行为发生之后，向公众进行解释说明、接受社会评价、承担相应后果，是一种外部控制机制。[①] 风险决策责任同样具有前述两个方面的含义。其中，前置性的、内部的、道德意义上的责任主要体现在组织法中，这个意义上的责任，往往与职责、职业道德和行政文化有关。而风险决策的责任法主要是从事后的角度，关注在风险决策做出后或者风险事件发生后，应当针对何种主体、追究何种形式的责任。因此，风险责任法中所讨论的"责任"，主要是作为外部控制技术与事后保障机制的"问责"，这也是本章研究的内容。概括而言，所谓风险决策的责任法调控，是指通过风险决策责任规则和程序的设计、实施，使行政主体对其所谓的失误或者不适当的风险决策接受社会公众的负面评价，承担法律责任、回应与说明责任、救济责任等。

风险决策与传统上的一般行政决策存在本质差异，因此其责任制度也与一般行政决策的责任制度有本质上的不同。受启蒙运动以来的理性主义思维影响，一般行政决策的责任制度遵循一种形式理性逻辑。通过理性计算，法律制度中力图明确特定行政决策可能需要承担的责任后果，在行为与责任之间力图建立一一对应的关系，并通过责任的威慑，引导行政决策朝向法律系统整体所要追求的、精心计算的方向发展。然而，上文已描述了风险社会中的各类行政决策，无论是

[①] 钱再见：《行政决策新论》，南京师范大学出版社2018年版，第191页。

预防性决策、选择性决策还是规制性决策，都是建立在非绝对客观的科学研究基础上的"冒险"行为，决策结果具有高度不确定性与失控性，导致传统上以合法性为单一评价维度的责任法体系无法正常发挥作用。因此，有必要重构针对风险决策的责任法体系，以实现对风险行政决策的有效规制和引导。

本章将首先论述因风险决策的特殊性而带来的决策追责难题，进而讨论如何通过重构风险行政决策的责任制度来解决这些难题。由于司法审查是一种对行政行为合法性的重要监督机制，个案的裁量发挥着促进行政应责性的功能，因此接着将对风险决策的司法审查进行探讨，最后重点评析一个具有代表性的环评决策纠纷案件——张小燕案。在这个案件中，法院不但发挥了私权救济和监督行政权的作用，在一定程度上也参与了风险社会治理，其审查逻辑值得研究。

一、风险决策责任法调控的困境

（一）风险决策的追责难题

风险决策不仅关涉公众的经济利益，更会影响社会公众最基本的生命安全与健康问题。一个错误的决策很可能在未来某个时间、某个地点剥夺无数人的生命和健康。这使风险决策权的正当性问题备受关注，也使对风险决策失误或违法决策地追责成为公众关切的重要问题。然而，风险决策本身的特殊性却使对决策失误或者违法决策的追责存在多方面的难题。这种难题表现在风险决策责任主体的模糊性、因果关系的复杂性、法律规则的缺位以及主观过错要件的适用困难四个方面。

1. 风险决策责任主体的模糊性

罗伯特·贝恩（Robert D. Behn）指出，"由谁负责？""如何负责？""对何事负责？"是行政决策责任制度的三大基本论题。[①] 其中，

---

① BEHN R D. *Rethinking democratic accountability*. Washington：Brooking Institution Press，2001：62.

"由谁负责"就是责任主体的确定问题。只有当"权力主体—决策行为—行为结果—法律责任"四者之间建立一一对应的逻辑关系,责任制度所要发挥的震慑与引导功能才能有效实现,制度的规训力才能在权力的神经网络中畅通运行。只有精确地确立四个要素之间的数学关系,权力的微观物理学才能正常发挥作用。从经济学的角度看,责任主体的确定是对个体行为外部性进行内部化的第一步。当个体行为决策的后果无须由其个人全部承担时,个体的决策行为就可能存在外部性。而责任制度的意义就在于,通过明确决策行为的责任主体,使行为人必须承担个人决策的全部后果,从而实现个体行为决策所带来的私人成本/收益与该行为所带来的社会成本/收益之间的一致性,进而引导个体做出符合社会总体福利的行为,避免个体以社会福利为工具来谋取私利。因此,无论是政治/行政运作的一般机理还是其背后的经济学原理都首先要求解决责任主体的确定问题。

然而,在复杂国家风险规制空间中多主体、多中心与主体属性复杂的局面下,宽泛多元的决策主体使得"由谁负责"变成了责任制度的一大难题。[①] 在现代风险决策体制中,由于风险本身所具有的情境性、偶发性和复杂性,多数国家构筑了较为复杂的应对机制。在这样的应对机制中,至少存在三方面的问题,使在确定风险决策过程中的责任主体存在困难。

第一,系统性风险与风险决策过程的集体化。工业文明所创造的现代风险具有复合性和系统性特征,这意味着人类健康和环境的风险与一个包含更大的社会、金融和经济风险的大背景的嵌入性。[②] 这些不同类型的风险以相互纠缠和多层叠加的形式出现,其相互作用又会引发次级风险乃至第三级风险。系统性风险的发生很可能是由不同行为决策共同作用的结果,这些不同的行为决策分属不同职能部门的职

[①] 韩春晖:《行政决策终身责任追究制的法律难题及其解决》,载《中国法学》2015年第6期。

[②] KLINKE A, RENN O. Systemic risks as challenge for policy making in risk governance. Forum qualitative sozialforschung/forum: qualitative social research, 2006, 7 (1).

权，而且，风险发生后，也需要由多部门共同加以应对。在这一背景下，风险决策的主体实际上是多元的，风险决策的过程也是集体化的——风险决策可能由跨部门的主体共同做出，也可能由上下级主体共同做出。集体化的风险决策过程使决策失误的主体诱因隐匿其后，隐而不彰，因而出现"集体决策弱化个体责任"的问题。

第二，外部参与者的介入。公共行政中的风险是经过科学建构的。对风险的评估离不开作为理性代理人的专家。因此，风险决策的做出常常需要引入专家作为决策的智力支持，即风险决策并非单纯由行政主体做出，而在很大程度上是专家与决策者的共同意志产物，这种意志交融性容易产生归责难题。决策失误可能是在多元主体共同决策过程中累积叠加，并非由单一主体所造成的。此外，鉴于民主正当性获取的需要，风险决策的过程中也需要引入民主参与的程序来了解公众的偏好和需求。在这种情况下，风险决策也不能由单一的行政主体做出，而需要引入作为外部程序参与者的社会公众。当风险决策基于社会公众的要求而做出，那么决策所带来的风险后果也难以由行政主体单独承担。因此，外部程序参与者的加入导致确定风险决策责任时面临困难。

第三，职权配置与责任归属不明晰。如前所述，风险的来源可能是多元的，风险的应对也需要多部门的协同。例如，为了应对2020年的新冠肺炎疫情，我国成立了国务院应对新型冠状病毒感染的肺炎疫情联防联控工作机制，该机制由国家卫生健康委员会牵头，共有32家成员单位。从当前的疫情控制情况来看，国务院联防联控机制取得了较大的成功，其中各个工作组职责明确、分工协作，形成了防控疫情的有效合力。与此相对，多部门协同产生部门之间权责不清、认知矛盾、措施冲突等，都是风险应对过程中的常见现象。而当风险后果发生后，不同行政主体之间还可能相互指责，让外人难以清楚明确地将风险责任归咎于其中任何一方。再如，2003年，我国台湾地区暴发非典型性肺炎疫情时，由于"行政院卫生署"与台北市"卫生局"两个单位对疫情的认知不一致，导致行政体系对疫情的控制行动难以统一，也导致处理的过程中产生了许多不必要的纷争。① 由此可见，当风险事故发生时，各部门基于各自职权的不同和对风险的认知不同，很可能各行其是，而且其后对风险后果的成因各有说辞。

2. 因果关系的复杂性

如前所述，行政决策的责任制度要发挥其作用，必须建立"权力主体—决策行为—行为结果—法律责任"四个要素之间一一对应的逻辑关系。而因果关系则是将四个要素，尤其是"决策行为"与"行为结果"连接起来的逻辑链条。然而，在风险决策中，因果关系却具有高度的复杂性。这种复杂性是由因果之间的时空间离性、因果关系的多重性、因果关系的偶然性以及因果认知的不确定性四个因素所造成的。

第一，风险损害的发生与风险决策存在时空间离性。风险损害的发生往往具有滞后性和潜伏性的特点，因此，因果关系的时间链条有时难以准确厘清。而随着全球化的发展，风险也日趋全球化，风险决策所带来的风险损害很可能是跨域性的，例如，在中国所排放的二氧化碳是否真的会导致美国马萨诸塞州因海平面上升而导致土地损失？② 又如，2011 年日本福岛核电站泄漏，十年后日本政府确定将积存的核污染水降低放射性物质浓度后排入海洋，③ 这会对其他海域和海产品产生什么影响都是不确定的。由于时间与空间意义上的范围与界线的模糊性，当风险事故最终发生之后，其因果链条究竟应该往前回溯到哪一个层面、哪一个节点、哪一个时间段？其空间范围应当追溯到哪

---

① 庄智翔：《风险社会下行政体系的课责问题之研究》（硕士学位论文），台湾佛光人文社会学院公共事务系 2005 年。

② 参见 Massachusetts V. Environmental protection agency, 549 U. S. 497（2007）。该案中，以马萨诸塞为首的原告团诉环保署行政不作为，没有对由交通所产生的、包括二氧化碳在内的四种温室气体加以管理而导致了全球环境气候变化，特别是马萨诸塞州土地的丧失。而美国环保署的其中一个反驳理由即全球环境气候变化的原因很多，其中就包括中国的温室气体排放，而规制美国国内的温室气体是杯水车薪。

③ 张冠楠：《日本政府欲将福岛核废水排入大海引巨大担忧》，见腾讯网（https://news.qq.com/omn/20201022/20201022A0227700.html）。

个区域、哪个地区乃至哪个国家？由于风险事故与风险决策之间存在这种时空的间隔性，事后的风险追责常常会出现过度延伸追责链条的倾向。因为当风险损害发生后，人们对风险的信息和知识有所增加，对特定风险的反思理性则会增强，容易以"事后诸葛亮"的视角去要求最初的风险决策者将其决策行为视为事故后果的"因"。因果链条在时空上的扩张，均容易导致对风险决策者过分严格的责任认定。因此，在风险决策追责的因果认定中，第一个难题是如何界定恰当的时空节点，将风险损害的因果链条界定在恰当的范围内。

第二，风险损害的因果关系具有多重性和累积性。多因一果、多因多果的因果交错是风险常态，这使风险决策的因果关系认定变得异常复杂。乌尔里希·贝克（Ulich Beck）指出，高度分化的现代化机构实际上是系统性互依的，因此不存在可分离的单一原因和责任。① 传统法律责任的因果关系理论，如必要条件理论（condition sine qua non）、可能（自然）结果理论、实质因素理论、最后（最近）行为人理论等，在风险决策责任制度中难以运作。② 以表 6-1 所列举的我国发生的三起风险事故来看，这三起事故的发生都是复合原因累加的结果，危害后果是在多个部门和环节的行为共同作用下产生的，风险决策行为与风险损害结果之间的因果关系具有明显的多重性和累积性特点。因此，在风险决策追责的因果认定中，第二个难题是如何分离出应当为风险危害后果发生负责的风险决策，以及不用负责的恰当风险决策行为。（见表 6-1）

---

① 乌尔里希·贝克：《风险社会：新的现代性之路》，张文杰、何博闻译，译林出版社 2018 年版，第 22 页。

② 哈特、托尼·奥诺尔：《法律中的因果关系（第 2 版）》，张绍谦、孙战国译，中国政法大学出版社 2005 年版，第 73-82 页。

表6-1 风险损害因果关系的多重性与累积性

2011年黑龙江省伊春市华利实业"8·16"特别重大烟花爆竹爆炸事故	
直接原因	华利公司工人在生产礼花弹时操作不慎引发爆炸,并引起装药间和中转间产品爆炸
间接原因	1. 华利公司安全生产管理混乱,存在诸多违法违规生产行为 2. 伊春市政府和乌马河区政府对华利公司监管不力
2014年山东省青岛市"11·22"中石化东黄输油管道泄露爆炸事故	
直接原因	输油管道与排水暗渠交汇处管道腐蚀、破裂、原油泄露,工作人员用液压破碎锤在暗渠盖板上打孔产生火花并引发暗渠内油气爆炸
间接原因	1. 中石化集团及其下属公司隐患排查不彻底、应急措施不当 2. 青岛市政府和开发区管委会未履行管道保护和安全监管职责 3. 管道保护主管部门安全隐患排查治理不彻底、不深入 4. 开发区规划、市政部门控制性规划不合理,输油管道与排水暗渠规划建设混乱 5. 青岛市与开发区管委会部门对生死盅发展趋势判断错误,未及时发起应急响应、执行事故报告制度
2015年陕西省咸阳市"5·15"特别重大道路交通事故	
直接原因	大客车制动系统技术状况不良,造成车速过快并出现侧滑,失控翻坠
间接原因	1. 鹏瑞公司机动车安全检验工作管理混乱 2. 依诺相伴生活馆无照经营,非法组织旅游活动 3. 铜川市质监局对机动车检验机构及监督检查不到位 4. 铜川市公安局交警支队车辆查验不到位 5. 西安市工商局新城分局未及时查处依诺相伴生活馆非法经营行为 6. 西安市旅游部门对旅游市场监管不到位 7. 西安市交管处对非法营运大客车查处不到位 8. 西安市临潼区交通局执法不规范 9. 咸阳市交通局对事故路段工程验收和质量监督不到位 10. 咸阳市淳化县交通局未在事故路段改建中设置安全防护措施

第三，风险损害的因果关系具有偶然性与或然性。许多风险由一种可能性转变为现实，可能是基于某些偶然的触发因素。风险社会是一个需要学习与风险共处的社会，鉴于零风险的不可达性，决策者的风险治理行为既可能包含积极的风险决策，也可能包含消极的风险决策。消极风险决策是决策者综合考虑各种不同的因素后做出的放弃规制风险的决策。当风险概率被控制在一定的百分比范围内，决策者就必须考虑风险自身以外的其他因素。甚至于，有时候决策者是在诸多风险选项中，根据风险损害的概率，做出"两害相权取其轻"的选择。在这一剩余风险领域中，风险损害一般被预测发生的可能性很小或危害很小以至于可忽略，但往往存在一些情形，风险可能在某些罕见因素的干预下最终酿成较大的风险事故。由于这种触发因素的偶发性，当风险事故发生后，站在事后与全知的角度谴责决策者没能充分、全面地考量所有风险因素，进而预防或控制风险损害的发生，显然是有失公平的。因此，在风险决策追责的因果认定中，第三个难题是如何将风险发生的这种偶然性与或然性纳入因果关系认定的考量中，以将决策者的责任控制在合理的范围内。

第四，因果认知的不确定性。风险损害因果关系的认知属于风险知识的范畴。而与风险有关的知识本身也具有主观建构性和不确定性。对风险决策与损害后果之间的因果关系，不同专家的解释可能存在差异，由此可能对风险损害做出不同的归责判断。甚至不排除有技术专家通过提供看似科学的因果论证，掩盖真正的因果关系，实现转嫁风险责任的目的。因此，在风险决策追责的因果认定中，第四个难题是如何运用既有的风险知识对风险损害的因果关系进行正确解释，避免有意或者无意造成的错误归因而造成风险损害的错误归责。

3. 法律规则的缺位

对于一般性的行政行为，立法者已经通过相对成熟的行政法律制度实现对行政权的控制与调整，对何为正当合理的行政行为以法律规则的方式加以阐释。因此，行政行为的合法性赋予行政行为以正当性。传统的行政决策责任制度也遵循一种规范主义的追责制度：只有当行政主体超越法律规定的权限，才会被追究相应的法律责任。相应的，如果行政主体的决策行为没有超越法定权限的范围，符合行政法律的形式规定，那么，即便行政决策的最终结果不尽如人意，行政主体也无须承担责任——形式合法性阻却了这种情况下对行政主体责任的追究。这种行政责任制度契合了现代国家行政权与司法权的运行逻辑与相互关系：通过对形式合法性的评价，司法权实现了自我克制，尊重行政权的自主性。因此，在规范主义的责任制度中，"严格守法与充分自由在形式理性的层面就统一起来了"①。

与一般行政行为不同，风险决策是在行政管理实践中对具有高度复杂性和不确定性的事项做出的决策。这些事项常常是立法者在制定法律时未能合理预见的，因此，风险决策行为往往缺乏直接的法律依据，而需要在不确定法律概念下自由裁量，由行政主体基于风险预防原则发挥主观能动性来履行其风险规制义务。在这种情况下，传统上的规范主义归责原则难以充分发挥作用。由于缺乏明确的法律法规对风险决策权做出限制，风险决策很容易获得形式合法性的外衣；而根据规范主义的归责原则，这种符合形式合法性的决策可以免于法律的负面评价。但合法性显然并不能等同于风险决策的正当性，如果仅以形式合法性作为风险决策的单一评价维度，势必导致大量风险决策受益于立法的空缺而自由行事，立法权、司法权与行政权之间的制衡关系也将在风险社会面临失败。

4. 主观过错要件的适用困难

在归责制度中，"因果关系"确立的是决策行为与损害后果之间的客观联系，而"主观过错"则确立了决策行为与损害后果之间在主观上的逻辑联系。一般情况下，法律仅应当就行为人的过错行为追究其责任，只有在例外情况下才采取严格责任/无过错责任原则。而其背后的机理是责任制度主要发挥着威慑和引导作用，而威慑和引导功能是针对行为人的主观意识起作用的。只有当行为人对决策行为有过错，责任制度才能通过追究这种过错，威慑和引导行为人主动选择避开这样的过错行为。

---

① 季卫东：《决策风险、问责以及法律沟通》，载《政法丛论》2016 年第 6 期。

然而，在风险决策的责任制度中，主观过错要件的适用却遭遇困难。这首先表现在风险决策中对主观过错的判断存在困难。所谓"过错"，指的是对注意义务的违反。然而，面对不确定性的风险议题，决策行为的合理注意义务标准却难以确立。面对风险，决策者的理性是有限的。西蒙认为，人在"主观上追求完全理性，但客观上只能有限地做到这一点"，因此，仅具有"缺乏全智全能的理性"即有限理性。① 特别是面对紧急状态下的风险时，决策者必须在明知信息不充分、知识不完全的情况下尽快做出决断。在危机情境中，很难判断决策者是否已经尽了合理审慎的决策注意义务、是否存在决策权行使的重大过失。如果责任制度单纯根据危害后果发生来认定决策责任，向风险决策主体苛加注意义务，以对风险全知全能的理想模型作为评判决策责任的参照物，那么，伴随着责任的升级，决策者的行动压力也将越来越大，当其面临紧急事态与未知风险时，可能因过大的压力而丧失决断力，或是选择压制事件、隐而不宣、拖延决策，或是通过层层请示、避免直接做出决策。因此，过低的注意义务虽然可以调动决策者的行为积极性，却可能导致无人对风险损害担责；而过高的注意义务则对决策者施加了较重的负担，使决策者怠于做出风险决策。此外，由于不同主体的风险感知存在差异，这就使风险决策的注意义务水平缺乏统一的评价标准。风险审慎的人群会强调对可能风险源的控制，尽可能选择风险趋避型决策，因此将注意义务提升到较高水平；而技术乐观主义者则可能期待系统自身所具有的反脆弱性与恢复能力能起到抑制风险损害的作用，因此敢于做出更"大胆"的决策。

主观过错要件的适用困难还表现在风险决策追责过程中，主观过错要件可能完全被架空，使风险决策行为事实上承受着严格的无过错责任。一个明显的事实是，并不是所有的风险事故都包含人为错误的原因。然而在社会舆论驱使下，问责制度常常被用作回应社会诉求、恢复社会稳定和转移公众质疑的机制，无辜的执法者成为现代技术不

---

① 西蒙：《有限理性说》，载《现代决策理论的基石》，杨砾、徐立译，北京经济学院出版社1989年版。SIMON H. *Administrative behavior*. New York: Macmillan, 1947.

确定性和风险不可规避性的牺牲者。在风险事故发生后，在责任追究时常常并不评价责任主体是否存在主观过错，而是仅仅将责任主体的行政职责关系范围与行政事故发生领域进行字面上的匹配，以此认定该责任主体是否应对本领域内的重大事故决策失误承担法律责任。责任制度中对主观过错要件的有意忽略导致了追责不公与制度异化，这也从一个侧面解释了部分官员在引咎辞职之后再度复出的现象——"避避风头"与"安抚情绪"是异化后的责任制度之一币两面。

（二）风险决策责任法的失灵

风险决策主体的模糊性、因果关系的复杂性、法律规则的缺位以及主观过错要件的适用难题直接导致了现代风险决策责任机制的失灵。在正常情况下，风险决策责任制度应该满足三个方面的制度期待。第一，建立与风险决策权相适应的、权责明晰的、权责统一的决策权运行机制。完善风险决策责任制度是法治政府的基本要义。第二，发挥威慑与引导作用，保障风险决策的制度可接受性、技术可接受性和社会可接受性。第三，通过责任机制对风险决策行为进行评价和问责，提升公众对风险决策主体和决策过程的信任，实现民主沟通。因此，风险决策责任法本应发挥控制权力、改进绩效和推动民主的三重作用。但是，风险决策追责难题导致现行责任制度与风险决策权不相适应，导致风险决策责任机制的失灵和制度功能期待的落空，最终走向"集体不负责"、威慑/引导功能失效和公众信任危机。

1. "集体不负责"

归责机制在风险社会中的"集体不负责"困局前失灵。因人类无法完全预测科技可能带来的后果，是否会有具体的危害也因科技与认知经验的极限而无法完全掌握。如果真有损害发生，对损害产生的成因也未必能完全得知。所以，当我们试图去找出可追究之人，可能不会有结果。制度中原来所设计的损害赔偿及责任体系，如民事上的损害赔偿、刑事上的犯罪行为之认定，或国家赔偿制度，可能因此而失灵。此外，现今社会中风险的形成来自社群中无数的决定所造成的现象,原来透过规范决定的归责体系变得难以运作。① 对民主化的强调导致每个风险决策参与者都对失当的风险决策贡献了作用力,但又不被认为其在道德上和法律上应当成为最终风险损害的直接负责人。风险决策责任制度无法辨别出唯一的责任链条,又无法惩罚每一个风险决策的参与者,导致了一种人人有责而人人无责的"集体不负责"局面。而且,现代科层制的特有文化和机制会制造一种无责任状态。贝克指出:"第一次现代化所提出的用以明确责任和分摊费用的一切方法手段,如今在风险全球化的情况下将会导致完全相反的结果,即人们可以向一个又一个主管机构求助并要求它们负责,而这些机构则会为自己开脱,并说'我们与此毫无关系',或者'我们在这个过程中只是一个次要的参与者'。在这种过程中,是根本无法查明谁该负责的。"② 与贝克"有组织的不负责任"观点相似,齐格蒙·鲍曼(Zygmunt Bauman)提出科层制决策的"漂浮的责任",由于科层制的"行动序列化""再道德化""非人性化"与"转移化"属性,责任处于"在科层制的层级之间存在但又居无定所的悖论状态"。③

另外,在风险责任的判定中,还可能存在一种隐藏的权力与利益结构,这种权力/利益结构通过专业知识的优势,通过看似科学、正确的话语,筛选、推卸、转嫁风险决策责任。这在表面上看似乎是一种"有组织的不负责任",究其本质,却是话语霸权集团通过对风险责任的界定来实现自我保护。那些风险决策者借助自身所拥有的资源和地位优势,免于受到风险事故的直接侵害,亦不必承担责任制度的追责,从而导致风险责任制度的空转,并最终由社会弱势群体真正承担风险损害。

---

① 郭淑珍:《科技领域的风险决策之研究:以德国法为中心》(学位论文),台湾大学法律研究所1998年,第11页。
② 乌尔里希·贝克、约翰内斯·威尔姆斯:《自由与资本主义》,路国林译,浙江人民出版社2001年版,第143页。
③ 薛亚利:《风险的民主化与科层制隐忧》,载《学术月刊》2014年第11期。

2. 威慑/引导功能失效
（1）威慑功能失效

为了应对风险决策责任主体的模糊性和因果关系的复杂性，现行风险决策责任制度可能采取另一个极端的应对策略——使责任制度愈加严苛。通过扩大责任主体的覆盖面、扩大因果关系的时空链条，使更多决策程序参与者承担责任。严苛的追责虽然有利于实现风险决策责任制度的压力回应与层级控制功能，但它也将严重扭曲对决策者的指引功能。过度惩罚的责任制度将导致决策主体的恐惧与麻木，带来一种决策行动上的"寒蝉效应"。当面临严苛的责任制度时，掌握风险决策权的规制者将比任何时候都更加战战兢兢。风险分析充满了不确定性，风险决策又比一般的行政决策更需要决策者依据特定情境下的信息和知识做出趋势预判和当机立断的决定。此外，风险决策还依赖于技术专家的科学判断，而这些科学判断的结论很可能在不远的未来被新的研究所推翻。同时，还有大量尚未被当下的科学界所能理解和认识的风险正在猝不及防地发生着。风险决策的这些特点要求规制者的决策活动具有一定的灵活空间。然而，过分严苛的责任制度使决策者随时会由于风险的发生而受到牵连，风险决策者处在动辄得咎的尴尬境地。另外，风险决策常常缺乏完备的信息基础和完全的知识，因此需要通过民主审议程序鼓励个体进行充分的风险沟通、信息共享与风险提案。如果责任追究链条延伸到提议者身上，则相关个体也会尽可能地避免发表风险提案，避免表态。扩大化的风险决策责任制将导致程序法中所试图建构的风险决策公共议事空间与交流理性沦为空想，最终，集体在追责的恐惧下保持缄默，风险决策又沦为部分高位者的"一言堂"。

综上所述，过度的威慑反而造成了威慑的失效。原本期望通过责任制度的威慑抑制决策者的机会主义行为、越权行为和错误行为，结果带来的却是以怠惰和缄默为表现的普遍自保行为。

（2）引导功能失效

一方面，责任制度除了需发挥威慑作用、抑制失范行为发生以外，还需发挥引导作用，引导决策者做出正确的、可预的风险决策。

然而，严苛的责任制度却可能引导风险决策者在任何时候都做出最保守的风险决策。过度的风险责任不利于在风险决策组织内部培养"积极的错误文化"①，决策者会恐惧自身所拥有的风险决策权，从而以"风险决策的信息不足"为由尽量避免做出风险决策，或者拖延做出风险决策。"民主问责越严厉，逃避做出决定的责任之倾向就越严重，逐渐导致人人有责却无人真正负责的结局。"② 即便最终做出风险决策，也更多地采用防御性的风险决策，选择那些虽然不能更好地控制风险蔓延却不至于"引火烧身"的风险控制方案。由此，过分严苛的责任制度将风险决策行为引导到一个消极的错误文化中。

另一方面，由于风险责任主体的模糊性和因果关系的复杂性，现行的风险决策责任制度还扮演着一种回应性机制的角色。在风险共同体的焦虑情绪驱动下，人们试图通过风险责任的界定来迅速平息风险事件所导致的公众对行政国家与决策系统的质疑。因此，责任追究常常不是法律系统内生的制度机制，而是法律系统对所处的社会环境的回应性结果。为了做出这种回应，决策责任制度常常过于广泛而急迫地做出责任处置，以求迅速息事宁人，宣告风险事故就此翻篇。在相当一部分风险事故的责任处置中，许多个体承担风险决策责任的原因仅仅是因为其对风险事故的发生地或结果地负有整体的管辖责任，或是其在行政系统内的象征性地位而被要求承担决策失当的责任。这类风险决策责任看似严格、直指行政区域最高决策权力行使者，如市长、副市长、市委书记等，但从实质效果来看，它更像是对风险事故的象征性处理和社会回应，并没有对责任的配置以及风险决策为何失

---

① 吉仁泽指出存在"积极的错误文化"与"消极的错误文化"之分，医疗领域内的错误文化是消极的，因此很少有医疗系统内部主动报告的医疗事故。由于恐惧被起诉，医院倾向于实行防御性的医疗并掩盖那些失误，导致医疗系统内的风险知识无法传承，风险持续积累。而航空业则是积极的错误文化，在这种文化中，所有错误都是透明的，人们敢于犯有益的错误，并能从有害的错误中学习，从而创造一个更安全的环境。参见格尔德·吉仁泽《风险认知：如何精准决策》，王晋译，中信出版社2019年版，第67页。

② 季卫东：《决策风险、问责以及法律沟通》，载《政法丛论》2016年第6期。

当、如何失当进行透彻的说明，无法统一决策共同体内部对风险决策责任的理解。风险损害的发生以及事后的责任追究都没有增长人们对特定风险领域的决策知识，无法实现责任制度对风险决策正当性的引导功能。因此，现有的风险决策责任体系显然未能对如何做出正当的、可欲的风险决策提供指导，也未能传递防范不良风险决策的矫正性信息，对提升下一个风险决策的正当性并无太多助益。

3. 公众信任危机

风险信息是不充分的，风险因果是不确定的，风险感知与风险知识也是多元的。因此，风险决策制度本身就应当包含风险共同体对风险决策者的信任和尊重，将已知与无知的混杂状态下之"艰难抉择"交给行政机关，并愿意赋予风险决策者的决策以正当性与正确性的预设。例如，我国在 2020 年新冠肺炎公共卫生事件后期应对疫情时取得的巨大成功，很大程度上得益于公众对党和政府的信任和可接受度。不论是封城还是交通管制、停产停业、生活小区全面封闭式管理、隔离，都会在一定程度上给公众的生产、生活带来巨大不便，但防控有力的结果获取了公众的信任，从而获得了公众的配合。而西方一些国家的防疫举措却恰恰相反，政府引导戴口罩、保持距离等举措并未获得民众信任，甚至被民众视为某些政治阴谋。

良好的风险责任制度应该加强这种公众信任。为此，过窄的追责范围可能导致公众对风险决策者的不信任，认为行政机关只是为了平息事态、文过饰非而寻找风险事故的"替罪羊"。而过于宽泛和严苛的追究则会使公众丧失对风险决策者的信心，对风险决策者的信息基础和决策能力产生怀疑。与风险决策及其后果不匹配的风险责任制度可能会损害风险共同体对行政机关的信任，进而引发风险规制中人为的"次生风险"。当公众过度质疑风险决策主体的权威时，将无助于人们自觉遵从有规模、有组织的集体性风险应对行动，而这又会导致风险决策无法实现其预期的政策效果，进一步降低人们对风险决策效益的评价，导致风险决策效果与公众信任关系之间的恶性循环。

鉴于上述各种追责难题和法律失灵，实践中风险事故发生后的追责时常出现牵强、不当或模糊不清等问题。例如，我国现行的重特大风险事故的归责，从以往事故调查报告的结果可以发现，在"对事故有关单位及责任人的处理建议"部分，对问责党政领导的原因说明通常都较为抽象模糊，未能与事故调查报告中的"事故发生原因""有关部门主要问题""地方党委政府主要问题"等部分的论述实现前后一贯、逻辑一致的有机结合。尤其是当法律法规没有就相关风险事故的操作规则、负责部门与事故责任做明确规定，或者因风险的跨域性而难以确定决策职责归属，或者因偶发风险或者全新出现的风险而使预先建立的制度没有发挥功效时，事故调查报告中对责任主体范围的认定就常常缺乏明确清晰的逻辑论证，而代之以某某主体"未履行法定监管职责""未建立部门相关规章制度""未指导督促下级执法"等抽象论述，将决策责任施加于特定主体之上。而实际上，该行政主体或个体因何须对风险事故承担责任，实则缺乏事前的、可预期的规则可供判断。风险事故的责任主体实际上是在事后再以相当笼统而抽象的方式加以确定的。

二、风险决策责任法的重构

在风险社会背景下对风险决策的责任法体系进行调整，是促进行政决策正当性的重要途径。"行政决策的法律责任不仅是现代民主政治的一种基本价值理念，也是一种对政府决策行为进行民主控制的制度保证。"[①] 首先，风险决策责任制度的重构是保障公众在风险社会中对健康生命权益的迫切要求。风险行政决策直接或间接涉及公众利益，任何风险决策的失误或过错都可能给社会公众带来不利后果。一个负责任的政府，应当对造成国有资产损失和公众利益损害的行为承担相应的责任。其次，风险决策责任法的重构有利于推进风险行政决策的法治化。风险决策责任制度的重构有利于约束权力滥用，制裁违法行为，实现法律对风险决策权力的控制，制约和预防风险决策中的

---

① 周实、马野：《行政决策法律责任追究机制研究》，载《国家行政学院学报》2011年第1期。

违法行为。最后，风险决策责任法的重构也是对风险决策者的一种保障，将风险决策者的决策行为限定在有限的范围内，以促进决策者的公益导向与理性选择。

由于行政责任体系的建构存在较大的法域差异，① 因此，本部分主要在我国的法律语境下展开。在重构风险决策责任法时，应当遵循权责相适应原则。权责相适应原则具体体现在三个方面。

第一，风险决策者的有限责任原则。任何人的理性都是有限的，风险决策者也不可能有超越一般人的全知全能。因此，权责相适应原则要求对风险决策者的课责应当是有限课责。过度的课责可能导致"寒蝉效应"，也可能带来"问责悖论"，不仅无法产生良好的政府，反而很可能抑制决策者的创新和企业家精神，使决策者不敢果敢地做出风险决策，从而错失防范风险的良机。② 过度的课责还可能带来"问责陷阱"，即不断增强的问责使决策者在被度量的方面做得越来

---

① 例如，美国的问责制度大致分为国会问责、选民问责和行政机关内部问责三种类型。在国会问责制度中，国会设有政府责任办公室，负责调查联邦政府部门的工作表现及预算使用情况；国会还有权调查总统和政府高级官员的违法失职或犯罪行为，众议院可以提出弹劾，参议员可以进行审讯、做出解除被弹劾人职务的决定。在选民问责制度中，选民如对政府官员的行为不满，也可以提出罢免申请，征集支持者签名，并举行罢免选举。而在行政机关内部，也设有政府道德办公室、监察长办公室及功绩制保护委员会，实行行政机关内部的问责。日本的问责制度包括议会问责、司法问责和公务员问责。在议会问责制中，日本议会把调查权作为议会监督权不可或缺的部分，日本法律明确规定，凡经各议院要求到场作证或提供文书，无论任何人，原则上都应答应其要求；日本议会还专门成立常任委员会来行使调查权。在司法问责制中，日本最高法院和地方各级法院享有对具体行政行为的违宪审查权。在公务员问责制中，日本公务员若在履行职责时存在执行不力或违反纪律，造成工作过失的，将承担"分限处分"和"惩戒"等行政责任。参见《美国的行政问责制》，见中华人民共和国商务部网站（http://jgjw.mofcom.gov.cn/article/e/201103/20110307439077.shtml）；施雪华、刘耀东：《西方发达国家行政问责制度比较研究》，载《理论研究》2014 年第 6 期。

② DUBNICK M. Accountability and the promise of performance: in search of the mechanisms. *Public performance & management review*, 2005, 28 (3): 376 – 417.

好,但其他方面却未必有很好的绩效:"你评估什么,就得到什么。"① 在这个意义上,责任制度既是对风险决策者的责任追究,实际上也是对他们的合理保护。

第二,风险决策者的权责统一原则。风险决策过程涉及众多主体,包括决策的动议人、做出者、内部审查者、负责风险评估的专家、参与的公众等等。由于角色分工的不同,这些不同的主体应当仅承担与其角色与作用相对应的责任。另外,不同的决策者承担责任的形式也应当有所不同。

第三,风险决策者的过责相当。风险决策者所承担的责任,应当与其决策时出现的失误或过错匹配,这是比例原则的本质要求。② 但考虑到风险议题的属性,不可能要求与危害后果的匹配,因此,风险危害后果仅能作为一种参考,不可与责任大小形成正比。

(一) 风险决策责任机制的基本导向

1. 程序主义和结果主义的折中

在行政责任法的规范主义范式中,只要行政机关在法律规范明确授权的范围内做出决策,即使行政决策最终带来损害后果,行政主体和相关的决策者个人也无须承担法律责任。规范主义的一个重要体现就是程序主义,即决策者只要在做出决策的全过程都遵循法律规定的各项程序,那么即使行政决策最终带来的是事故后果,决策者也不应承担行政法上的责任。规范主义的越权无效核心使行政权在授权范围内享有充分的自由裁量权。学者们对决策的程序控制也表现出明显的偏好,充分肯定以追究程序违法为主要的行政决策追责模式。理由在于,以违反决策程序作为决策追责的标准,具有极强的可操作性。评估决策者是否违反程序,比评估决策者的决策结果正当性,要来得容

---

① VAN THIEL S, LEEUW F L. The performance paradox in the public sector. *Public performance & management review*, 2002, 25 (3): 267-281.

② 林鸿潮:《重大行政决策责任追究事由的偏离和矫正:以决策中对社会稳定风险的控制为中心》,载《行政法学研究》2019年第6期。

易很多。因此，以程序违法为标准的责任追究，也更容易得到不同主体的共同认同。① 同时，其能给行政主体提供一个明确的信号和指针，划定出行为的明确疆界。有人甚至主张，问责制度的法治化，就体现在问责的过程维度，而非结果维度。只要行政决策者的行为在过程上是合法的，即使该行为带来了损害后果，也不能导致法律上的责任。②

但是，这种严格的规范主义/程序主义显然已经无法适应风险决策的现实。一方面，如前所述，风险决策的特点在于其经常面临突如其来的新情况，对许多风险事项法律规范上并没有做出明确的限权规定，风险决策者的行为极容易获得合法性的外衣。另一方面，严格的程序主义使风险决策者可以"躲到程序后面"，以程序作为自我保护机制，而不思考风险决策可能带来的实质性后果。有学者指出："貌似严苛的过程性追责极易诱发形式主义，使追责机制异化为'避责'机制。官员为了不被追责，会将大部分精力花在满足决策前置程序的各种形式要求上，甚至刻意在程序事项上'做到位'乃至'做过头'，却并不真正致力于提升实效。"③ 还有一些决策者甚至主动创新程序以求在不利结果发生时能够以相关程序完备且执行到位为由来推卸、转移和减轻责任。④

而在风险治理中还存在一种恰好相反的绝对结果主义导向，即以最终是否发生危害来问责。如果风险未发生，则对行政过程过度宽容，而一旦危害发生，则必定发生罢官与免责。例如，2003年非典型性肺炎（SARS）公共卫生事件中便有地方政府下死命令："党政一把手要负第一责任，确保在自己管辖的区域内不发生一例非典传染病例。所在辖区若出现一例非典病人，县、乡分管领导要予以免职，对

---

① 覃慧：《行政决策责任追究制建构的逻辑：基于行政过程论的考察》，载《青海社会科学》2015年第4期。
② 陈国栋：《行政问责法制化主张之反思》，载《政治与法律》2017年第9期。
③ 林鸿潮：《重大行政决策责任追究事由的偏离和矫正：以决策中对社会稳定风险的控制为中心》，载《行政法学研究》2019年第6期。
④ 方付建：《问责制下的责任规避现象研究》，载《广东行政学院学报》2014年第5期。

发生传染的,要免去县、乡党政主要领导的职务;如果医护人员被感染,院长和防非办负责人要予以免职。同时,派往县区的督察组也要承担相应的责任。"① 这种绝对的结果主义不仅不符合风险治理对象的不确定性,也与其他政策内容存在根本性冲突——复工复产形势下的人口流动是必然的,出现新增也是可以理解的。因此,"一刀切"在本质上既是各层级在防控工作中的懒政,也是追责机制本身的"懒政"。

因此,赋予决策主体一定的自由裁量空间是发挥决策者能动性以应对不确定性风险事件的制度重点之一,对于风险事项,法律法规往往不会也不能对决策主体应采取的具体处置形式做出明确规定,这就间接创设了风险决策权行使的自由空间,决策主体有权根据风险计算、专业判断、执法经验来决定一种符合情境的风险处置方案。而为与这种形式自由、目的导向的风险决策权形成均衡,责任制度也应当配备新的审查标准以灵活应对风险决策权。

本书认为,对风险决策行为的追责评价,既要避免绝对的程序主义,也要避免绝对的结果主义,而应当结合本书所倡导的可接受性目标,建构一种程序导向和结果导向相结合的问责机制。当一个风险决策同时满足制度可接受性、技术可接受性和社会可接受性时,则意味着该风险决策符合正当性标准,即使过程中存在瑕疵,或科学证据在未来被证伪,或最终产生无法预测的不欲后果,也应当减免行政决策责任。而如果决策结果无法符合可接受性标准,即使表面上看依法履行了法定程序,也应当施予负面评价。这一思路不仅应当用以指导行政追责体系的建构,也应当用以建构行政决策的司法审查机制。

2. 以三元可接受性为导向

可接受性如何影响这种程序导向和结果导向相结合的问责机制,主要体现在三个方面。

首先,是否合法是决策责任追究的评判起点。合法性要件要求在判断风险决策责任是否成立时,应考量风险决策主体、内容和程序三

---

① 陆祥:《4·20罢官风暴》,载《经济月刊》2003年第6期。

个方面的合法性。第一是风险决策主体的合法性，主要是评价风险决策主体是否具有对相关风险事项进行决策的法定职权，以风险决策的组织法为主要依据。由于风险决策的跨域性与异变性，可能会出现多个有权主体并存或无直接有权主体的情况，此时需要结合风险事件的首先发现机构，区分不同部门机构的职责范围与决策角色，综合分配主体责任。第二是风险决策内容的合法性，主要分析风险决策内容是否符合法律法规的规定和价值目标。第三是风险决策程序的合法性，判断风险决策是否依法履行了风险评估、专家论证、信息公开、公众参与等法定程序，且是否根据具体情势增加必要程序。

需要注意的是，制度可接受性强调的是风险决策在最低限度上的合法性。风险决策不同于一般的行政决策。风险决策面对的是"非常之问题"，解决"非常之问题"，必须用"非常之办法"。既然风险决策常常是"非常之办法"，就不能寄望现有的法律一定有明确的规定。或者说，虽然现行法律有所规定，但存在一定的模糊空间。如果风险决策朝向社会可接受性目标而在合法性范围内有所取舍，则应当理解为达到了制度可接受性。如上文提及的2020年新冠肺炎公共卫生事件初期，地方政府在是否披露疫情信息的决策上，虽然《中华人民共和国传染病防治法》第38条第3款规定地方政府发布信息需要中央授权，但同条第2款却规定了省、自治区、直辖市人民政府卫生行政部门定期公布本行政区域的传染病疫情信息。尽管不考虑第3款而直接适用第2款可能引发合法性争议，但并不属于明确违法的范畴，若尽快披露信息有利于公共利益，则应当视为属于制度可接受性范围，不应当追究违法责任。换言之，一方面，风险决策应当具有合法性，以保证风险决策在法治的框架内；但另一方面，这种合法性可以根据具体情势而仅达到最低限度即可，再结合决策者的动机和决策结果判断是否需要担责。

其次，评判风险决策所依凭的科学证据是否符合技术可接受性。技术可接受性对于责任体系的意义在于：第一，确保风险行政决策的技术理性，即风险决策应当有一定的科学基础，至少在科学共同体中是一种可接受的方案，而不完全是决策主体"拍脑袋"式的冒险决策。如果毫无科学依据，则属于应当承担责任的错误决策。由于风险问题常常是新问题，对于这些新问题，科学界也许已经有一定程度的研究，但可能仍未形成共识，对于什么是正确的应对方式可能存在巨大争议；而有些问题甚至是全新的问题，科学界根本没有遇到过。因此，"技术可接受性"与"制度可接受性"一样，都是采取一种底线标准，即相关的决策必须具有最低限度的科学依据，决策的做出至少要有一定的科学道理，符合科学规律，而不是完全离谱的、违背自然规律的冒险之举。第二，科学依据不可成为行政免责的全部理由。从技术理性来看，正是因为风险决策并不是面对完全的不确定性，风险决策存在一套现代社会风险计量与控制的科学框架，这才使得追究风险决策者的责任具有合理性。[①] 决策者是否认真理解科学专业建议，是否对不同科学证据进行了比较和分析，是判断决策责任的考虑因素之一。第三，风险决策基于科学证据的理性推导过程是用以确定行政主体与专家参与人之间的责任分配考察点。

最后，关注风险决策的社会效果，但不简单以风险结果是否发生作为问责理由。风险可接受性是一个需要经过风险沟通和社会调查而确立的规制目标，在符合制度可接受性和技术可接受性的前提下，应当评价决策过程是否有进行风险沟通，是否贯彻比例原则，是否最终达成各方可接受的效果。

（二）承担风险决策责任的主体范围

重构风险决策法律责任的首要任务是要明确风险决策的责任主体，而其前提就是要明确风险决策的主体。风险社会中形成了主体复杂的公共行政网络及其内部的复杂互动关系，多元主体共同承担风险决策与风险规制职能，因此，"向谁问责"是风险决策责任制度的核心问题，是解决风险责任主体模糊乃至"有组织的不负责任"问题的关键。一方面，风险决策的责任主体应当是多元化的，其问责制度应

---

① 季卫东：《法律与概率：不确定的世界与决策风险》，载《地方立法研究》2021年第1期。

当与风险决策的开放性和多元参与性相适应,形成包括政府、专家、公众等多元主体在内的追责体系;另一方面,风险决策责任的分配又必须关注责任分配的合理性。由于风险因果关系具有膨胀性与复杂性特征,风险决策责任的分配需要防范责任的模糊化与泛化问题,避免过度的责任追究导致风险决策中的"寒蝉效应"。例如,表6-2所展示的事故调查报告中对主要责任人员的处置,其中有较多"未督促""不到位"的未作为型追责原因,具有事后审视的倾向,其精确性还存在不足。因此,准确地界定风险决策责任的主体范围,对于重构风险决策法律责任制度具有重要意义。(见表6-2)

表6-2 2017年"7·23"甬温线特别重大铁路交通事故
调查报告中对主要责任人员的处理建议①

姓名	此前任职	追责原因	追责情况
刘**	铁道部部长、党组书记	未经批准更改甬温铁路项目批复设计标准;盲目确定开通时间、压缩建设周期;未建立铁道部客运专线办公室工作制度与明确职能;未督促制定新产品设备审查使用的规章制度等	负有主要领导责任,因涉嫌严重经济问题被另案处理
张**	铁道部副总工程师、运输局局长、运输局党总支书记	未组织制定系统集成办公室和项目组工作制度,对设备招投标审查把关不严;未督促跟踪设备设计必选工作;对诸多违规操作失察	
陆**	铁道部副部长、党组成员	对工作督促不到位;未建立设备技术审查规章制度;对设备技术审查程序与技术设计缺陷等问题失察	记过

---

① 国务院事故调查组:《"7·23"甬温线特别重大铁路交通事故调查报告》,2011年12月25日。

续表6-2

姓名	此前任职	追责原因	追责情况
季**	铁道部科学技术司司长、党总支书记	请示对列控系统试验和审查速办；会签同意未经现场测试试用的设备使用；指导招标工作不大到位；对违规审查与设计必选等失察	撤职、撤销党内职务
徐**	广州铁路（集团）公司董事长、党委书记	未制定新技术设备试验审查和管理办法；会签未经现场测试试用的设备使用；对设备变更选型审核不严格	撤职、撤销党内职务
耿**	铁道部安全总监兼副总工程师	未制定技术审查相关制度；违规同意不规范的技术预审查与未经现场测试试用的设备使用	降级、党内严重警告
张**	京福铁路（安徽）公司董事、总经理、党工委书记兼上海铁路局副局长	未严格把关列控设备招投标审查；未督促跟踪设备设计比选工作；对通号设计院违规行为失察	降级、党内严重警告处分
刘**	铁道部运输局基础部副主任	未对新技术、新产品试验审查；对通号设计院违规行为失察	降级、党内严重警告处分
覃*	铁道部运输局基础部副主任	未对新技术、新产品试验审查；小签未经现场测试和试用的设备使用；小签仅经技术预审查的设备使用	记大过
唐**	铁道部运输局客运专线技术部基础技术处处长、党支部宣传委员	未督促跟踪设备设计比选工作；对通号设计院违规行为失察；小签未经现场测试和试用的设备使用；审查同意仅经技术预审查的设备使用	撤职、撤销党内职务
穆**	铁道部科学技术司综合处处长	开展对设备无依据、不规范的技术预审查；同意未经现场测试和试用的设备使用	撤职、党内严重警告

续表 6-2

姓名	此前任职	追责原因	追责情况
袁**	铁道部运输局基础部信号处副处长	未制定新技术、新产品试验审查管理办法；违规同意技术预审查；违规认定裂空设备符合技术标准；起草同意设备使用的会议纪要	撤职、党内严重警告
张**	铁道部运输局客运专线技术部基础技术处副处长	未督促跟踪设备设计比选工作；对通号设计院违规行为失察	降级、党内严重警告
龙*	上海铁路局局长、党委副书记	指导铁道部运输安全工作不到位、开展教育培训不力、督促指导落实安全生产责任制不到位；对现场作业人员违规作业失察	撤职、撤销党内职务
李*	上海铁路局党委书记	—	撤销党内职务
何**	上海铁路局副局长	指导工务电务人员执行规章制度不力，对电务工务系统人员违规作业失察	撤职、党内严重警告
何*	上海铁路局总调度长	管理调度所不到位；指导车务系统安全审查不力；对车务系统监督检查不到位；对违规作业问题检查监督不到位等	记大过
褚**	上海铁路局运输处处长、党支部书记		记大过
徐**	上海铁路局运输处副处长、调度所主任、党委副书记		降级、党内严重警告
承**	上海铁路局调度所党委书记兼纪委书记、副主任		党内严重警告
王*	上海铁路局常务副局长、党委常委	事故抢救过程中处置不当，试图就地掩埋事故列车车头及零部件	记过

1. 行政主体责任

从行政组织法理论来看，风险行政决策是以行政主体的名义做出的，行政主体是风险决策的直接决策主体。行政主体是现代国家风险规制体系中的主要行动者，具有国家公共风险规制职能。风险决策责任的分配要考虑责任法与组织法的协调，责任分配应当与行政决策的组织结构与职权配置相适应。承担风险决策责任的行政主体包括科层制的行政组织、独立或半独立的规制机构、基于行政委托或合作治理而负有行政职责的其他组织。

在不同的行政主体间分配决策责任时，首先，应当对照不同职责属性区分不同行政主体在风险决策过程中扮演的角色，比如监督者、实施者、评估者等。其次，行政主体的责任分配需要关注横向的职责安排。由于法定职责与专业知识不同，不同行政主体就同一风险事项存在不同的风险认知，进而提出截然不同的风险规制方案。而这种条块分割的组织体制以及部门利益导致的规制分歧，无助于形成体系性的思考与全面的处置方案。参与风险决策的行政主体不能仅以其提供了本部门的风险信息而免责。最后，行政主体间的责任分配还要考虑行政系统内纵向的科层关系，下级行政机关的决策可能需经上级主管部门或上级政府的批准同意。如何理解上级行政机关这一审核批准程序中对风险决策权的作用与责任，也是具体责任分配中的关键问题。

传统的行政主体责任是通过控制行政行为的合法性，责任主要表现为法律责任。① 但是这一基于政治/行政二分法的责任制度，在风险社会与行政国家兴起的当下显然已经名存实亡，导致了行政主体形式合法外的合法性危机与信任危机。至于行政主体在何种情况下应当承担风险决策责任这一问题，将在以下"承担风险决策责任的决策范围"部分加以论述。

2. 行政主体中的个体责任

风险决策以行政机关的名义做出，但是决策权的具体行使却是由

---

① 宋京霖：《现代行政的责任机制：反思政治/行政二分法的投射效应》，法律出版社2018年版，第96页。

具体的自然人个体做出的，因此，风险决策问责对象还应包括行政机关内部的主要负责人和相关人员。以我国为例，从历次风险事故的处置情况来看，对风险决策承担个体责任的主要包括以下四类人员。

（1）风险事故发生地的政府首长

尽管在风险决策（特别是重大风险决策）中，决策往往通过集体讨论并以遵从多数人意见的方式做出，但在风险损害发生后，现行问责制度并不会追究所有决策参与人的个体责任，而是依行政首长负责制追究行政首长的个体责任。这种追责逻辑与决策逻辑存在的矛盾之处在于：风险决策制度追求决策民主性与科学性，通过程序法设计构建风险共治的决策结构，然而首长负责制却暗示行政首长在风险决策中具有独占性的、终局性的权力。这一矛盾只能从以下几个方面进行合理解释：追究地方行政首长的风险决策责任，是"通过中央权威的强力介入对地方发出明确、强烈的政治信号与压力"①，从国家治理的维度分析，通过问责地方行政首长，将风险责任主体与国家结构分离，从而维护了国家的权威性，避免风险决策失误损害民众对国家风险治理权威的认可和服从；同时，通过问责行政首长，展现了中央对风险事件的高度重视，通过自上而下的问责制度向科层制组织各节点传递了中央的风险感知。这也能在一定程度上解释在对行政首长问责时，为何一面是严格责任的高压态势，另一面又是问责理由的抽象模糊，行政首长问责中为何多以党纪责任为主，以及为何存在行政首长引咎辞职又再度复出的现象。

行政首长的主体责任在当前追责体系中不太可能被更改，但在风险议题上确实需要做出一定程度的灵活考虑。鉴于风险的偶发性与分散性，掌握综合治理权力的行政首长几乎不可能事无巨细地兼顾各个方面，加之另有专家、民众等参与者，以及在重大决策上的集体讨论机制，追责时应当通过决策过程的会议记录和科学证据材料来了解行政首长所扮演的角色及其决定的合理性，做出恰当的衡量。

---

① 陈海嵩：《我国环境监管转型的制度逻辑：以环境法实施为中心的考察》，载《法商研究》2019年第5期。

(2) 监管部门首长

对风险事故承担监管职责的是监管部门首长,此无疑虑。但就部门首长责任而言,也存在着部门正职和部门副职、多部门联合决策带来的领导决策责任分配不均等问题。实践中,风险决策可能是在多部门联席会议下讨论,并由多部门领导对决策文件共同签署形成的。然而,这种决策小组的形成可能是为了共享信息、分散决策失误的压力,或是表明政府对风险的高度重视而组建形成的,并非所有部门首长都行使同等决策权。由于风险决策依赖信息与知识,因此也不宜简单以是否对决策方案提出意见作为责任判断依据,而是应当根据参与能力、参与程度,区分直接决策责任和间接决策责任。

(3) 风险事故发生地党委书记

在我国的党政体制中,党对国家事务的领导常常表现为党委干部行使风险规制领域的最终决策权,或至少是党委书记与行政首长在政治运作中共同行使最终决策权,这就导致风险决策责任溢出了行政法的规制边界。在政治实践中,一些风险决策可能是在党委书记深度参与下做出的,然而现行行政法责任制度可能会导致风险决策领域的"决策者不担责,执行者挨板子"的法治悖论①,因此,在风险决策责任中的个体责任制度有必要扩大责任主体范围,从而实现党政同责。在现实中,党纪责任通常与政纪责任一并出现,以实现对有责个体的全面负面评价,或是对虽然并未对决策失误施加直接作用力,但是依其岗位职责需要接受负面评价的,单独追究其党纪责任。但是,目前党纪责任较少作为一种独立的责任类型追究未担任行政职务、仅因党内任职而深度参与风险决策的个体。

(4) 经办人

风险决策可能还涉及其他负责人和经办人,风险决策做出并向下级行政机关传达时,下级行政机关在实施决策的过程中可能需要对决策内容进行分拆与具体执行。一个风险决策的实施并非简单的"上传

---

① 马迅、李尧:《党政同责的逻辑与进路:以食品安全责任制为例》,载《河南社会科学》2020年第12期。

下达，令行禁止"，在风险决策指令执行的过程中，决策被有意或者无意地二度生产，决策执行端可能在组织实施中对指令进行分解重组，其他负责人和经办人虽然既无决策职权，也未直接参与决策，却在执行过程中延续了决策。① 在这个意义上，负责人和经办人也在延伸的决策链条上参与了风险决策，需要承担相应的决策责任。当然，具体的负责人和经办人，应当根据其过错程度和其对决策执行的情况承担相应的责任，实现"过责相当"。有学者主张，决策的做出者需要承担政治责任，而对决策的执行者只能追究法律责任或等级责任，②以实现分情况区别对待。

3. 其他主体责任

在风险社会背景下，风险决策不是封闭的行政系统产物，而是科学研究机构、专家、学者、非营利性组织、私法组织等也参与到决策程序中的复杂决策结构的产物，风险预防与风险规制已不仅仅是国家责任或行政任务，而成为风险共同体的共同责任。然而，从形式上来看，风险共治并不会导致风险决策权的转移，风险预防与风险规制依旧是行政国家的义务与职责；但从实质上看，风险决策程序开放与决策民主化使越来越多的主体得以分享到行政主体的决策权，权力分散与合作行政成为现实，因此有必要对风险决策责任重新进行分配。进而言之，在权力分散和合作行政的背景下，不仅是行政主体名义上垄断的决策权已实质性地分享给了其他主体，就连行政主体实质保有的那部分决策权也可能受到其他主体的直接影响——企业通过财政资助、信息提供、政治游说等方式影响着风险决策，专家则通过提供一套风险话语与风险判断基准来塑造风险决策。

因此，风险决策成为不同社会主体形成的复杂决策结构的产物，而依据现有的行政法律责任规则，只有行政主体才能承担起名正言顺

---

① 周雪光：《中国国家治理的制度逻辑》，生活·读书·新知三联书店2017年版，第201－202页。

② 林鸿潮：《重大行政决策责任追究事由的偏离和矫正：以决策中对社会稳定风险的控制为中心》，载《行政法学研究》2019年第6期。

的决策责任,其余主体则长期隐匿于行政主体之后,企业无须负责、科学无须负责、民众无须负责,而行政主体独自承担了超越其职权范畴的决策责任。有鉴于此,有学者提出,针对专家、公众等实质性参与决策环节的主体,也应当建立起相应的责任追究机制。①

(1) 专家参与人

现代风险规制框架多采纳一种科学决策模式,将风险决策的正当性建立在"科学事实"之上,以专家的科学理性作为风险决策的判断依据,因此,公共性或社会性的专家咨询委员会、科研机构、行业协会等专业机构中的专家也深度参与到风险决策过程中,风险决策的做出在很大程度上受到专家参与人意见的影响。以 2020 年新冠肺炎疫情防控为例,早期专家组成员对疫情做出的一系列"可防可控""未发现存在明显人传人证据""有限的感染"等判断,一定程度上影响了武汉市政府在疫情早期的风险决策。在科学决策模式下,如果专家参与人未能就风险决策事项提供权威的科学结论,那么,行政主体也将因缺乏数据、信息和知识的支持而无法做出正确的风险决策。

一方面,专家问责制的建立可提高专家论证的客观性和公正性,同时规制科学理性模式下的专家统治与规制俘获问题。专家问责制原则上必须具备两方面的功能:第一,使因故意或重大过失提供错误信息、误导风险决策的专家受到必要惩罚;第二,使专家"愿意说话、敢于说话",不至于因担心受到惩罚而拒绝提供与风险决策有关的科学判断。为实现这些功能,一方面,对于因故意或者重大过失而提供错误的科学结论,导致风险决策机关做出错误决策的,相关专家应当承担一定的行政责任。例如,如果专家通过现场视察,根据当地显而易见的情况以及现有的医学水平应该能判断出病毒存在"人传人风险",却未能做出这样的预警——不论是科学上的重大过失,还是因其他外部因素的介入故意隐瞒,则对于其做出的"可防可控"的调查结论,专家也应当承担相应责任。另一方面,对于专家的问责必须遵

---

① 薛瑞汉:《建立重大决策终身责任追究制度及责任倒查机制》,载《领导科学》2015 年第 2 期。

循过错责任原则，且只有在故意或者重大过失的情况下，才应承担责任，由此保证对专家的问责限制在合理的范围内。在衡量专家是否存在重大过失时，应当采用当时一般的科学认知水平标准。如果按照当时一般的科学认知水平，一般的专家都无法识别或预测到风险的存在，则不能苛求专家为风险决策的失误承担责任。但要实现这种原则下的追责，必须建立相匹配的专家风险评估信息公开制度与同行评审制度等，才能在需要追责时找出错误根源所在。

另一方面，如果风险决策所依据的专家意见存在错误，应当成为减轻行政主体和行政决策者个体责任的事由。风险决策的做出依赖于对事实基础的科学判断，如果这种科学判断存在错误，那么，行政机关和相关决策者能否做出正确的决策，在很大程度上便存在运气的成分。因此，如果专家提供的意见存在错误，而行政决策的做出又不得不依赖于该专家意见，那么，应当在一定程度上减轻行政决策者所应承担的责任。

（2）公众程序参与人

在风险社会中，发展多层次的风险决策参与程序，开放风险决策的公共参与制度具有必要性。开放式的风险决策制度能够使更为丰富的风险信息、风险知识和风险偏好进入风险决策进程中，从而在围绕风险决策的议事空间促成对特定风险事项可接受效果的达成。在风险决策的公众参与程序中，社会公众不再是被动的决策承受者，而是与行政主体建立了一种公私协力的合作治理关系。但是，既然在决策程序中引入了公众程序，风险决策的最终做出就并非单纯由行政决策者的意志所决定，风险损害的责任也不宜由风险行政主体及决策者个人承担。此时，有必要构建一种既能合理追究公众参与过程中故意提供错误、虚假信息的参与者的责任，又能鼓励、包容公众参与者积极参与到决策程序的追责制度中来。

有学者认为，公众虽然通过公共参与环节参与了风险决策，但是公众的意见并不具有支配性，最终风险决策仍然是行政机关的裁量结果,因而社会公众不宜作为责任主体。① 这也符合本书第二章提及的复合正当性理论的倡导者所强调的公众定位——"参与而非决定"。② 从鼓励公众参与、提供个体风险可接受样本等角度,不应当对公众参与人苛以风险决策失当的责任,这一点无疑是正确的。但公众责任的探讨在两个方面是重要的。一方面,除了直接参与决策讨论外,公众程序参与人可能以另一种角色影响风险决策的做出,即风险决策基础信息的提供者。如果在信息法上对首先发现风险的一般公民或处于特定岗位的公民规定了信息提供义务,此时公民虽然是作为决策辅助者参与的,但是其提供的信息直接影响了风险决策,则需要结合信息法规定而追究其未能及时提供风险信息、提供虚假陈述等责任。但是,此时在追究公众参与者的责任时,应仅追究故意的主观过错形态,即只有当一般公民或处于特定岗位的公民故意拖延提供风险信息或提供虚假陈述,才应承担责任。另一方面,公众参与为风险决策注入了信息和社会理性,这种输入本身不需要承担责任,但如果决策是对民意的回应,是在特定情形下不得不从的选择,则即使决策后果出现问题,也应当适当减免行政主体的责任。从这个角度看,公众参与虽不能成为追究公众责任的理由,但可作为减免行政责任的理由。

(三) 风险决策的责任类型

风险决策的问责制度分为两个部分。第一个部分是对风险决策效果评价的主动追究,第二个部分是对风险事件发生后的被动追究。前者是指对已经做出的风险决策进行决策实施过程的跟踪评估,对那些没有达到预期效果的风险决策启动主动追究程序;后者则是指风险事件发生后根据决策失误、责任关联性、决策权大小等进行追责。③

---

① 夏金莱:《重大行政决策终身责任追究制度研究:基于行政法学的视角》,载《法学评论》2015年第4期,第22页。
② 王锡锌:《行政正当性需求的回归:中国新行政法概念的提出、逻辑与制度框架》,载《清华法学》2009年第2期。
③ 钱亚梅:《风险社会的责任担当问题》(博士学位论文),复旦大学社会科学基础部2008年,第85页。

从风险决策的责任类型来看，我国风险决策责任包括五种责任类型，分别是政治责任、党纪责任、道德责任、政纪责任、法律责任，这体现了风险决策的"复合式合法"的特征。[①] 由于风险决策权的具体行使者具有多重身份属性，其风险决策权的行使在职权与责任内容上表现出多元特征，包括：作为政治官员在民主制下向人民承担政治责任；作为党员向党组织承担党纪责任；作为行政官僚在行政组织内承担政纪责任与行政法律责任；向风险共同体的其他成员承担道德责任。风险决策责任的不同类型涵盖了不同社会身份的风险决策者和风险决策做出者的不同社会身份，调动决策者所处的不同社会子系统的规范资源进行治理。

由于国家法律具有一定的滞后性，单一法律责任追究可能无法为处于实时异动的风险领域提供规则支持，"形式合法性"下导致追责机制无法启动，因此，在规制法视域下，多元责任类型有助于避免单一类型下规范缺失导致的责任缺位：法律责任是风险决策法治化的制度体现，以法律为评价依据，对风险决策主体的法律责任追究主要是针对构成犯罪的行为追究其刑事责任；政治责任则是基于民主制度的基本原理，以公共利益为评价要件；政纪责任是公共行政内的控制技术，与决策者在行政组织内部的职务身份与科层权威有关，以行政文化与内部规章为基础；党纪责任是政党组织对决策者的行为规范，以党内法规体系为依据；道德责任则是具有抽象性与模糊性的内在约束与社会声誉机制，以社会道德、职业伦理、价值观为基准。五种类型的责任共同构成了风险决策责任体系，这些责任的追责程序、问责逻辑与责任效果各不相同，在实践中有必要明确不同类型责任的分野，遵循"一事不再罚"、比例原则等基本的法治原则来规范这些责任类型。我国目前的风险决策责任类型即采用这种复合式的责任类型。（见表6-3）

[①] 周叶中：《论重大行政决策问责机制的构建》，载《广东社会科学》2015年第2期。

表6-3 应急管理部重特大事故调查报告中对涉案官员的处分建议

风险事件	责任人员	责任类型	具体责任
河南平顶山"5·25"特别重大火灾事故	刘**等3人	法律责任（刑事责任）	滥用职权罪
	梁*等12人	法律责任（刑事责任）	玩忽职守罪
	刘**等3人	政纪责任+党纪责任	撤职+撤销党内职务
	李**等6人	政纪责任+党纪责任	降级+党内严重警告
	刘**等3人	政纪责任+党纪责任	撤职+党内严重警告
	李**等2人	政纪责任+党纪责任	降低岗位等级+党内严重警告
	崔**等8人	政纪责任	行政记大过
	**等3人	政纪责任	行政记过
	李**	党纪责任	撤销党内职务
广东深圳光明新区渣土受纳场"12·20"特别重大滑坡事故	蒙**等2人	法律责任（刑事责任）	受贿罪、滥用职权罪
	陈**等17人	法律责任（刑事责任）	玩忽职守罪/滥用职权罪
	王**等13人	政纪责任+党纪责任	降级+党内严重警告
	李*等3人	政纪责任+党纪责任	撤职+党内严重警告
	梁**	政纪责任+党纪责任	降低岗位等级+党内严重警告
	吕**	政纪责任+党纪责任	撤职+留党察看两年
	王**等4人	政纪责任+党纪责任	撤职+撤销党内职务
	蓝**	政纪责任+党纪责任	免职+撤销党内职务
	王**等8人	政纪责任	记过
	杨*等13人	政纪责任	记大过
	邹**	政纪责任	降低岗位等级
	丁**等3人	党纪责任	党内严重警告
	**	党纪责任	撤销党内职务

续表6-3

风险事件	责任人员	责任类型	具体责任
江苏响水"3·21"特别重大爆炸事故	孙*等15人	法律责任（刑事责任）	玩忽职守罪/受贿罪
	崔**	政纪责任+党纪责任	免职+党内严重警告
	单**等3人	政纪责任+党纪责任	撤职+撤销党内职务
	刘**等11人	政纪责任+党纪责任	降级+党内严重警告
	戴**等2人	政纪责任+党纪责任	降低岗位等级+党内严重警告
	陈*	政纪责任	降级
	羊**等16人	政纪责任	记大过
	曹**等15人	政纪责任	记过
	潘**等2人	党纪责任	党内严重警告
	戴*	党纪责任	党内警告

此外，有学者就行政决策失误提出了一套完整的责任类型，认为我国应该构建包含六种责任形态的行政决策责任体系，包括终止执行、责任人道歉、引咎辞职、适当赔付、纪律处分和刑事追责。① 这一责任体系可以借鉴到风险决策的追责中。①所谓终止执行，是指当一个行政决策已经付诸执行，但尚未执行完毕，此时如果发现该决策行为存在重大瑕疵或者存在错误，则应当终止执行该行政决策。增设这种责任类型具有重要意义。过去，是否终止一个正在执行的行政行为，是由行政主体自主选择和决定的。如果将终止执行作为一种法律责任，则终止执行不再是一个可选可不选的方案，也不再是行政系统内部单独决定的事宜。②所谓责任人道歉，是指要求风险决策人就其错误风险决策向行政相对人和社会公众道歉。责任人道歉责任虽然无法为受损主体提供物质上的补偿，但它可以从精神上补偿失误决策所

---

① 张淑芳：《行政决策失误的责任追究探讨》，载《苏州大学学报（哲学社会科学版）》2013年第3期。

带来的精神伤害,也更有利于和谐社会的构建。③关于引咎辞职,我国公务人员纪律处分中有明确规定,但是公务员法对引咎辞职有较严格的约束条件,其适用范围也受到限制。风险决策问责中的引咎辞职应该相对灵活。在风险决策失误的情况下,行政首长和主要负责人应当承担引咎辞职的责任。通过正式的法律规定,使引咎辞职不是决策者自愿的选择,而成为一种强制性的法律责任。④适当赔付责任。当风险决策者的失当决策对国家财产或者私人利益造成侵害时,行政主体和相关决策责任人应当承担适当的赔付责任。⑤纪律处分。纪律处分主要是公务员在面对行政机关内部的失当行为时所应承担的责任。但是,也应让风险决策者对其面向外部的失当风险决策承担纪律处分责任。因此,在我国公务员纪律处分所列举的违法行为中,应当将风险决策失误作为违纪行为的一种,并可能承担纪律处分责任。⑥刑事追责。这是最为严重的一种责任承担,只有在满足刑法罪名构成要件时才运用。考虑到风险议题上的不确定性与冒险性,综合上文所论证的导向,风险决策的追责应当相比其他情形更为宽容。除了上述这些类型,如果是决策程序的瑕疵或决策结果的不尽如人意,则适用最初级的批评教育、诫勉谈话和作书面检查等即可。

(四) 风险决策的追责机制

风险决策责任的最终落实,必须建立在一定的追责机制基础上。风险决策追责机制的内容包括风险决策的评估制度、风险决策的追责主体以及风险决策责任的论证三个部分。

1. **风险决策的评估制度**

首先,风险决策责任法要完善风险决策的事后评估机制。风险决策的事后评估机制是对风险决策实施情况的追踪评价。与聚焦于合法律性评价的事前审核程序相比,风险决策的事后评估机制具有更充分的评价素材,通过收集风险损害信息、救援措施成本、社会舆论、国际评价等信息,对风险决策的适当性、可接受性进行判断。卫计委2020年12月出台了《卫生计生系统重大决策社会稳定风险评估操作指南(试行)》,对重大决策社会稳定风险评估的工作流程、工作重点做出了说明，其中提到重大决策社会稳定风险评估可以从合法性、合理性、可行性、安全性、可控性、国际性等六个方面进行。风险决策的事后评估机制应当具有常态性，并不以发生重特大风险事故为前提。评估的开展通过为风险事故追责提供基础信息，从而判断决策主体是否审慎适当地行使决策权、履行决策注意义务、做出当时当地情境下的合理选择。

运行良好的风险决策责任制度应当能够在事后阶段形成风险决策者与风险共同体之间的良性互动与信息沟通。事后评估机制可以引入专家学者参与决策的适当性评价，即从专业维度通过量化技术手段评价风险决策的实施效果。同时，可以吸纳行业协会、社会组织、公众舆论考量风险决策的行业可接受性、公众满意度等因素。风险决策责任的事后评估同时也是对"什么是正当的风险决策"这一问题的补充回答，而这一答案不是法律人的闭门造车，而是整个风险共同体汇集分散的、多元的风险知识的共同知识生产。专家学者参与事后评估机制，可以逐渐形成具有指导性的风险决策评价指标体系，为事前的风险决策审核提供标准。风险决策是镶嵌于特定时期的社会结构与社会生活中的，社会公众则可以通过对风险决策的事后评价，将社会知识实践纳入，更好地向风险决策主体明确风险决策的一般公众可接受标准。

2. 风险决策的追责主体

我国 2007 年施行的《中华人民共和国各级人民代表大会常务委员会监督法》规定，人民代表大会常务委员会对各级人民政府相关行政执法行为享有监督权，其中就包括对风险决策权力行使情况的监督。另外，我国的风险规制体系主要是科层制组织体系，并没有上文阐述的独立规制机构等较为复杂的组织形态。在科层制组织体系中有上下级行政机关的明确分工和管理关系，上级行政机关对下级行政机关的失误决策享有追责的权力。因此，风险追责的主体应该是与做出风险行政决策的主体同级或者是上级的人民代表大会常务委员会，或者是做出风险行政决策的主体的上一级行政主管部门。①

当然，下文将阐述的司法对行政的监督，也使法院本质上是行政决策的监督者，但这种监督及于行政行为而不及于决策主体，因此，法院不属于追责主体。

3. 风险决策责任的论证

风险决策的责任法应当规范和强化风险决策责任的论证说理。从责任制度的本体功能来看，风险决策责任制度的前提是"存在失当决策"，而"失当决策"这一概念具有高度的不确定性和场景依附性，很难通过事前严格、准确的定义来确立追责标准，必须要在具体的风险决策个案中进行证成。风险决策责任本身也和风险一样具有社会建构性，从风险决策行为到风险危害发生再到风险决策责任生成，这一过程同样是社会建构过程。责任不是自然而然与风险同生的，而是人类制度的生产结果。风险决策责任的论证机制发挥着沟通功能、规范功能和政治功能。

首先，风险决策责任的论证机制发挥着沟通功能。错误决策与决策失当的界定不仅牵涉行政国家风险规制职责的履行、行政主体对风险共同体需求和偏好的回应，还关系到风险决策主体的决策效能与风险决策权的公信力问题。因此，风险决策责任制度中对"错误决策"与"失当决策"的说理论证本质上是一种风险沟通，是促进行政理性、技术理性和社会理性交流的途径。

其次，风险决策责任的论证机制也发挥着规范功能。风险决策责任的说理与论证是风险决策责任的生产过程，同时也附带性地生成了有关风险决策的知识，在风险决策的"法教义学"预设的逻辑推理普适性等前提欠缺时，风险决策责任的个案论证能够补充既有责任知识的不足与欠缺，统一权力主体内部对风险责任的一致认识。

最后，风险决策责任的论证机制还担负着政治功能。从风险责任制度的附随功能来看，通过建构风险责任问责制度的内外部参与，使

---

① 张淑芳：《行政决策失误的责任追究探讨》，载《苏州大学学报（哲学社会科学版）》2013年第3期。

公众的风险诉求、政策评价、风险判断有效地涉入问责制度，能够辅助做出风险责任的认定，符合民主政治的基本原理。同时，论证机制也能发挥风险责任制度的社会心理功能。公众的风险恐慌需要通过风险责任制度找到"罪魁祸首"来纾解。风险决策追责制度中的论证说理，实际上为社会公众提供了一个供应安全感知的叙事框架，① 通过明确决策主体的责任，责任叙事暗示的是风险事件具有可控性（如果适当决策就可能避免风险损害），通过谴责、惩罚做出适当风险决策的主体，风险责任论证实际上为社会负面情绪提供了具体的指向对象，进而发挥稳定社会情绪、避免社会动荡的作用。

三、风险决策的司法审查

司法审查是行政法中用以确保行政行为正当性和行政应责性的最终机制。但在面对具有政治属性和过程属性的行政决策行为时，司法审查路径在理论上、机制上和客观能力上都面临重重困境。具体到风险规制领域，法院在审查风险决策方面具有多大的空间，能够在促进行政应责性方面扮演什么角色，能够在实现风险决策可接受性方面发挥什么功能，这些问题都值得探讨。

（一）风险社会中的司法功能

司法与行政的关系是行政法的一个经典议题，而并非仅在关涉风险规制活动时才产生实践困境与探讨价值。但在国家风险规制事务上，司法在整个规制法律体系中的地位确实发生了微妙的变化。在风险社会的背景下，风险决策权的行使意味着行政权不仅是在"执行"法律，在一定程度上更是在制定公共政策。风险利益的属性和利益侵害模式的改变也与传统行政侵权模式不同，风险决策活动高度依赖科学的属性，同时也对司法监督能力提出了挑战。这些情况要求司法机

---

① 张燕：《风险社会与网络传播：技术·利益·伦理》，社会科学文献出版社 2014 年版，第 123 – 124 页。

关在国家风险治理事务上保持自我谦抑和尊重行政的立场。

首先，风险社会中的公共议题和社会争论往往涉及较高的技术性，而法官作为法律专家，并不擅长在科技专业问题上发表观点。在美国谢弗林案（Chevron）中，法院便认为："行政机关作为专业机构，在特定领域有专业化的人员和事实认定能力，当涉及技术性问题和非常复杂的事实问题时，它具有更多的专业优势。"[①] 且风险议题并非静态，会随着科学技术发展而不断变化，行政机关具有不断配合最新知识探索解决之法的能力优势，而以法律专业为背景的法官如果一定要在专业领域内介入点评的话，可能会面临"业余科学家"之批评。[②]因此，按德国行政法中"结构功能取向分析法"来看，法院并不是履行风险决策权的"功能最适"机关。

其次，法律所留下的裁量空间需要行政机关通过政策判断和价值选择来补充，这是一种面向未来，应对风险不确定性的政治判断而非法律判断。由行政机关进行这种具有政治性的决策活动，因存在行政过程的民主参与程序而更具有正当性。相比之下，法院若通过个案审查的方式替代行政机关做出政策判断则有违权力分立的政治框架与民主正当性。例如，在风险项目建设上经常发生的选址争议上，表面上看是一个具有法律属性的行政决策行为，但实质上这一决策的做出是一个"面向未来的空间塑造活动和风险分配行为"[③]，需要进行涉及广泛利益群体的利益衡量。我国台湾地区的法官对此亦有阐述："我们或许认为政治部门的政策决定并不明智，我们甚至可能基于不同的政治哲学或经济理论提出各种可能更佳方案，惟从司法释宪者本身的功能与角色而言，我们不仅缺乏决定政策所需之信息，亦不具进行社会资源重分配所需具备的专业能力与民主代表性，更不对所做决定负

[①] 陈海嵩：《环境风险预防的国家任务及其司法控制》，载《暨南学报（社会科学版）》2018 年第 3 期。

[②] 王郁霖：《论食品输入政策中风险评估之程序建构与审查必要：以严格检视原则之脉络为例》，载《月旦医事法报告》（台湾地区）第 24 期。

[③] 陈越峰：《风险行政的行为法构造：以重大风险设施选址为参照事项》，载《学术月刊》2020 年第 6 期。

政治责任,从而政治部门的决策倘非全然恣意,或明显与国计民生均足的目标背道而驰,我们不宜贸然宣告政治部门有关社会资源分配之政策决定违宪,不宜以自己的判断替代政治部门政策决定。"①

最后,行政法中司法审查的私权救济定位也限制了法院介入到国家风险决策活动,特别是在存在保护规范理论的大陆法系中。② 行政诉讼机制的制度核心是防止公权侵犯私权,为受侵害或即将受侵害的公民利益提供保护和救济,而这需要系争个案中的当事人证明其权益已处于危险之中。但在风险社会中,会受风险决策影响的利益,一般不是涉及特定公众的扩散性利益,即使仅针对确定数量的少数人,也往往处于对个人的侵害尚未达到危险的程度,因此难以依照传统的行政救济理论启动司法审查。同样,在我国,行政决策活动如果暂且归入抽象行政行为的话,则不属于行政诉讼受案范围,除非这种决策属于具体行政行为的一部分(如行政许可的裁量过程),或关涉一个规范性文件,能够在起诉具体行政行为时要求法院附带审查。

鉴于法院既没有政治责任,也没有技术专长来审查行政机关的风险决策,一个明显的趋势是法院这一权力部门似乎在风险社会与规制国家的"全面进军"下"节节退却"。基斯·维尔汉(Keith Werhan)指出,当行政法外接管制,带来的颠覆性结果便是以行政过程中司法角色的削弱为中心特征的"去法化"。③

然而,无论从个人权益保护还是从司法的社会治理功能的角度看,司法审查可以也应当在国家风险规制活动中扮演更加重要的角色,在促进行政应责性与达成决策可接受性目标方面发挥更大的作

---

① 我国台湾地区"司法院大法官"释字第五八零号解释林子仪大法官部分协同及部分不同意见书。

② 保护规范理论下的德国司法系统着重强调个人实体权利保护,而公民决策程序参与的法治国理念则较为弱势。参见简凯伦、周桂田《风险社会下的环评制度与法院:司法系统与社会脉络的相互建构》,载《国家发展研究》(台湾地区)第14卷第1期。

③ 基斯·韦尔汉:《行政法的"去法化"》,载罗豪才、毕洪海主编《行政法的新视野》,商务印书馆2011年版,第4页。

用。法律留给行政权极大的裁量空间,更需要法院对行政过程如何适用法律、执行法律施加监管,而对风险决策进行审查,也并不等于直接参与公共政策制定,而应理解为通过促进行政权更好地做出风险决策而发挥社会治理功能。现代司法系统作为一个"拥有社会实质权力的系统"和"社会构成的行动者",① 无论其选择为何,都会与其他行动者在权力互动下生成形塑社会的功能,因此更应当正视和利用这种权力和影响力。

对于司法审查范畴限制的问题,有必要拓宽风险规制行政诉讼的原告资格,修正传统保护规范理论,设计能够符合风险社会争议涉及大规模利害关系人之属性的集体诉讼类型和程序,已有学者对此加以研究,② 本文不展开讨论,而主要探讨在现有不同制度下已开展的对风险决策的司法审查活动。

(二) 风险决策的司法审查技术

尽管大部分情况下司法审查空间有限,法院依然应当努力在有限空间中发挥其社会治理作用,运用司法审查技术促进良好风险决策的做出。不同法域中司法审查的对象和密度都有差异。例如,美国行政法中的司法审查包括程序性审查和实体性审查,③ 针对不同事项和情况存在专断和恣意标准、实质性证据标准、全面审查标准、谢弗林尊重和严格审查等不同理论。我国以合法性审查为主、合理性审查为辅,主要从行政行为的证据、法律适用、程序、主体、内容恰当性等

---

① 简凯伦、周桂田:《风险社会下的环评制度与法院:司法系统与社会脉络的相互建构》,载《国家发展研究》(台湾地区) 第 14 卷第 1 期。

② 赖恒盈:《风险社会之行政管制课题序说》,载《105 年直辖市法制及行政救济业务研讨会》(台湾地区) 2016 年 6 月 30 日;王贵松:《风险规制行政诉讼的原告资格》,载《环球法律评论》2020 年第 6 期。

③ Administrative Procedure Act 5 U. S. C. §706 (1994)。但这种区分在某种程度上被认为是人为的。参见乔迪·弗里曼《私人团体、公共职能与新行政法》,载《北大法律评论》2003 年第 5 卷第 2 辑。

方面进行审查。① 本部分对于一般情形下均存在的司法审查技艺,如是否超越职权的合法性审查,不做探讨,仅关注风险决策中的科学要素和风险特征所带来的司法审查难题与制度空间。尽管不同法域在此问题上的司法实践差异较大,但针对风险决策的审查进路有三个核心关注点:科学证据、决策程序和推理过程。

1. 科学证据

风险决策需要建立在充分、真实的科学证据之上。许多针对风险决策的诉讼争议之核心便是决策所依凭的科学证据。但除非是以决策行为本身为起诉对象,否则科学证据一般不能直接作为诉讼标的,不同法域在此点上做法基本一致。例如,在欧盟 FMC Chemical SPRL and Arysta Lifesciences SAS v. EFSA 案中,原告公司向欧盟执委会申请克百威(carbofuran)农业用除虫剂的使用许可。但欧盟执委会根据欧洲食品安全局的安全性评估结论,拒绝了这一使用申请。原告公司因而起诉欧洲食品安全局,主张无论如何欧盟执委会都会听从欧洲食品安全局的科学意见,因此,这一科学意见便具有最终决定性。但欧盟法院根据欧盟运作条约(*Treaty on the Functioning of the European Union*)第263条规定,认为欧洲食品安全局出具评估报告仅具有建议性质,并未对外直接发生法律效力,因此不可诉。②

法院对科学证据的审查一般出现在以行政决策行为本身为诉讼标准的案件中。在这些案件中,科学证据通过风险评估程序,以评估结论的形式提交给决策者。这种风险评估结论一般被视为"事实",③对其进行司法审查便属于"事实认定"的范畴。然而,这种风险评估结论的专业性与科学不确定性使得一般对事实认定的司法审查标准难以适用。例如,美国行政法中对事实问题的审查适用的是"实质性证

---

① 参见《中华人民共和国行政诉讼法》第69、70条。

② Case T-311/2006 FMC Chemical SPRL and Arysta Lifesciences SAS v. EFSA [2008] ECR ll-88. 另见 Case T-379/06 Dow AgroSciences Ltd. v. EFSA [2008] ECR ll-90。

③ CRS Report for Congress, environmental risk analysis: a review of public policy issues II. 98-618 ENR (1998), p.1.

据标准"（substantial evidence test），指"理性人认为足以支持结论而采纳的证据"。① 这一标准用以审查具有不确定性的科学结论便不太适合。

受限于科学证据本身的属性，法院一般对科学证据秉持尊重态度，不对具体内容发表意见。例如，日本只对行政机关的程序是否合法进行审查，称为"程序的事后审查方式"②。美国司法实践中对于高度技术性案件之事实审查，也采取相对保守之态度，例如，在 Industrial Union Department，AFL-CIO v. American Petroleum Institute 一案中，法院认为劳工部对其管制规范之立法事实无须提供任何"接近科学确定性"之支持证据，重大风险之存在只需由"著名科学研究人员所组成的团体"加以证明即可。③ 但由于美国法院在其他领域存在审查科学证据的规则和实践，法院审查风险决策中的科学证据并非完全不可能。在刑事诉讼领域中，美国最高法院在 1923 年的 Frye v. United States 案④中便提出法院要确定科学证据是否足够在其所述特定专业领域获得普遍接受。在 1997 年道伯特（Daubert）案中又提出法官应当扮演专家证言的守门人角色，决定"科学、技术或者其他专门知识"的可采纳性。⑤ 但道伯特证据审查标准并不适用于审查行政决策。尽管已有人提倡"道伯特的行政规制化"，⑥ 但尚未被司法实践接受。⑦

---

① 理查德·皮尔斯：《行政法（第五版）》（第二卷），苏苗罕译，中国人民大学出版社 2016 年版，第 761 页。
② 陈海嵩：《环境风险预防的国家任务及其司法控制》，载《暨南学报（社会科学版）》2018 年第 3 期。
③ 448 U. S 607，717 n. 30，100 S. Ct. 2844，2902 n. 30，65 U Ed. 2d 1010（1980）.
④ Frye v. United States，293 F. 1013（D. C. Cir. 1923）.
⑤ Daubert v. Merrell Dow Pharmaceuticals，Inc.，509 U. S. 579（1993）.
⑥ BERNSTEIN D E. What to do about federal agency science：some doubts about regulatory Daubert，*George Mason law review*，2015，22（3）：549 – 574.
⑦ KELLY C R. The dangers of Daubert creep in the regulatory realm. *Journal of law and policy*，2005，14（1）：165 – 209.

而在我国，虽然针对抽象行政行为几乎无审查空间，但在审查部分决策属性较强的具体行政行为时，同样会涉及对其中科学证据的审查。鉴于我国全面合法性审查的频率，法院对此亦有权限，只是大部分时候选择了回避此问题，"能推就推，能躲就躲"。① 只有在极少案例中法院会论及相关的科学问题，但也都是以尊重行政机关的依据为准。例如，在楚德升诉郑州市环境保护局环保行政审批案②中，法院认为，"电磁辐射作为一种客观存在的物理现象，对于人体健康是否产生危害及危害后果大小，在目前尚具有不确定性，科学上亦未形成统一的认知。因此现时仍需以国家现行的标准作为评判的依据"。而下一部分内容要分析的张小燕案是一个例外。这个案件中也对如何审查科学证据给出了几个标准。

2. 决策程序

相比司法触角入侵科学证据而引发的争议，程序审查被视为司法在面对行政机关风险决策时的当为之举。与立法者在面对风险议题时的自抑相似，法院在面对具有不确定性的科学议题上也同样不具有能力优势，许多法官自己也承认"这些非常微妙、不能够为常人所理解的科学判断事项，完全超越了法官的制度能力"③。因此，在涉及高科技与政策和价值判断之争议时，适当的司法审查应该是转变传统偏重实体审查的模式，而将行政机关在判断余地中的行为施以程序过程之审查。④ 许多法院也在承认行政机关享有风险决策判断余地的前提下，逐步转向程序取向的司法审查模式。⑤ 程序性审查不涉及科学证据之实质认定，因此不会让法院招致"业余科学家"的批评。而根据"代

---

① 金自宁：《中国大陆与台湾地区环评制度之比较：立法框架、行政执行和司法实践》，载《中国地质大学学报（社会科学版）》2017 年第 5 期。
② （2011）中行初字第 82 号。
③ Ethyl Corp. v. EPA, 541 F. 2d 1 (D. C. Cir. 1976).
④ 赖恒盈：《风险社会之行政管制课题序说》，载《105 年直辖市法制及行政救济业务研讨会》（台湾地区），2016 年 6 月 30 日。
⑤ 陈海嵩：《环境风险预防的国家任务及其司法控制》，载《暨南学报（社会科学版）》2018 年第 3 期。

议强化理论",法院作为程序的专家,同时也是政治上具有中立性和独立性的第三人,较政治部门更有资格且适宜实现矫正程序瑕疵的任务。①

但需要注意的是,如果这种程序审查仅限于是否按照法律的明确程序要求行事,则审查力度将大大减弱。这是因为:一方面,随着各国行政法治建设的不断深化,行政机关已经很少会公然违背法定程序做出行政行为;另一方面,风险事务的复杂性和变动性使得法律并不一定能够提供完备的决策程序供行政机关参照。法定程序不完善情况下即使程序无瑕疵也不等于决策必然具有正当性。

因此,要确保对程序的审查力度,便需要超越形式主义的程序性审查,而进入实质性程序审查要求,即以决策目的和社会效果为价值导向,在必要时施加比法律所规定的更严格的正当程序要求,特别是公众参与程序。这种高强度的程序要求可以美国 1976 年的 Natural Resources Defense Council v. United States Nuclear Regulatory Commission 一案为代表。② 在此案中,美国核能规制委员会同意授予佛蒙特扬基公司核电站建设许可证,而美国自然资源保护协会因对此持反对意见而被排除在有关该申请的听证会之外,因而起诉核能规制委员会。法院认为,核规制委员会制定燃料循环法规的程序没有利用本可利用的方法,排除了充分反映事实和相反意见的可能性,因此不足以形成适当的"对问题的公开讨论"。在这个案件中,法院以正当程序标准审查行政机关的决策程序,认为尽管其基本履行了行政程序法所规定的制定法规程序,但鉴于核废料的处理可能会给公众健康带来严重的影响,因此行政机关应该采取比"通告—评论"程序更精确、更能保证准确性的程序。③ 而在 1972 年的 Hanly v. Kleindienst 一案中,法院从美国《国家环境政策法》第 102 条中推导出行政机关在做出环境许可

---

① 陈仲嶙:《环境影响评估事件之司法审查密度:比较制度分析的观点》,载《台湾"中研院"法学期刊》(台湾地区)第 14 期。
② 547 F. 2d 633, 644 (D. C. Cir. 1976).
③ 陈海嵩:《环境风险预防的国家任务及其司法控制》,载《暨南学报(社会科学版)》2018 年第 3 期。

前，有向公众发布资讯的义务，让公众能够提出关乎决策的相关事实，而这一程序并非该法的明文规定。① 但这种提出超越法律规定的更高程序要求存在争议，因此也需要把握好其程度。②

3. 推理过程

除了科学证据和决策程序外，一些法域的司法审查原则在风险决策事项上的运用，指向了行政机关做出决策的过程理性，有学者称其本质为"过程性审查"。③ 这种对推理过程的审查也可以理解为一种广义的程序审查，但区别于仅依照法律规定审查行政机关是否违反程序，推理过程的审查关注的是行政机关从决策依据的获取到决策衡量再到最终的决策做出，是否环环相扣？是否每一个步骤都具有推导的说服力？由于风险决策是行政机关根据尽最大可能收集到的信息，对各种应当考虑的因素进行平衡后选择一个最佳选项的过程，因此，这一审查对象包含以下几个考量点：

第一，是否有尽可能地收集信息并选择最可靠的信息；

第二，决策方案地做出是否充分、综合考量了各种因素，有无遗漏重要信息，有无与事务无关的不当连接；

第三，是否在对各种因素进行衡量的基础上产生多个方案；

第四，是否基于具有说服力的理由在多个方案中选择了最佳方案。

这意味着，若行政机关无法通过上述审查，并不是行政决策的质量而是因为决策过程的质量。④

美国司法实践中便有较多风险议题上的过程性审查案例。根据

---

① 471 F. 2d 823 (1972).

② 黄丞仪：《环境决策、司法审查与行政合理性：试析台湾与美国环境影响评估诉讼中行政判断之合法性控制》，载黄丞仪主编《2010 行政管制与行政争讼》，台湾"中央"研究院法律学研究所 2011 年，第 321 – 432 页。

③ 刘东亮：《涉及科学不确定性之行政行为的司法：审查与行政决策过程的合理化的借鉴》，载《政治与法律》2016 年第 3 期。

④ 刘东亮：《涉及科学不确定性之行政行为的司法：审查与行政决策过程的合理化的借鉴》，载《政治与法律》2016 年第 3 期。

"艾伦镇麦克销售公司诉美国劳资关系委员会"案,行政机关需要进行说理充分的决策(reasoned decision making)。① 在"卡尔弗特·克利夫斯协调委员会诉美国原子能委员会"一案中,被告美国原子能委员会(Atomic Energy Commission)认为在核电站建设的许可过程中,除非有任何一方提出关于环境影响评估的具体问题,否则行政机关无须在决策过程中特别提出环境影响报告书。而法院依据美国《国家环境政策法》(National Environmental Policy Act)第102条,认为当行政决策会导致环境品质受到严重影响时,负责人员应当准备环境影响报告书,其中应当包含特定行为对环境造成的影响、环境成本以及足可改变成本效益分析结果的替代方案,并要求这一份报告书必须随同重大开发行为的提案,一同经过整个审查程序,否则便是没有将环境问题纳入核电站建设许可决策的考虑过程,这一决策过程便是违法的。② 2015年,美国最高法院在"密歇根诉美国环保署"案中推翻了美国环保署针对燃煤电厂产生的汞污染而制定的法规,法院认为发电厂每年要承担96亿美元的成本,但每年收益只有400万~600万美元,成本是收益的1600~2400倍,"以数十亿美元的经济成本换取几美元的健康或环境利益,是不合理和不适当的",因此属于不理性的决策。③ 美国司法中的"程序性严格检视"(procedural hard look)原则便主要体现在对决策过程的审查之中。④

从审查深度看,法院对决策过程的这种审查已属于较高密度的审查,但是对其行政应责性也无法绝对确保。由于风险议题所包含的不

---

① Allentown Mack Sales & Service, Inc. v. NLRB, 522 U. S. 359, 374 (1998).

② Calvert Cliffs' Coordinating Committee v. United States Atomic Energy Commission, 449 F. 2d 1109 (D. C. Cir. 1971).

③ Michigan v. Environmental Protection Agency, 576 U.S. 743 (2015), at 7.

④ 美国司法中的"严格检视原则"(hard look doctrine)最初是指法院应当确保行政机关严格审视自己的裁量权行使,是一种较为宽松的审查原则,但后面逐渐发展成"法院应当严格审视行政机关的裁量权行使",显示更强的司法审查力度。这一原则随着时间推移产生了不同的理解和实践,分化出"程序性严格审视"和"实体性严格审视"标准。前者主要为法官Bazelon所倡导,强调关注决策过程,确保理性行政决策能够通过科学社群和公民的审查。参见541 F. 2d 1 (D. C. Cir. 1976)。

确定性，行政机关在不确定状态下的选择往往能够自圆其说，而法院似乎也不能过度苛责。"在不确定性盛行的情况下，理由就会消失，对理由的永无止境的司法要求只会对法律制度造成损害。"① 除非明显存在恣意之处，否则只需要行政机关"符合最低限度的合理性标准"② 即应认为合理，以免替代行政机关做出决策。

4. 司法的可能作为

综上，考虑到制度能力和制度功能，司法机关确实无法、也不应当过度介入行政决策内容，以避"扮演业余科学家"与"夺取实际风险决策权"之嫌。但司法功能在风险社会中不能全面萎缩，在上述三个方面——科学证据、决策程序与推理过程均可有所作为。

在科学证据方面，要求一个科学证据获得"同领域的普遍接受性"是一个过高的要求，而本书提出的"技术可接受性"是一种同领域可接受的最低标准，即虽可能存在反对意见但能通过同行评审成为主流理论中的一种。以此为标准并参考 Daubert 标准，法院可审查科学证据是否具有可测试性、研究或技术是否已经由同行评审或已公开发表、研究可能存在的错误率、是否具有相关领域的基本接受度等③。而这些审查可通过行政机关提交的证据、专家证言等来判断。

在决策程序方面，避免对行政机关僵化执行法定程序的盲目遵从，法院应当对决策程序施以更高的实质正当性要求，必须关注行政机关是否提供必要的民主参与机会并为实现社会可接受性而做出过努力，有无"创设真正对话的程序装置"④。我国也有一些案例体现了这一审查方向。在倪萍等 17 人诉靖江市环境保护局环保行政批准行政判决书案中，法院虽然认为行政机关的程序合法，因为依照相关法律，该项目无须编制环评书并进行公众参与，但还是点出了争议发生

---

① POJANOWSKI J A. Neoclassical administrative law. *Harvard law review*, 2019, 133: 852, 866.
② 刘东亮:《涉及科学不确定性之行政行为的司法：审查与行政决策过程的合理化的借鉴》，载《政治与法律》2016 年第 3 期。
③ DAUBERT V. Merrell Dow Pharmaceuticals, Inc., 509 U.S. 579 (1993).
④ 547 F. 2d at 656 (D. C. Cir. 1976).

的原因,是被告与诸原告沟通不够,诸原告对第三人所建项目"环境影响报告表"中的内容存在质疑,特别是对噪声排放的检测及公众参与调查,被告及环评单位没有及时做出充分的说明和解释。① 而下文将展开讨论的张小燕案,也是法院愿意以更高要求审视决策程序的例子。

在推理过程方面,法院应当从行政机关提供的各种资料中进行判断,例如,行政机关是否已在争议议题上花费功夫收集信息,决策过程是否已将相关因素纳入考虑中,是否具有替代方案,这种考虑是否符合最低限度的合理性标准,有无明显错误或恣意专断的情形等,以判断风险决策的做出是不是一个理性过程,从而确保风险决策的正当性,并结合上述对科学证据和决策程序的审查,为促进行政机关在风险社会中的应责性发挥司法作用。

尽管我国对行政决策的司法审查空间有限,在关涉科学专业和不确定性问题上更是体现自抑和尊重的基本司法态度,但也有一些案件展现了司法在有限空间中的进取态度,下文以张小燕案为例,对我国的制度空间和司法态度进行探究。

四、案例分析:张小燕案中的司法审查

近年来,风险认知冲突与科技争议不再局限于立法和行政过程,而开始进入司法舞台,大有"另辟战场"之趋势。涉及科技风险与风险认知的司法案件数量近年来日益上升,既有信息公开类诉讼——原告向政府部门索要相关风险信息未果后提起信息公开诉讼,如黄乐平律师诉农业部关于转基因农产品信息公开案;② 也有侵权索赔类诉讼——原告起诉被告的某个风险项目或风险行为对自己的健康、安全造成损害,要求停止侵害,赔偿损失,如李思辰诉江苏省电信有限公

---

① (2016)苏 12 行终 78 号。
② 郭京霞、赵岩:《黄乐平诉农业部政府信息公开案二审维持原判》,载《人民法院报》2015 年 7 月 11 日,第 004 版。

司金坛市（现金坛区）分公司等人身损害赔偿纠纷案；① 还有行政诉讼类案件——公众挑战建设项目行政许可的合法性问题，如张小燕等诉江苏省环境保护厅对变电站做出环境影响评价行政许可违法被判驳回一案。② 本节将对张小燕案这个案件进行分析，因其既展现了行政权应当如何实现可接受性目标，也提供了一个窥探风险社会中司法如何能发挥良好行政促进功能的极佳范本。

（一）张小燕案的基本案情与核心争议点

第三人镇江供电公司欲在镇江市建设包括本案所涉的双井变电站在内的10项输变电工程，于是委托环评机构编制了环境影响报告表，该报告表预测工程建成运行后对周边环境的影响程度符合国家标准。在此基础上，被告江苏省环保厅做出批复，同意镇江供电公司建设该批工程，但做出环评批复前未在当地召开听证会。原告张小燕等人乃居住于双井变电站选址附近的居民，对被告做出的行政许可不服，提起诉讼，要求撤销江苏省环保厅的环评批复，一审败诉后，原告上诉。该案的二审过程中，主要围绕三个核心争议点展开。

第一，涉案项目的选址是否恰当？

该问题涉及被告江苏省环保厅的审查范围是否恰当的问题。原告认为，双井变电站所在区域作为申遗项目的古运河风光带，不宜建设变电站，被告未对选址是否适当进行审查即做出涉案环评批复，该行政许可行为违法。对于此，被告在二审期间，提交了镇江市文物局和镇江市园林管理局的两份复函，证明变电站所在区域不属于风景名胜区和文物保护单位。二审法院认为，双井变电站属于城市公用配套基础设施，并非工业生产设施，双井变电站所在区域也并非风景名胜区或自然保护区等需要特别保护的区域。涉案项目已获镇江市规划局同意，因此，选址问题不属于被告的审查范围。

第二，涉案项目是否符合环评许可条件？

---

① （2006）坛民一初字第1554号。
② （2015）苏环行终字第00002号；最高院（2016）参阅案例28号。

该问题涉及环境科学问题。由于江苏地区尚无同等规模的变电所投入运行，环评机构在编制环境影响评价表时，选取五峰变电站和苏州终南变电站作为类比预测对象。而原告认为，五峰变电站地处农村且只有一台机组，双井变电站地处人口稠密区且有三台机组。五峰变电站的环境影响实测数据不能作为预测双井变电站的环境影响的依据，因此，环境影响评价结论不科学。但法院分析了环评报告中选取五峰变电站和苏州终南变电站的原因（电压等级和主接线形式相同、建设规模和主变容量类似）、所评价的环境污染因子及其结论、选在人口密集地区的必要性，认为环评报告中的科学结论并无不当，涉案项目符合环境影响评价许可条件。

第三，涉案项目的环评审批程序是否合法？

该问题之核心争议在于公众参与程序的缺失是否合法。由于被告江苏省环保厅在做出批复前并未召开听证会征求公众意见，原告认为双井变电站地处人文遗迹和居民密集区，该项目引起了社会重大关注，属于重大行政许可事项，江苏省环保厅未经听证即做出环评批复，行政程序不合法。二审法院认为，涉案项目属于可能造成轻度环境影响的、应当编制环境影响报告表的建设项目，不适用《中华人民共和国环境影响评价法》第21条关于编制环境影响报告书应当征求有关单位、专家和公众意见的规定。由于涉案变电站对环境可能造成的影响是轻度、有限且可控的，不属于行政许可法规定的实施行政许可应当进行听证的重大行政许可事项，故江苏省环保厅的审批行为程序合法。

最终二审法院判决行政行为合法，驳回上诉，维持原判。但二审法院同时认为，虽然被诉环评行政许可行为合法，但环保部门应采取措施加强信息公开，督促镇江供电公司将相关电磁场监测显示屏置于更加醒目的位置，方便公众及时了解实时数据，保障其环境信息知情权。

（二）审查技术：法院如何回应"科学—民主"问题

张小燕案是近年日益频繁发生的低风险建设项目审批争议的代表性案件。这一类案件纠纷的产生，根源在于公众对某种风险产生恐惧，无法认同国家对风险进行分类管理中的低风险结论，试图通过司法程序阻碍风险项目的建设。因此，案件争议点中科学质疑与公众参与主张，都建立在一种偏离现有权威结论的风险认知偏差之上。例如，在张小燕案中，公众的维权症结在于对变电站的电磁辐射心存恐慌。虽然无论是世界卫生组织的有关准则还是我国的技术规范，都认为此类设施对环境造成的影响是有限的、可控的，但一直以来，许多人对电磁辐射极为恐惧，将其与癌症、白血病、无法生育等严重后果挂钩，对于居住区附近建设移动通信基站、输变电设施更是极力反对，将其视为会对环境和人身造成伤害的污染项目。① 由此引发的诉讼也不计其数。②

面对这种环评许可纠纷，核心争议点一般有两个，一个是环评表中的科学结论是否正确，另一个是行政机关的环评程序是否合法，特别是公众参与程序是否符合法律规定。张小燕案的诉讼双方同样围绕这两个核心争议点展开，但相比其他案件对科学问题"能推就推，能躲就躲"、③ 对公众参与问题完全尊重行政机关自由裁量权的态度，该案对这两个问题具有更为深入而全面的司法审查。

---

① 2015年，重庆南岸区茶花小镇小区认为小区内的通信基站产生的辐射会对身体健康造成影响，要求拆除通信基站并出现破坏基站路线的行为，在政府介入后拆除了基站，但拆除之后小区无信号。参见《小区通信基站拆掉业主集体"失联"》，载《重庆晨报》2015年9月30日，第010版。而且，这种恐慌并非我国社会独有的，世界各地都发生过或正在发生着类似的冲突和抗争。参见彭心仪《论无线通讯基地台之资讯公开：兼评英国行政法院Sitefinder案判决（上）》，载《月旦法学杂志》（台湾地区）第180期；高淑芬、邱绍华：《电磁波风险争议分析与风险治理之省思》，载《国家发展研究》（台湾地区）第13卷第1期。

② 例如，2000年福州的华林花园业主起诉福建移动通信有限责任公司，要求拆除屋顶架设的天线，赔偿身体健康损害。2004年，北京百旺家苑业主起诉北京市规划委员会，请求法院撤销市规委为华北电网有限公司北京电力公司核发的一个《建设工程规划许可证》。2010年，北京朝阳区东润枫景小区居民因小区附近有一座1968年的广播电台发射塔，将市环保局及开发商告上法庭。参见程万里《福州移动基站电磁辐射官司了结》，载《福建邮电报》2000年12月20日，第004版；傅明《电磁辐射维权追踪》，载《建设科技》2004年第21期；张媛《疑辐射超标居民告环保局败诉》，载《新京报》2010年12月29日，第A15版。

③ 金自宁：《中国大陆与台湾地区环评制度之比较：立法框架、行政执行和司法实践》，载《中国地质大学学报（社会科学版）》2017年第5期。

面对公众对环评表中的结论科学性的质疑，法院首先认为，江苏方天电力技术有限公司在编制环境影响评价表时选取其他类比对象具有必要性，所选取的类比预测对象也无不当；其次认为类比对象检测出的各项数值是能得出报告结论的；最后认为被告的审批也符合《城市电力规划规范》的要求。尽管判决中对科学问题的审查并非一种深奥的科学论证，但相比其他案件判决语焉不详或一笔带过，该案中的法官没有放弃对科学问题的审查和公众质疑的回应，而是从以下几个方面，展开对科学问题的审查，包括开展研究的方法的规范性、基础信息的正确性、研究与结论之间的匹配性、结论与其他研究的呼应性等，最终综合判断行政机关的结论是否具有科学性与说服力。这种审查路径值得借鉴。

　　而对于公众参与问题，在我国的环评法律框架下，公众是否具有参与权与风险大小直接挂钩。《中华人民共和国环境影响评价法》将建设项目分为"可能造成重大环境影响""可能造成轻度环境影响"以及"对环境影响很小"三类。具体项目的归类由生态环境部颁布的《建设项目环境影响评价分类管理名录》确定。我国的环评类立法（表6-4前四项）中对公众参与的保障仅限于"可能造成重大环境影响"的高风险项目，而《环境保护行政许可听证暂行办法》和《中华人民共和国行政许可法》的公众参与规定虽可适用于低风险项目，却属于行政自由裁量权。当一个项目根据管理名录属于低风险项目，行政机关一般又会做出不会"严重影响"、与公众没有"重大利益关系"的结论，因此，当前四项条文无法适用，后两项条文也就无法适用，如此形成一个自我论证的死循环。在这个过程中，行政机关遵循的是最低标准的行政法治原则，即严格按照风险分类结果，确保不违反法律强制的最低要求即可。虽然能满足制度可接受性，却明显没有寻觅与社会可接受性的"最小公倍数"。（见表6-4）

表6-4 环评许可案件中原告起诉的法律依据

法律依据	条文内容	是否适用低风险类别的项目	是否为强制性规定	行政自由裁量权
《建设项目环境保护管理条例》	第十五条：建设单位编制环境影响报告书，应当依照有关法律规定，征求建设项目所在地有关单位和居民的意见	否	—	—
《环境影响评价公众参与暂行办法》	第六条：按照国家规定应当征求公众意见的建设项目，建设单位或者其委托的环境影响评价机构应当按照环境影响评价技术导则的有关规定，在建设项目环境影响报告书中，编制公众参与篇章	否	—	—
《中华人民共和国环境保护法》	第五十六条：对依法应当编制环境影响报告书的建设项目，建设单位应当在编制时向可能受影响的公众说明情况，充分征求意见	否	—	—
《中华人民共和国环境影响评价法》	第二十一条：除国家规定需要保密的情形外，对环境可能造成重大影响、应当编制环境影响报告书的建设项目，建设单位应当在报批建设项目环境影响报告书前，举行论证会、听证会，或者采取其他形式，征求有关单位、专家和公众的意见	否	—	—

续表6-4

法律依据	条文内容	是否适用低风险类别的项目	是否为强制性规定	行政自由裁量权
《环境保护行政许可听证暂行办法》	第六条：除国家规定需要保密的建设项目外，建设本条所列项目的单位，在报批环境影响报告书前，未依法征求有关单位、专家和公众的意见，或者虽然依法征求了有关单位、专家和公众的意见，但存在重大意见分歧的，环境保护行政主管部门在审查或者重新审核建设项目环境影响评价文件之前，可以举行听证会，征求项目所在地有关单位和居民的意见：（一）对环境可能造成重大影响、应当编制环境影响报告书的建设项目；（二）可能产生油烟、恶臭、噪声或者其他污染，严重影响项目所在地居民生活环境质量的建设项目	是	否	是
《中华人民共和国行政许可法》	第四十七条：行政许可直接涉及申请人与他人之间重大利益关系的，行政机关在做出行政许可决定前，应当告知申请人、利害关系人享有要求听证的权利；申请人、利害关系人在被告知听证权利之日起五日内提出听证申请的，行政机关应当在二十日内组织听证	是	是	是

在大多数案件中，法院秉持尊重行政机关的态度，继续这一循环

论证。① 然而，公众对建设项目提出的挑战根源在于公众的风险认知偏离了国家技术规范，对行政合法性的挑战本质上是对技术规范名录中的风险识别结论的挑战。对于法院来说，生态环境部的分类管理名录属于部门规章，只需"参照"而非"依据"，法院不加论证地直接援引这一目录否决公众的参与权，不但无法消解矛盾，反而容易增加公众的愤怒。而张小燕案在这方面所做的努力，便是没有直接援引这一技术规范得出结论，而是对这一技术规范本身进行了审查。法院首先参考了世界卫生组织编写的《环境健康准则：极低频场》一书中对极低频场对环境健康影响的分析，又介绍了本案审理过程中，江苏省环保产业协会高级工程师任炳湘作为专家证人，就变电站工频电场和工频磁场的产生原因、影响电磁场强度的主要因素、变电站工频电场和工频磁场环境评价国家标准以及变电站实际产生工频电场和工频磁场的数值等问题做出的说明。根据这些专业意见，认为生态环境部的分类管理名录所做的风险分类与世界卫生组织的推荐意见相吻合，最终选择判决支持行政机关的专业判断。这一过程是一个解释为何要参照这一规章的过程，同时也将纠纷裁决的过程变成一个知识讲解与认知偏离纠正的过程，更重要的是，这一过程凸显了风险分类管理的"可商谈"属性。

法院没有放弃对行政机关专业结论的审查，也没有直接根据行政机关的分类管理名录裁决公众参与问题，而是在合法性框架内尽了审查的义务，这一司法过程所发挥的作用已不限于权利界定，而是在努力达成纠正认知偏差、化解纠纷的目的，因此也证明了现代国家风险治理体系中的司法并非毫无所为，其能够确保行政机关在达到制度可接受性标准之上追求技术可接受和社会可接受性，化解"科学—民主"冲突而发挥社会治理作用。

---

① 例如，李君明诉环保局环境影响评价批复撤销案［（2011）深龙法行初字第100号］、张立顺等56名原告诉被告沈阳市环境保护局《关于对中国石油化工股份有限公司辽宁沈阳石油分公司黄山路加油站增加加气功能改造项目环境影响报告表的批复》一案［（2015）皇行初字第74号］、林某某等诉泉州市环境保护局许可案［（2014）丰行初字第141号］等等。

（三）司法功能：从私权救济到风险治理

张小燕案与其他低风险项目环评争议案例一样，皆是某一建设项目获得了环评许可，但相邻区域的居民认为该项目具有环境或健康风险，从而试图通过提起行政诉讼阻碍该项目的建成。因此，尽管我们看到案件的争议过程都主要围绕行政许可行为是否合法、恰当展开的，但其背后之症结却在于公众与政府、专家之间对不同风险的认知，核心分歧在于建设项目到底是否具有健康、环境危害，进而引发有害健康之项目建设的公众知情权、参与权问题。而公众通过"挑刺"，对行政行为提出各种实体、程序挑战，不过是这一根本症结和核心分歧配合司法这一舞台的"法言法语"而已。面对这一类案件，法院若回避其中的科学问题，尊重行政机关对民主问题的判断，虽无可厚非，但案件过后，公众的风险认知依然不会改变，对建设项目的排斥有增无减，甚至会折损社会民众对行政和司法的信任与信心。因此，在风险社会背景下，司法机关所应当承担的责任，不应仅限于对私权的事后救济、对行政行为的合法性审查，还应当考虑如何从国家风险治理的层面，与立法、行政相互配合，积极发挥风险沟通、纠纷化解的社会治理功能。而张小燕案的价值，就在于法官在合法性审查的框架内，做出了回应"科学—民主"冲突、促进风险决策可接受性的最大努力。

首先，张小燕案的判决并未回避科学问题，而能够对科学证据和行政机关的推理过程进行审查。首先，法院通过对开展研究的方法的规范性、基础信息的正确性、研究与结论之间的匹配性、结论与其他研究的呼应性等方面加以考量，综合判断行政机关的结论是否具有科学性与说服力。接着，法院又冷静地分析了民众恐慌的原因——"对信息掌握不充分、不全面，公众很难准确了解电磁辐射对健康的影响，对未知事物的猜疑容易引发对自身环境安全的顾虑，从而对建设项目产生抵触，引发矛盾纠纷。"最后，判决书指出行政机关在行政审批过程中没有重视信息交流，给出了促进信息公开和交流的对策。该判决对公众的风险认知秉持着一种平等、关怀和理解的态度。从判论证。① 然而，公众对建设项目提出的挑战根源在于公众的风险认知偏离了国家技术规范，对行政合法性的挑战本质上是对技术规范名录中的风险识别结论的挑战。对于法院来说，生态环境部的分类管理名录属于部门规章，只需"参照"而非"依据"，法院不加论证地直接援引这一目录否决公众的参与权，不但无法消解矛盾，反而容易增加公众的愤怒。而张小燕案在这方面所做的努力，便是没有直接援引这一技术规范得出结论，而是对这一技术规范本身进行了审查。法院首先参考了世界卫生组织编写的《环境健康准则：极低频场》一书中对极低频场对环境健康影响的分析，又介绍了本案审理过程中，江苏省环保产业协会高级工程师任炳湘作为专家证人，就变电站工频电场和工频磁场的产生原因、影响电磁场强度的主要因素、变电站工频电场和工频磁场环境评价国家标准以及变电站实际产生工频电场和工频磁场的数值等问题做出的说明。根据这些专业意见，认为生态环境部的分类管理名录所做的风险分类与世界卫生组织的推荐意见相吻合，最终选择判决支持行政机关的专业判断。这一过程是一个解释为何要参照这一规章的过程，同时也将纠纷裁决的过程变成一个知识讲解与认知偏离纠正的过程，更重要的是，这一过程凸显了风险分类管理的"可商谈"属性。

法院没有放弃对行政机关专业结论的审查，也没有直接根据行政机关的分类管理名录裁决公众参与问题，而是在合法性框架内尽了审查的义务，这一司法过程所发挥的作用已不限于权利界定，而是在努力达成纠正认知偏差、化解纠纷的目的，因此也证明了现代国家风险治理体系中的司法并非毫无所为，其能够确保行政机关在达到制度可接受性标准之上追求技术可接受和社会可接受性，化解"科学—民主"冲突而发挥社会治理作用。

---

① 例如，李君明诉环保局环境影响评价批复撤销案[（2011）深龙法行初字第100号]、张立顺等56名原告诉被告沈阳市环境保护局《关于对中国石油化工股份有限公司辽宁沈阳石油分公司黄山路加油站增加加气功能改造项目环境影响报告表的批复》一案[（2015）皇行初字第74号]、林某某等诉泉州市环境保护局许可案[（2014）丰行初字第141号]等等。

（三）司法功能：从私权救济到风险治理

张小燕案与其他低风险项目环评争议案例一样，皆是某一建设项目获得了环评许可，但相邻区域的居民认为该项目具有环境或健康风险，从而试图通过提起行政诉讼阻碍该项目的建成。因此，尽管我们看到案件的争议过程都主要围绕行政许可行为是否合法、恰当展开的，但其背后之症结却在于公众与政府、专家之间对不同风险的认知，核心分歧在于建设项目到底是否具有健康、环境危害，进而引发有害健康之项目建设的公众知情权、参与权问题。而公众通过"挑刺"，对行政行为提出各种实体、程序挑战，不过是这一根本症结和核心分歧配合司法这一舞台的"法言法语"而已。面对这一类案件，法院若回避其中的科学问题，尊重行政机关对民主问题的判断，虽无可厚非，但案件过后，公众的风险认知依然不会改变，对建设项目的排斥有增无减，甚至会折损社会民众对行政和司法的信任与信心。因此，在风险社会背景下，司法机关所应当承担的责任，不应仅限于对私权的事后救济、对行政行为的合法性审查，还应当考虑如何从国家风险治理的层面，与立法、行政相互配合，积极发挥风险沟通、纠纷化解的社会治理功能。而张小燕案的价值，就在于法官在合法性审查的框架内，做出了回应"科学—民主"冲突、促进风险决策可接受性的最大努力。

首先，张小燕案的判决并未回避科学问题，而能够对科学证据和行政机关的推理过程进行审查。首先，法院通过对开展研究的方法的规范性、基础信息的正确性、研究与结论之间的匹配性、结论与其他研究的呼应性等方面加以考量，综合判断行政机关的结论是否具有科学性与说服力。接着，法院又冷静地分析了民众恐慌的原因——"对信息掌握不充分、不全面，公众很难准确了解电磁辐射对健康的影响，对未知事物的猜疑容易引发对自身环境安全的顾虑，从而对建设项目产生抵触，引发矛盾纠纷。"最后，判决书指出行政机关在行政审批过程中没有重视信息交流，给出了促进信息公开和交流的对策。该判决对公众的风险认知秉持着一种平等、关怀和理解的态度。从判决书的论证中可以看出,法院并不认为电磁辐射建设项目是一种高风险项目,但在面对公众对变电工程的恐慌时,法院并未冷漠而嘲讽地对待之,而是认真地审查了证据的说服力,冷静地分析了恐慌的原因,并给出促进信息公开和交流的对策。这一审查过程本身便是一种知识普及,也是促进行政行为社会可接受性的努力。

其次,判决中对行政机关提出了更高的要求,是对躲在法条背后的行政机关的懒政或冷漠的批评。作为一个提供事后救济的机构,法院无法代替专家去判断风险识别结论的正确性,也无法代替行政机关给出是否应该建设某一风险项目的直接结论,因此,该案中法院最后还是认定了江苏省环保厅的审批行为程序合法,驳回了原告的诉讼请求。但判决书中指出:"虽然被诉环评行政许可行为合法、适当,但信息沟通问题依然应当引起行政主管部门的关注。公众参与既是环境保护法所确立的环境保护基本原则,也是环境保护的基石。"行政机关在低风险事项上选择不听证的决定并不违法,但若公众的恐慌强烈,行政机关依然无视公众的知情权和参与权,若非懒政,便是冷漠。判决书中的论述暗示着,在风险社会的背景下,行政机关理应在消弭风险认知矛盾、接纳民意和预防纠纷方面发挥更大的作用,在满足制度可接受性的同时,也应当满足社会可接受性。因此,当法院在对决策程序进行审查时,应当以正当程序价值为导向,在必要的时候,即使针对某些具体情形立法没有明确提出公众参与要求,法院也应当对行政机关提出更高要求。

最后,判决书中对风险社会治理模式之回应,体现出一种超越个案的社会关怀与司法担当。由于风险议题关涉生存环境、生命健康乃至人类存亡,其中涉及的科学不确定性问题、公众与专家的认知冲突等容易引起个案冲突和社会不稳定,张小燕案不过是围绕风险议题展开的各种社会矛盾和群体焦虑的缩影。判决书提出要"让公众充分了解建设项目的环境影响,使所有利益相关者能够实现知情决断",并提出了将双井变电站工频电磁场在线监测系统的显示屏置于更加醒目的位置的要求。而二审判决生效后,镇江供电公司拆除了双井变电站工频电磁场在线监测系统外侧的围墙,使公众可以随时观测在线监测数据。在这个过程中,法院不仅扮演着维护公民权利、解决个案纠纷的传统角色,也表达出对传统技术官僚垄断之检讨与风险社会治理路径之关怀,努力发挥着一种能作用于整个风险社会的社会治理作用。而这种治理作用的发挥,便是从一个个案件中确保行政权行使的正当性与行政决策的可接受性开始的。

第七章 结 语

卡尔·波普尔（Karl Popper）说，一切活的事物都在寻求更美好的世界。① 尽管关于风险社会的话题离不开其中频发的灾难，离不开面对不确定性的无力感和争论不休的人们，但从某种意义上讲，这个风险社会恰是我们自己所努力寻求的结果，它即使不够完美，也至少配得上用狄更斯的话——这是最好的时代，也是最坏的时代来描述。

"风险社会"这个概念是被作为工业社会的晚期形态而被提出的。18 世纪后期的工业革命开始了工业技术创造财富的时代，第一产业比重下降，农民涌入城市和工厂，技术创新和投入成为生产的源动力，财富在第二产业中被大量创造。而现代政治体系、文化体系、社会形态、国际关系等都在这种工业经济生产模式和逻辑中建立了起来。但无论是经济模式还是政治、社会形态都在进入 20 世纪，特别是 20 世纪中期之后发生了转变，出现一系列新的态势，其中一种转变便是风险特征的加强，以及这种加强所引发的各种矛盾和危机。乌尔里希·贝克将这种后工业时期称为风险社会。

抛开这种学理性的划分，现代社会中的风险真切而深刻地存在于我们身边。我们并不是一定要成为一名专门研究风险的社会学家，或者专门研究风险规制政策的政治家，才能深刻感知我们所生活的社会是一个充满风险的社会。现在只要打开网站或翻开报纸，随处可见的各种事故、灾难和意外，以至于这些事故或意外若没有半点离奇性或新颖性，记者不屑于追踪报道，读者见怪不怪，懒得继续阅读，最后风险变成年鉴中的一组没有存在感的统计数据。例如，根据我国民政部的统计年报，2017 年全国各类自然灾害共造成 1.4 亿人次以不同程

---

① 卡尔·波普尔：《通过知识获得解放关于哲学历史与艺术的讲演和论文集》，中国美术学院出版社 2014 年版，第 3 页。

度受灾，因灾死亡失踪 979 人，紧急转移安置 525.3 万人次；农作物受灾面积 18478.1 千公顷，其中，绝收面积 1826.7 千公顷；倒塌房屋 15.3 万间，损坏房屋 157.9 万间；因灾直接经济损失 3018.7 亿元。①

风险的存在到底意味着什么？我国曾有一个著名的有毒食品网站"掷出窗外"专门制作中国食品安全问题形势图，清晰易懂，给人以警醒。但贝克说："人们研究和调查污染和毒物的分配，水、空气和食物的污染。其结果以多种颜色根据地区界限而不同的'环境地图'呈现给警觉的公众。只要环境的状况被以这种方式呈现，这种呈现和考虑的模式显然就是恰当的。然而，只要我们从这种模式中去推导人类所承受的后果，那么隐含的思想就是简化的。"② 风险并不仅仅是一幅平面的色彩图，而是一种存在于生活各个角落，立体的、与每一个生活在现代社会的人都息息相关的东西。每个人的生活习惯、生活状态、行为选择、未来发展都深深受到周遭风险的影响。一些人因为中毒失去了生命，另一些人却因为风险而致富；一些地方因为风险项目的成功而高速发展，另一些地方却因为污染而寸草不生；一些人因为风险所创造的工作岗位来到一个城市，另一些人因为受不了城市的雾霾而离开。人类创造了现代社会的繁华和财富，现代社会又反过来影响着生于其中的人。

在这样一个时代，规制者无疑是肩负重任的。国家要积极行动，行动要有效果，还要向公众解释为什么这样行动。规制任务更为艰巨，而公众更为难缠，迫使规制者必须运用更有效的手段、设计更科学的机制以及投入更多精力和物力去"寻求更美好的世界"。作为承担着公益责任的政府，面对作为整体的风险社会，则担负着建构一个降低风险、促进安全的规制框架，并在每一个公共政策中进行风险决策的政治责任。例如，是否批准转基因产品的上市，在哪里建核电站

---

① 民政部 2017 年社会服务发展统计公报（http://www.mca.gov.cn/article/sj/tjgb/2017/201708021607.pdf）。

② 乌尔里希·贝克：《风险社会：新的现代性之路》，何博闻译，译林出版社 2004 年版，第 24 页。

和垃圾焚烧厂，如何制定环境标准与产品风险标识标准，等等，这些行政决策包含着对风险内容、风险发生可能性以及社会对风险后果的承受力的判断。这种判断相比传统行政决策更为困难，因为"曾经靠那些将手段和目标，或者原因和结果联系起来的固定的可计算的标准提纲，随着'世界风险社会'的到来而归于无效"①。因对象的不确定性、决策结果与公众的生命健康息息相关、决策关涉的"科学—价值"矛盾形态复杂，风险决策相比其他决策更容易引发社会争论和正当性质疑。

本书并没有对现代风险规制体系进行全面检讨的野心，而是以一个行政法学研究者的公法视角，关注风险社会背景下的行政决策活动，寻求如何对其进行法律上的正当性评价，以及如何通过法律制度加以规范和促进的初步答案。

这项工作的开展借助了社会学中的风险概念和风险理论。如何理解风险是一个社会学问题，而国家在何时、以何种方式介入则是一个法学问题。社会学中的风险概念并不等同于法学中的风险概念。法学在面对风险社会的挑战时，需要考虑风险应对的规制成本、政府边界、权力制约以及风险分配正义等问题。因此，法学中的风险概念的建构会直接影响国家边界与社会治理模式。在较早关注风险法治理论的德国行政法学②中，风险概念经历了从一元论到二元论的发展。在一元论中，风险作为上位概念是国家规制的对象。但一种风险是否纳入国家规制对象，必须考虑"危害之防止可能性"，依既有政治或政策决策机制，进行各种科学技术专业与利益衡量等价值选择判断。经纳入作为国家管制对象之风险，即为法所不容许或人民无忍受义务之"危险"；未纳入者则为法所容许或人民负有忍受义务之"剩余风险"。由于仅将达于危险程度之风险纳入作为管制对象，因此称为危

---

① 乌尔里希·贝克：《风险社会：新的现代性之路》，张文杰、何博闻译，译林出版社 2018 年版，第 4 页。

② 风险概念成为德国学术界与实务界之常用语始于 20 世纪 70 年代。参见陈春生《行政法学上之风险决定与行政规则：以规范具体化行政规则（Normkonkretisierende Verwaltungsvorschriften）为中心》，载《台湾本土法学杂志》（台湾地区）1999 年 12 月。

险风险一元论。① 而根据 1978 年的 Kalkar 判决以及 R. Breuer 的理论，根据损害结果发生的可能性，广义的风险可以区分为：①通常会发生损害之危险，是"一种可预见的、客观的以及即将的损害发生的可能性"；②损害发生或然率相对低于危险的"风险"；③因人类认识能力有所局限，即使竭尽所有危险防御与风险预防之措施仍无法排除的"剩余风险"。②

德国关于风险的不同理论给我们两个启示：第一，风险概念的范畴是国家行为正当性的门槛，也是决定政府行动边界的标准。国家的风险规制举措，无论是全民疫苗计划，还是在突发疫情中要求全民戴口罩，都是对私权和自由的抑制，其正当性必须从风险概念本身出发来探讨。由于风险概念包含的不确定性，风险的定义会影响决策议题的选择、设定、资源、过程和结果，而国家规制风险的过程本身又是一个定义风险的过程。第二，国家风险不能仅理解为危害发生可能性较弱的一种危险形式，即风险和危险的区别不能仅是一种程度上的差异。许多学者都强调现代国家任务从危险防御转变为风险预防，这种转变难道仅是由于规制对象变得更为宽泛，公权规制边界因此有所扩张而已吗？风险概念的法学建构，应当关注从危险概念转向风险概念后带来的国家任务质变，即增加的这种不确定性具有形塑行政的功能。风险决策是不确定状态下的决定。以风险作为法律概念的必要性，所强调的是决策者在做出决策之时，不能再单纯依赖既存的知识经验，而必须把纯粹理论上的考量以及情感认知要素等一并纳入考量。③

这使风险和决策成为两个相互纠缠的概念。贝克认为，风险既是

---

① 赖恒盈：《风险社会之行政管制课题序说》，载《105 年直辖市法制及行政救济业务研讨会》（台湾地区），2016 年 6 月 30 日。

② 陈慈阳、王毓正：《二十世纪以来之法治国理念之理论发展与实践：法治国原则在科技与风险时代下于我国法上之实践与挑战》，第六届"宪法解释之理论与实务"暨释宪六十周年学术研讨会（台湾地区），2008 年 1 月 11 日。

③ 郭淑珍：《科技领域的风险决策之研究：以德国法为中心》（学位论文），台湾大学法律研究所 1998 年，第 42 页。

决策之因,又是决策之果。这一理念在法学中的投射,便是需要以双重视角看待公共风险行政决策活动。第一个视角为风险事项之决策,是指对具有不确定性的风险事项做出判断、预测与决定,旨在降低、消灭风险,以追求安全、健康或其他福祉。在福利国家背景下,为人民规避风险和获取健康,建构一个安全的、宜居的环境成为国家职责的应有之义,对于具体做出各项决策的行政机关来说更是核心职责与机构目标。第二个视角是行政决策之风险,关注行政决策活动本身可能产生的风险,如以降低风险为目标的各类规制决策所可能产生的次生风险,这要求引入利益衡量、风险权衡等视角来观察、评估行政决策活动本身。因此,风险既是决策的对象和目标,同时也是评价决策的视角和标准。

而何为更好的风险决策?如第一章导论中所阐述的,风险社会的最大特征是不确定性,这导致很多问题无法给出明确的回答。没有明确答案不代表没有答案,恰恰相反的是,没有唯一答案的必然结果就是会出现很多答案。因为,每一个人都会根据自己的利益、目标和风险认知而做出判断,形成自己的选择偏好。在这种内外复杂局面中,规制者无法对客观的外部世界给出一个确定的答案,也无法对意见不同的利益相关者做出谁对谁错的判断,风险决策因而丧失了指导标准,无法判断是好是坏。

但无论如何,规制者依然需要做出行动,依然需要努力。往哪个方向努力呢?本书提出了三元可接受性作为最终的正当性标准。可接受风险是这种困局的唯一出路——既然不知往哪里走,那么就在混合着合法性、科学性与民主性要素的程序之中,寻求一个各方妥协的结果,后果共担。三元可接受性标准是一种在底线思维上的最小公倍数结果,它要求风险决策必须在最低程度上分别满足合法性、科学性和民主性,并在此基础上寻求三者的兼顾。用以引导各种围绕风险而展开的社会争论往这个目标前进的公共行政便是良好的行政,风险决策的正当性通过协商和责任共担来实现。

但这一目标如何实现,法律可以为此做出什么?许多学者提到了程序主义在化解不确定性对法治带来的冲击的重要功能。但程序主义也可能在实践中变成僵化的唯程序论与形式主义。程序原本仅是载体,能达到想要的结果才是能支撑决策正当性的理由。因此,可接受性标准要求既要重视程序,但也要破除唯程序论。重举本书中的两例:在金箔入酒事件中,国家食品安全风险评估中心本已依程序在网上公开征求意见,其间未收到不同意见。此时本已可按规定批准金箔作为食品添加剂的申请。但考虑到可能的社会影响又一次在网上公开征求意见,最终因社会反对声音强烈而未批准。而在张小燕案中,行政机关不举行听证会的选择并不违背法律程序,但这一选择却是对民众需求的漠视,从而受到法院批评。因此,程序必须以最终的可接受性为价值导向才具有正当化功能。本书强调具有价值内涵的程序主义,以及以结果可接受作为衡量风险行政决策的正当性标准。这一导向对风险决策的组织、程序和责任机制等都会产生影响。

对于如何从法律机制的角度促进风险决策的更好做出,下文主要从信息法、组织法、程序法和责任法四个角度提出了一些初步的构想。

从信息法的角度看,降低风险决策难题的关键在于降低其不确定性,因此更多的信息将有助于决策的做出。鉴于风险信息收集的困难,由政府承担信息收集任务的一元模式显得力不从心,因此应当探索多元风险信息收集机制的建构,引入市场模式和社会模式,让不同主体在协作与分工的基础上实现"拾遗补阙"和共赢。

从组织法的角度看,组织法通过调整风险决策权所依存的机构形态、权力运行网络以及运行条件,最终影响风险决策正当性的获取。鉴于科层制体系所固有的缺陷,以科层制为基本架构的国家机构能力与日益复杂的挑战之间逐渐显现出不协调的状态,许多国家设立了主要以委员会形式决策的独立规制机构来承担风险规制职责。独立规制机构通过可信任度、中立性、专业性和灵活性体现其组织优势,但必须确保兼顾独立与统一,避免因独立性而丧失应责性。而对科学性和民主性要素的促进也可以通过组织法上的设置来实现。

从程序法的角度看,程序是规范决策权利、促进决策理性和可接受性的重要手段,而一般的"风险评估—风险管理—风险沟通"的线性程序过于简单僵化，应采用更能促进对话和协商的"分析—商议"程序范式，建构一个以"议题提出与预评估、技术性风险评估、社会可接受性评估、风险沟通、风险管理"为基本板块的开放式、循环式、反思性程序框架，并完善风险评估和风险沟通的程序。

从责任法的角度看，风险社会带来现代风险行政责任体系的崩溃，追责制度的建构存在主体的模糊性、因果关系的复杂性、法律规则的缺位以及主观过错要件的适用困难等问题，导致责任法面临"集体不负责"、威慑/引导功能失效和公众信任危机。在探讨风险决策责任的重构时，本书倡导一种程序导向和结果导向相结合的问责机制，建构包含多元化责任主体、复合式责任类型以及评估制度、论证制度在内的现代风险决策责任体系。而在建构这种促进行政应责性的国家框架时，特别需要关注司法所能发挥的监督功能和社会治理功能。

参考文献

中文

[1] 埃贝哈德,等. 德国行政法读本 [M]. 于安,等,译. 北京:高等教育出版社,2006.

[2] 安东尼,克里斯多弗,等. 现代性:吉登斯访谈录 [M]. 尹宏毅,译. 北京:新华出版社,2001.

[3] 安东尼. 社会学理论的核心问题 [M]. 郭忠华,徐法寅,译. 上海:上海译文出版社,2015.

[4] 安东尼. 现代性的后果 [M]. 田禾,译. 南京:译林出版社,2011.

[5] 安东尼. 现代性与自我认同 [M]. 赵旭东,方文,译. 北京:生活·读书·新知三联书店,1998.

[6] 安东尼. 失控的世界:全球化如何重塑我们的生活 [M]. 周红云,译. 南昌:江西人民出版社,2001.

[7] 蔡守秋. 中国环境监测机制的历史、现状和改革 [J]. 宏观质量研究,2013(10).

[8] 查尔斯. 政策制定过程 [M]. 朱国斌,译. 北京:华夏出版社,1988.

[9] 查尔斯. 市场或政府 [M]. 谢旭,译. 北京:中国发展出版社,1994.

[10] 陈春生. 行政法学上之风险决定与行政规则:以规范具体化行政规则(Normkonkretisierende Verwaltungsvorschriften)为中心 [J]. 台湾本土法学杂志,1999(12).

[11] 陈淳文. 从法国法论独立行政机关的设置缘由与组成争议:兼评司法院释字第 613 号解释 [J]. 台大法学论丛,2009(2).

[12] 陈慈阳,王毓正. 二十世纪以来之法治国理念之理论发展

与实践：法治国原则在科技与风险时代下于我国法上之实践与挑战[Z]. 第六届"宪法解释之理论与实务"暨释宪六十周年学术研讨会（台湾地区），2008-01-11.

[13] 陈国栋. 行政问责法制化主张之反思[J]. 政治与法律，2017（9）.

[14] 陈海萍. 疫情防控体系中的专家意见及其合法性审视[N]. 中国社会科学报，2020-03-12（4）.

[15] 陈海嵩. 环境风险预防的国家任务及其司法控制[J]. 暨南学报（社会科学版），2018（3）.

[16] 陈庆云. 公共政策分析[M]. 北京：中国经济出版社，1996.

[17] 陈瑞麟. 科技风险与伦理评价：以科技风险伦理来评估台湾基改生物与人工智能的社会争议[J]. 科技、医疗与社会，2020（30）.

[18] 陈文江，秦美珠. 智者的逻辑[M]. 上海：上海交通大学出版社，1999.

[19] 陈颖峰. 科学事实建构与环评民主化：五件环评专家会议的启示[J]. 科技、医疗与社会，2017（4）.

[20] 陈越峰. 风险行政的行为法构造：以重大风险设施选址为参照事项[J]. 学术月刊，2020（6）.

[21] 陈仲嶙. 环境影响评估事件之司法审查密度：比较制度分析的观点[J]. 台湾"中研院"法学期刊，2014（14）.

[22] 陈宗忆. 国家的风险决策与风险决策监督：以建立"风险原则"为中心[D]. 台北：台湾大学，2008.

[23] 迟福林. 以人民健康至上的理念推进公共卫生治理体系变革[J]. 行政管理改革，2020（4）.

[24] 大桥洋一. 行政法学的结构性变革[M]. 吕艳滨，译. 北京：中国人民大学出版社，2008.

[25] 戴建华. 作为行政过程的行政决策：在一种新研究范式下的考查[J]. 政治论坛，2012（1）.

[26] 戴维. 政治过程：政治利益与公共舆论 [M]. 陈尧, 译. 天津：天津人民出版社, 2005.

[27] 丹尼尔. 后工业社会的来临 [M]. 高铦, 等, 译. 北京：新华出版社, 1997.

[28] 邓拓. 中国救荒史 [M]. 北京：北京出版社, 1998.

[29] 狄波拉. 风险 [M]. 雷云飞, 译. 南京：南京大学出版社, 2016.

[30] 杜文苓, 张国伟, 吴嘉纯. 审议民主在空间议题上的新实验：以"中港河廊通学步道愿景工作坊"为例 [J]. 公共行政学报, 2009 (32).

[31] 方世荣, 葛伟. 论重大行政决策法定程序的构建 [J]. 政策, 2014 (12).

[32] 高淑芬, 邱绍华. 电磁波风险争议分析与风险治理之省思 [J]. 国家发展研究, 2013 (13).

[33] 格尔德. 风险认知：如何精准决策 [M]. 王晋, 译. 北京：中信出版社, 2019.

[34] 英格沃. 通过规制实现健康保护：范围、方法和程序概览 [J]. 喻文光, 译. 行政法学研究, 2015 (4).

[35] 宫文祥. 当行政遇上科学：从风险评估谈起：以美国法为例 [J]. 月旦法学杂志, 2008 (153).

[36] 郭淑珍. 科技领域的风险决策之研究：以德国法为中心 [D]. 台北：台湾大学, 1998.

[37] 郭小聪. 行政管理学 [M]. 2版. 北京：中国人民大学出版社, 2008.

[38] 哈特, 托尼. 法律中的因果关系 [M]. 2版. 张绍谦, 孙战国, 译. 北京：中国政法大学出版社, 2005.

[39] 韩春晖. 行政决策的多元困局及其立法应对 [J]. 政法论坛, 2016 (5).

[40] 韩春晖. 行政决策责任追究制的法律难题及其解决 [J]. 中国法学, 2015 (12).

[41] 赫伯特. 管理决策新科学 [M]. 李柱流，等，译. 北京：中国社会科学出版社，1982.

[42] 洪延青. 藏匿于科学之后？规制、科学和同行评审间关系之初探 [J]. 中外法学，2012（3）.

[43] 侯宜咨. 风险行政法的建制尝试：以食品卫生安全领域为中心 [D]. 台北：台湾政治大学，2013.

[44] 黄丞仪. 环境决策、司法审查与行政合理性：试析台湾与美国环境影响评估诉讼中行政判断之合法性控制 [M] // 黄丞仪. 2010 行政管制与行政争讼. 台北：台湾"中央"研究院法律学研究所，2011.

[45] 黄学贤. 行政法视野下的行政决策治理研究：以对《重大节假日免收小型客车通行费实施方案》的检视为例 [J]. 政治与法律，2014（3）.

[46] 黄泽萱. 现代风险治理框架下的民意困局及其出路探讨：兼评张小燕等人诉江苏省环保厅环评行政许可案 [J]. 清华法学，2018（5）.

[47] 黄泽萱. 风险信息供应中的公众参与：以我国 PM 2.5 自测活动为例 [J]. 暨南学报（哲学社会科学版），2013（5）.

[48] 季卫东. 法律与概率：不确定的世界与决策风险 [J]. 地方立法研究，2021（1）.

[49] 季卫东. 决策风险、问责以及法律沟通 [J]. 政法丛论，2016（6）.

[50] 简凯伦，周桂田. 风险社会下的环评制度与法院：司法系统与社会脉络的相互建构 [J]. 国家发展研究（台湾地区），2014（14）.

[51] 江必新，王红霞. 社会治理的法治依赖及法治的回应 [J]. 法制与社会发展，2014（4）.

[52] 江卫华，蔡仲. 风险概念之演变：从贝克到拉图尔 [J]. 自然辩证法通讯，2019（5）.

[53] 蒋红珍. 治愈行政僵化：美国规制性协商机制及其启示 [J]. 华东政法大学学报，2014（3）.

［54］金国坤. 法治政府视野下行政决策的要件：基于北京市交通限行措施的考量［J］. 新视野，2009（5）.

［55］金自宁. 风险中的行政法［M］. 北京：法律出版社，2014.

［56］金自宁. 中国大陆与台湾地区环评制度之比较：立法框架、行政执行和司法实践［J］. 中国地质大学学报（社会科学版），2017（5）.

［57］金自宁. 作为风险规制工具的信息交流：以环境行政中TRI为例［J］. 中外法学，2010（3）.

［58］金自宁. 风险规制与行政法［M］. 北京：法律出版社，2012.

［59］卡尔. 通过知识获得解放：关于哲学历史与艺术的讲演和论文集［M］. 范景中，陆丰川，李本正，译. 北京：中国美术学院出版社，2014.

［60］卡罗尔. 参与和民主理论［M］. 陈尧，译. 上海：上海人民出版社，2018.

［61］凯斯. 风险与理性：安全、法律与环境［M］. 师帅，译. 北京：中国政法大学出版社，2005.

［62］科林. 规制、治理与法律：前沿问题研究［M］. 安永康，译. 北京：清华大学出版社，2018.

［63］莱纳. 风险法的风险［M］. 陈霄，译//风险规制德国的理论与实践，刘刚，编译. 北京：法律出版社，2012.

［64］李丁赞，林文源. 社会力的文化根源：论环境权感受在台湾的历史形成（1970-86）［J］. 台湾社会研究季刊，2000（38）.

［65］李洪河. 新中国国家卫生防疫机制的建立［N］. 光明日报，2020-03-11（16）.

［66］李洪雷. 行政法释义学：行政法学理的更新［M］. 北京：中国人民大学出版社，2014.

［67］李华. 法国参与式民主的新进展［J］. 法语国家与地区研究，2020（2）.

［68］李佳. 社会变迁与行政法学方法论［J］. 社会科学研究，2012（2）.

［69］李瑞昌. 风险、知识与公共决策［M］. 天津：天津人民出

版社，2006.

[70] 理查德. 美国行政法的变迁 [M]. 沈岿，译. 北京：商务印书馆，2002.

[71] 理查德. 行政法：第二卷 [M]. 5版. 苏苗罕，译. 北京：中国人民大学出版社，2016.

[72] 林鸿潮. 重大行政决策责任追究事由的偏离和矫正：以决策中对社会稳定风险的控制为中心 [J]. 行政法学研究，2019（6）.

[73] 林明锵. 德国新行政法 [M]. 台北：五南出版社，2019.

[74] 刘爱良. 美国有毒化学物质排放清单制度研究 [D]. 长沙：湖南师范大学，2011.

[75] 刘东亮. 涉及科学不确定性之行政行为的司法：审查与行政决策过程的合理化的借鉴 [J]. 政治与法律，2016（3）.

[76] 刘恒. 论风险规制中的知情权 [J]. 暨南学报（哲学社会科学版），2013（5）.

[77] 刘鹏. 科学与价值：新冠肺炎疫情背景下的风险决策机制及其优化 [J]. 治理研究，2020（2）.

[78] 刘水林. 反垄断诉讼的价值定位与制度建构 [J]. 法学研究，2010（4）.

[79] 卢护锋. 行政决策法治化的理论反思与制度构建 [J]. 政法论丛，2016（1）.

[80] 罗豪才，毕洪海. 行政法的新视野 [M]. 北京：商务印书馆，2011.

[81] 罗森布鲁姆，等. 公共行政学 [M]. 张成福，等，译. 北京：中国人民大学出版社，2002.

[82] 马克斯. 经济与社会：上卷 [M]. 林荣远，译. 北京：商务印书馆，2004.

[83] 马迅，李尧. 党政同责的逻辑与进路：以食品安全责任制为例 [J]. 河南社会科学，2020（12）.

[84] 茅铭晨. "行政决策"概念的证立及行为的刻画 [J]. 政治与法律，2017（6）.

[85] 倪贵荣，王郁霖，蔡嘉晏. 食品安全治理中科学基础与民主参与的平衡［J］. 政大法学评论，2018（155）.

[86] 倪贵荣. 食品安全与司法救济［M］. 台北：元照出版社，2020.

[87] 宁骚. 公共政策学［M］. 北京：高等教育出版社，2003.

[88] 彭心仪. 论无线通讯基地台之资讯公开：兼评英国行政法院 Sitefinder 案判决（上）［J］. 月旦法学杂志，2010（180）.

[89] 戚建刚，易君. 灾难性风险行政法规制的基本原理［M］. 北京：法律出版社，2015.

[90] 戚建刚，余海洋. 统一风险行政程序法的学理思考［J］. 理论探讨，2019（5）.

[91] 戚建刚. 风险规制的兴起与行政法的新发展［J］. 当代法学，2014（6）.

[92] 钱亚梅. 风险社会的责任担当问题［D］. 上海：复旦大学，2008.

[93] 乔迪. 私人团体、公共职能与新行政法［J］. 晏坤，译. 北大法律评论，2003（5）.

[94] 沈岿. 风险治理决策程序的科学与民主：以防控甲流的隔离决策为例［J］. 行政法论丛，2009（12）.

[95] 沈岿. 风险规制与行政法新发展［M］. 北京：法律出版社，2013.

[96] 沈雯，沈德富. 基层环境信息管理机构现状分析及其对策研究［J］. 环境保护与循环经济，2013（2）.

[97] 沈亚平，吴春华. 公共行政学［M］. 2版. 天津：天津大学出版社，2011.

[98] 施雪华，刘耀东. 西方发达国家行政问责制度比较研究［J］. 理论研究，2014（6）.

[99] 史蒂芬. 打破恶性循环：政府如何有效规制风险［M］. 宋华琳，译. 北京：法律出版社，2009.

[100] 宋华琳. 规制研究与行政法学的新发展［M］//沈岿. 行

政法论丛（第25卷），北京：法律出版社，2020.

[101] 宋华琳. 制度能力与司法节制：论对技术标准的司法审查 [J]. 当代法学，2008（1）.

[102] 宋华琳. 美国行政法上的独立规制机构 [J]. 清华法学，2010（6）.

[103] 宋京霖. 现代行政的责任机制：反思政治/行政二分法的投射效应 [M]. 北京：法律出版社，2018.

[104] 宋湘琦. 行政决策风险评估的预见性与可持续性研究 [J]. 人民论坛，2020（23）.

[105] 覃慧. 行政决策责任追究制建构的逻辑：基于行政过程论的考察 [J]. 青海社会科学，2015（4）.

[106] 覃慧. 治理时代行政程序法制的变革与因应研究 [M]. 北京：北京大学出版社，2018.

[107] 谭清值. 公共政策决定的司法审查 [J]. 清华法学，2017（1）.

[108] 田飞龙. 行政决策程序的法治定位及其合理化需求 [J]. 江苏警官学院学报，2011（3）.

[109] 托马斯. 理解公共政策 [M]. 彭勃，等，译. 北京：华夏出版社，2004.

[110] 托尼. 政府监管的新视野：英国监管机构十大样本考察 [M]. 马英娟，译. 南京：译林出版社，2020.

[111] 王晨光. 疫情防控法律体系优化的逻辑及展开 [J]. 中外法学，2020（3）.

[112] 王贵松. 风险规制行政诉讼的原告资格 [J]. 环球法律评论，2020（6）.

[113] 王贵松. 风险行政的组织法构造 [J]. 法商研究，2016（6）.

[114] 王名扬. 美国行政法（上）[M]. 北京：法制出版社，2005.

[115] 王锡锌，章永乐. 从"管理主义模式"到"参与式治理模式"：两种公共决策的经验模型、理论框架及制度分析 [M] // 江必新. 行政规制论丛. 北京：法律出版社，2009.

[116] 王锡锌，章永乐. 我国行政决策模式之转型：从管理主义

模式到参与式治理模式［J］. 法商研究，2010（5）.

［117］王锡锌. 行政正当性需求的回归：中国新行政法概念的提出、逻辑与制度框架［J］. 清华法学，2009（2）.

［118］王锡锌. 依法行政的合法化逻辑及其现实情境［J］. 中国法学，2008（5）.

［119］王锡锌. 行政过程中公众参与的制度实践［M］. 北京：中国法制出版社，2008.

［120］王郁霖. 论食品输入政策中风险评估之程序建构与审查必要：以严格检视原则之脉络为例［J］. 月旦医事法报告，2018（24）.

［121］威廉，克里斯托弗. 行政法（第十版）［M］. 骆梅英，等，译. 北京：中国人民大学出版社，2018.

［122］乌尔里希，约翰内斯. 自由与资本主义［M］. 路国林，译. 杭州：浙江人民出版社，2001.

［123］乌尔里希，安东尼，斯科特. 自反性现代化：现代社会秩序中的政治、传统与美学［M］. 赵文书，译. 北京：商务印书馆，2001.

［124］乌尔里希. 世界风险社会［M］. 吴英姿，孙淑敏，译. 南京：南京大学出版社，2004.

［125］乌尔里希. 风险社会新的现代性之路［M］. 张文杰，何博闻，译. 南京：译林出版社，2018.

［126］乌尔里希. 自反性现代化现代社会秩序中的政治、传统与美学［M］. 赵文书，译. 北京：商务印书馆，2001.

［127］西蒙. 现代决策理论的基石［M］. 杨砾，徐立，译. 北京：北京经济学院出版社，1989.

［128］希拉. 第五部门：当科学顾问成为政策制定者［M］. 陈光，译. 上海：上海交通大学出版社，2011.

［129］习近平. 全面提高依法防控依法治理能力　健全国家公共卫生应急管理体系［J］. 求是，2020（5）.

［130］夏金莱. 重大行政决策终身责任追究制度研究：基于行政法学的视角［J］. 法学评论，2015（4）.

[131] 肖北庚. 行政决策法治化的范围与立法技术 [J]. 河北法学, 2013 (6).

[132] 小罗杰. 诚实的代理人: 科学在政策与政治中的意义 [M]. 李正风, 缪航, 译. 上海: 上海交通大学出版社, 2010.

[133] 熊樟林. 重大行政决策概念证伪及其补正 [J]. 中国法学, 2015 (3).

[134] 许宗力. 独立机关: 我国台湾地区行政组织法的难题 [J]. 行政法学研究, 2015 (3).

[135] 杨海坤, 李兵. 建立健全科学民主行政决策的法律机制 [J]. 政治与法律, 2006 (3).

[136] 杨雪冬. 全球化、风险社会与复合治理 [J]. 马克思主义与现实, 2004 (4).

[137] 杨寅. 行政决策程序、监督与责任制度 [M]. 北京: 中国法制出版社, 2011.

[138] 叶必丰. 行政决策的法律表达 [J]. 法商研究, 2016 (2).

[139] 伊丽莎白. 风险共同体之兴起及其对行政法的挑战 [J]. 马原, 译. 华东政法大学学报, 2012 (4).

[140] 伊丽莎白. 风险规制与行政宪政主义 [M]. 沈岿, 译. 北京: 法律出版社, 2012.

[141] 于立深. 概念法学和政府管制背景下的新行政法 [J]. 法学家, 2009 (3).

[142] 袁文峰. 论行政形式自由选择权 [J]. 财经法学, 2018 (1).

[143] 湛中乐, 高俊杰. 作为"过程"的行政决策及其正当性逻辑 [J]. 苏州大学学报 (哲学社会科学版), 2013 (5).

[144] 张恩典. 风险规制正当程序研究 [D]. 苏州: 苏州大学, 2017.

[145] 张海柱. 专业知识的民主化: 欧盟风险治理的经验与启示 [J]. 科学学研究, 2019 (1).

[146] 张淑芳. 行政决策失误的责任追究探讨 [J]. 苏州大学学报 (哲学社会科学版), 2013 (3).

［147］张雪纯. 合议制与独任制优势比较: 基于决策理论的分析[J]. 法制与社会发展, 2009 (6).

［148］张燕. 风险社会与网络传播: 技术·利益·伦理[M]. 北京: 社会科学文献出版社, 2014.

［149］张哲飞. 科技风险规制过程中的行政法问题研究[D]. 武汉: 中南财经政法大学, 2018.

［150］赵鹏. 风险社会的行政法回应[M]. 北京: 中国政法大学出版社, 2018.

［151］赵鹏. 知识与合法性: 风险社会的行政法治原理[J]. 行政法学研究, 2011 (4).

［152］珍妮. 风险与法律理论[M]. 韩永强, 译. 北京: 中国政法大学出版社, 2012.

［153］植草益. 微观规制经济学[M]. 朱绍文, 胡欣欣, 等, 译. 北京: 中国发展出版社, 1992.

［154］周桂田. 独大的科学与隐没（默）的社会理性之对话: 在地公众、科学专家与国家的风险文化探讨[J]. 台湾社会研究季刊, 2004 (56).

［155］周桂田. 风险社会典范转移: 打造为公众负责的治理模式[M]. 台北: 远流出版公司, 2014.

［156］周桂田. 现代性与风险社会[J]. 台湾社会学刊, 1998 (10).

［157］周桂田. 新兴风险治理典范之刍议[J]. 政治与社会哲学评论, 2007 (22).

［158］周实, 马野. 行政决策法律责任追究机制研究[J]. 国家行政学院学报, 2011 (1).

［159］周雪光. 中国国家治理的制度逻辑[M]. 北京: 生活·读书·新知三联书店, 2017.

［160］朱新力, 梁亮. 公共行政变迁与新行政法的兴起[J]. 国家检察官学院学报, 2013 (1).

［161］庄智翔. 风险社会下行政体系的课责问题之研究[D].

宜兰：佛光大学，2005.

英文

［1］ALEMANNO A. Foreword: A plea for a pluralistic understanding of risk ［C］//Risk and communication. Theories, models, problems. Milan: Egea, 2017.

［2］ALEMANNO A. What role for a chief scientist in the European Union System of Scientific Advice? ［J］. European journal of risk regulation, 2014（3）: 1.

［3］ALTHAUS C E. A disciplinary perspective on the epistemological status of risk ［J］. Risk analysis: an international journal, 2005, 25（3）: 567.

［4］ANDERSON N A, PORS J G. On the history of the form of administrative decisions: how decisions begin to desire uncertainty ［J］. Management & organizational history, 2017, 12（2）: 119.

［5］ANDOW D A, ZWAHLEN C. Assessing environmental risks of transgenic plants ［J］. Ecology letters, 2006, 9（2）: 196.

［6］APPLEGATE J S. The perils of unreasonable risk: information, regulatory policy, and toxic substances control ［J］. Columbia law review, 1991, 91: 261.

［7］APPLEGATE J S. Worst things first: risk, information and regulatory structure in toxic substances control ［J］. Yale journal on regulation, 1992（9）: 281.

［8］AVEN T. The risk concept: historical and recent development trends ［J］. Reliability engineering & system safety, 2012, 99: 33.

［9］BAGLEY N, RICHARD L R. Centralized oversight of the regulatory state ［J］. Columbia law review, 2006, 106: 1260.

［10］BARNES J. Reform and innovation in administrative procedure ［J］. Transforming administrative procedure, 2008: 11.

［11］BAYLES M E. Principles of law: a normative analysis ［M］.

Dordrecht: Springer Science & Business Media, 2012.

[12] BEASSIER A, et al. Accounting for failure: risk-based regulation and the problems of ensuring healthcare quality in the NHS [J]. Health, risk & society, 2016, 18 (3): 205.

[13] BECK U. Climate for change, or how to create a green modernity? [J]. Theory, culture & society, 2010, 27 (2): 254.

[14] BECK U. Ecological politics in an age of risk [M]. Cambridge: Polity Press, 1995.

[15] BEHN R D. Rethinking democratic accountability [M]. Washington: Brooking Institution Press, 2001.

[16] BELL D. The coming of post-industrial society: a venture in social forecasting [M]. New York: Basic Books, 2001.

[17] BENNETT P. Understanding responses to risk: some basic findings [C] //Risk communication and public health. Oxford: Oxford University Press, 1999.

[18] BERNSTEIN D E. What to do about federal agency science: some doubts about regulatory Daubert [J]. George Mason law review, 2015, 22: 549.

[19] BIGNAMI F. From expert administration to accountability network: a new paradigm for comparative administrative law [J]. The American journal of comparative law, 2011, 59 (4): 859.

[20] BOSMAN A, et al. Expertise for the future: learning and training in the area of food safety risk assessment [J]. EFSA journal, 2016, 14: 1.

[21] BROUILLETTEL J R, QUARANTELLI E L. Types of patterned variation in bureaucratic adaptations to organizational stress [J]. Sociological inquiry, 1971, 41 (1): 39.

[22] CAROLAN M S. Scientific knowledge and environmental policy: why science needs values [J]. Environmental sciences, 2006, 3 (4): 229.

[23] CLARK W C. Managing the unknown [C] //Managing technological hazard. Colorado: Institute of Behavioral Science, 1977.

[24] CLAY B A. The EPA's Proposed Phase – III expansion of the Toxic Release Inventory (TRI) reporting requirements: everything and the kitchen sink [J]. Pace environmental law review, 1997, 15: 292.

[25] COASE R H. Lighthouse in economics [J]. The journal of law & economics, 1974, 17: 357.

[26] CONRAD C C, HILCHEY K G. A review of citizen science and community-based environmental monitoring: issues and opportunities [J]. Environmental monitoring and assessment, 2011, 176 (1 -4): 273.

[27] COOPER D, GRINDER B. Probability, gambling and the origins of risk management [J]. Financial history, 2009, 93: 10.

[28] CORBURN J. Community knowledge in environmental health science: co-producing policy expertise [J]. Environmental science & policy, 2007, 10 (2): 150.

[29] CRONA B I, PARKER J N. Learning in support of governance: theories, methods, and a framework to assess how bridging organizations contribute to adaptive resource governance [J]. Ecology and society, 2012, 17 (1): 32.

[30] CURTIN D, MEIJER A J. Does transparency strengthen legitimacy? [J]. Information polity, 2006, 11 (2): 109.

[31] DASTON L J. The domestication of risk: mathematical probability and insurance 1650 – 1830 [C] //The Probabilistic Revolution. Massachusetts: The MIT Press, 1987.

[32] DeWITT, C. The president's council on competitiveness: undermining the administrative procedure act with regulatory review [J]. Administrative law journal of the American University, 1993 (6): 759.

[33] DREYER M, RENN O. EFSA stakeholder and public involvement policy and practice: a risk governance perspective [C] //New directions in EU Food Law and Policy: ten years of European food safety authori-

ty. Farnham: Ashgate, 2014.

[34] DUBNICK M. Accountability and the promise of performance: in search of the mechanisms [J]. Public performance & management review, 2005, 28 (3): 376.

[35] EISTREICHER S. Pragmatic justice: the contributions of judge Harold Leventhal to administrative law [J]. Columbia law review, 1980, 80: 894.

[36] EWALD F. Two infinities of risk [C] //The politics of everyday fear. Minnesota: University of Minnesota Press, 1991.

[37] FAIGMAN D L. The Daubert revolution and the birth of modernity: managing scientific evidence in the age of science [J]. University of California, Davis law review, 2012, 46: 893.

[38] FISHER E. Framing risk regulation: a critical reflection [J]. European journal of risk regulation, 2013, 4 (2): 125.

[39] FUNG A, O'ROURKE D. Reinventing environmental regulation from the grassroots up: explaining and expanding the success of the toxics release inventory [J]. Environmental management, 2000, 25 (2): 115.

[40] FUNG A, WRIGHT E O. Deepening democracy: institutional innovations in empowered participatory governance [M]. London: Verso, 2003.

[41] FUNTOWICZ S O, RAVETZ J R. Uncertainty, complexity and post-normal science [J]. Environment toxicology and chemistry: an international journal, 1994, 13 (12): 1881.

[42] GAO J, et al. Dispersion and toxicity of selected manufactured nanomaterials in natural river water samples: effects of water chemical composition [J]. Environmental science & technology, 2009, 43 (9): 3322.

[43] GARLAND D. The rise of risk [C] //Risk and morality. Toronto: University of Toronto Press, 2003.

[44] GIDDENS A. Runaway world: How globalization is reshaping

our lives [M]. London: Profile Books, 1999.

[45] GOLDIN K D. Equal access vs. selective access: a critique of public goods theory [J]. Public choice, 1977, 29 (1): 53.

[46] HABEMAS J. Between facts and norms: Contributions to a discourse theory of law and democracy [M]. Massachusetts: MIT Press, 1996.

[47] HAIGH J A, HARRISON Jr. D, NICHOLS A L. Benefit-cost analysis of environmental regulation: case studies of hazardous air pollutants [J]. Harvard environmental law review, 1984 (8): 395.

[48] HAMLITON J T. Pollution as news: media and stock market reactions to the toxics release inventory data [J]. Journal of environmental economics and management, 1995, 28: 98.

[49] HANCHER L, MORAN M. Organizing regulatory space [J]. Capitalism, culture and economic regulation, 1989: 271.

[50] HANSSON S O. Risk: objective or subjective, facts or values [J]. Journal of risk research, 2010, 13 (2): 231.

[51] HEALTH AND SAFETY EXECUTIVE. Reducing risks, protecting people: HSE's decision making process [M]. HSE Books, 2001.

[52] HILL R A, SENDASHONGA C. General principles for risk assessment of living modified organisms: lessons from chemical risk assessment [J]. Environment biosafety research, 2003, 2 (2): 81.

[53] JAFFE G. Regulating transgenic crops: a comparative analysis of different regulatory processes [J]. Transgenic research, 2004, 13 (1): 5.

[54] KAHNEMAN D, TVERSKY A. Choices, values, and frames [M]. Cambridge: Cambridge University Press, 2000.

[55] KARAKI H. Risk communication in the food field [J]. Journal of disaster research, 2014, 9 (sp): 598.

[56] KELLY C R. The dangers of Daubert creep in the regulatory realm [J]. Journal of law and policy, 2006 (14): 165.

[57] KUKLICKE C, DEMERITT D. Adaptive and risk-based approa-

ches to climate change and the management of uncertainty and institutional risk: the case of future flooding in England [J]. Global environmental change, 2016, 37: 56.

[58] LAWRENCE A. "No Personal Motive?" volunteers, biodiversity, and the false dichotomies of participation [J]. Ethics place and environment, 2006, 9 (3): 279.

[59] LEISS W. Three phases in the evolution of risk communication practice [J]. The annals of the American academy of political and social science, 1996, 545 (1): 85.

[60] LOFSTEDT R, SCHLAG A K. Looking back and going forward: what should the new European commission do in order to promote evidence-based policymaking? [J]. Journal of risk research, 2016, 20 (11): 1359.

[61] LOFSTEDT R E. Risk versus hazard: how to regulate in the 21st century [J]. European journal of risk regulation, 2011 (2): 149.

[62] LUDGEN R E, McMAKIN A H. Risk communication: a handbook for communicating environmental safety, and health risks [M]. New Jersey: John Wiley & Sons, 2018.

[63] LUPTON D. Risk [M]. 2 ed. London & New York: Routeldge, 2013.

[64] LYNDON M L. Information economics and chemical toxicity: designing laws to produce and use data [J]. Michigan law review, 1989, 87 (7): 1795.

[65] McNIE E C. Reconciling the supply of scientific information with user demands: an analysis of the problem and review of the literature [J]. Environmental science & policy, 2007, 10 (1): 17.

[66] MILLSTONE E. Science, risk and governance: radical rhetorics and the realities of reform in food safety governance [J]. Research policy, 2009, 38: 624.

[67] MORRISON A B. OMB interference with agency rulemaking:

the wrong way to write a regulation [J]. Harvard law review, 1986, 99: 1059.

[68] NATAN T E Jr., MILLER C G. Are toxic release inventory reductions real? [J]. Environmental science & technology, 1998, 32: 368A.

[69] NATIONAL RESEARCH COUNCIL, et al. Understanding risk: informing decisions in a democratic society [M]. Washington D. C. : National Academic Press, 1996.

[70] NATIONAL RESEARCH COUNCIL. Risk assessment in the federal government: managing the process [M]. Washington D. C. : National Academy Press, 1983.

[71] NERLICH B, HARTLEYS, RAMANS, et al. Science and the politics of openness: here be monsters [M]. Manchester: Manchester University Press, 2018.

[72] NISKANEN J. Bureaucracy and representative government [M]. London & New York: Routledge, 1971.

[73] NJÅ O, SOLBERG Ø, BRAUT G S. Uncertainty: its ontological status and relation to safety [C] //The illusion of risk control. Berlin: Springer, Cham, 2017.

[74] O'RIORDAN T, WYNNE B. Regulating environmental risks: a comparative perspective [C] //Insuring and managing hazardous risks: from Seveso to Bhopal and beyond. Berlin: Springer, 1987.

[75] O'BRIEN C. White House review of regulations under the clean air act amendments of 1990 [J]. Journal of environmental law and litigation, 1993 (8): 51.

[76] OGUS A I. Regulation: legal reform and economic theory [M]. Oxford: Clarendon Press, 1994.

[77] OGUS A I. Regulatory law: some lessons from the past [J]. Legal studies, 1992 (12): 1.

[78] O'ROURKE D, MACEY G P. Community environmental poli-

cing: assessing new strategies of public participation in environmental regulation [J]. Journal of policy analysis and management, 2003, 22 (3): 383.

[79] PLOUGH A, KRIMSKY S. The emergence of risk communication studies: social and political context [J]. Science, technology & human values, 1987, 12 (3): 4.

[80] POJANOWSKI J A. Neoclassical administrative law [J]. Harvard law review, 2019, 133: 852.

[81] PRITCHARD J S. A closer look at title Ⅲ of SARA: emergency planning and community Right-to-Know Act of 1986 [J]. Pace environmental law review, 1988 (6): 203.

[82] REDDY S. Claims to expert knowledge and the subversion of democracy: the triumph of risk over uncertainty [J]. Economy and society, 1996, 25 (2): 222.

[83] REES G, POND K. Marine litter monitoring programmes: a review of methods with special reference to national survey [J]. Marine pollution bulletin, 1995, 30: 103.

[84] RENN O, KLINKE A. Complexity, uncertainty and ambiguity in inclusive risk governance [C] //Risk and social theory in environmental management. Collingwood: CSIRO Publishing, 2012.

[85] RENN O, WALKER K. Lessons learned: a reassessment of the IRGC framework on risk governance [C] //Global risk governance. Dordrecht: Springer, 2008.

[86] ROOT T, ALPERT P. Volunteers and the NBS [J]. Science, 1994, 263 (5151): 1205.

[87] ROTH G, WITTICH C. Max Weber, economy and society [M]. Berkeley: University of California Press, 1978.

[88] ROTHSTEIN H. The institutional origins of risk: a new agenda for risk research [J]. Health, risk & society, 2006, 8 (3): 215.

[89] SANDMAN P M. Risk communication: facing public outrage

[J]. EPA journal (U. S. environmental protection agency), 1987, 13: 21.

[90] SAVAN B, MORGAN A J, GORE C. Volunteer environmental monitoring and the role of the universities: the case of citizens' environment watch [J]. Environmental management, 2003, 31 (5): 561.

[91] SCHOENBROD D. Goals statutes or rules statutes: the case of the Clean Air Act [J]. UCLA law review, 1984, 30: 740.

[92] SELZNICK P. Focusing organizational research on regulation [C] //Regulatory policy and the social sciences. California: University of California Press, 1985.

[93] SHANE P M. Political accountability in a system of checks and balances: the case of presidential review of rulemaking [J]. Arkansas law review, 1995, 48: 161.

[94] SHAPIRO I. The state of democratic theory [M]. New Jersey: Princeton University Press, 2009.

[95] SHAPIRO S, MURPHY R. Public participation without a public: the challenge for administrative policymaking [J]. Modern law review, 2013, 78: 489.

[96] SHAPIRO S A. Divorcing profit motivation from new drug research: a consolidation of proposals to provide the FDA with reliable test data [J]. DUKE L. J., 1978 (1): 155.

[97] SHAVELSON R W. EPCRA, citizen suits and the sixth circuit's assault on the public's right-to-know [J]. Albany law enviromental outlook, 1995 (2): 29.

[98] SHRIVASTAVA P. Ecocentric management for a risk society [J]. Academy of management review, 1995, 20 (1): 118.

[99] SIDORTSOV R, IVANOVA A, STAMMLER F. Localizing governance of systemic risks: a case study of the power of Siberia pipeline in Russia [J]. Energy research & social science, 2016, 16: 54.

[100] SIMON H. Administrative behavior [M]. New York:

Macmillan, 1947.

[101] SJÖBERG L. Risk perception by the public and by experts: a dilemma in risk management [J]. Human ecology review, 1999, 6 (2): 1.

[102] SLOVIC P. The perception of risk [M]. London: Earthscan, 2000.

[103] SLOVIC P. Trust, emotion, sex, politics and science: surveying the risk-assessment battlefield [J]. Risk analysis, 1999, 19 (4): 689.

[104] STOCKTON F R. The lady or the tiger and other stories [M]. New York: Charles Scribner's Sons, 1884.

[105] STONE C D. Is there a precautionary principle [J]. Environmental law reporter, news & analysis, 2001, 31: 97.

[106] STRYDOM P. Risk, environment and society: ongoing debates, current issues, and future prospects [M]. Buckingham: Open University Press, 2002.

[107] STEWART R B. The reformation of American Administrative Law [J]. Harvard Law Review, 1975, 88 (8): 1667.

[108] SUNSTEIN C R, et al. Risk and reason: safety, law and the environment [M]. Cambridge: University Press, 2002.

[109] SUTER G W. Treatment of risk in environmental impact assessment [J]. Environmental management, 1987, 11 (3): 295.

[110] TAI S. Comparing approaches towards governing scientific advisory bodies on food safety in the United States and the European Union [J]. Wisconsin law review, 2010 (2): 627.

[111] VAN T S, LEEUW F L. The performance paradox in the public sector [J]. Public performance & management review, 2002, 25 (3): 267.

[112] VERKUIL P R. Purposes and limits of independent agencies [J]. Duke law journal, 1988 (Issues 2 & 3): 257.

[113] WAGNER W. Using competition-based regulation to bridge the toxics data gap [J]. Indiana law journal, 2008, 83: 629.

[114] WHARTON F. Risk management: basic concepts and general principles [C] //Risk: analysis, assessment and management. Chichester: John Wiley and Sons, 1992.

[115] WOLF S M. Fear and loathing about the Public Right to Know: the surprising success of the emergency planning and community Right-to-Know Act [J]. Journal of land use & environmental law, 1995, 11: 217.

[116] WOLF S M. Public opposition to Hazardous Waste Sites: the self-defeating approach to national hazardous waste control under subtitle c of the Resource Conservation and Recovery Act of 1976 [J]. Boston college enviromental affairs law review, 1980 (8): 467.

[117] WYNNE B. Risk society, uncertainty, and democratising science: futures for STS [J]. Taiwanese journal for studies of science, technology and medicine, 2007 (5): 15.

[118] YANG A. Standards and uncertainty in risk assessment [J]. New York university environmental law journal, 1994 (3): 523.

[119] ZACHMANN K. Risk in historical perspective: concepts, contexts, and conjunctions [C] //Risk: a multidisciplinary introduction, springer international publishing, 2014.

后 记

　　许多年轻学者在正式开启学术生涯后,第一本专著往往是在博士学位论文的基础上修改完成的。当我也做此打算,重新开始审阅我的博士学位论文时,却羞愧于它的肤浅和稚嫩,以至于在修改的过程中慢慢放弃原来的思路、框架乃至大部分内容,最终完成了一份与博士论文迥异的文稿,仅在其中留存了部分章节。

　　写这本书的时候,我在待了十几年的母校从事专职科研工作。由于这份工作的性质,我的课不多,学术活动也不常有,加之性格本身不善社交,我大部分时间都是在思考、写作以及发呆。我时常分不清,是学术研究本来就是一个孤独而苦闷的过程,还是因为我先入为主地强化它是一个苦闷的差事,然后自己才变得无趣。

　　当我进入写作状态时,孤独便开始侵扰每一个角落。为了应对这种状态,我甚至开始思考孤独本身:那是一种来自何处的感觉,又应当如何化解?孤独首先源于地理空间上的无趣。一开始我长期待在卧室,当对卧室所有东西都太熟悉了之后——哪里有裂缝,哪里有污迹,等等都一清二楚——我的灵感也随之丧失。后来我去了学校,去图书馆、去学院楼、去咖啡店。到后来,我一天之内会变换几个地方,将与不同的售货员和偶遇的朋友闲聊几句作为孤独生活的涟漪。其次,孤独还来源于时间的近乎停滞。日复一日地做同样的事情,听不到时间流逝的声音,更找不到生活往前推进的痕迹,仅可通过文章字数的增多来折算逝去的时间。但即便如此,孤独感依然没有消解,因为它还来自一种无法言明的写作状态,一种类似于导演布里吉特·罗安试图在电影 *Post coïtum animal triste* 里所表达的奇妙状态——高潮之后的感伤。它类似于攀登高峰之后的空虚、生完孩子之后的抑郁、舞台剧落幕时的失落,是当你完成某事之后,突然产生的一种这个世界再无法与你对话的感觉。那便是写作过程中,每次完成一小段话、一章乃至最后完成全文之后，还没怎么兴奋，便又陷入空虚的状态。而它无法用成功和收获带来的满足感去抵消，却会因为过程中太多的遗憾和不满意而加剧。

在完成这本书的创作后，我的学术生涯陷入了困境。这种困顿既来自外部制度的压力，也来自我内在无法与这种孤独感和解，于是，我动了更换职业的念头，并一度开始以告别学术的姿态写这篇后记。但最终还是有一股力量把我拉了回来，并在2021年年底给了我一个最好的安排。

感谢在这个过程中所有帮助过我的人。感谢我的导师带领我走上了学术这条道路，并在我即将偏航的时候给予我最大的帮助和关怀。感谢对我专注风险规制主题的研究有极大影响的几位师友，感谢他们为我这本书写了序言和推荐语，使我的名字能与他们的名字出现在同一本书上。感谢我的部门主任，他的热情、直爽和不吝夸奖是我开启新舞台的一股动力。感谢我的亲人为我分担了大部分的生活重担。